文本与唱本
——苗族古歌的文学人类学研究

Text and Libretto:
A Research on the Ancient Miao Songs
from the Perspective of Literary Anthropology

龙仙艳 著

社会科学文献出版社
SOCIAL SCIENCES ACADEMIC PRESS (CHINA)

图书在版编目（CIP）数据

文本与唱本：苗族古歌的文学人类学研究／龙仙艳
著. －－北京：社会科学文献出版社，2018.3
（中国社会科学博士后文库）
ISBN 978 - 7 - 5201 - 1640 - 4

Ⅰ.①文… Ⅱ.①龙… Ⅲ.①苗族 - 民族文化 - 研究
- 中国 Ⅳ.①K281.6

中国版本图书馆 CIP 数据核字（2017）第 260895 号

· 中国社会科学博士后文库 ·

文本与唱本
——苗族古歌的文学人类学研究

著　　者／龙仙艳

出 版 人／谢寿光
项目统筹／刘　荣
责任编辑／黄　丹　单远举　吴志军　陈红玉

出　　版／社会科学文献出版社·独立编辑工作室（010）59367011
　　　　　　地址：北京市北三环中路甲 29 号院华龙大厦　邮编：100029
　　　　　　网址：www. ssap. com. cn
发　　行／市场营销中心（010）59367081　59367018
印　　装／北京季蜂印刷有限公司

规　　格／开　本：787mm × 1092mm　1/16
　　　　　　印　张：24.25　字　数：406 千字
版　　次／2018 年 3 月第 1 版　2018 年 3 月第 1 次印刷
书　　号／ISBN 978 - 7 - 5201 - 1640 - 4
定　　价／128.00 元

本书如有印装质量问题，请与读者服务中心（010 - 59367028）联系

第六批《中国社会科学博士后文库》
编委会及编辑部成员名单

序　言

博士后制度在我国落地生根已逾30年，已经成为国家人才体系建设中的重要一环。30多年来，博士后制度对推动我国人事人才体制机制改革、促进科技创新和经济社会发展发挥了重要的作用，也培养了一批国家急需的高层次创新型人才。

自1986年1月开始招收第一名博士后研究人员起，截至目前，国家已累计招收14万余名博士后研究人员，已经出站的博士后大多成为各领域的科研骨干和学术带头人。这其中，已有50余位博士后当选两院院士；众多博士后入选各类人才计划，其中，国家百千万人才工程年入选率达34.36%，国家杰出青年科学基金入选率平均达21.04%，教育部"长江学者"入选率平均达10%左右。

2015年底，国务院办公厅出台《关于改革完善博士后制度的意见》，要求各地各部门各设站单位按照党中央、国务院决策部署，牢固树立并切实贯彻创新、协调、绿色、开放、共享的发展理念，深入实施创新驱动发展战略和人才优先发展战略，完善体制机制，健全服务体系，推动博士后事业科学发展。这为我国博士后事业的进一步发展指明了方向，也为哲学社会科学领域博士后工作提出了新的研究方向。

习近平总书记在2016年5月17日全国哲学社会科学工作座谈会上发表重要讲话指出：一个国家的发展水平，既取决于自然科学发展水平，也取决于哲学社会科学发展水平。一个没有发达的自然科学的国家不可能走在世界前列，一个没有繁荣的哲学社会科学的国家也不可能走在世界前列。坚持和发展中国特色社会主义，需要不断在实践和理论上进行探索、用发展着的理论指导发展着的实践。在这个过程中，哲学社会科学具有不可替代的重要地位，哲学社会科学工作者具有不可替代的重要作用。这是党和国家领导人对包括哲学社会科学博士后在内的所有哲学社会科学领域的研究者、工作者提出的殷切希望！

中国社会科学院是中央直属的国家哲学社会科学研究机构，在哲学社会科学博士后工作领域处于领军地位。为充分调动哲学社会科学博士后研究人员科研创新积极性，展示哲学社会科学领域博士后优秀成果，提高我国哲学社会科学发展整体水平，中国社会科学院和全国博士后管理委员会于 2012 年联合推出了《中国社会科学博士后文库》（以下简称《文库》），每年在全国范围内择优出版博士后成果。经过多年的发展，《文库》已经成为集中、系统、全面反映我国哲学社会科学博士后优秀成果的高端学术平台，学术影响力和社会影响力逐年提高。

下一步，做好哲学社会科学博士后工作，做好《文库》工作，要认真学习领会习近平总书记系列重要讲话精神，自觉肩负起新的时代使命，锐意创新、发奋进取。为此，需做到：

第一，始终坚持马克思主义的指导地位。哲学社会科学研究离不开正确的世界观、方法论的指导。习近平总书记深刻指出：坚持以马克思主义为指导，是当代中国哲学社会科学区别于其他哲学社会科学的根本标志，必须旗帜鲜明加以坚持。马克思主义揭示了事物的本质、内在联系及发展规律，是"伟大的认识工具"，是人们观察世界、分析问题的有力思想武器。马克思主义尽管诞生在一个半多世纪之前，但在当今时代，马克思主义与新的时代实践结合起来，愈来愈显示出更加强大的生命力。哲学社会科学博士后研究人员应该更加自觉坚持马克思主义在科研工作中的指导地位，继续推进马克思主义中国化、时代化、大众化，继续发展 21 世纪马克思主义、当代中国马克思主义。要继续把《文库》建设成为马克思主义中国化最新理论成果的宣传、展示、交流的平台，为中国特色社会主义建设提供强有力的理论支撑。

第二，逐步树立智库意识和品牌意识。哲学社会科学肩负着回答时代命题、规划未来道路的使命。当前中央对哲学社会科学愈发重视，尤其是提出要发挥哲学社会科学在治国理政、提高改革决策水平、推进国家治理体系和治理能力现代化中的作用。从 2015 年开始，中央已启动了国家高端智库的建设，这对哲学社会科学博士后工作提出了更高的针对性要求，也为哲学社会科学博士后研究提供了更为广阔的应用空间。《文库》依托中国社会科学院，面向全国哲学社会科学领域博士后科研流动站、工作站的博士后征集优秀成果，入选出版的著作也代表了哲学社会科学博士后最高的学术研究水平。因此，要善于把中国社会科学院服务党和国家决策的大智库功能与《文库》的小智库功能结合起来，进而以智库意识推动品牌意识建设，最终树立《文库》的智库意识和品牌意识。

第三，积极推动中国特色哲学社会科学学术体系和话语体系建设。改革开放 30 多年来，我国在经济建设、政治建设、文化建设、社会建设、生态文明建设和党的建设各个领域都取得了举世瞩目的成就，比历史上任何时期都更接近中华民族伟大复兴的目标。但正如习近平总书记所指出的那样：在解读中国实践、构建中国理论上，我们应该最有发言权，但实际上我国哲学社会科学在国际上的声音还比较小，还处于有理说不出、说了传不开的境地。这里问题的实质，就是中国特色、中国特质的哲学社会科学学术体系和话语体系的缺失和建设问题。具有中国特色、中国特质的学术体系和话语体系必然是由具有中国特色、中国特质的概念、范畴和学科等组成。这一切不是凭空想象得来的，而是在中国化的马克思主义指导下，在参考我们民族特质、历史智慧的基础上再创造出来的。在这一过程中，积极吸纳儒、释、道、墨、名、法、农、杂、兵等各家学说的精髓，无疑是保持中国特色、中国特质的重要保证。换言之，不能站在历史、文化虚无主义立场搞研究。要通过《文库》积极引导哲学社会科学博士后研究人员：一方面，要积极吸收古今中外各种学术资源，坚持古为今用、洋为中用。另一方面，要以中国自己的实践为研究定位，围绕中国自己的问题，坚持问题导向，努力探索具备中国特色、中国特质的概念、范畴与理论体系，在体现继承性和民族性，体现原创性和时代性，体现系统性和专业性方面，不断加强和深化中国特色学术体系和话语体系建设。

新形势下，我国哲学社会科学地位更加重要、任务更加繁重。衷心希望广大哲学社会科学博士后工作者和博士后们，以《文库》系列著作的出版为契机，以习近平总书记在全国哲学社会科学座谈会上的讲话为根本遵循，将自身的研究工作与时代的需求结合起来，将自身的研究工作与国家和人民的召唤结合起来，以深厚的学识修养赢得尊重，以高尚的人格魅力引领风气，在为祖国、为人民立德立功立言中，在实现中华民族伟大复兴中国梦征程中，成就自我、实现价值。

是为序。

王京清

中国社会科学院副院长

中国社会科学院博士后管理委员会主任

2016 年 12 月 1 日

摘　要

　　完整意义上的苗族古歌应包括文本与唱本：除了学者搜集、翻译、整理的文字文本之外，苗族古歌至今还以唱本的形式流传于民间，且后者是源，前者是流。长期以来，因实地田野调查的缺乏和民族语言的壁垒，绝大多数的苗族古歌研究集中于歌词一维，采取自上而下的眼光，注重运用西方文本诗学或汉语文论对苗族古歌进行阐释。

　　在文学人类学倡导以田野调查为基础，达到超越"三大中心"多元文化互动的学科背景下，苗族古歌的文学人类学研究是对"非汉民族的活态口头诗学"的个案考察，通过对其歌词与民俗、唱者与听者、功能与传承等方面的整体研究，系统地探讨无字民族的口头诗学表述。

　　苗族古歌的文学人类学研究既是对文学人类学理念的实践，亦是对文学人类学方法的运用，其逻辑起点在于歌谣兼具文学性与民俗性，故而苗族古歌处于文学与人类学之间的交集。本论著强调对口头诗学的人类学研究的目的在于：通过苗族古歌的考察研究，完整地描述和阐释苗族的口头传统和诗性智慧，使之参与到中国多民族的总体叙事之中，为以"多元一体"为前提的中国各民族文化共同发展作出贡献。全书由序言、中英文摘要、中英文目录、正文（包括绪论、第一章至第六章、结论）、附录、参考文献、索引、后记、专家推荐表等九部分组成。

　　绪论部分强调苗族古歌在苗族文化系统中的作用，对其中的核心关键词如苗族古歌、巴兑进行基本梳理，并在研究纲要中概述全书结构。

第一章，苗族古歌文献综述。苗族古歌的调查、搜集与研究已逾百年，对其进行梳理是本论著行文的学术起点，正是在对前期研究的综述中反思文学人类学对于苗族古歌研究的必要性。

第二章，苗族古歌的分布与分类。本论著将苗族古歌的分布以三大方言区为地域坐标，探讨神意盎然之中部古歌、巫风傩影之东部古歌及战争浸染之西部古歌，在共性上分析其创世、战争与迁徙的主题，从而使本论著的研究对象有一个明晰的范围。

第三章，苗族古歌的歌词与民俗。人类学强调本文与仪式研究，对应苗族古歌，表现为以口头诗学为基础，对其音乐、歌词与民俗进行立体研究，是以"歌"为核心，向唱、词、俗延伸。因此，苗族古歌的研究需要突破"词"之单一维度。本书以神话、历史和民族三个关键词解读苗族古歌，同时引入古歌的音乐性，对古歌赖以寄生的民俗民族志进行深描。

第四章，苗族古歌的唱者与听者。苗族古歌的唱者包含巴兑、东郎、理老及古歌师，并非简单的歌手称谓所能涵盖。此外，作为活态文本，苗族古歌的听者因参与了表演中的创作与传承而成为一个需要深入探讨的维度，毕竟在苗族的意识中，苗族古歌的接受者除了人类之外，还包括世界万物甚至鬼神、亡灵等。如东部方言区《祀雷》中《说雷》的听者就包含雷神等众神谱系，西部《亚鲁王》的听者除了亡灵之外还有马（例如，专门为马演唱《砍马经》）。苗族古歌的唱听在深层意义上是一种民族生命观的传承与交流。

第五章，苗族古歌的功能与传承。相对于固定文本的书写与阅读，苗族古歌处于流动的传承中，抛开苗族古歌被文本化的短短的百年历程，苗族古歌几千年来一直以唱本形态传承于苗族社区之中，故而对苗族古歌的功能和传承研究，不仅需要文献梳理，更需要田野民族志作为补充。本论著中功能研究部分以东部方言区苗族婚姻礼辞的民族志作为实证材料；传承研究部分则以三大方言共有的鼓藏节为个案，通过文献梳理和田野调查来描述鼓藏节活动程序的变化，借以反思苗族古歌传承的演变。

第六章，歌谣的文学人类学研究。苗族古歌等歌谣蕴含丰富的地方性知识，并非书面文学的审美一维所能囊括，引入苗族古歌的文学人类学研究是基于文本诗学无法阐释苗族古歌的禁忌等特性。具有禁忌的歌谣之共性表现为母语传承、听众多元、仪式伴随与功能多维等四个特征，故而提倡歌谣的文学人类学研究旨在达到超越"三大中心"的多元文化互动，并因此呼吁高校开设文学人类学本科教学，阐述其必要性和紧迫性。

结论部分对全书内容予以总结。对于口头诗学的文学人类学研究不仅仅是反思精英书写的遮蔽，更是提倡口头诗学的互动和多元。表面而言，可以领略歌谣不仅是一种传播方式，更是一种生存方式；其深层思考则在于不用文化进化论的观点去阐释地方性知识，认同历史可以是演进和循环，亦可以是锐变和消亡。在此基础上，方能了解文学人类学最终关注的实质是"文学的人类学性"和"人类的文学性"。

关键词： 苗族古歌；歌谣；口头诗学；文学人类学；巴兑

Abstract

Miao ancient songs include both text and libretto. The former refers to the written texts collected, translated, and arranged by scholars. And the latter, libretto, as a kind of dynamic texts, is still spreading in folk today. For a long time, most studies on Miao ancient songs only focused on its lyrics from a top-down perspective and inclines to deconstruct them with literature theories from the west or Han due to language barriers and insufficient field work.

Based on the field work advocated by literary anthropology and aimed at transcending the discipline of three central multicultural interactions, the author of this book takes Miao ancient songs as a case study of oral poetics of non-Han ethnics. Through analyzing its lyrics and folk customs, singer and audience, functions and inheritance, the author attempts to explore oral poetic expressions of Miao, which does not have its own written form of language.

To study Miao ancient songs form the perspective of literary anthropology is not only a practice but also an application of the ideas and methods of literary anthropology. The logic starting point of the study is based on the literariness and folk customs conveyed in ancientMiao song, and so it can be viewed as a joint of literature and anthropology. The purposes of emphasizing on oral poetics study from literary anthropology is intended to describe and interpret the oral tradition and poetic wisdom of Miao, and tries to make it participate in the national overall narrative and contribute to the common development of Chinese ethnic cultures. This book includes nine parts, that is, foreword, abstract, contents, body, appendix, bibliography, index, afterword, recommendation letters.

The body part of this book contains six chapters. Chapter one is the studies survey and theory construction of ancient Miao ancient songs. Starting with combing and reflecting what have been done in the past one hundred years, the investigation, collecting, and sorting on Miao ancient songs, the author of this book puts forward the necessity to study Miao ancient songs from the literary anthropology.

Chapter two mainly deals with the distribution and assortments of Miao ancient songs. Due to the wide distribution of Miao ethnic, the author manages to extract the characteristics respectively from the three dialect areas, that is, ancient songs in middle Miao area characterized with vivid god meaning, ancient songs in the east embodied with magic elements, and the western featured with war tales. This book focuses on exploring the motif of genesis, war and migration from the common characteristics of the three types of songs.

Chapter three focuses on the lyrics and customs reflected in Miao ancient songs. The research of lyrics and customs of literary anthropology is a kind of stereo research on its music, lyrics and custom. Singing itself is very important because it is the center of singing, lyric and custom, so researches on Miao ancient songs shouldn't just focus on the lyrics, so the author intends to introduce musicality and custom into its study based on three keywords of myth, history and nation which are necessary for analyzing Miao ancient songs.

Chapter four concentrates on the singers and the audiences of Miao ancient songs. Singers of Miao ancient songs are a group, including Badui, Donglang, Lishi and Gugeshi, which a single singer can not simply cover. The role of audiences shouldn't be neglected because they participate in the creation and inheritance in the performance of ancient songs. From the point of audience, comparing to the visual word reading of written literature, the audience of Miao ancient songs are quite multivariant due to the auditory of literary, that is, besides human kind, everything, even ghosts and gods can be viewed as the recipient. For example, the audience of the *Thunder's Tale* in *Sacrificing for Thunder* that popular in the eastern dialect zone of Miao ethnic includes the Thunder God and other gods and spirits, while the singing of *Yalu king* in the western dialect not only singing for the spirits of dead but also for the sacrifice horse, especially when the *Sacrifice of Horse Killing* was performed. *Yalu King*, that is often performed on funeral in Mashan district would be a case study which is discussed in detail in this book to explore the life ideas of Miao ethnic reflected in Miao ancient songs.

Chapter five analyzes the function and inheritance of Miao ancient song. Comparing the writing and reading of fix texts, Miao ancient songs have always been in a flowing inheritance, even though they have been textualized (collecting, sorting, publishing and study) in the past one hundred years, they have been inherited as texts form among Miao people during thousands of years. So function and inheritance study on Miao ancient songs should not only focus on literature survey but also need the supplement of field ethnography. Ethnography in *Marriage Ceremony Words of Miao* in the eastern dialect area is used as the demonstration material for its function research. On the inheritance part, by combing the materials and field data, the author traces the transforming process of "Guzang festival" existing in all the three dialects, and takes it as a case study to reflect the inheriting development of ancient Miao songs.

Chapter six discusses Miao traditions from the perspective of literary anthropology. The reason that this book intends to introduce literary anthropology into the research of Miao ancient songs lies in that the traditional texts poetics couldn't interpret the taboos and contexts of Miao ancient songs. The commonness of ballad with taboo are reflected in the four characteristics of multi-dimensional function, ritual accompanying, diverse audience and mother tongue transmission. literary anthropology is a kind of practice of literary anthropology theory and reference of literary anthropology methods. Advocating literary anthropology aims to promote a kind of reflection and regression and to achieve multiple interactions beyond the three centers.

In the conclusion part, the author of this book holds the idea that the literary anthropology research on oral poetics is not only a reflection on the weaknesses of intellectual writing but also a promotion of interaction and diversity of oral poetics. On one hand, it enables us to understand literature is both a kind of transmission way and a kind of live style, and on the other hand, it reminds us that cultural evolution theory shouldn't be the only way to interpret local knowledge, history identification can be evolution and recycle, but also degradation and perishing. Only in this way, can we have a full understanding the essence thatliterary anthropology emphasis is "the anthropology of literature" and "the literariness of human kind".

Keywords: Miao Ancient Song; Ballad; Oral Poetics; Literature Anthropology; Badui

目　录

Contents

Contents

图目录

表目录

绪　论

一、研究对象

本论著的研究对象是苗族古歌①。在本论著中，苗族古歌指在苗族聚居地用苗语流传的有关开天辟地、万物起源、战争与迁徙等远古性题材的韵文体口头传统。

本论著选择苗族古歌作为特定的研究对象，主要是基于以下三点思考。

（一）苗族古歌在苗族民众生活中占有重要的地位

苗族古歌在苗族民间有着重要的作用和影响，渗透在苗族民众的日常生活中。

正是因为与民众生活息息相关，故而在苗族古歌的吟诵中，听众不仅可以认识苗族古歌构筑的宇宙观、世界观和生命观，而且可以了解到苗族古歌所承载的历史，例如旷日持久的战争、奔波流离的迁徙与苗族姓氏的大致分布等。更为重要的是，苗族古歌维系了强烈的民族认同。截至当下，在广大苗族社区，苗族古歌依然是维系民族族源记忆、族群意识和族属认同的重要依据，并以此深远影响到祀雷、椎牛等宗教活动以及婚丧嫁娶等生命仪式的有序进行。苗族古歌对苗族民众生活的重要影响具体表现在以下三个方面。

1. 苗族古歌叙述了众生和谐的生命观

苗族古歌叙述了众生和谐的生命观，具体表现在生命同源、生命共生

---

① 苗族史诗与苗族古歌在本论著中广义而言可以替换。狭义而言，苗族古歌囊括一切远古流传的歌谣，而苗族史诗则专指篇幅较长的古歌。

与生命平等三大主题上。

首先，生命同源。在中部方言区的十二路古歌中，《开天辟地》与《人类起源》组歌中交代了天地日月星辰的形成，人类与万物齐心协力创造了宇宙。尤其值得一提的是，《十二个蛋》在开篇唱道："来唱十二蛋，来赞十二宝。白的什么蛋？黄的什么蛋？白的雷公蛋，黄的姜央宝。花的什么蛋？长的什么蛋？花的老虎蛋，长的水龙宝。黑的什么蛋？灰的什么宝？黑的水牛蛋，灰的大象宝。红的什么蛋？蓝的什么宝？红的蜈蚣蛋，蓝的老蛇宝。"① 从古歌叙述中可见，蝴蝶是人类、兽类和神共同的母亲，人类（姜央）、雷公、老虎、水龙、水牛、大象、蜈蚣、老蛇等都是妹榜妹留和水泡游方所生的十二个蛋所孵出，暗示着人类与其他生物系一母同胞的兄弟，表现了苗族社区生命同源的生命观。同样的主题在东部方言区的《苗族创世纪史话》中也有体现。《苗族创世纪史话》清晰地叙述了平天公公将平天婆婆的尸首先后制作成银河、水井、地柱石柱、峡谷、日柱月柱、日栋月梁、蓝天、日头、月亮、洞穴、洼地、山崖、陡壁、山梁、陡坡、陆地等，暗寓着生命的同源共体。

其次，生命共生。中部方言区的《开天辟地》叙述了宇宙万物的形成离不开各种动物与植物的鼎力相助，体现了生命共生互助的和谐理念。苗族贾理中的《创世纪·开天辟地》说道："分开田地后，有个神母冬农妈妈来生山，有个神父往南爸爸来踢碎土，撒细泥，撒在成千岭，扬在成百坡。"然后又有天神嘎对的妻子宝月爸爸，来播种紫檀、椿树、杉、茶、楠木、枫树、杨梅树、梨树、柿树、水竹、金竹、桦槁树、芭茅草、梭草、蕨菜、茸菜等植物种子给坡岭，使"遍地青悠悠，遍地绿茵茵"，然后说道："草多过荆棘，荆棘多过树，同生好满坡，同长好遍地，同生才繁茂，共长才美好。"② 从古歌中可知，同生共长的理念影响深远。在西部方言区的《亚鲁王》古歌中，亚鲁每一次逼迫迁徙，其他生命物种如家畜家禽、五谷谷种皆主动尾随而来，同构了生命的依存共生。

最后，生命平等。中部方言区的《创世纪》叙述了天神地神开天辟地，铸日造月，制定历法，议椰立市，解决日月纠纷，营造了一个适于生命生存的空间，因为万物皆参与了创世，故而与人类一样拥有平等的共享

---

① 潘定智等编：《苗族古歌》，贵州人民出版社 1997 年版，第 94—95 页。

② 王凤刚：《苗族贾师的故事》，宁文创事业有限公司 2012 年版，第 121—123 页。

关系。《苗族贾理·创世篇·宝瑙妈妈》则交代了人类与各种生物的契约关系。如岩鹰和山鹞之所以能猎捕鸡鸭等家禽即是因为这两类猛禽曾帮助宝瑙妈妈孵蛋。

> 请岩鹰来抱，托山鹞来孵，
> 岩鹰就开口，山鹞就出言：
> "不白帮你抱，不空为你孵，要点牛工价，要点马工钱。"
> 宝瑙妈妈说：
> "我许九笼鸡，我送七笼鸭，作你牛工价，作你马工钱。"
> 山鹰就说道，山鹞就说道：
> "我没有房关，我没有笼装。
> 你拿养在家，你拿喂在寨，
> 今后我走南，以后我走北，
> 走南任捉一只行了，飞北任抓一只可以。"
> 宝瑙妈妈讲，宝瑙妈妈说：
> "九月咱款亲，十月咱待客，冷季留咱用，暖季你再要。"①

正是因为有了上述约定，在苗乡春夏温暖之际，会有鹰、鹞等猛禽来叼走少量鸡鸭幼崽，一般而言只能用敲打竹节大声聒吵赶走鹰、鹞，不能直接猎杀，因为这是人类在创世之初与各类生物的约定，是苗族古歌之生命平等的集体无意识投射。

同样的生命平等观在东部古歌中大量存在，东部丧葬仪式要吟诵《论火把》。这首古歌叙述道：由于各种生物如黄鼠狼、老虎、白鹤、水雀等皆充当亡人舅辈亲，故而在分配遗物时要给这些生灵留下一份，表现出对人类之外的生物的一视同仁。在西部方言区的麻山次方言里，《亚鲁王》的叙事中同样有这种生命平等的创世观。古歌不仅将各类生物皆尊称为祖宗如萤火虫祖宗、猫头鹰祖宗、老鹰祖宗等，而且诸如丧葬仪式上的砍马亦是马祖宗与人类祖宗之间平等的契约关系。笔者正在搜集整理的"亚鲁王与动物和植物卷"中，有各种动物被杀原因的故事。这里没有无缘无故的杀生，也没有口腹之乐的杀戮，它们都是为祖

---

① 王凤刚搜集整理译注：《苗族贾理》，贵州人民出版社 2009 年版，第 140—141 页。

先的过失偿命，为完成自身使命受戮。在那些看来不无血腥意味的仪式背后，是一种万物有灵的尊重和平等。这里有一种非常珍贵的"原始契约"思想，没有人类自我中心的狂妄和为所欲为，"平等交换"思想深入人心，予取予与都必须按规矩，推崇一种合理性、对等性和交换性。①

正因苗族古歌里具有众生和谐的生命观，故而苗族社区中人类与自然万物和谐相处。苗族聚居地区大多植被繁茂，物种多样。在生态文明日渐受到提倡的今天，苗族古歌中生命同源、生命共生和生命平等的和谐生命观应该得到传承和发扬。

2. 苗族古歌表述了积极的劳动创世观

尊重劳动、崇尚劳动、热爱劳动一直是苗族留给其他民族最为重要的印象。因为长期被动迁徙，苗族生活地区多高山深壑，生活条件异常艰苦，然而每到一处新住所，苗族民众则胼手胝足、筚路蓝缕地用自己的双手开垦新的生活居所。20世纪50年代，费孝通先生通过实地调查提出，一到苗族区，最深的印象就是劳动。他常和同志们说：要学习劳动观点，最好到这里上一课，感谢苗家兄弟启发了我们，"只有劳动，才有生命"。②

热爱劳动、崇尚劳动不仅是苗族应对恶劣自然界的必要选择，亦是苗族古歌劳动创世观之长期渗透和浸染的结果，积极的劳动创世观在三大方言区的苗族古歌中皆有大量分布。以东部方言区为例，早在民国时期，东部苗族学者石启贵就在椎牛古辞中搜集了苗族劳动创世的古歌："要唱昔日的歌，要讲从前的古。地本没有地，天本没有天。地上没有岩石地壳，天上没有日月天顶。往谷才来造地，加枷才来造天，才开始造河流繁殖鱼虾，造陆地繁衍人类，才造山造岭，自然造化。"可见，不同于《圣经》里的语言创世，东部方言区的苗族古歌中的创世是基于劳动基础上的物质创世观。

这样的创世观同样体现在中部方言区的苗族古歌与苗族史诗中。在中部最为典型的《开天辟地》（tid waix xit dad）、《运金运银》（qab nix qab

---

① 朱伟华：《苗族史诗〈亚鲁王〉叙事特征及文化内涵初探》，《贵州社会科学》2014年第9期。
② 费孝通：《劳动的苗家》，载于杨万选编：《贵州苗族调查资料》，贵州大学出版社2009年版，第6、12页。

jenb)、《打柱撑天》（dib nix dangt dongs）、《铸日铸月》（liub hnaib dangt hlat）、《枫香树种》（hnuib mangx dod）、《犁东耙西》（kab nangl kait jes）、《栽枫香树》（jenl hniub mangx dod）、《砍枫香树》（luf det mangx dod）八首古歌中，劳动创世的主题贯穿其中，劳动场景和劳动叙事可随意举例：剖帕是好汉，打从东方来，举斧猛一砍，天地两分开；把公和祥公，把婆和祥婆，他们力量大，他们臂力强，把天拍三拍，把地捏三捏，天才这样大，地才这样宽。比苗族古歌产生年代稍晚亦较为世俗化的苗族贾理则明确地交代了劳动的必要性和重要性："脚劳脚有吃，手动手丰衣。脚劳是辛苦，手动是费力。脚劳才足食，手动才丰衣。脚劳肚子饱，懒惰眼皮泡。"

在西部方言区，大量的古歌浸透着劳动创世的主题。尽管创世之时历经千辛万苦、数次磨难，但苗族先民一次次地通过劳动完成创世大业。试举一例：传说爷浓造天时天稀泥烂膏，请来编天大婆和织天大爷等众神断鳖足以衬天，反映劳动创世、众神协力合作的结果。他们从朴素的宇宙生存论出发，认为自然界（包括天地日月星辰）都不是由上帝创造的，而是人类积极劳动创造的结果。[①]

苗族古歌中积极的劳动创世观培育了苗族社区崇尚劳动、热爱劳动的优良品质，苗族社区鄙视不劳而获的寄生生活。正如苗族作家沈从文在其寓言小说《七个野人与最后一个迎春节》中所写的：他们各人尽力做所应做的工，不明白世界上另外那些人懒惰就是享福的理由。热爱劳动，崇尚自给自足的劳动观，这显然是苗族古歌中劳动创世观长期熏染的结果。

3. 苗族古歌构筑了苗族畏感文化的逻辑基点

本尼迪克特在《菊与刀》中曾提到，与西方罪感文化不同的是，日本文化属于耻感文化，二者之不同之处在于耻感文化靠外部的约束力来行善，而不像罪感文化那样靠内心的服罪来行善。[②] 笔者认为苗族文化属于畏感文化，它固然包含外部评价之善恶与内心判断之正误，但其实质源于万物有灵的敬畏之感。畏感文化具体表现为以苗族古歌为核心的人事关系之间的神判裁决和人与万物之间的巫事活动凭据。

首先，就人事之间的神判裁决而言，与畏感文化相应的是神治思想。

---

① 黄英：《文山苗族古歌中的哲学思想研究》，《玉溪师范学院学报》2013 年第 3 期。
② ［美］本尼迪克特：《菊花与刀》，孙志民等译，九州出版社 2005 年版，第 160 页。

与法治社会不同的是，苗族社区虽然具有理老、议榔和鼓社的礼治传统，但由于没有相应的警察、军队、国家等暴力执行手段，上述提到的苗族社区的三大社会管理支柱没有强制执行权，故而苗乡的最高裁决方式是神治即神判。据《凤凰厅志》记载："盖苗族人畏鬼，甚于畏法也。"从边城走出的苗族作家沈从文在作品中亦叙述："地方统治者分数种，最上者为天神，其次为官，又其次才为村长同执行巫术的神的祀奉者"，"他们愿意自己自由平等地生活下来，宁可使主宰的为无识无知的神，也不要官。因为神永远是公正的，官则总不大可靠"。① 故而在传统苗疆，苗族古歌、苗族贾理、议榔等裁决虽然也起着法律判决的作用，但假如对方不服，仍然需要最高的判决方式即神判来作出最后的强制性执行。正如苗族学者麻勇恒所言，在苗族传统村落社会中，纠纷裁定的终极手段是神判，换言之，在苗族村落社会中，神灵作为一种"秩序"的力量已实现了对苗族传统社会生活的全方位嵌入。村落选址、纠纷化解、婚姻与盟约的缔结、疑案破解、权利维护、信誉的建立、权利的强化与制约等，都可以通过"鬼神"力量的介入而得以实现。②

神判在东部方言中称为喝血赌咒（hud nqend jed det），在此过程中讲述誓盟苗族史诗。据《苗防备览》记载，苗民偶遇冤家，忿不能自，必告诸天王庙，设誓，刺猫血滴酒中，饮以盟心，谓之吃血。苗族民众一旦遇上双方无法由理老或寨老调解的重大纷争，往往采用神判方式解决。喝血酒仪式大多由巫师主持，地点选在土地庙或寺庙等阴森之地，由于神判的仪式肃穆庄严，咒语恶毒至极，故而不管是多大的冤屈怨恨，但凡敢于参加喝血酒，在他人看来亦为清白，即使一方受冤，另一方冤枉他人。但由于苗族相信神的公正性——小报三月，大报三年，故而受冤一方平心静气等待对方按照毒咒受到惩罚，而冤枉他人一方则惶惶不可终日，日夜受到精神折磨。从这一层面而言，神判对于受冤者是一种精神解脱，对于冤枉他人者则是精神折磨，能起到精神判决的作用。

其次，就人与万物之间的巫事活动而言，苗族古歌是沟通人类与万物的交流媒介。东部古歌除了《婚姻礼辞》（dut qub dut lanl）在婚礼上吟

---

① 沈从文：《凤子》，载于《沈从文全集》第7卷，北岳文艺出版社2012年版，第107页；沈从文：《七个野人与最后一个迎春节》，载于《沈从文全集》第4卷，北岳文艺出版社2012年版，第186页。

② 麻勇恒：《敬畏：苗族神判中的生命伦理》，民族出版社2016年版，第2—3页。

诵之外，其余的《雷神古辞》（dut Sob）在祀雷时吟诵，《椎牛古辞》（dut niex）在椎牛时唱诵，《傩母傩公》（ned nux bad nux）则为还傩愿之傩歌，东部方言区苗族古歌大量内容是处理人类与自然万物的关系，这也是东部古歌巫风傩影的特点，毕竟任何一次巫事活动都需要禳解灾难，即主办者与所犯神灵的一次沟通、交流、对话和化解。

中部方言区的巫事古歌在鼓藏节上有所表现，最为集中地体现在《苗族贾理·巫事篇》。正如主位文化持有者王凤刚所言，苗族先人"尚鬼信巫"，认为人与自然、人与万物包括鬼神都是共生共存平等的关系，认为《贾》不仅能用来调整人与人的关系，也能用来调整人与自然、人与鬼神的关系，达到人与社会、人与自然、人与鬼神的和谐。①

苗族古歌成为维系苗族畏感文化的逻辑基点表现在上文提及的人事判决与万物的巫事交流，此外，三个方言区的苗族古歌在吟诵内容与吟诵过程中皆存在大量的禁忌亦是构筑苗族畏感文化的表现之一。

（二）口头诗学的兴起

长期以来，关于史诗的研究，由于总是削足适履地套用书面文学的理论，故而在荷马问题（Homeric Question）上纠缠于一个荷马还是集体荷马，直到帕里—洛德理论提出口头诗学不是书写文学的附庸而是独立的表述系统，口头诗学才得以成为一门独立的学科。自 20 世纪 70 年代后陆续出现的表演理论、民族志诗学等新学说，充分利用了口头传统资料，吸收了当代语言学、人类学和民俗学的成果，进行了新的理念和方法论的建构，大大提高了史诗研究的学术地位，使得史诗的研究从附属走向显学——史诗不仅是一种体裁，也是一种生活方式。

纵观以往对苗族古歌的研究，国内学者大多集中于以出版物为参照的文本②研究。笔者认为完整意义上的苗族古歌应同时包括文本与唱本：除了学者搜集、翻译、整理的文字文本之外，苗族古歌至今还以活态即唱本的本文形式流传于民间，且后者是源，前者是流。文本的遮蔽使得长期以来的苗族古歌研究大多采取自上而下的眼光，注重西方诗学或汉语文论对苗族古歌的阐释，造成了以下三个遮蔽。

---

① 王凤刚：《前言》，载于王凤刚搜集整理译注：《苗族贾理》，贵州人民出版社 2009 年版，第 7 页。

② 本论著中的本文与文本是徐新建提出的一对重要术语，属于同一文化样态的两个层面：一个是样态或事物的自身，一个是样态呈现的形式。前者相当于索绪尔所言的所指，后者等同于能指。在本论著中，本文为唱本即活态的苗族古歌，文本为苗族古歌的文字文本。

首先，忽略了民间的本土分类标准。

自 1957 年苗族古歌作为一个专有名词出现以后，陆续出现了近十部标题包含"苗族古歌"的古歌集，此外还有《苗族史诗》、《苗族创世纪》等作品。① 苗族作为一个年代久远、历史苦难的少数民族，由于历史上的大迁徙演变为三大方言区，这三大方言区由于时空的隔离，彼此之间无法用母语交流，苗族古歌历来被视为苗族人民的"圣经"与"百科全书"，那么用母语传承的苗族古歌是否有一个统一的唱本即本文？如果有，则解读苗族古歌是否可以成为解读民族历史和文化的重要参照？如果没有，则为何统称为苗族古歌？这背后是官方的钦定、学者的自觉还是民众的自发？三大方言区的古歌之异同何在？

其次，忽视了苗族古歌的活态传承。

长期以来，由于文字崇拜、文本中心的影响，固有的"诗学"理论实际上局限于文本范围，堪称"文本诗学"②。正是对于文本诗学的偏重，一部分研究者忽视苗族古歌的活态传承，侧重其歌词一维的研究，或对其进行文学审美、史学考据或哲学探讨等，无视苗族古歌至今仍以活态的唱本形式传承于苗族民众的生活之中。

近年来国际口头诗学理论诸如帕里—洛德理论、民族志诗学以及表演理论都对苗族古歌研究的突破提供了参考，苗族古歌研究呼吁突破长期以来的"文本诗学"而走向"口头诗学"。为此，叶舒宪提出了三组纠偏性的关键词语：

1. 活态文学 vs 固态文学；2. 多元族群互动的文学 vs 单一的汉字文学；3. 口传文学 vs 书写文学。文学人类学研究不仅仅是要像《歌谣周刊》那样，倡导文学研究者走入民间搜集整理诗歌谣谚，更需要借助于人类学对广大无字社会文化传承方式的洞察，反思汉语书面

---

① 苗族古歌的搜集最早可推算至 1896 年，但以"苗族古歌"全称出现最早应为 1958 年《民间文学资料》（第四集），后来陆续有田兵编选的《苗族古歌》、燕宝整理的《苗族古歌》、潘定智等编的《苗族古歌》、石宗仁整理的《中国苗族古歌》、夏杨整理的《苗族古歌》、古玉林等主编的《四川苗族古歌》、杨照飞编译的《西部苗族古歌（川黔滇方言）》、王安江搜集的《王安江版苗族古歌》与马萌编著的《苗族古歌——布歌》等出版。

② 徐新建：《口头诗学：回到生活事项的比较研究》，载于《全球语境与本土认同》，巴蜀书社 2008 年版，第 304 页。

文学发生的文化语境和口传渊源，达到超越文本中心主义的深层认识。[①]

最后，漠视了苗族古歌的文化语境。

苗族古歌的研究，民国时期将其视作民族学的材料，中华人民共和国成立初期的歌谣搜集将其视作远古苗族文学素材，"文化大革命"时把它当成少数民族封建迷信，现在的教育体制称其为非物质文化遗产。[②] 可见，非汉民族的口头诗学研究，过程中虽有调整，但一以贯之的都是以文学界定。在现实生活中，苗族古歌与苗族民众的生活紧密相关，并非"史诗"等文学现象所能涵盖，如古歌演唱时仪式的庄严性、语境性和禁忌性等都远非单一的文学研究所能穷尽。

长期以来的歌词维度研究较少联系民间、民俗、民风反思苗族古歌与苗族民众的良性互动，缺少对苗族古歌的唱本关注。笔者认为，只有在大量阅读苗族古歌的文献资料的基础上走向田野，重视民间本土化的观念，尊重民众自己的经验、看法、见解等，这样的双向互补才是完整意义上的苗族古歌研究。

> 我们现代文学课堂上作为书写文本的"文学"，就好比脱离了水环境的鱼虾标本，不足以解说在社会生活中作为信仰、仪式、民俗行为之表达或者伴生形式的"文学"。因此，诉诸民族志材料，是从文学到文本通向活态文学情境的再认识途径。[③]

在这样的学科背景下，笔者的"苗族古歌的文学人类学研究"是以非汉民族的活态口头诗学为个案，通过对其歌词与民俗、唱者与听者、功能与传承来探讨无字民族的口头诗学表达。在近期文学人类学的研究中，梁昭的《民歌传唱与文化书写》、王菊的《从"他者叙述"到"自我建

---

① 叶舒宪：《本土文化自觉与"文学"、"文学史"观反思——西方知识范式对中国本土的创新与误导》，《文学评论》2008 年第 6 期。

② 根据徐新建 2010 年给博士生上课的录音整理。

③ 叶舒宪：《文学治疗的民族志——文学功能的现代遮蔽与后现代苏醒》，《百色学院学报》2008 年第 5 期。

构"》和张中奎的《苗疆再造与改土归流》，无疑为本研究奠定了基础。[1]

（三）人文学科的人类学转向

人类学的兴起虽然晚至 19 世纪初，但到 20 世纪末，伴随着对传统表述的反思与批判，随着阐释人类学与历史人类学等文化范式与文化批评的兴起，人类学给西方原有的人文学科带来了根本性的颠覆与挑战——人类学从传统的寻求单一普世性的学科走向多元的本土性文化阐释的学科。

本论著对人类学的借鉴之一是其田野调查方法。苗族古歌作为活态口头诗歌，研究的基础是田野民族志。对人类学的借鉴之二是其理念如解释人类学、哲学人类学等尊重他者、尊重地方性知识的理念贯穿本论著。此外，借鉴人类学表述角度的主位与客位之分，亦是本论著对苗学研究"自我表述"的一个尝试。

虽然汉文献自古对于苗的记载颇多，但就严格意义上的苗学[2]研究而言，以民国和中华人民共和国成立后为重。民国时期以凌纯声与陈国钧为代表的民族学家的"他者建构"与民国苗族三杰即杨汉先、石启贵、梁聚五的"自我表述"[3] 形成良性互动，有学者将这一时期的研究概括为从民族化到国族化之历程[4]。与之相对的是中华人民共和国成立后从国族化到民族化的凸显：苗族作为中国法定少数民族取得政治身份之后，《苗族史》、《苗族简史》、《苗族迁徙史》、《苗族文学史》等专著至今出版不下400 部。

苗族学者刘芳博士对关于苗族的百年研究作出反思，认为由于实地田野调查的不足，"白描型"、"他观法"的历史发展研究的静态叙述偏多，而深入研究苗族社会现实生活的动态性研究较少。笔者认为苗学研究最大

---

① 梁昭：《民歌传唱与文化书写》，博士学位论文，四川大学，2007 年；王菊：《从"他者叙述"到"自我建构"》，博士学位论文，四川大学，2007 年；张中奎：《苗疆再造与改土归流》，博士学位论文，四川大学，2010 年。

② 苗是苗人苗语自称的汉语音译。历史上，苗是一个较有争议的话题。广义的苗泛指所有的西南少数民族。苗族则相对歧义较少，它指自 1949 年中华人民共和国成立后认定的一个少数民族。本论著所论及的苗侧重为狭义之苗即民族识别后的苗族，从语言学角度而言，指在语言上使用汉藏语系苗瑶语族苗语支系的民族共同体。然而，由于西南各少数民族文化相互涵化，苗族古歌的诸多主题与赖以滋养的文化语境和西南其他少数民族有少许交叉，李炳泽就提出苗学指研究苗族各方面的综合学科。

③ 张兆和：《从"他者描写"到"自我表述"》，李菲译，《广西民族大学学报》（哲学社会科学版）2008 年第 5 期。

④ 谢幸芸：《近代中国苗族之国族化》，硕士学位论文，台湾师范大学，2011 年，第 1 页。

的问题在于他者的遮蔽：苗族历史被汉族的通史切分，苗族的口头诗学被西方文本诗学或汉语文论遮蔽，苗族古歌成为中国少数民族文学史中一笔带过的"南方创世史诗"中的一小部分。

从人类学的视角来看，苗族古歌的研究呈现以下局限。

首先，非系统性。苗族古歌在内容上的丰富性与包涵性使得对其进行任何一个单独学科的阐释都具有明显的局限性，正如刘峰所言，就苗族古经而论，将之视为民间文学的研究对象，便暗中预设苗族古经相对于"经典"的"他者"；以民俗学视之，则设定了苗族古经为远古社会的"文化残留"之遗俗；以民族学框之，苗族古经也就成了简单社会的"黏合剂"（具有功能性）而已，因为社会学被潜藏设定为研究复杂社会。①既然学科分类的局限性使得任何一位学者对于其研究不可能做到面面俱到，但设若将苗族古歌吟诵的整个语境作为调查对象，其系统性研究则会有所改善。

其次，地域偏窄性。由于田兵选编的《苗族古歌》与马学良编撰的《苗族史诗》较早出版，社会影响较大，而这两本古歌集都仅仅取材于中部方言区，使得较多的学者将苗族古歌狭窄地定义在黔东南地区，故而苗族古歌的研究长期以来对于中部方言区的探讨较多，而忽视了东部及西部方言区，造成了苗族古歌整体性研究的缺失。

最后，文本局限性。苗族古歌的研究大多集中于理论分析，没有展开基于田野调查的民族志分析，这使得理论研究与当下现实运用脱节，成为学者纸上谈兵的讨论。苗族古歌并非固定文本，它至今仍在苗族民众的日常生活中被大量运用，如婚礼上的《苗族婚姻礼辞》、葬礼上的《亚鲁王》、鼓藏节期间的《鼓藏古歌》等都潜移默化地影响着苗族民众的日常生活，故而动态的田野民族志成为完整性研究的基础。

在人类学转向的时代背景下，苗学研究呼吁立足于田野与民间的"自我表述"。苗族古歌作为苗族民众最原初的口传文化，其重要性有如西方基督徒之《圣经》，因此，研究这一长期流传并深远影响苗族民众的古歌，成为探讨苗族"自我表述"的逻辑起点。本论著试图对苗族古歌进行文学人类学研究，立体化地阐释苗族古歌的兴盛原因，对比苗族古歌在"文化大革命"和改革之前的屡禁而唱与当下的屡倡不唱的强烈反差，

---

① 刘峰：《苗族古经释义及其研究进路》（未刊稿）。

运用三重证据法解读以苗族古歌为圆心的苗族文化系统，解释长期以来苗族地区"有族属而无君长、崇鬼尚巫、万物有灵"的神治语境，反思苗族古歌对苗族文化的传承和对苗族民众生活的影响。

二、术语解释

（一）苗族古歌

苗族古歌被誉为苗族的"圣经"。马学良称赞它是"古代苗族人民生活的瑰丽画卷"，是"形象化的民族发展史"。[①] 近百年以来，关于苗族古歌的文章和专著的发表和出版引起国内外学者的强烈关注，苗族古歌多次被写入中国苗族史、苗族文学史和中国民间文学史。随着各地非物质文化遗产的积极申报，苗族古歌先后5次进入国家级非物质文化遗产目录[②]。

苗族古歌并非专有名词。从苗族民间自称而言，西部方言区之川黔滇次方言区的本土称谓"hmongb ngoux loul"（音译：蒙歌老）可直译为苗族老歌或苗族古歌，东部方言区之"dut ghot dut yos"（音译：都果都谣）可直译为古言古语，中部方言区之"hxak lul hxak ghot"（音译：夏鲁夏个）可直译为老歌、根古歌。通过苗语直译可见，在三大方言区都凸显其"古、老、长"，但民族性（苗族）显然是翻译者意译后所加。换而言之，在本文里，没有"苗族古歌"，只有 hmongb ngoux loul、dut ghot dut yos 或 hxak lul hxak ghot 等，"苗族古歌"是文本化名词。

早在1896年，英国传教士克拉克就开始对西部方言区的古歌进行调查，民国时期陈国钧等民族学者做过专题研究，本土学者石启贵、杨汉先等既搜集又探讨其特性。"苗族古歌"作为专有名词第一次出现在1958年出版的《民间文学资料》（第四集）中，1979年，田兵选编的《苗族古歌》由贵州人民出版社出版，并获1979—1982年中国民间文学作品一等奖，此后，苗族古歌逐渐为世人所认同。

---

① 马学良等译：《苗族史诗》（Hxak Hmub），中国民间文艺出版社1983年版，第1页。

② 在2006年5月公布的第一批国家级非物质文化遗产名录中有广泛流传于黔东南的《苗族古歌》、贵州施秉县的《刻道》（即《开亲歌》）；在2008年第二批国家级非物质文化遗产名录中有黔东南苗族侗族自治州申报的《苗族贾理》；在2010年第三批国家级非物质文化遗产名录中有流传于紫云苗族布依族自治县的《麻山苗族古歌——亚鲁王》，同年花垣县申报的《苗族古歌》入选扩展目录。

笔者认为，"苗族古歌"的提法值得商榷。"苗族古歌"是以民族作为定语修饰古歌，以民族族别苗族界定古歌，其优势是强化民族认同，其劣势则是漠视个体的差异性。事实上，由于苗族历史上战争与迁徙不断，故而三大方言区古歌的个性与共性并存，概而称之为"苗族古歌"会造成没有实地调查的学者在运用上的混乱。如华中师范大学王曼利的硕士学位论文《文本背后的文本——苗族古歌〈说古唱今〉语境研究》就嫁接了东部方言区的古歌称谓 dut ghot dut rangs（都果都让）和中部方言区的古歌《说古唱今》的内容。①

下文拟从苗族古歌的文本定义概述、苗族古歌的本文称谓梳理等方面探讨文本与唱本二元并置的苗族古歌。

1. 苗族古歌文本定义概述

苗族古歌的界定可谓众声喧哗。比较有代表性的观点有苗族学者苗青提出的观点，他认为苗族史歌的称谓比苗族古歌更为贴切。

> 苗族史歌是苗族人民使用本民族语言来叙述本民族的神话、传说、历史、风俗习惯的叙事诗。内容包括开天辟地、洪水滔天、人类来源、始祖创业、部落战争、民族战争、民族迁徙、风俗习惯的来源等等。我们之所以要提"史歌"而不要提"古歌"，是因为"史歌"这一概念要比"古歌"确切得多，也符合苗族文学的实际情况。②

马学良认为，如同许多少数民族一样，苗族群众以歌唱的形式来颂扬祖先的丰功伟绩，因此过去习惯地称之为"古歌"或"古史歌"。这些诗歌详尽地记载了苗族族源、古代社会状况及风土人情等，苗族人民把这些诗歌看成自己的历史，所以称之为"苗族史诗"更为恰当。

潘定智提出，苗族古歌就是苗族史诗，古歌是苗族民间的说法，史诗则是学术术语。③ 这样的相互阐释引入主位与客位，遗憾的是，没有进一

---

① 王曼利：《文本背后的文本——苗族古歌〈说古唱今〉语境研究》，硕士学位论文，华中师范大学，2008 年，第 1—2 页。

② 苗青：《长长的路长长的歌》，载于苗青主编：《西部民间文学作品选（2）》，贵州民族出版社1998 年版，第 30 页。

③ 潘定智等：《宏伟的创世史诗 丰富的古代文化》，载于潘定智等编：《苗族古歌》，贵州人民出版社 1997 年版，第 2 页。

步展开探讨。

"中国少数民族专史丛书"中的《苗族史》对苗族史诗作了简短的说明，把它归入"原始口头文学"这一更为宽泛的文学样式之中，并在文中大量引证，凸显了无字民族"话本史"①的重要性。

在众多的阐释中，笔者较为认同夏杨先生的说法。他认为，古歌是苗族叙述本民族神话、传说、古史的叙事诗，包括创世纪、洪水滔天、人类来源、远祖创业、原始部落战争、民族迁徙等内容，另外也用来叙述各种风俗习惯的由来、爱情、婚姻等故事。②

对于苗族古歌的界定，罗丹阳在其硕士学位论文里就中部苗族古歌的定义，从时间和篇幅内容、传唱地点和区域、调值、演述形式、语言、演述时的取态共六个层面加以探讨，其结论为："不管称古歌还是史诗，都是以歌（诗）来叙述古代历史的。"③

必须提及的是祖父子三代10余人历时80多年进行苗族史诗研究的吴一文及其家人。吴一文在系列论著《苗族古歌与苗族历史文化研究》、《苗族史诗通解》中多次修订苗族史诗的定义。其父今旦认为苗族史诗的界定应从内容、形式、唱者群体及歌唱场合与方式等几个方面综合考虑——凡是内容古老、五言问答，歌者以中老年为主，场合庄重盛大，唱时伴有歌花的即可称为古歌，缺一不可。④ 吴一文认为即便具备这五个条件仍然不够，因为其较少考虑苗族史诗的内容，在博采众长之后，他提出：

> 苗族史诗流传于苗语黔东方言区，以五言为基本句式，以穿插有歌花的问答式对唱为主要演述形式，以创世、敬祖、民族迁徙为叙事主题，内容篇章之间有紧密逻辑联系，具备史诗性质的苗族民间活形态押调口头传统。⑤

---

① 徐新建：《表述问题：文学人类学的起点和核心》，《西南民族大学学报》2011年第1期。
② 夏杨：《写在前面》，载于夏杨整理：《苗族古歌》，德宏民族出版社1986年版，第1页。
③ 罗丹阳：《苗族古歌的口头演述与文本制作——以黔东南双井村苗族歌师传唱的"瑟岗来"（Seib Gangx Neel）为个案》，硕士学位论文，中国社会科学院，2007年，第3—5页。
④ 今旦整理译注：《苗族古歌歌花》，贵州民族出版社1998年版，前言第7页。
⑤ 吴一文：《什么是苗族史诗（代前言）》，载于吴一文、今旦：《苗族史诗通解》，贵州人民出版社2014年版。

作为长期致力于苗族史诗研究的专家，吴一文的定义从形式与内容上堪称缜密，其不足之处在于将苗族史诗仅限于黔东南即中部方言区。

此外，石如金等人将苗族古歌命名为"苗族创世纪史话"①，龙炳文称之为"古老话"②；作为非物质文化遗产，各个地区的申报材料里出现"苗族古歌"、"刻道"、"亚鲁王"及"苗族贾理"等不同称谓。

纵观众多学者的论述，要么强调苗族古歌的地域性，认为苗族古歌仅限于黔东南地区，如吴一文、罗丹阳等；要么强调其与民间文学的对接，因而将其纳入神话史诗等，如今旦、马学良、段宝林等；要么强调古歌演唱内容的民族性，强调苗族古歌对苗族历史的记忆和储存，称之为"史歌"、"史话"，如苗青、石如金、田兵等。笔者试图将不同学者对苗族古歌的命名与定义概括如下（见表0-1）。

表0-1 不同学者对苗族古歌的定义

学者	命名	作者族别	侧重内容
段宝林	神话史诗	汉族	民间文学
马学良	苗族史诗	汉族	民间文学
田兵	苗族古歌	汉族	苗族原始文学
苏晓星	苗族古歌	彝族	苗族古代文学
潘定智	苗族史诗、苗族古歌	苗族	民间文学
龙伯亚	古歌	苗族	原始口头文学
苗青	苗族史歌	苗族	历史
石如金	苗族创世纪史话	苗族	历史
龙炳文	古老话	苗族	历史
石宗仁	中国苗族古歌	苗族	历史

综上所述，将苗族古歌列入民间文学的观点，是针对个人精英的书写，认为苗族古歌属于非汉民族的集体口语创作；强调其属于苗族原始文学、苗族古代文学或原始口头文学的学者则凸显其产生或形成于原始社会时期，这是线性历史阶段论的直接产物，殊不知苗族古歌的口头诗学特性

---

① 石如金、龙正学搜集、翻译：《苗族创世纪史话》，民族出版社2009年版。
② 龙炳文、龙秀祥等整理翻译：《古老话》，岳麓书社1990年版。这是东部方言区较早出版的古歌文本，书中将苗族古歌称为古老话。

决定了其发源于远古，在历史过程中不断丰富，迄今为止依然在苗族社区活态传播；将苗族古歌界定为苗族史歌、史话之观点强调其历史的承载与厚重，这显然是由于长期以来在苗族无书面文字的历史投射下而形成的以古歌记事之特性，然其不足在于除了东部方言区之苗族迁徙古歌与西部方言区之战争古歌具有一定的史料价值之外，散布于三个方言区的庞杂的创世主题除了模糊的历史记忆，更多地具有亦神亦俗的"神话历史"之特性。而实际上，苗族古歌不仅具有历史性一维，还具有宗教性、文学性、哲学性等多个维度的特性。

正是因为各有侧重，故而被学者搜集、整理和翻译后的苗族古歌即文本的苗族古歌称谓多样，出现了"苗族古歌"、"苗族史诗"、"古老话"、"苗族创世纪史话"、"亚鲁王"等不同称谓。仅东部方言区出版的文本化的苗族古歌就有《古老话》①、《中国苗族古歌》②、《苗族创世纪》③、《湘西苗族巴代古歌》④、《湘西苗族古老歌话》⑤ 以及《苗族古语》⑥ 等。

在笔者与《苗族创世纪史话》之搜集者石如金的访谈中，他解释道：

（苗族古歌）至于命名，一个字：史。古歌、史诗、史话都好，都是一个字：史。我为什么叫史话？龙炳文的《亲言亲语》已经称为《古老话》，我要叫《古老话》不就重复了吗，干脆我就叫史话。⑦

此外，巴兑大师石寿贵认为：

在东部，我们不叫苗族古歌，我们叫古老话。古老话是远古时代留传下来的语言，又叫"古言古语"、"宗言祖语"。我将它称为《湘

---

① 龙炳文、龙秀祥等整理译注：《古老话》，岳麓书社 1990 年版。
② 石宗仁搜集整理译注：《中国苗族古歌》，天津古籍出版社 1991 年版。
③ 龙正学搜译：《苗族创世纪》，中国言实出版社 2011 年版。
④ 龙宁英等编注：《湘西苗族巴代古歌》，湖南人民出版社 2012 年版。
⑤ 张子伟编：《湘西苗族古老歌话》，湖南师范大学出版社 2012 年版。
⑥ 佚名演唱，1985 年石家禄笔录并汉译，4 开纸 11 页，280 行，稿存于湘西土家族苗族自治州民族研究所。
⑦ 笔者对《苗族创世纪史话》搜集者石如金的录音采访。石如金，苗族，中央民族大学副教授，搜集了大量的东部方言区苗族古歌，陆续出版了《苗族创世纪史话》、《湘西苗族理词》等。

西苗族巴代古歌》和《湘西苗族古老歌话》。①

众多的命名与苗族古歌丰富的内容息息相关。文本化不仅较为完整地保存了苗族古歌，而且扩大了受众面。

2. 苗族古歌本文称谓梳理

完整意义上的苗族古歌应包括文本与唱本，除了学者搜集、翻译、整理的文字文本之外，苗族古歌至今还以唱本的形式流传于民间，且后者是源，前者是流。苗族古歌至今依然活态地传承于苗族社区中，故其称谓与归类值得梳理与探讨。

三大方言区的苗族古歌既有共性又有个性。就内容而言，若以地域为坐标，其分布个性为神意盎然之中部古歌、巫风傩影之东部古歌及战争浸染之西部古歌。

苗族古歌在东部方言区就内容而言统称为 dut ghot dut yos（音译：都果都谣）。Dut ghot dut yos 包括三大板块的内容即 dut ghunb（巫辞）、dut ghot（古老话）、dut lis（理辞）。狭义而言，苗族古歌仅限于 dut ghot（古老话），其内容为 dut sob（雷神古辞）、dut niex（椎牛古辞）和 dut qub dut lanl（婚姻礼辞）。

广义而言，中部方言区苗族古歌包含苗族贾理（jax lis）②、刻道③等古歌。狭义而言，中部方言区苗族古歌仅指十二路古歌即开天辟地、运金运银、打柱撑天、铸日造月、犁东耙西、栽枫香树、砍枫香树、妹榜妹留、十二个蛋、洪水滔天、兄妹结婚、沿河西迁。

西部方言区由于居住分散，古歌的称谓分歧较大，由于大多篇幅短小，故而较难以点带面总结其称谓，其中黔滇次方言有 "hmongb ngoux loul"（音译：蒙歌老）之说。此外，西部苗族古歌有一条战争题材的主

---

① 笔者对巴兑大师石寿贵的田野采访。

② 古歌和贾理的区别有众多不同声音，具体可以分为三种：第一种观点认为 "贾理" 是包罗万象的，包括古歌和民族习惯法、民族哲学思想、民族迁徙史、历法，类似一个综合的文本；第二种观点则认为古歌是源，贾理是流；第三种观点则提出两者属于并列的两种文类，二者之间有交叉，但不涵盖。

③ 《刻道》研究者吴小花认为，流传于施秉、黄平、镇远一带的《刻道》作为《开亲歌》的一部分，从其演唱场合而言属于酒歌（调），但苗族古歌在当地属于大歌（调），故而完整的《刻道》不属于古歌系列，然其创世部分属于本论著古歌。吴小花，女，苗族，中山大学在读博士，研究方向为文化认知。

线贯穿其中，即亚鲁古歌。

西部亚鲁古歌并没有一个统一的称谓，据笔者调查，有杨娄古仑（yangx lous gud nenb）、亚奴、亚鲁、杨鲁、杨洛、杨陆、羊鲁、央鲁、央洛、牙鲁等不同称谓。在其文本化的非物质文化遗产申报中，搜集整理者杨正江这样解释：

> 杨培德[①]老师提醒我，以《麻山苗族古歌》这样的命名申报上去不太适合，因为黔东南的苗族古歌已经得到了认定，再以《苗族古歌》的命名申报就显得重复。后来由杨培德老师定名为《苗族英雄史诗——亚鲁王》。[②]

可见，此处所言的亚鲁（yax lus）为本土性称谓，这首古歌的影响在麻山就像汉族人生活中的儒家文化一样，他们的言行、房屋建筑甚至生命史都受《亚鲁王》影响，后来命名为《苗族英雄史诗——亚鲁王》，可以看成深受学术界史诗分类的影响，可以看成地方性知识纳入学术话语的较佳个案。

> 《亚鲁王》是迄今发现的第一部苗族英雄史诗，它的发现、记录和出版改写了已有的苗族文学史乃至我国多民族文学史；与已知的许多英雄史诗不同，《亚鲁王》是原始农耕文明时代的文化架构，它的问世，为中国文化多元化增添了新的元素，为已有的世界史诗谱系增添了一个新的家族。[③]

笔者认为，亚鲁（yax lus）古歌由本文走向文本的过程中，在扩大其受众面的英雄史诗称谓上更注重与民间文学的对接，却不可避免地遮蔽了其送魂、治病、破案与祈福禳灾等功能，从动态的仪式展演走向静态的文

---

① 杨培德，苗族，贵州凯里人，河湾苗学研究院院长，苗学研究专家。后来笔者在对杨培德先生的访谈中得知，杨鲁古歌遍布整个西部苗族。其实早在民国时期，苗族学者杨汉先就搜集了类似的古歌，当时以"杨六郎"命名，显然属于王明珂提出的"攀附理论"的较好注脚。

② 根据笔者对杨正江的田野访谈的录音整理。本论著附录中有更为详细的相关介绍。杨正江，男，苗族，紫云苗族布依族自治县水塘镇人，《亚鲁王》翻译整理工作室负责人。

③ 刘锡诚：《〈亚鲁王〉：原始农耕时代的英雄史诗》，《西北民族研究》2012 年第 3 期。

字阅读。

通过苗族古歌的文本和本文梳理可知，长期以来重文本轻本文的研究使得苗族古歌一旦经搜集整理，以书面的文本形式出现后，就脱离了其产生的苗族社区语境。

3. 苗族古歌的文本与本文并置

苗族是一个有语言而无文字的民族，素有"什么都用诗来记"和"百句话不如一句歌"的传统，正因此，苗族民众拥有一套完整的诗歌系统。那么较之于共时的理辞、活路歌、劳动歌、祝辞、酒歌、情歌、儿歌、巫辞，较之于历时的起义歌、苦歌或有明确年限的传说之歌，苗族古歌如何界定？

界定苗族古歌必须逐一回答最为核心的问题：从字面意义而言，苗族古歌即"苗族"之"古""歌"，故而需从三个层面加以思考。首先，此处的"苗族"指谁？其在地理上怎样分布？其次，"古"是参照怎样的时间标准？古歌之"古"是指年代的久远还是仅仅指发生在过去？判断其是"古"还是"今"是由时间断定还是内容断定？最后，"歌"是指其体裁还是内容？

综上，探讨苗族古歌需从母语出发，从最基本的三个关键词即苗族、古、歌入手。

首先，就苗族而言，可以从语言与地域来说。从语言学的角度而言，从语种来说，苗族古歌用苗语流传。李炳泽将苗族古歌之"古"归结为"非口语"的特性，具体而言为词汇的古旧化与华丽化等。苗族古歌长期以来一直以口头诗学的唱本形式流传于苗族民间，其被文本化历时较短。在流传方式上，本论著所言的苗族古歌主要以流传于苗族民间的口头传统为重，此外包括已经公开出版的文字文本，当然还包括音像或视频文本；在流传地域上，以苗族聚居地为空间载体，以苗族三大方言区为地域坐标，而不仅仅局限于中部、东部或西部方言区，只有三大方言的整体参与才构成完整意义上的苗族古歌本体。

其次，从古来说，可以从以下两个角度理解。从内容来说，本论著所言的苗族古歌，大多为远古性的神话历史题材：其神话性题材如开天辟地、万物起源、苗族族源等皆关注苗族对于世界原初的认知以及解释体系，而历史性题材则表现为对远古战争的描写和对民族迁徙的叙述。从时间断代而言，苗族古歌为远古性题材。虽然苗族古歌属于活态口语传统，在传承中不断丰富，但其主干的定型时间年代久远，这使得它区别于国家在场后的历史歌谣如有明确年限的《张秀眉之歌》、《吴八月之歌》等。

最后，从歌的角度即表现形式看，苗族古歌虽与民间故事、传说等在内容上有重合，甚至出现内容完全重合的情况，但此处所言的苗族古歌，其表现形式仅限于或唱或吟的韵文体。

通过上文的梳理可知，苗族古歌的界定按照人类学主位与客位的二分法有自称和他称之别。广义而言，所有苗族古歌的歌谣皆可称为苗族古歌，苗族史诗特指篇幅宏大的苗族古歌；狭义而言，苗族古歌指在苗族聚居地用苗语流传的有关开天辟地、万物起源、战争与迁徙等远古性题材的韵文体口头传统。本论著取其狭义之说。

（二）Bax deib（巴兑）

Bax deib（巴兑）即苗族东部方言区的祭司。苗族巫文化研究专家麻勇斌曾在系列著作中论及：

> 苗语称职业之巫为 bax deib 或 bad deb（音近巴兑或巴代）。"巴"的苗语意思是雄性；"巴兑"的意思就是"雄性的兑"。这个称呼说明最初的 deib（兑）专指女性巫者。[①]
>
> 这个语音（deib）在初始时期的语义应是"生火"，继而成为"善于生火者的尊称"，继而演变成"祭司"的专称，再演变成"掌管沟通人神、维护安全事务的首领"的尊称、专称，语义最后锁定为"帝"。[②]

同样在东部方言区，有学者持不同的解释：

> "巴代"，是苗语记音，苗文拼音为"bad deb"，其中"bad"是父，是男，是雄性，是阳刚之意；"deb"是子，是儿，是下代，是后代之意。"bad deb"合起来就是"父子"、"父子相传"、"传承"、"父子相传的东西"。巴代，是苗族文化的传承者，是"文化秘密的传承者"。巴代是古老无文字社会里文化传承的特殊载体，"掌握文

---

① 麻勇斌：《阐释迷途：湘黔交界地苗族神性妇女研究》，贵州人民出版社 2004 年版，第 212 页。
② 麻勇斌：《苗语称谓巫者之"bax deib"音义辨析》，《中央民族大学学报》2016 年第 1 期。

化密码"、"掌握文化秘密"的人。①

众多不同的阐释使得目前对于巴兑一词尚无大众普遍接受的解释。如以其在苗族社区的功能而言，在以宗教伦理和习惯法为主要管理制度的时期，巴兑与理老、寨老或族长构成苗族社区内部的管理阶层，其中理老以"理"、寨老或族长以"权"、巴兑以"神"参与社区的内部管理。学者龙正学的阐释详细而具体：

> 若仔细深入观察苗区的社会内部，为什么能够维系得有条不紊呢？除了祭司起着积极的因素外，还有两种人，也是不可忽视的重要因素。一种人叫"bad jangs dut"即"理老"，另一种人叫"ghob ned ras"即"自然领袖"或"寨老"。"祭司"、"理老"、"自然领袖"在职责上既有区别的一面，也有相互依存的一面。一般来讲，"祭司"好像旧时代封建王朝的皇宫里的"太仆"和"史官"，他既掌握宗庙祭祀的典章礼仪，又记录历史文献传之于后。"理老"掌管立法、司法。他按照约定俗成的不成文法，对有关婚姻、财产、土地、水利、偷盗、刑事等秉公裁判，并依照各种理词条款内容的属性，针对发生纠纷的原因、是非、真伪、善恶、正反等，加以详细的解释，使双方中的某一方自知理亏，愿意听从"理老"的调解。"自然领袖"是族中辈分最高，年龄最大，德高望重者。他偏于政权的执掌，使发生事端的双方得到合情合理的了结。②

从巴兑与理老、寨老之比较得知巴兑之职主要与宗教有关。关于中国民间之宗教，李亦园先生曾提出，与西方的"制度化的宗教"不同，中国属于"普化的宗教"。具体而言则是指一个民族的宗教信仰并没有系统的教义，也没有成册的经典，更没有严格的教会组织，信仰的内容经常与日常生活混合而没有明显区分。正是基于这种特性，其仪式成分包含有祖宗崇拜、神灵崇拜、岁时祭仪、农业仪式、占卜风水、符咒法

---

① 麻三山：《隐藏在记忆里的文化符号》，博士学位论文，中央民族大学，2010年，第37页。
② 龙正学：《苗族祭司初探》，载于龙正学搜集整理：《苗族创世纪》，中国言实出版社2011年版，第311页。

术。① 不过，巴兑并非苗乡唯一的宗教人员。在重鬼尚巫的苗乡，巴兑需要与当地的宗教人员如仙娘（xangd niangl）比较，才能认识其重要作用与职能。

仙娘多为女性，并无家族传承和师徒传承之说，大多为神授即阴传。一个正常的成年人突然生一场莫名其妙的大病，后来莫名其妙地痊愈。痊愈之后的仙娘获得了与众不同的"开天眼"潜质，从而能在做法事的时候通过"过阴"② 获得与鬼神及亡灵交流的能力。仙娘与巴兑之关系体现在：仙娘主要负责判断在"三十六栋神、七十二堂鬼"中主家究竟犯的是哪路鬼神，巴兑则依言操办。

笔者曾问一位巴兑为何必须要仙娘判定主人家操办何堂法事，他坦言：

> 俗话说："药师救得无鬼病，老司（巴兑）救得长命人。"在我们这里，总是有些人运气不好，沾染上灵魂鬼怪。要仙娘看要做哪堂法事是老祖宗的规矩，因为如果做了法事后还不顺，那只能怪仙娘看得不准，与我们巴兑无关。③

上文巴兑之"兑"的含混和模糊之处，学者麻勇斌在梳理其演变轨迹时提出，苗族男性之巫夺得在巫"市场"上的"垄断"地位，致使女性之巫自称 deib（兑）的权利被夺去了，只剩下一个象征极坏极毒的蛊。④

较之仙娘的附属地位，巴兑属于苗乡原始宗教的主流主持者，但改土归流以来国家力量的干预，使得巴兑逐渐淡出苗乡的社会管理角色，主持祭祀成了他们的重要职责。

虽然在巴兑或巴代的称呼和定义方面稍有出入，但在其分类和功能上，东部方言区具有一致性。按照所念唱词为苗语还是汉文，巴兑可以分为 bax deib xongb（巴兑雄）和 bax deib zhal（巴兑札）两种，笔者将这二者的异同概括如下（见表 0 - 2）。

---

① 李亦园：《宗教与神话》，广西师范大学出版社 2004 年版，第 116 页。
② 过阴即神鬼附身，从而获得超凡能力。
③ 笔者 2012 年对松桃苗族自治县正大乡吴素良巴兑的田野访谈。
④ 麻勇斌：《阐释迷途：湘黔交界地苗族神性妇女研究》，贵州人民出版社 2004 年版，第 212—213 页。

表 0 - 2　巴兑雄和巴兑札的异同

功能＼名称	巴兑雄	巴兑札（含道士）
从事法事语言	全部用苗语	大多用汉语，偶尔用苗语
主持法事列举	xid sob（祀雷）、nongx niex（椎牛）等	qod nux（还傩愿）等
吟诵古歌列举	祀雷、椎牛等法事以及葬礼上的招魂或多或少都涉及苗族古歌	仅有《还傩愿》之 dut nux（傩公傩母）涉及苗族古歌
结论	源	流，同道教、佛教交融

　　笔者认为，就巴兑雄和巴兑札之源流关系而言，巴兑雄是源，巴兑札是流。东部苗族古歌除了《还傩愿》由巴兑札吟诵之外，其余《雷神古辞》、《椎牛古辞》皆由巴兑雄吟诵。在当下生活中，如果非要用市场竞争来比较二者的话，巴兑札胜于巴兑雄。这是因为巴兑雄所从事的法事具有较多的禁忌性和封闭性，而巴兑札则宽容和接纳外来文化，可以看成巴兑文化对外来文化调适的结果。

三、研究纲要

　　通过上文梳理可知，苗族古歌是苗族民众用苗语传承的古歌谣。关于苗族，本论著特指 1949 年后由中华人民共和国民族识别后作为中华法定少数民族之一的民族。在此界定上，笔者避开苗在共时上的国际分布以及在历时上的争议与分歧，而将研究对象限定在中国境内 1949 年民族识别之后汉藏语系苗瑶语族苗语支的民族共同体，并以三大方言区①为地域坐标，将苗族古歌研究作出基本的地理限定，以贵州为主要研究地域，兼及湖南、云南、四川等苗族地区。

　　上文在口头诗学的兴起部分探讨了苗族古歌研究的三个遮蔽即忽略民间的本土分类标准、忽视苗族古歌的活态传承与漠视苗族古歌依托的苗族文化语境，随后又在人文学科的人类学转向部分提出苗族古歌研究的三个不足即非系统性、地域偏窄性与文本局限性，本论著提出苗族古歌的文学人类学研究，更多地是将苗族古歌作为一个整体的系统进行民族志基础上

---

①　苗族三大方言区即川黔滇方言区、黔东方言区、湘西方言区，依次称西部、中部、东部方言区。

的探讨。

早在 20 世纪 90 年代，徐新建就提出歌谣研究的系统性：

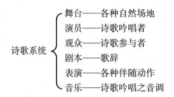

徐新建提出诗歌系统说是基于他对文本诗学的遮蔽反思：

> 在中国范围内，由于汉族文化的主导地位，在自孔子传承下来的儒学传统影响下，至今流行的诗歌概念及其制约下的诗歌活动大多属于偏窄的文学现象。相反，由于苗族文化的独立性，其共同体的诗歌活动则更多近于多功能的全民性文化现象。因此，若要对其加以分析研究的话，所采用的观点和方法自然远远超越文学的范围。

苗族古歌迄今为止的研究大多集中于歌词一维，这样的研究对于精英的文本书写是基础，然而对于文化性大于文学性的活态口头传统显然是不够的。正是鉴于诗歌研究从文学到文化的研究路径，徐新建提出苗族诗歌系统的研究应包括以下三个维度：

诗歌系统 { 主体：作者、唱者、听者

功能：时间、空间、心理、社会

媒介：动作（舞蹈）、语言（音乐）、歌（音调）

此外，徐新建在《侗歌民俗学研究》中进一步阐释，文学人类学是把人类学的传统直接运用来研究歌谣的具体事项。这并不仅仅是田野调查法等方法论的借用，而是在整体人类学的基础上，以"歌唱为本"的眼光和文化对等的心态，直接面对各族歌俗，去观察、体验，然后才进行描述。在理念上，文学人类学批判以往文学记录歌词、音乐关心歌乐、民俗考察歌俗的隔离。文学人类学提出，所有这一切的基础在于"唱"：歌词是唱出来的；歌乐存在于歌唱中；至于歌俗，更是通过"唱"，才得以呈现。在研究对象上，文学人类学研究它的发生（包括"历史上"和"情景上"）、特性（包括呈现和类型）、发展（包括空间和世代的接受、传播）、功能（包括对个体的和对族群的）。①

在此意义上，笔者认为苗族古歌的文学人类学研究即对其三个维度的探讨，具体而言，即歌词与民俗、唱者与听者、功能与传承，本论著通过六章来完成四个学术目的。

第一章，苗族古歌研究综述与理论构建。苗族古歌的调查、搜集、整理已逾百年，对其梳理既是本论著的借鉴材料又是本论著的逻辑起点。正是基于对前期研究的反思，本论著提出展开文学人类学对于苗族古歌研究的必要性。

第二章，苗族古歌的分布与分类。就作品角度而言，古歌之"古"即在于其内容具有一定的相对固定性，从而使得对其空间分布与内容的分类研究具有可行性。本论著以苗语三大方言区作为地域坐标，探讨其分布个性特征为神意盎然之中部古歌、巫风傩影之东部古歌及战争浸染之西部古歌，在共性上分析其创世、战争与迁徙的主题，从而使本论著的研究对象有一个明晰的范围。

第三章，苗族古歌的歌词与民俗。与固定僵化的书写文本不同的是，苗族古歌至今还以活态即唱本的形式流传于苗族民众之中，那么"五个在场"②的古歌是唱还是诵？其音乐性有何特征？其所唱的歌词与日常生活语言有何不同？其传达的核心是什么？其所赖以滋养的民俗语境怎样？本论著以口头诗学为核心，对苗族古歌的歌词与民俗进行立体研究，以歌为核心，向词、俗辐射，故而苗族古歌的研究需要突破歌词一维，在以神话、历史和民族三个关键词解读歌词的基础上，引入古歌之音乐性探讨与古歌之赖以寄生之民俗，这是进入苗族古歌唱本研究的基础。

第四章，苗族古歌的唱者与听者。苗族古歌的唱者与听者是谁？三大方言区的唱者有何共性与个性？在苗语中怎样称呼与分类？有哪些较为突出的代表性人物？此外，与文字文本的读者不同，苗族古歌的活态口头性

① 徐新建：《侗歌民俗学研究》，民族出版社 2011 年版，第 210 页。
② 廖明君、巴莫曲布嫫：《田野研究的"五个在场"——巴莫曲布嫫访谈录》，《民族艺术》2004
年第 3 期。

使得听觉冲击是第一位的，那么，听者是谁？怎样分类？据田野调查得知，苗族古歌由于流传年代久远，很难考证其原初作者，但由于其口头诗学特有的"创作中的表演"，故而作者即唱者。苗族古歌之唱者包含巴兑、东郎、理老及古歌师，并非简单的一个歌手概念所能涵盖。而听者之所以作为本章探讨的一个概念，是因为听者同样参与了苗族古歌"表演中的创作与传承"。从接受者角度而言，相对于书面文学单一的文字视觉阅读，苗族古歌的听觉性使得其接受者多元——除了人类作为听者之外，世间万物甚至鬼神与亡灵同样构成苗族古歌的听者。如东部方言区《祀雷》中的听者包含雷神等众神谱系，西部《亚鲁王》的听者除了亡灵之外，还有马（例如，专门为马演唱《砍马经》）。

第五章，苗族古歌的功能与传承。关于苗族古歌的功能，学者客位的分析和当地人的主位表述是否一致？此外，苗族古歌之"古"并非固定文本，那么，在当下，"古"歌传承情况怎样？其传承前景究竟是依赖于传承人还是依赖于传承语境？本论著提出，相对于固定文本的书写与阅读，苗族古歌处于流动的传承中，抛开苗族古歌被文本化（搜集、整理、出版和研究）的短短的百年历程，苗族古歌几千年来一直以唱本的形态传承于苗族社区之中，故而对苗族古歌的功能和传承研究，在文献梳理的基础上，更需要田野民族志作为补充。本论著中，苗族古歌的功能研究以东部方言区苗族婚姻礼辞民族志作为实证材料；传承部分则以三大方言区共有的鼓藏节为个案，通过文献查阅和田野调查梳理鼓藏节活动程序的演变，反思苗族古歌传承的演变。

第六章，歌谣的文学人类学研究。先梳理苗族丧葬文化的特质与苗族丧葬古歌对于苗族文化的历史传承，接着引入苗族古歌的文学人类学研究。一般情况下，具有禁忌的歌谣都具有母语传承、功能多维、仪式伴随、听众多元的特性。提倡文学人类学旨在推动一种反思与回归即达到超越三大中心之上的多元文化互动，并在此基础上呼吁文学人类学本科教学的必要性和紧迫性。

苗族古歌的文学人类学研究既是对文学人类学理念的实践，亦是对文学人类学方法的借鉴，本论著试图完成以下四个学术目的。

首先，完成苗族古歌研究史的梳理。苗族古歌调查、搜集和研究历时百年，其学术历程的基本梳理以及研究者的论点和论据、身份与动机、理论和方法、价值与局限等都是本论著研究的基础内容。

其次，丰富苗族古歌的田野民族志。作为至今流传的活态诗歌，笔者力图在总结和借鉴前人既有研究成果的基础上，通过特定的田野考察和文献梳理，完成关于苗族古歌命名、分布与分类、唱者与听者、功能与传承的考察，丰富苗族古歌文学人类学研究的田野民族志。

再次，探讨族群的文化自表述。苗族古歌是苗族民众以诗歌的形式对世界的自表述。苗族作为中国历史上一个历史悠久、苦难深重的少数民族，在数次远距离迁徙中，由于时空的隔离，三大方言的文化个性多于共性，然而其万物平等的创世观、对东方故国的追忆等成为贯穿苗族古歌的主题。作为苗族的"史诗"、民族历史的"话本史"和精神层面的"圣经"，苗族古歌以诗歌的形式完成民族文化的自表述。作为苗族诗歌系统核心的古歌，传达了万物有灵的创世观、"江山是主人是客"的生命观，表现了"充满劳绩，却诗意地栖居"的文化价值。本论著强调对其活态的考察和资料的文献梳理，目的在于完整地描述和阐释苗族的口头传统和诗性智慧，使之参与到中国多民族的总体叙事之中，为以"多元一体"为前提的中国各民族文化共同发展作出贡献。①

最后，尝试口头诗学的文学人类学研究。苗族古歌作为活态的少数民族口头诗学，与固定的作家文本书写截然不同，因而不能套用书写的文学理论进行解读。引入文学人类学的研究有利于探究苗族古歌自身的丰富性，还原口头诗学的原初表达。

> 史诗和神话带领我们走进更深远更广阔的文学之"源"，作为活的文学，它们不仅口传，而且"演唱"，有时还可以"图汇"，是仪式和展演行为，后来却被平面化、刻板化了。我们的研究最好能关注它的"还原"，让它恢复展演、唱诵、舞蹈或"图像"的多层面，多元化的本来面目。②

正是鉴于此，徐新建将文学人类学的研究提高到哲学层面：

---

① 徐新建在笔者博士学位论文开题报告时给予的指导。徐新建，文学博士，四川大学教授，博士生导师，研究方向为文学人类学、多民族文学。
② 叶舒宪等：《史诗研究：回归文学的立体性》，《淮阴师范学院学报》2003 年第 1 期。

在全球化的语境下，对"欠发达"地区、第三世界的原住民的"原生态文化"的寻找，这是一个由来已久的浪潮和一场波及深远的斗争。其意义不仅表现为对边缘弱民的尊重和对濒危遗产的利用，更将是对文明异化的抵抗和对生命自身的拯救。①

---

① 徐新建：《侗歌民俗学研究》，民族出版社 2011 年版，第 250 页。

第一章　回溯与综述：苗族古歌的调查与研究

　　由于苗族古歌的调查、搜集与研究已逾百年，故而梳理这一学术史是展开行文的逻辑起点。本论著提及的苗族古歌分布是以苗族的空间与方言分布为地域坐标。

　　从地理而言，中华人民共和国境内的苗族多数分布于贵州、湖南、云南三省，以贵州黔东南苗族侗族自治州最为集中，民间素有中国的苗族一半在贵州、贵州的苗族一半在黔东南之说。如从行政区划而言，国内苗族较为集中地居住在 6 个联合自治州、5 个单一苗族自治县、16 个联合自治县，即：贵州省黔东南苗族侗族自治州、黔西南布依族苗族自治州、黔南布依族苗族自治州，湖南省湘西土家族苗族自治州，湖北省恩施土家族苗族自治州，云南省文山壮族苗族自治州；贵州省松桃苗族自治县，湖南省城步苗族自治县、麻阳苗族自治县，广西融水苗族自治县，云南省屏边苗族自治县；贵州省紫云苗族布依族自治县、镇宁布依族苗族自治县、关岭布依族苗族自治县、道真仡佬族苗族自治县、务川仡佬族苗族自治县、印江土家族苗族自治县、威宁彝族回族苗族自治县，重庆市彭水苗族土家族自治县、秀山土家族苗族自治县、黔江土家族苗族自治县、酉阳土家族苗族自治县，湖南省靖州苗族侗族自治县，云南省金平苗族瑶族傣族自治县、禄劝彝族苗族自治县，海南省琼中黎族苗族自治县、保亭黎族苗族自治县。

　　从方言分布而言，苗族语言属汉藏语系苗瑶语族苗语支。20 世纪 50 年代初，中国科学院少数民族语言调查第二工作队经过实地考察，对各地苗语的构词大致相同而语音不同的特点进行科学研究后，将苗语划分为三大方言，即湘西方言、黔东方言、川黔滇方言，又称东部方言、中部方言、西部方言。由于苗族素有聚族而居的传统，故而上文言及的苗族地理分布与方言分布息息相关，从文化相似性的最大化而言，可将其分为通行于湖南省湘西土家族苗族自治州、湖北省恩施土家族苗族自治州以及黔东北、渝南的东部方言（湘西方言）区，通行于贵州黔东南苗族侗族自治州、黔南和黔西南两个布依族苗族自治州和广西融水苗族自治县的中部方言（黔东方言）区，通行于贵州贵阳、安顺、毕节和川南、云南的西部方言（川黔滇方言）区。

第一节　苗族古歌调查与搜集

一、苗族古歌调查

自 1896 年至今，苗族古歌的调查已逾百年，笔者根据调查者的学术目的将其分三个时段加以梳理。

1. 古歌社会调查五十年（1896—1949 年）

苗族素来能歌善舞，不少明清的文献提及苗族歌谣。如在《苗疆闻见录·踩鼓》中，徐家干记录："苗有踩鼓之俗，每于平地，置鼓中央，以老妇击之，年幼男妇皆周环行走，且歌且笑，亦蹈亦舞。"严如熠所著《苗防备览·苗族的椎牛祭祖》则叙述为：剡长木，空其中，冒皮其端，以为鼓，使妇女之美者，跳而击之。择男女善歌者，皆衣优伶五彩衣，或披红毡，戴折角巾，剪五色纸条，垂于背。男女左右旋绕而歌，迭相唱和，举首顿足，疾徐应节，名曰"跳鼓藏"。

苗族歌谣种类丰富，演唱场景散见于诸多的人生礼仪和祭祀仪式中，上述列举的这两部文献所载歌谣皆在椎牛祭祖中吟诵，遗憾的是仅仅记录吟诵行为，对于具体的吟诵内容没有记录，无法了解吟诵歌谣之具体分类。最早在贵州搜集、记录、翻译苗族歌谣的，是英国传教士克拉克（Samuel R. Clarke）于 1896 年在黔东南黄平苗人潘秀山的协助下记录的苗族民间故事和《洪水滔天》、《兄妹结婚》、《开天辟地》等古歌。[①] 此外，在滇东北方言区，对苗族古歌的搜集始于 20 世纪 20 年代。20 世纪 30 年代中后期，

---

① 刘锡诚：《20 世纪中国民间文学学术史》，河南大学出版社 2006 年版，第 417 页。

王明基等苗族知识分子用波拉德苗文记录和搜集了大量古歌。正如《中国西部苗族口碑文化资料集成·代序》所言："这部资料集是一部典型的苗族本土文化与外来文化和中国主流文化相融合的作品……感谢整理者——英国友人张绍乔、张继乔二位先生，他们从小置身于苗族文化的土壤里，对苗族和苗族文化有着深刻的了解和深厚的感情，他们把毕生精力投入到资料的整理和英文翻译工作中，着实令人可钦可佩。"①

　　1933 年 5 月，凌纯声、芮逸夫等人受蔡元培委托，执行中央研究院的湘西苗族调查，在凤凰、乾城、永绥三县进行了为时四个月的调查。其中，芮逸夫负责语言、歌谣和故事方面的搜集和研究，虽然公开出版的《湘西苗族调查报告》歌谣部分所搜录的 44 首苗歌篇幅短小，没有古歌的记录，但在后期论文《苗族的洪水故事与伏羲女娲的传说》的撰写中，芮逸夫对苗族古歌有所涉猎。

　　凌纯声、芮逸夫两位民族学者的实地调查深深影响了本地学者石启贵。出于对本民族文化的热爱，虽然凌纯声等于 1933 年 8 月离开湘西，然而石启贵通过与有专业素养的民族学者三个月的朝夕相处，已经具备了实地调查的技术，其苗学研究经历了从自发到自觉的过程。他对苗族古歌的调查、搜集和整理散见于《民国时期湘西苗族调查实录·祭祀神辞汉译卷》，其中《民国时期湘西苗族调查实录·祭祀神辞汉译卷·椎牛·讲述椎牛古根 Chat Ghot Niex》、《民国时期湘西苗族调查实录·祭祀神辞汉译卷·椎猪·讲述椎猪根源 Chat Ghot Nbeat》与《民国时期湘西苗族调查实录·还傩愿卷·唱傩歌·抄本之二傩神起源歌》皆为严格意义上的苗族古歌。在《民国时期湘西苗族调查实录·祭祀神辞汉译卷·椎猪·讲述椎猪根源 Chat Ghot Nbeat》中，石启贵提出，Chat Ghot Nbeat，汉译为讲述椎猪根源，内容包括天地产生、山川形成，苗汉同根，苗族迁徙，椎猪缘由及到湘西定居等方面。这与吴、龙、廖、石、麻等姓椎牛根源的内容大同小异，其表现形式亦相似。② 这是迄今为止东部苗族方言区唯一调查到的椎猪古辞，非常珍贵。石启贵对苗族古歌的调查成果如表1－1所示。

---

① 杨建红：《流经岁月的歌（代序）》，载于［英］张绍乔、张继乔搜集整理，毕节地区民族事务委员会、毕节地区民族研究所编：《中国西部苗族口碑文化资料集成》，杨忠信等译，云南民族出版社 2007 年版，第 2 页。

② 石启贵编著，麻树兰、石建中整理译注：《民国时期湘西苗族调查实录·祭祀神辞汉译卷》，民族出版社 2009 年版，第 309 页。

表 1-1　石启贵对东部苗疆古歌的搜集情况

古歌歌名	傩神起源歌	椎牛古辞	椎猪古辞
篇幅	216 句	232 句	314 句
吟诵场景	还傩愿	椎牛	椎猪
内容简介	洪水滔天后,世人灭绝,仅剩兄妹二人,经天神赐教难题求婚,婚后生下瓜形孩子,成为人类始祖。	由两个部分组成,前半部分讲述创世,即天地形成、万物起源;后半部分多纪实,讲述苗族鼓社根源,即椎牛和鼓舞的来源。	讲述开天辟地、万物及山川形成,苗汉同根,后因苗族不得父母心意,在遗产分配时汉族得到书籍与好田地,苗族得到神辞,被迫迁徙,在泸溪峒、泸溪坝做鼓会之时被恶魔吃掉,多次迁徙,后举行椎猪祭祀,祈求祖灵保佑。

　　抗日战争初期,大夏大学于 1937 年迁至贵阳。该校 1938 年春设立了社会经济调查室,之后组织了西南边区社会考察团。吴泽霖、陈国钧与社会诸生一道"不惜心力与时间,风餐露宿,博采周咨,阅时四年",分赴各地调查。① 在田野调查期间,考察团涉足贵阳、安顺、炉山、下江、荔波等贵州世居少数民族地区,进行了包括民间文学和民俗学在内的社会调查。早期留学美国的吴泽霖深受功能学派人类学家博厄斯的影响,他提出:"在文化人类学的范围内,语言的比较,当然是非常重要的方法,但是风俗、传说及神话的比较,也是非常有价值的。"② 正是鉴于此,他在社会学调查时涉猎苗族古歌并撰文《苗族祖先来历的传说》。

　　在《贵州苗夷歌谣》里,陈国钧的古歌调查可谓硕果累累:他到下江地区搜集并用国际音标记录了三则人祖神话,其中的《起源歌》即苗族古歌;他以一人之力搜集、记录并编辑了近千首歌谣,其中的《叙事歌》即严格意义上的苗族古歌。民族学的严谨训练使其充分注意到忠实记录的价值:"本书在国内尚属第一本集录特种民歌的歌谣,所以,我不敢随便在中间加以修改和诠释,只原原本本把它转译汇编在一起,以便保存它本来质朴的真面目。"无怪乎谢六逸赞誉:"我们翻开一看,其中无一首不是天籁。"

----

① 王建民等:《导读》,载于吴泽霖、陈国钧等:《贵州苗夷社会研究》,民族出版社 2004 年版,第 5 页。

② 吴泽霖:《苗族中祖先来历的传说》,载于吴泽霖、陈国钧等:《贵州苗夷社会研究》,民族出版社 2004 年版,第 94 页。

此外，必须提及的还有民国时期另一位苗族学者杨汉先。他搜集了一首《洪水滔天歌》，共104句，在当时属于篇幅较长的西部苗族古歌。他还搜集了多首开路古歌，具体参见《贵州苗夷社会研究》与《黔西苗族调查报告》。笔者将其所搜集的苗族古歌列表如下（见表1-2）。

表1-2　杨汉先对苗族古歌的搜集情况

苗族分支	吟诵者	吟诵场景	吟诵基本主题
大花苗	不详	不详	洪水发生前因始祖触犯天命，长子被淹死，次子得救，后与其妹经难题考验得以成婚。
坝苗	熊德安	丧葬开路	介绍死者家支信息，讲述开天辟地、引路鸡来源、杨亚射日、打牛祭祖之来源，并交代亡灵回归祖神之路的线路。
水西苗	王姓老翁	丧葬开路	六郎与杨芳猪心之仇、龙心争夺战并交代亡灵之回归线路。
安顺青苗	熊焕清	丧葬开路	叙述病因病由，唱述女娲兄妹开天辟地，杨六与客家因天宝地宝之纷争被客家设计骗走宝物，杨六战败，被迫迁徙至黄平、遵义、贵定、贵阳，一路向西迁徙。

由于熟悉本民族语言，杨汉先所搜集到的坝苗的开路古歌除了丧者家支情况叙述外，还包含开天辟地、繁衍人类、杨亚射日、鸡叫太阳、打牛祭祖、开路鸡交代魂灵路线等基本主题；在水西苗的历史传说中亦记录了以杨芳与六郎为首领的猪心之仇、龙心之战的故事；在安顺青苗之丧葬部分详细记录了女娲造人、杨六与客家为天宝地宝纷争被骗走宝物最后被迫迁徙的歌谣。这些歌谣的主题与2011年出版的苗族英雄史诗《亚鲁王》的主题基本吻合，即创世史诗、亚鲁身世、龙心之战、盐井之战、智慧撤退、辗转迁徙、二次创世等。

可见，尽管民国时期杨汉先将西部苗族首领译为杨六，但由于基于大量的实地调查，故而对于杨六歌谣的叙事言之凿凿：

　　杨六故事，吾人在黔西所得者，几乎各苗皆有，尤以水西苗、安顺青苗、箐苗及坝苗等传说最盛。此外大定白苗及贵阳青苗亦有此说。其内容大同小异，唯以安顺青苗述之最详。兹综合各族所述之大体相同录之如下：

　　杨六与客家（汉族）作战，客家大败，因杨六有宝物。如是者多次，于是客家不敢与杨六战。不久客家探知有宝物，便遣侦探二人扮商贾往侦。知杨六有宝物，且知杨六女喜针线，于是二人扮卖针线者售杨六女以针线，借此骗杨六宝物，既得宝物乃归。自是杨六每战皆败。①

中华人民共和国成立后西部苗族古歌搜集文本亦有 yangx lous gud nenb（杨娄古仑）、亚奴、亚鲁、杨鲁、杨洛、杨陆、羊鲁、央鲁、央洛、牙鲁等不同称谓。但根据吟诵场域与吟诵步骤甚至内容的相似性，可推测杨六即亚鲁，杨汉先搜集的这些丧葬古歌与《亚鲁王》为同一古歌的不同译本，亚鲁古歌遍布西部方言区。

2. 苗族古歌文学调查五十年（1954—2003 年）

中华人民共和国成立后，政治上的民族识别附带着民间文学的搜集和调查，贵州最早的搜集工作是搜集中部方言区苗族古歌。1952 年，中央民族学院的马学良率邰昌厚、潘昌荣、今旦在贵州黔东清水江一带调查苗语，搜集语言材料，记录了当地苗族歌手演唱他们民族的古老史诗，这份材料后来于 1983 年由中国民间文艺出版社以《苗族史诗》为书名出版："今旦等既通晓本民族语言，又经过一定的语言文学的科学训练，所以无论是记录原始材料，还是翻译整理，都是熟练而胜任的，保证了《史诗》文本的可靠和忠实。"②

其后的搜集区域是东部方言区。1954 年，中央民族学院两次派出实习组到苗族东部方言聚集地进行苗语实习与调查研究工作。其中，龙正学率领的团队在湘西实习 9 个月，搜集苗族歌谣 15000 多首，为后来出版的《苗族创世纪史话》、《苗族创世纪》提供了基本的素材。《苗族创世纪史话》的前言提及：《平羽射日》、《婚姻史话》是龙正学 1954 年在中央民族学院语文系任教时，带领苗语班学生去贵州省东北部、湘西、四川省东南部实习时搜集。③

为响应 1958 年 3 月毛泽东在成都会议上提出的搜集民歌的指示，

---

① 杨汉先：《黔西苗族调查报告》，载于杨万选等：《贵州苗族考》，贵州大学出版社 2009 年版，第 156 页。

② 马学良：《古代苗族人民生活的瑰丽画卷》，载于马学良、今旦译注：《苗族史诗》，中国民间文艺出版社 1983 年版，第 12 页。

③ 石如金：《前言》，载于石如金、龙正学搜集翻译：《苗族创世纪史话》，民族出版社 2009 年版，第 1 页。

1958 年 4 月 14 日，《人民日报》发表了《大规模地搜集全国民歌》的社论，并提出"全面搜集、重点整理、大力推广、加强研究"的十六字方针。同年，中宣部提出的"三选一史"（民间故事选、民族叙事长诗选、民间歌谣选、少数民族文学史）扩大了苗族古歌的调查面。其实，早在 1957 年初，贵州文联就组织民间文学工作组到清水江流域苗族地区重点进行民间文学的搜集，在台江、雷山、丹寨、麻江、施秉、剑河等 7 个县搜集到苗族民间诗歌 90 首。

其后，1983 年则进入了搜集民间古籍的新阶段，这一时期的重要任务是抢救古籍。国务院国办发〔1984〕30 号文件指出："少数民族古籍是祖国宝贵文化遗产的一部分，抢救、整理少数民族古籍，是一项十分重要的工作。"自 1957 年起开始编印的《民间文学资料》前后共 45 集，加上 80 年代初出版的 40 多集，合为 97 集，其中涉及苗族古歌的详细资料如下：

1.《民间文学资料》（第四集）：第一部分：开天辟地、运金运银、铸撑天柱、造日月；第二部分：找树子种子、犁东耙西、种树、砍枫香树、妹榜妹留、十二个蛋；第三部分：洪水朝天、兄妹开婚、跋山涉水。

2.《民间文学资料》（第六集）：苗族古理歌、说古歌（二）：天地的形成、人类起源、兄弟迁徙、争夺江山；开天辟地（一）；开天辟地（二）；开天辟地（三）；山坡山岭；铸日月歌；造日月歌。

3.《民间文学资料》（第十二集）①：第一部分古歌：开天辟地；杨亚探天测地；谷夫补天；创造天地万物；盘古；盘古王；算甲子和狗取粮种；玉皇玉帝；是谁制乌云；洪水滔天（一）；洪水滔天（二）；洪水滔天（三）；什么时候洪水滔天；混沌天地；董欧仰；杨鲁话；日月女郎（一）；日月女郎（二）；日月女郎（三）；格罗格桑之歌；格勒格桑之歌。

4.《民间文学资料》（第十六集）②：一、创造天地万物：创造天地万物之歌（一）；创造天地万物之歌（二）；铸造撑天柱歌；杨亚

---

① 除《开天辟地》、《洪水滔天（一）》及《格罗格桑之歌》外，这部集子皆由杨兴斋搜集，流传地区在贵州西北部，即西部苗族，较之于东部和中部方言区之苗族古歌，篇幅明显较为短小。

② 这一集苗族古歌流传在云南东北部和贵州西北部，其中主要是开天辟地的神话诗歌和迁徙史歌，有几首是歌颂远古创造发明的人物的叙事歌。

射日月（一）；杨亚射日月（二）；洪水滔天（一）；洪水滔天（二）；洪水滔天（三）；洪水滔天（四）。二、创造发明：居诗老歌（一）；居诗老歌（二）；居诗老歌（三）；爷斯居至老耕种歌；则噶老歌；测天量地歌。三、迁徙诗歌：格自爷老——爷觉比考歌；格炎爷老歌；格炎爷老和格池爷老歌；格乌爷老和格梛爷老歌（一）；格乌爷老和格梛爷老歌（二）；格池爷老歌；噶梭卯丙歌；格炎爷老、格池爷老歌和噶梭卯丙歌；怀念失去的地方（一）；怀念失去的地方（二）；则老诺斯格自老歌；爷觉力唐歌；爷操波操歌；苗族迁到乌撒歌；苗族跟居姑娘到梭诺歌；苗族是从故乡直米力迁来的。四、苗族古歌：第一部第一章：天地万物的歌；第二章：洪水淹灭天下。第二部第一章：启五爷老和启略爷老；第二章：启五爷老、启略爷老打仗的事；第三章：启野爷老；第四章：启至爷老；第五章：甘扫卯卜；第六章：三个老人的事略；第七章：先时那些老人失去的东西；第八章：先时那些老人失去的地方。

5.《民间文学资料》（第二十九集）：结婚理词（一）；结婚理由①：序、开天辟地、迁徙、分支（二）、吃牛（巫辞）。

6.《民间文学资料》（第三十三集）：共22个部分，仅有少数内容（如第三部分）包含创世；第四部分和第五部分则是洪水滔天神话。

7.《民间文学资料》（第六十集）：苗族古老话：一、开天立地；二、前朝：（一）奶夔爸狗、（二）亲言婚语；三、后换：（一）伧庸伧夔、（二）巴龙奶龙。苗族史诗：（一）创立天地；（二）种植歌；（三）在中球水乡；（四）部族变迁：迁徙、十二个部落宗支。苗族古歌：格洛格桑。

8.《民间文学资料》（第六十一集）。

9.《民间文学资料》（第七十一集）：共搜集12首开天辟地的古歌。

10.《民间文学资料》（第七十二集）。

此次由贵州省文联组织的苗族古歌调查涉及三大方言区，调查范围之广与调查内容之完整前所未有，得到了大量的实地调查素材，出现了同一文本的不同版本，其后不少苗族古歌的出版物皆由此整理而成。

---

① 在这套资料中，偶有出现目录和实际名称不符之处，此处的结婚理由可能是笔误，应为结婚理词。

3. 苗族古歌非遗普查十余年（2004 年至今）

2004 年，中国加入联合国《保护非物质文化遗产公约》，成为世界上最早加入公约的国家之一。其后，各地迎来了非物质文化遗产申报的热潮。在非物质文化遗产如火如荼的申报工作中，苗族古歌先后五次通过国家非物质文化遗产申报。

对于苗族古歌的非遗普查更多地强调其立体性，即注重分布区域、历史渊源、基本内容、传承谱系的基本梳理等。区别于 20 世纪的社会学调查与文学搜集，其涉及中、东、西三个方言区，是一次较为完整的苗族古歌普查。笔者将苗族古歌非物质文化遗产的调查信息概括如下（见表 1 - 3）。

表 1 - 3　苗族古歌申报非物质文化遗产信息择录

申报项目	基本信息				项目说明	项目论证
	分布区域	历史渊源	基本内容	传承谱系		
《麻山苗族史诗——亚鲁王》	紫云等西部苗族地区	史诗描述亚鲁王国 17 代王创世、创业、迁徙及定都麻山	共 26000 余行，描述了亚鲁王国近 3000 年的历史	代表性传承人：黄老金、陈兴华等	文学性、音乐性、历史性、综合性、集体性、神圣性等	文学、历史学、社会学、宗教学、艺术学、人类学、语言学价值
苗族口述历史文化经典《苗族贾理》	黔东南	族源传说、祖宗崇拜、天地形成、卵生万物等为《苗族贾理》雏形，后来《苗族贾理》成为法典、"苗例"	第一部分与苗族古歌内容大致相同；第二部分有民俗及案例记载	黎平、雷山、凯里、丹寨、从江、剑河各县谱系；代表性传承人：吴正杰等 92 人	地域民族性、知识性、文献性、神圣性、权威性、实用性、语言美	多学科的研究价值（知识意义上为"百科全书"；精神信仰层面可视为"圣经"；社会管理角度为"法典"）实用价值(古老历法等)
苗族口头文化经典《贾》	丹寨县全境及凯里市、麻江县等——"干河的贾，干改的歌"	产生于苗族原始社会父系氏族时代，至清乾隆贵州改土归流定型	开天辟地、人类产生、洪水滔天、兄妹结婚等远古传说以及苗族迁徙和民族互动关系、案例、习俗、科技等	余金贵等五代。代表性传承人：潘光武、王勇讲	主要特征：地域民族性、权威性、实用性、知识性、史料性、文学性	重要价值:历史、文化、科学、实用、研究

申报项目	基本信息				项目说明	项目论证
	分布区域	历史渊源	基本内容	传承谱系		
苗族古歌	普定县猴场乡仙马村等苗族村寨	仙马苗族纪念他们从强盛到衰弱的历史和迁徙等	苗族神话史诗选等	鼓社祭、婚丧等酒席上;传承人:王贵光等	群众性和民间传承性、史书、生活写照、用大花苗苗语传唱、四声合音演唱、非固定时空	
黄平、施秉《苗族古歌》、《刻道》	黄平县的谷拢、新州;施秉境内的杨柳塘等乡镇	黄平等民委《苗族大歌》、《苗族古歌古词》	开天辟地、战天斗地英雄群像;拟人化的英雄鬼神群像;婚姻史	吴定贤、吴通玉、吴通胜、吴通祥、吴通贤	基本特征:口头创作,音阶以四度、五度居多。	主要价值:历史、科学、濒危状况
台江《苗族古歌》	台江全境	古歌创作于古代,由歌师代代相传	创世、迁徙	张定祥等人	以酒歌歌调对唱	主要价值:苗族历史百科全书
苗族古歌	龙里县摆省乡果里村、草原乡草原村等	迁徙的历史过程;杀牛祭祖	牛祭缘由、苗族历史	养龙等共27代;吴兆和等4人	500年历史;与宗教信仰紧密相关;与其他民族文化交流融合;多声部曲调	
苗族古歌	湘西土家族苗族自治州及周边省市,形成200多万人的操苗语的苗族古歌文化圈	产生于远古时期,随时代发展,苗族的婚丧喜庆等处处离不开	开天立地篇:濮斗娘桑;前朝篇:奶夔玛媸、亲言姻语;后换篇:仡戎仡夔等9个章节	龙玉六、龙炳文、田斌、龙天荣、石寿贵等10人	承载着苗族的历史文化	是一部十分珍贵的口头文学巨著;历史、哲学、文化、文学、民族精神价值等

资料来源:表中信息由贵州省文化厅及湘西土家族苗族自治州花垣县非遗中心提供,其中台江《苗族古歌》部分由苗族学者杨培德提供。

苗族古歌的调查如以方言区区分,大概可以梳理如下。

东部方言区可以分为四个时段。第一个时段的调查始于民国时期的石启贵，由于持续时间较长且文化调查较为系统，他在民族学调查的同时搜集了大量的祭祀神辞，成为民国时期古歌调查材料最为丰厚的学者。第二个时段为中华人民共和国成立初期，当时在中央民族学院任教的石如金与龙正学等带领学生深入湘西与黔东北，搜集了东部方言区苗族古歌的三大主题；龙炳文的《古老话》原始素材来源于他在 50 年代用板塘苗文对龙玉六老人吟诵古歌的记录；1960 年石宗仁跟随由罗安源带队的中央民族学院文学实习调查组在黔东北做民间文学田野作业的实习调查，《中国苗族古歌》的素材基本来源于此。第三个时段是 1983 年全国性的民族古籍抢救使得诸多本土学者参与：就集体而言，在湖南省少数民族古籍整理办公室的指导下，湘西土家族苗族自治州民委在 3 套集成的基础上搜集了一些篇幅较短的苗族古歌；就个人而言，黔东北地区以 20 世纪 90 年代初麻勇斌搜集的《祀雷》与《苗族巫辞》为代表。第四个时段是 21 世纪在非遗申报的带动下，苗族古歌文化主位者如巴兑石寿贵等有意识地记录苗族古歌；松桃苗族自治县的龙秀海等搜集了《椎牛》，并与麻勇斌合作搜集、翻译与整理了《苗族口传活态文化元典》等。

西部方言区苗族古歌的收集、整理、翻译工作，大致经历了三个时期。第一个时期是 20 世纪三四十年代，当时王明基、杨汉先、张绍乔（英国）等先辈用老苗文记录了大量的原始资料，形成了多个苗文手抄本。第二个时期是 20 世纪五六十年代，当时夏杨（甄经）、王建国等将三十年代前人搜集的资料整理并翻译成汉文，形成多个汉语文本。第三个时期是 20 世纪 80 年代至今，是黔西北苗族民间文学资料系统搜集、整理和翻译的新时代，所搜集的作品注意到了苗语文本的规范记录和科学整理、翻译，苗汉文对照体例形式的作品逐渐成为这一时期的作品主流形式，甚至出现苗文、英文、中文对照翻译的大型作品（如《中国西部苗族口碑文化资料集成》，云南民族出版社，2007 年）。[①]

就中部方言区而言，直到 1896 年前后，英国传教士和当地苗族布道员才在贵州省黄平、凯里等地开始零星记录和译介了一些散文体篇章。抗日战争期间（1937—1945），随着部分大学内迁贵州，一些经过专业训练的民族学者也用诗体或散文体记录了某些篇章。比较全面、

---

① 王维阳：《导言》，载于胡廷夺、李榕屏编，王维阳整理译注：《苗族古歌》（卷四），贵州民族出版社 2015 年版，第 5 页。

系统的收集记录工作开始于 20 世纪 50 年代，当时中央民族学院黔东方言专业的学生为创制苗文做准备，在著名民族语言文学家马学良先生带领下，在贵州省台江、黄平、凯里等地开展苗族语言调查，并记录了上百万字的民间文学资料，其中包括大量苗族史诗异文。1957 年贵州省文联等单位又组织专家学者搜集、翻译、整理了不少史诗资料，译编成资料集。1979 年以后，相继出版田兵《苗族古歌》，马学良、今旦《苗族史诗》，燕宝《苗族古歌》等。①

二、苗族古歌搜集

除了上述较成规模的调查之外，尚有更多的非团体调查，故而苗族古歌的调查内容丰富，收集成果颇多。抛开百年以来的历时分段，按照苗族三大方言区分类，搜集成果具体表现为以下三大板块。

1. 西部方言区

（1）《西部苗族古歌》②：按照古歌内容将其分为以下类型。创世古歌包括《耶璋笃分田地》、《开天辟地歌》、《杨亚射日月》、《造天地》、《簸咔拔人身上毛》、《原始老祖返老还童歌》、《洪水滔天歌》、《测天量地》共 8 首；迁徙古歌包括《根支耶老往东迁》、《阿髦迁到贵阳地方》、《十二支苗家迁到通诺》、《苗家来到通诺地方》、《苗家迁到骚诺地方》、《苗家迁到通坝》共 6 首。此外，诸如《苗家三位首领》、《阿耶混与阿耶荷、阿耶导》、《根支耶老与革缪耶老的故事》等"耶老"故事在内容上混杂了迁徙古歌和英雄古歌。

（2）《亚鲁王》③：分为两章，共 21 节。第一章"远古英雄争霸"："第一节：引子：亚鲁族源"、"第二节：亚鲁族谱"、"第三节：王子身世"、"第四节：意外得宝"、"第五节：龙心大战"、"第六节：争夺龙心大战"、"第七节：英雄女儿的不归路"、"第八节：射杀怪兽，发现盐井"、"第九节：争夺盐井大战"、"第十节：血染大江"、"第十一节：日

---

① 吴一文：《口传经典与民族精神——论苗族史诗与苗族历史文化》，载于吴一文、今旦译注：《苗族史诗——苗文汉文英文》，马克·本德尔（Mark Bender）等英文译注，贵州民族出版社 2012 年版，第 1—2 页。

② 陆兴凤等编译：《西部苗族古歌》，云南民族出版社 1992 年版。

③ 中国民间文艺家协会主编：《亚鲁王》，中华书局 2011 年版。

月迁徙，越过平坦的坝子"、"第十二节：捣毁家园，走入贫瘠的山地"、"第十三节：血战哈榕泽莱"、"第十四节：亚鲁王逼战哈榕泽邦"、"第十五节：千里大逃亡"、"第十六节：闯入凶险的高山峡谷中"、"第十七节：亚鲁王计谋多端，步步侵占荷布朵王国"。第二章"重建王国大业"："第一节：逃亡中的艰难重建"、"第二节：造日月、射日月"、"第三节：探索王国疆域"、"第四节：托付王国大业"。

（3）《四川苗族古歌》①：共分为上中下三册。其中上册收录了《天地歌》、《日月歌》、《谷种起源》、《根源歌》、《杨娄古仑》、《迁徙四川》共6首古歌；中册和下册除《叙古》与《指路歌》等少量创世古歌外，其余内容皆无涉创世，可视其为民俗歌谣。

（4）《苗族神话史诗选》②：分为神话古歌与杨鲁史歌。神话古歌包括《混沌初开》、《盘古》、《制风云雨露》、《谷白埃和杜白欧》、《谷夫》、《祝流》、《尤旺扇天扇地》、《杨亚探天测地》、《宏效定人间》、《杨亚射日月》、《太阳姑娘和月亮小伙》、《古老人生活》、《洪水淹世界》、《伏羲兄妹》、《洪水朝天》、《撞去发明火链》、《推算季节》、《狗取粮种》、《芝司磨硕司师仪》。杨鲁史歌包括《古博杨鲁》、《戛董蒙丈》、《杨鲁子孙迁徙》。

（5）《西部苗族古歌（川黔滇方言）》：③共上下两册。上册包括《织天织地》、《物种的起源》、《改天换地》、《黄水朝天》、《虫巨治水》、《青女补天》、《兄妹成亲》、《繁衍人类》；下册则仅有《祭天神》一首可算本论著所言之苗族古歌。

（6）《祭魂曲》：分为两部分，前一部分"喂鸡"，后一部分"上路"。"喂鸡"包含五个部分，即《开天辟地》、《洪水滔天》、《姐弟成婚》、《叫鲁央禄》、《逃井离乡》。《叫鲁央禄》、《逃井离乡》的情节与《亚鲁王》雷同。④

（7）《苗族古歌》⑤：分为四部。第一部"创世篇、洪水篇"之第一章"创造天地万物"、第二章"洪水淹没天下"、第三章"披荆斩棘的主势老"、第四章"教人耕种的怎干老"；第二部"涿鹿之战"之第一章

① 古玉林编：《四川苗族古歌》，巴蜀书社1999年版。
② 杨兴斋、杨华献搜集整理：《苗族神话史诗选》，贵州民族出版社2001年版。
③ 杨照飞编译：《西部苗族古歌（川黔滇方言）》，云南美术出版社2010年版。
④ 清镇市民族宗教事务局编：《祭魂曲》，贵州民族出版社1995年版。
⑤ 夏杨整理：《苗族古歌》，德宏民族出版社1986年版。

"格五爷老、格略爷老"、第二章"格五爷老、格略爷老打仗的事"、第三章"格也爷老"、第四章"格蚩爷老"、第五章"甘骚卯碧"、第六章"三位长老的事"、第七章"三位长老的事记在汉人的书上"、第八章"三位长老的事绣在苗族的衣裳上";第三部"迁徙"之(一)离开北方(另附一)、(二)长江中游一带、(三)从贵州到云南;第四部"开发边疆"。

(8)《中国西部苗族口碑文化资料集成》(上卷)①:收录了14篇创世纪古歌、近60篇历史古歌,如《主世老》、《远古时候人们的生活》等。这部古歌集有波拉德苗文、英文与汉语三种语体,限于篇幅,这些古歌的歌名不赘述。

(9)《云南民间文学集成·昭通市苗族卷》②:古歌、古苦歌、迁徙歌。

(10)《文山苗族民间文学集·诗歌卷》③:Ngoux qid zud(古歌):Nghait 1 zhifndox zhif deb(第一章 宇宙),Nghait 2 zhif renx yenb(第二章 人类)。

(11)《昭通民族民间文学资料汇编》(第一集)④:《创造天地万物歌》、《洪水湮灭天下歌》、《驱逐猛兽毒蛇的主势老歌》、《教人耕种五谷的怎干老歌》、《爷斯居玉老耕种歌》。其中前四首与夏杨整理出版的《苗族古歌》第一部"创世篇、洪水篇"之第一章"创造天地万物"、第二章"洪水淹没天下"、第三章"披荆斩棘的主势老"、第四章"教人耕种的怎干老"大同小异。

(12)《苗族起义史诗》⑤:《格罗格桑》。

(13)《西部民间文学作品选(2)》⑥:开天辟地篇之《创造天地万

① [英]张绍乔、张继乔搜集整理,毕节地区民族事务委员会、毕节地区民族研究所编:《中国西部苗族口碑文化资料集成》(上卷),杨忠信等译,云南民族出版社2007年版。
② 昭通市文化局、民委编:《云南民间文学集成·昭通市苗族卷》,1987年印。
③ 文山壮族苗族自治州苗学发展研究会编:《文山苗族民间文学集·诗歌卷》,云南民族出版社2006年版。这组古歌杨通江在《苗族歌谣文化》中将其命名为《苗族创世史诗》,并指出其流传于西部歌谣圈并简介其内容,因后四首即《农事》、《婚事》、《丧葬》以及《祭祀祖先》掺入较多民俗,故不归入本论著所言的苗族古歌。杨通江:《苗族歌谣文化》,广西人民出版社1992年版,第27—28页。
④ 昭通县民族事务委员会、昭通县文化局编:《昭通民族民间文学资料汇编》(第一集),1983年印刷。
⑤ 杨正保等编:《苗族起义史诗》,贵州人民出版社1989年版。
⑥ 苗青主编:《西部民间文学作品选(2)》,贵州民族出版社1998年版。

物》、《天地争霸》、《铸造撑天支地柱》、《怒利毕玛丽碧》、《测天量地》、《公鸡唤日月》、《洪水滔天》、《主世老》共8首；战争迁徙篇之《则噶老》、《格耶爷老、格蚩爷老》、《格武爷老、格诺爷老》、《噶骚卯碧》、《格资爷老、格米爷老、爷觉毕考》、《格米爷老时代》、《铁柱悲歌》、《龙心歌》、《爷觉黎刀》、《格自则力刀》等10首。

（14）《西部民间文学作品选（1）》①：开天辟地篇之《开天辟地》、《偶佛补天》、《阳寅阳岈射日月》、《洪水滔天》、《莱珑讴玛制人烟》共5首，此外尚有《苗族迁徙到云南》、《踩花山》、《立房辞》；战争迁徙篇之《战争与迁徙》、《苦难岁月》、《平定天下的人》。

（15）《六寨苗族口碑文化》②：创世史歌篇之《朵疆氏际》、《爹爹养娃娃》、《射日月》、《洪水朝天》、《兄妹成婚》、《芦笙和木鼓的根源》等；战争与迁徙篇之《战争与迁徙》、《苦难岁月》、《尤铎朵》。

（16）《苗族迁徙史歌》③：《战争与迁徙》、《古博杨鲁》。

（17）《苗族古歌》（卷四）④：分为"开天辟地"与"战争与迁徙"（上、下），共收录了7首开天辟地的古歌、12首战争古歌与8首迁徙歌。这部古歌集与苗青主编的《西部民间文学作品选（1）》、《西部民间文学作品选（2）》和《中国西部苗族口碑文化资料集成》（上卷）有较多重合，如在"开天辟地"部分，《天地争霸》、《怒利毕玛丽碧》、《公鸡唤日月》、《洪水滔天》、《主世老》与《西部民间文学作品选（2）》有较多重合；其余的两首《创造天地万物》、《测天量地》与《中国西部苗族口碑文化资料集成》（上卷）有较多重合。

西部的苗族古歌散篇十分驳杂，多数散落在各地的民间文学作品集中，如《阿义翱》收入《昭通地区民族民间文学资料选》⑤；《迁徙歌》收入《云南民间文学集成·昭通市苗族卷》⑥；《修天修地歌》、《捏天捏地歌》、《卯蚩嫚翠》、《飞歌起源》收入《民间文学集成·彝良县民间文

① 苗青主编：《西部民间文学作品选（1）》，贵州民族出版社2003年版。
② 毕节地区民族宗教事务局、毕节地区民族研究所、大方县民族宗教事务局、毕节地区苗学研究会编：《六寨苗族口碑文化》，贵州民族出版社2004年版。
③ 杨亚东、杨华献：《苗族迁徙史歌》，贵州民族出版社2013年版。
④ 胡廷夺、李榕屏编，王维阳整理译注：《苗族古歌》（卷四），贵州民族出版社2015年版。
⑤ 昭通地区文化局、民委整理：《昭通地区民族民间文学资料选》（第二集），昭通地区文化局、民委1985年编印。
⑥ 昭通市文化局整理：《云南民间文学集成·昭通市苗族卷》，昭通市文化局、民委1987年编印。

学集成卷》（第一集）^①；《杨雅射日月》和《苗族来到志民利》收入《云南省民间文学集成·宣威县苗族卷》^②；《杨亚与当亚》、《苗族创世歌》、《我们祖先的来历》与《苗族祖先过江记》这4首古歌收入《云南民间文学集成·金平长诗卷》^③；《蚩尤的故事》收入《云南民间文学集成·水富县卷》^④；《古歌》、《岩洋阿》、《兄妹造人烟》收入《云南民间文学集成·河口县卷》^⑤；《爷觉力岛之歌》收入《宣威民间文学集成综合卷》^⑥；《创造天地万物》、《造日月之歌》、《芦笙的来历》收入《中国歌谣集成云南卷（下）》^⑦。

西部苗族是最为苦难深重的一支，在以千年计时、万里计程的多次迁徙中，迁徙古歌流传丰富。仅以威宁县为例，据不完全统计，威宁县已整理的苗族迁徙类古歌达7000余行，如《怀念失去的好地方》、《思念失去的古物》、《怀念格虽爷老歌》、《爷觉力蹓自老歌》及《格资爷老、爷觉比考爷老》、《苗族迁入环州》等。^⑧

2. 东部方言区

（1）《民国时期湘西苗族调查实录》中石启贵搜集了3首篇幅较短的苗族古歌（上文已论及，不再赘述）。

（2）《苗族巫事·祀雷》^⑨之第三篇"说雷"（pud dut sob）之第五到第七小节。这一部分内容在讲述创世纪的同时解释了祭祀的缘由，这是东部苗族古歌的特点之一，即多数苗族古歌寄生于巴代神辞之中但又不等同于巴代神辞。

---

① 彝良县文化馆整理：《民间文学集成·彝良县民间文学集成卷》（第一集），彝良县文化馆1989年编印。

② 宣威县民间文学集成办公室整理：《云南省民间文学集成·宣威县苗族卷》，宣威县民间文学集成办公室1989年编印。

③ 金平苗族瑶族傣族自治县文联整理：《云南民间文学集成·金平长诗卷》，金平苗族瑶族傣族自治县文联1989年编印。

④ 水富县民委整理：《云南民间文学集成·水富县卷》，云南省新闻出版局1989年编印。

⑤ 河口瑶族自治县文化局编：《云南民间文学集成·河口县卷》，河口瑶族自治县文化局1992年编印。

⑥ 张绍祥主编：《宣威民间文学集成综合卷》，云南民族出版社2001年版。

⑦ 中国民间文学集成全国编辑委员会：《中国歌谣集成云南卷（下）》，新华书店2003年版。

⑧ 威宁苗族百年实录编委会：《威宁苗族百年实录》，贵州民族出版社2006年版。

⑨ 巴狄熊·永斌·伕：《苗族巫事·祀雷》，远方出版社2002年版。

（3）《湘西苗族古老歌话》[①] 第一部分古老话精段：第一章：天地形成、苗族祖先、宇宙洪荒、涿鹿之战、历次迁徙、鼓社鼓会、姓氏定居。

（4）《古老话》[②]：一、开天立地篇：濮斗娘柔；二、前朝篇：（一）奶夔玛媾、（二）亲言姻语；三、后换篇：（一）仡荣仡夔、（二）仡索、（三）仡本和巴龙奶龙、（七）事物生成共源根。

（5）《中国苗族古歌》[③]：第一部：远古纪源：世界之始、天地、时、人；种植歌、谷粟、五色棉、除多罗树；在中球水乡、父、母、役牛、鼓舞。第二部：傩公傩母；第三部：除鳄斗皇；第四部：部族变迁：迁徙、十二宗。

（6）《苗族创世纪史话》[④]：分为上篇"混沌乾坤"、中篇"平羽射日"、下篇"婚姻史话"。

（7）《苗族创世纪》[⑤]：上篇 dut sob（雷神史话）、中篇 dut ghot niex（椎牛古辞）、下篇 dut qub（婚姻史话）。

（8）《湘西苗族巴代古歌》[⑥]：《天地形成》、《有人有众》、《十二个日月》、《钻木取火》、《做布做帛》、《谷祖粟神》、《大迁徙》、《分姓氏定居》、《椎牛神辞歌》等共15章。较之于古老话之结构紧凑、篇幅宏大，《湘西苗族巴代古歌》内容简短，叙述较为零散，这是迄今为止唯一以sead（歌）的表现形式传承的东部古歌集。

（9）《吕洞山地区苗族史诗》[⑦]：《开天辟地》、《大迁徙》、《婚嫁》、《分支分系》，共四部分。

（10）《苗乡探奇·苗族椎牛巫辞全译》[⑧]：引子、混沌初开、造日造月、万物滋生、划定时辰、玛勾出世、除暴安良、部落迁徙、宗族谱系、尾声。

---

① 张子伟编：《湘西苗族古老歌话》，湖南师范大学出版社 2012 年版。
② 龙炳文、龙秀祥等整理译注：《古老话》，岳麓书社 1990 年版。
③ 石宗仁搜集整理译注：《中国苗族古歌》，天津古籍出版社 1991 年版。
④ 石如金、龙正学搜集、翻译：《苗族创世纪史话》，民族出版社 2009 年版。
⑤ 龙正学搜译：《苗族创世纪》，中国言实出版社 2011 年版。其中中篇 dut ghot niex（椎牛古辞）、下篇 dut qub（婚姻史话）与《苗族创世纪史话》之中篇"平羽射日"（dut ghot niex）、下篇"婚姻史话"（chud qub chud lanl）同为龙正学搜集，因译者不同略有差异。
⑥ 龙宁英等编注：《湘西苗族巴代古歌》，湖南人民出版社 2012 年版。
⑦ 保靖县政协文史学习委员会编：《吕洞山地区苗族史诗》，湖南人民出版社 2016 年版。
⑧ 张应和：《苗乡探奇》，四川民族出版社 1994 年版，第 45—108 页。

（11）《湘西苗族·傩巴傩玛》①：《傩巴傩玛》全诗主干部分长达5000多行，共分三大部分。第一部分是创世纪，即开天辟地、射日射月；第二部分是长途大迁徙，即跨江跨湖、涉水跋山；第三部分是定居，即立宗立祖、立村立寨。

（12）《中国歌谣集成湖南卷·保靖县资料本·果雄略西沙贡》②：开天辟地、迁徙武陵、比箭分家、鼓社鼓会、定居阿公山。

（13）《椎牛》③：第八节"万物起源"；椎牛溯源。

（14）《苗族口传活态文化元典》④：包括《迎龙》、《招亡》、《祀雷》、《退讼》与《祭祖》。

其余较多的短篇收入各类文集，如《傩神起源歌》收录在《湘西苗族实地调查报告》⑤；《吕洞苗族史祖歌》收入《吕洞苗族史诗与歌谣》⑥；《盘古歌》收入《中国歌谣集成湖南卷·凤凰县资料本》⑦；《开天辟地》收入《湖南歌谣集成》⑧；《开天辟地歌》收入《城步苗族风俗歌集》⑨；历史传说歌《溯源古歌》与《"椎牛"的古根》收入《中国民间歌谣集成湖南省卷·花垣县资料本》⑩；《傩歌》与《椎牛歌》收入《中国歌谣集成湖南卷·吉首市资料本》⑪；《傩公与傩母》又名《苗族洪荒史诗》与《招魂》，收入《湘西民间文学资料·第四集·民间叙事诗》⑫；《溯源古歌》、《乾坤奠立苗族分巴分玛》与《苗族古语》稿存于湘西土家族苗

① 《湘西苗族》编写组：《湘西苗族》，《吉首大学学报》1982年第3期。

② 保靖县民间文学集成办公室编：《中国歌谣集成湖南卷·保靖县资料本》，保靖县民间文学集成编委会1987年编印，第209—239页。

③ 龙秀海：《椎牛》，贵州民族出版社2015年版。

④ 麻勇斌、龙秀海、吴琳编著：《苗族口传活态文化元典》，贵州人民出版社2014年版。

⑤ 石启贵编著：《湘西苗族实地调查报告》，湖南人民出版社1986年版。

⑥ 梁家鳌编撰：《吕洞苗族史话与歌谣》，国际展望出版社1992年版。

⑦ 凤凰县民间文学集成办公室：《中国歌谣集成湖南卷·凤凰县资料本》，凤凰县民间文学集成办公室1988年编印。

⑧ 湖南省文学艺术界联合会：《湖南歌谣集成》，湖南文艺出版社2009年版。

⑨ 城步苗族自治县民族事务委员会译编：《城步苗族风俗歌集》，岳麓书社1996年版。

⑩ 花垣县民间文学集成编委会：《中国民间歌谣集成湖南省卷·花垣县资料本》，花垣县民间文学集成编委会1986年编印。

⑪ 吉首市民间文学集成编委会：《中国歌谣集成湖南卷·吉首市资料本》，吉首市民间文学集成编委会1988年编印。

⑫ 湘西土家族苗族自治州群众艺术馆：《湘西民间文学资料·第四集·民间叙事诗》，湘西土家族苗族自治州群众艺术馆1990年编印。

族自治州民族研究所；《苗族古老话》稿存于湘西土家族苗族自治州民族古籍办。

3. 中部方言区

《苗族古歌》①：分为 4 组共 13 首。第一组开天辟地歌包含《开天辟地》、《运金运银》、《打柱撑天》、《铸日铸月》共 4 首；第二组人类起源歌包含《枫香树种》、《犁东耙西》、《栽枫香树》、《砍枫香树》、《妹榜妹留》、《十二个蛋》共 6 首；第三组洪水滔天歌包含《洪水滔天》、《兄妹结婚》两首；跋山涉水歌仅《跋山涉水》1 首。

（2）《苗族史诗》②：分为 5 组共 19 首。第一组金银歌共 4 首，即《制天造地》、《运金运银》、《铸日造月》、《射日射月》；第二组古枫歌共 5 首，即《种子之屋》、《寻找树种》、《犁耙大地》、《撒播种子》、《砍伐古枫》；第三组蝴蝶歌共 8 首，即《蝶母诞生》、《十二个蛋》、《弟兄分居》、《打杀蜈蚣》、《寻找木鼓》、《追寻牯牛》、《寻找祭服》、《打猎祭祖》；第四组仅《洪水滔天》1 首；第五组仅 1 首，即《溯河西迁》。《苗族史诗》比田兵选编的《苗族古歌》多出 4 首，即《打杀蜈蚣》、《寻找牯牛》、《寻找祭服》、《打猎祭祖》，其余内容十分近似。这部同一文本的史诗于 2016 年由中国国际广播出版社以《金银歌》③ 为题出版。

（3）《苗族古歌》④：分为四部分共 16 首。第一部分"创造宇宙"共 6 首：《开天辟地》、《运金运银》、《打柱撑天》、《铸日造月》、《射日射月》、《呼日唤月》；第二部分"枫木生人"共 6 首，即《枫香树》、《犁东耙西》、《栽枫香树》、《砍枫香树》、《妹榜妹留》、《十二个蛋》；第三部分为"浩劫复生"，共 3 首，即《洪水滔天》、《兄妹结婚》、《打杀蜈蚣》；第四部分为"沿河西迁"，仅《沿河西迁》1 首。较之于《苗族史诗》与田兵选编的《苗族古歌》，这一版本的《苗族古歌》有苗文记录整理译注。这部古歌 2015 年由贵州民族出版社出版⑤；随后，这部古歌省略苗文，于 2016 年由中国国际广播出版社出版⑥。

---

① 田兵编选：《苗族古歌》，贵州人民出版社 1979 年版。
② 马学良、今旦译注：《苗族史诗》，中国民间文艺出版社 1983 年版。
③ 马学良、今旦译注：《金银歌》，中国国际广播出版社 2016 年版。
④ 燕宝整理译注：《苗族古歌》，贵州民族出版社 1993 年版。
⑤ 胡廷夺、李榕屏编，燕宝整理译注：《苗族古歌》（卷二），贵州民族出版社 2015 年版。
⑥ 燕宝整理：《苗族古歌》，中国国际广播出版社 2016 年版。

（4）《苗族贾理》①：创世篇：开天辟地、铸日造月、制定历法、议椰立市、日月纠纷、制人造侣、祭公祀奶、打杀迪公、宝瑙妈妈；洪水篇（上）：六子争名、六树淹没；洪水篇（下）：寻伴问侣、兄妹结婚。

（5）《王安江版苗族古歌》② 收录了《开天辟地》、《耕地育枫》、《跋山涉水》、《运金运银》4 首苗族古歌。

（6）《苗族理辞》③：启佳、开天辟地、铸造日月、山岭禽畜人类、蝴蝶产卵、争夺官位、洪水滔天、央娶妹为妻、跋山涉水。

（7）《三十六首苗族盘古歌》④：《十二个蛋》、《洪水滔天》、《兄妹结婚》、《枫木歌》、《铸日造月》、《开天辟地》。

（8）《苗族史诗——苗文汉文英文》⑤：在 1983 年马学良、今旦选编的《苗族史诗》的基础上译成英文，内容稍有调整，如将《撒播种子》改名为《播种植枫》，增加了苗文记录和英文翻译。

（9）Hxak dib gux（《溯祖源之歌》）⑥。

此外，《苗族古歌古词·神词》、《苗族古歌古词·酒歌》、《大歌》等未出版的苗族古籍收有少量古歌，如《洪水滔天》、《运金银》、《铸造日月》。这份材料的部分内容于 2013 年由贵州大学出版社以《juf ob gid hxak hlieb 苗族十二路大歌》⑦ 为题以汉苗双语形式出版，其中《掘宝》、《洪水滔天》、《运金银》与《铸造日月》为本论著所言的狭义的苗族古歌。

《丹寨苗族民间文学资料》⑧（第一集）的前四章即（一）分开天地、（二）育山造林、（三）铸日造月、（四）订历订规，以及第二集的后五章即（五）天狗吞月、（六）造人铸侣、（七）祭公悼奶、（八）宝瑙妈妈、（九）十二个蛋亦为狭义的苗族古歌。

---

① 王凤刚搜集整理译注：《苗族贾理》，贵州人民出版社 2009 年版。

② 王安江：《王安江版苗族古歌》，贵州大学出版社 2009 年版。

③ 吴德坤、吴德杰搜集整理译注：《苗族理辞》，贵州民族出版社 2002 年版。

④ 万祖德：《三十六首苗族盘古歌》，中国书画出版社 2008 年版。

⑤ 吴一文、今旦苗汉译注：《苗族史诗——苗文汉文英文》，马克·本德尔（Mark Bender）等英文译注，贵州民族出版社 2012 年版。

⑥ 李炳泽：《口传史诗中的非口语问题——苗族古歌的语言研究》，民族出版社 2004 年版，第 378—416 页。

⑦ 黄平县民族宗教事务管理局、施秉县民族宗教事务管理局、镇远县民族宗教事务管理局：《juf ob gid hxak hlieb 苗族十二路大歌》，贵州大学出版社 2013 年版。

⑧ 丹寨县民族事务委员会、丹寨县文化馆编印：《丹寨苗族民间文学资料》（第一集/第二集），1981年/1983 年。

此外，鉴于本论著对苗族古歌的界定，鼓藏节中吟诵的部分鼓藏歌亦可归入，具体有：《鼓藏节：苗族祭祖大典》①之《起鼓词》、《审牛词》、《判牛词》；《祭鼓辞》②之《人类起源》、《跋山涉水》、《祭祖源头歌》、《寻鼓》、《吩咐鼓》、《拉鼓》、《寻找鼓藏牛》。

最后必须提及的是，由潘定智、杨培德等编的《苗族古歌》③首次将三大方言区的苗族古歌收录其中。《苗族古歌》共分为三部分：第一部分全文收录田兵选编的《苗族古歌》，还附录了《盘古开天辟地》及《焚巾曲》；第二部分为西部苗族古歌，共收录了《盘古》、《谷夫》、《杨亚射日月》、《蚩尤与苗族迁徙歌》、《格炎爷老和格池爷老歌》、《根支耶老、革谬耶老和耶玖逼蒿之歌》、《居诗老歌》、《则嘎老歌》；第三部分为东部苗族古歌，收录了《远古纪源·世界之始》和《除鳄斗皇》两首古歌。

第二节　苗族古歌研究百年回眸

苗族古歌的研究已逾百年，本论著以国内与国外两条线索分而论述。

国外苗族研究论著颇丰，但对于苗族古歌的研究并不多，仅散见于苗族文化的系列研究之中，因此，本论著粗略概述之；国内方面，笔者将逾百年的苗族古歌研究分为民国时期的"萌芽期"、1949 年到 1979 年的"低潮期"以及 1980 年至今的"繁荣期"三个时段。此外，由于《亚鲁王》从搜集、整理到出版与研究虽然历时较短，却呈现史诗研究少有的高度关注性与聚焦性，故而单独论述。

一、国外研究概述

苗族古歌的研究最早由国外传教士发起。早在 1896 年，英国传教士克拉克就在其著作中提及。在简短的经典概述中，他不仅记录了《创世

---

① 刘峰：《鼓藏节：苗族祭祖大典》，知识产权出版社 2012 年版。
② 杨元龙搜集整理译注：《祭鼓辞》，贵州民族出版社 2011 年版。
③ 潘定智等编：《苗族古歌》，贵州人民出版社 1997 年版。

纪》与《兄妹成婚》的部分章节，而且提到苗族古歌与苗族神话在内容上的紧密关联。更为重要的是，他在其论述中还描述了苗族古歌比较重要的几个特征：

> 苗族虽然没有文字，却流传着大量的口头传说，这些传说是历史上集体创作、代代相传的结晶。有许多传说是诗歌体的，能歌可吟，格式多半是一行五个音节，每段长短不一。这些古歌都是在欢度节日时，由两人或两组对唱，一般是青年男子和青年女子各一组，一组发问，一组应答。①

这段叙述传达了苗族古歌的几个重要特点：首先，第一次明确提出了古歌之说；其次，就古歌的演唱内容进行探讨，即"历史上集体创作、代代相传的结晶"，突出古歌之继承性和固定性，并凸显古歌大量流传的原因在于苗民无文字；再次，就古歌的表现形式作出了概括，即"有许多传说是诗歌体的，能歌可吟，格式多半是一行五个音节，每段长短不一"；最后，探讨了古歌演唱场域和演唱形式，即"在欢度节日时，由两人或两组对唱，一般是青年男子和青年女子各一组，一组发问，一组应答"。

与克拉克同时代的英国传教士伯格理②以及法国传教士萨维纳对于古歌偶有提及。如伯格理提出，他们（花苗）依靠老人将早期的传统文化传下来，普遍传说是伟大的首领格蚩尤老在危亡时拯救了他们，年轻人依然在山坡上唱着他们心爱的山歌和歌颂自然万物神秘的古歌。③ 此外有必要提及的是日本学者鸟居龙藏，他虽然没有对苗族古歌作出直接论述，但在对洪水神话进行解读之后，他提出，白、黑、红、青、花苗等皆出自同一祖先。④ 这样的判断来自他对苗族体质的人类学田野调查。

上述苗族古歌的研究仅仅出于传教士或学者职业外的兴趣。美国学者葛维汉在大量实地采访的基础上，用国际音标现场记录苗语，一共搜集到

---

① ［英］克拉克·塞缪尔：《在中国的西南部落中》，苏大龙译，贵州大学出版社 2009 年版，第 22 页。

② 伯格理（Samuel Pollard, 1864—1915 年），英国来华传教士，创制苗文并极大地影响了威宁石门坎一带苗族的历史发展。

③ ［英］塞姆·伯格理：《苗族纪实》，东人达译，贵州大学出版社 2009 年版，第 167 页。

④ ［日］鸟居龙藏：《苗族调查报告》，国立编译馆译，贵州大学出版社 2009 年版，第 33 页。

752 首歌谣。他虽然没有明确提出古歌的概念，但他认为"几乎所有神话、传说、族群的史实都编成了歌，一代一代口传心授流传下来"①。

苗族古歌在国外的研究集大成于美国学者马克·本德尔，他在深入苗族村寨实地调查后，发表了系列专题研究论文。② 他对于苗族古歌研究的贡献表现在以下两点。第一，他扩展了苗族史诗的翻译语种。马克·本德尔译介了《苗族史诗》，并以《蝴蝶妈妈——来自中国贵州苗族的创世史诗》为题由哈克特出版公司（Hacket Publishing Company）于 2006 年在美国出版，这是苗族古歌少有的英译版，扩大了苗族古歌的英语受众面。英文版的《苗族史诗》以苗族古歌传统对答式结构，采用长短句形式翻译，每组史诗前有题解为读者提供导读，书前有马克·本德尔所写的长达 2 万多字的苗族及苗族古歌的介绍。在内容相近的《苗族史诗——苗文汉文英文》中，他将苗族史诗的三文版本价值归结为三点：首先，它是一种典范，是苗族史诗的综合编年史；其次，作为静态的、书面的、多语言的"大师"版本，它不仅为学者和读者储备了史诗的叙述内容，而且也为歌手提供参考；最后，本书的出版，将会在苗族史诗的演唱传统、相关表演及传统文化等方面引起更多的关注。③ 第二，他扩展了苗族史诗的比较视野。鉴于长期在中国西南民族地区的田野调查基础，其论述超越单一民族的史诗研究，将《亚鲁王》与国内甚至国外的同性质史诗进行比较：《亚鲁王》的某些内容与在四川南部和贵州西南部的彝族的某些支系传唱的英雄"支格阿龙"的故事相似。"为灵魂指路"是古老史诗的一种普遍的唱法，在贵州其他支系的苗族和其他少数民族中都有传唱，在东南亚和印度的东北部也有类似的唱法。④

---

① ［美］D. C. 葛维汉：《四川苗族故事、歌谣》，载于郎维伟：《四川苗族社会与文化》，四川民族出版社 1997 年版，第 218 页。

② "Antiphonal Epics of the Miao（Hmong）of Guizhou, China," in *Bender's Traditional Storytelling Today*: *An International Sourcebook*, Fitzroy Dearborn Publishers, 1999；"Felling the Ancient Sweetgum": Antiphonal Epics of the Miao of Southeast Guizhou, Chinoperl, 1990。转引自罗丹阳：《苗族古歌的口头演述与文本制作——以黔东南双井村苗族歌师传唱的"瑟岗来"（Seib Gangx Neel）为个案》，硕士学位论文，中国社会科学院，2007 年。

③ ［美］马克·本德尔：《英译者自序》，载于吴一文、今旦译注：《苗族史诗——苗文汉文英文》，马克·本德尔（Mark Bender）等英文译注，贵州民族出版社 2012 年版，第 71 页。

④ Mark Bender：《苗族英雄史诗〈亚鲁王〉》，顾新蔚译，《民间文化论坛》2013 年第 4 期。

二、国内研究概述

笔者将国内苗族古歌的百年研究分为以下三个时段，即民国时期、1949—1979 年、1980 年至今。

1. 民国时期：苗族古歌研究萌芽期

上文提及，"苗"之研究由来已久，但"苗学"研究则较为滞后，具体到苗族古歌，民国刚刚起步，故而民国时期可谓苗族古歌研究的"萌芽期"。

杨汉先算得上民国时期苗疆古歌研究的第一人。首先，他意识到苗族古歌研究的重要性：我们研究苗族诗歌与故事，有两方面的价值，一方面可以得知其民族性，另一方面可以探究其历史线索。其次，他意识到苗族诗歌研究的不足——现在研究苗族诗歌故事的中国人不多见，到中国边疆传教的外国人的研究反而渐渐多了，这是一件抱愧的事。最后，作为本土学者，他具有文化上的便利和语言上的优势，采集了多首苗族古歌，并在系列论文中作出探讨：

> 一为史歌，及故事歌，此类多属古语，间有诵讴而不知其意者甚多，其歌均为韵文，吾人虽不谙习，审之则皆美丽之词语也。歌唱之时，先唱后述，或在叙述之间，参以片断之歌辞（此种多属民译）余听之颇觉美感……吾人名之为"唱诗人"。每在集会之时，此种史歌不绝于耳，及至唱至疲劳方罢；多为年老者唱；又则史歌及故事歌皆于集团性质隆重之聚会上用之，古必在特种时间或晚间。[①]

在这短短的论述中，他将威宁苗族诗歌分为三类，即史歌、情歌和时代歌，并就史歌的语言"多属古语"、"均为韵文"作出了精当的概括。此外，他对古歌演唱形式的探讨，即歌唱之时，先唱后述，或在叙述之间，参以片断之歌词，凸显了苗族古歌吟诵结合的特征；他将演唱者命名为"唱诗人"（显然借用了基督教的"唱诗班"），并指出唱者"多为年

---

① 杨汉先：《威宁花苗歌乐杂谈》，载于吴泽霖、陈国钧等：《贵州苗夷社会研究》，民族出版社 2004 年版，第 175—176 页。

老者"，皆于"隆重之聚会上"，较之克拉克所言的"青年男子和青年女子"更为贴切。此外，他呼吁学者大量搜集，唯恐"此类材料在不久之将来必全部消失也"。

民国时期的苗族古歌研究必须提及石启贵。石启贵为人熟知的身份是民国时期著名的民族学家、乡土教育家、苗学研究的先驱，然而在其一生中，他搜集并编著了大量的苗族诗词，其苗族古歌研究的重要特征是以仪式为基础记录苗族古歌，开创苗族古歌的语境化研究，不足之处在于少有专题论述。

抗日时期的救国图存使得诸如吴泽霖和陈国钧等学者充分意识到西南少数民族研究的重要性和迫切性，高校南迁为研究以苗族为主的西南少数民族提供了便利的地理条件。在大夏大学期间，陈国钧收录了两则苗族神话，指出神话（古歌）与民族心灵、民族思维等有着重大联系，其传承者多为"年高记忆力强的老年者"，从场域上"不同于普通专供娱乐的民谭，我们平时不大容易听到"。此外，他还提及苗族古歌在苗族社会中具有执法和裁决等类似法律的作用。[①]

其余学者较为相关的讨论还有：

>　　川苗丧葬祭祀与婚娶大礼都要唱歌，……川苗的故事与歌谣不大分得开，可以说是故事的歌谣化，歌谣的故事化。
>　　然而在诗歌里，有一部分含有历史意味……其故事如洪水淹天地、弟妹成婚等，多为神话传说，间有少许的道理，亦无实据可考，历年苗族老前辈去世，没有文字记载，时事转变多已失传了。[②]

虽然民国时期的其他学者对苗族古歌的探讨比较零碎，但提出歌谣故事化或故事歌谣化等，皆可以看成苗族古歌研究的重要内容。

2. 1949—1979 年：苗族古歌研究低潮期

苗族古歌研究自 1949 年到 1979 年之间的 30 年相对冷清，可谓苗族古歌研究的低潮期。

---

① 陈国钧：《生苗的人祖神话》，载于吴泽霖、陈国钧等：《贵州苗夷社会研究》，民族出版社 2004 年版，第 110 页。
② 林名均：《川苗概况》，载于张永国、史继忠：《民国年间苗族论文集》，贵州民族学院历史系民族史教研室 1983 年版，第 98、193 页。

首先，鉴于社会主义新中国的百废待兴，当时的文化研究更多地带有行政特色，这段时间苗族古歌以搜集为重，正如学者所总结的那样：

> 50年代到60年代中期，对苗族歌谣的记录翻译工作有几条线在进行。一条是滇东北苗语区的苗族知识分子把以前记录的歌谣翻译为汉语，一条是其他地区的苗族知识分子和其他民族的知识分子在各地的记录和翻译，主要的一条是一些省区的文联为了编写民间文学史而有计划地记录和翻译。①

其次，随着民族学者芮逸夫等迁往台湾，本土学者石启贵过世，杨汉先从政，研究人员出现了断层，从而使得苗族古歌研究在数量上无法突破，更别说质量的跨越了。然而，由于大量的学者在搜集、翻译和整理过程中亲身参与苗族古歌的传唱，相关研究仍然具有较强的说服力。

1956年马学良、今旦发表在《民间文学》上的《关于苗族古歌》对苗族古歌的内容、艺术形式以及汉译等问题皆作出积极探讨，可视为这一时段苗族古歌研究较有价值的文章：

> 古歌的内容十分丰富，几乎涉及苗族人民的生活的每一个方面。从开天辟地，万物生长，祖先迁徙，以至衣服为什么那样染，发髻为什么那样挽，每一风俗习惯，每一事物，甚至一只小小萤火虫的来历，都有一节歌来详细地叙述。②

唐春芳在搜集、翻译和整理之余，对苗族古歌的演唱内容、形式、场合和原因皆作出积极探讨，并对古歌传承的困境作出了前瞻性的预见：

> 应该说，现在苗族古歌流传面是不广了。首先，懂得古歌的只是少数老年人，三四十岁以下的就很少知道古歌了；其次，现在古歌多半流传在节日较多的地区和经济交通比较落后的地区；至于一般民族杂居地区和交通比较方便的地区，知道古歌的人和唱古歌的氛围就淡

---

① 转引自李炳泽、邹玉华：《苗族歌谣记录翻译：简史与思考》，《民族文学研究》1993年第3期。
② 马学良：《素园集》，中国民间文艺出版社1989年版，第174页。

了。所以抢救苗族古歌在目前看来，是一项迫切的工作。①

此外，罗荣宗在《苗族歌谣初探——贵阳高坡苗族》中的系列论文中亦有涉及：

> 有关天地开辟和洪水后人类始祖的传说的古歌，都以一问一答的方式来描述，来揭示自然和人类社会的奥秘；苗族无文字，一切历史，皆为口传，以歌唱出之，下面是苗族关于开天辟地传说的古歌的一部分，歌词形式作问答体，也可以说是"盘歌"的一种。②

罗荣宗自民国时期就研究苗族文化，他对于贵阳高坡苗族古歌的研究基于长期的实地考察之上，从而对苗族古歌的内容、苗族古歌与苗族历史的关系以及苗族古歌的演唱方式（即盘歌）作出了积极探讨，弥补了低潮期古歌研究个案的缺失。

3. 1980 年至今：苗族古歌研究繁荣期

以 1980 年潜明兹的《奇异的神话诗——评苗族古歌》为起点，截止到当下可视为苗族古歌研究的繁荣期。这期间共有 3 本专著及 3 本相关论著、100 多篇期刊论文、10 多篇硕士学位论文、4 篇博士学位论文，呈现良好的出版和研究态势。吴一文与覃东平合著的《苗族古歌与苗族历史文化研究》③、吴一文与今旦合著的《苗族史诗通解》④ 互补与互证性地展现了苗族古歌研究多学科、跨学科的宏观视野和苗族古歌的丰富内涵。《口传诗歌中的非口语问题——苗族古歌的语言研究》从语言学角度，以"非口语"为圆心，将其中极少数特殊疑难非口语词语进行比较，提出这些词语产生的原因，或语言的超常组合，或诗歌的古旧化、华丽化，或诗歌格律的调整，或词义关系的联结，都一一列举翔实的例句加以说明，符

---

① 《民间文学资料》（第四集），中国作家协会贵阳分会筹委会 1958 年编印，第 8 页。

② 罗荣宗：《苗族歌谣初探——贵阳高坡苗族》，西南民族学院民族研究所（内部资料），1957 年，第 12 页。

③ 吴一文、覃东平：《苗族古歌与苗族历史文化研究》，贵州民族出版社 2000 年版。

④ 吴一文、今旦：《苗族史诗通解》，贵州人民出版社 2014 年版。

合语言的实际。① 余未人主编的《苗族人的灵魂》，作为申遗材料，汇集众家之言，并立足实地，关注当下；罗义群的《中国苗族诗学》从诗学角度对苗族古歌作出理论探讨；吴秋林的《"蒙恰"古歌研究》则具有微观的个案研究特性。罗丹阳的博士学位论文《苗族古歌传承的田野民族志——以黔东南双井村"瑟岗来"（Seib Gangx Neel）为个案》，围绕有关活态的苗族古歌的演述、传承等问题展开了多次田野调查，尤其关注苗族古歌传承人的生活世界与内部体系；东昊的《苗族非物质文化遗产研究》、何茂莉的《来自民俗的阅读与创作》、麻三山的《隐藏在文化上的符号》皆有涉及。

苗族古歌研究的繁荣期近 40 年，这契合了中国史诗研究的大语境："中国大多数史诗是在 20 世纪 50 年代后才被陆续发现的，而史诗的搜集、记录、翻译、整理、出版，还是近 30 年的事情。我国史诗研究起步更晚一些，较为系统的研究开始于 80 年代中期。"② 可见，较之搜集成果的出版和整理，苗族古歌的研究相对滞后，集中在 1980 年至今，并明显地表现出 10 年为界的研究特性，即 1980—1990 年高峰期的文学研究、1990—2000 年低谷期的历史考据研究以及 2001 年至今回潮期的跨界研究，呈现从文学到文化的多学科和跨学科研究态势。

苗族古歌的研究在 1980—1990 年表现为高峰期的文学研究。高峰期的显著特征表现为研究数量上的异军突起（近 70 篇论文涉及）以及质量上的难以超越。其中《试论苗族诗歌系统》立足于地方性表述，不拘泥于"古"字限制，而以"神歌、史歌、情歌、酒歌等"作为整体，用诗歌系统对其探讨，体现出另一种分类和对话，亦即直接进入汉学研究的诗学中心。③ 此外，潘定智的《苗族古歌三议》、杨正文的《论〈苗族古歌〉的神体系》等都对苗族古歌的分布、性质、特征作出了高屋建瓴的阐释。在交流媒介上，除了各报刊（如《贵州民族研究》、《贵州社会科学》、《民族文学研究》等）大量刊载苗族古歌的研究性论文之外，大量的文集也加入了苗族古歌的理论探讨。例如，陶立璠的《论苗族古歌中的神话》、吴德坤的《关于苗族史诗》等都对苗族古歌作出了多方位的阐

① 张永祥：《鉴定意见》，载于李炳泽：《口传诗歌中的非口语问题——苗族古歌的语言研究》，民族出版社 2004 年版，第 442 页。
② 尹虎彬：《古代经典与口头传统》，中国社会科学出版社 2002 年版，第 2—3 页。
③ 徐新建：《试论苗族诗歌系统》，《贵州民族学院学报》1978 年第 3 期。

释。更为难得的是，《贵州神话史诗论文集》和《贵州古文化研究》两本论文集为苗族古歌的理论探索提供了平台：前者汇集了刘之侠的《苗族神话的分类及其审美趣味》等论文，可视为这一时段苗族古歌研究的微型缩影；后者有李子和的《论苗族"远古史歌"中的金银神话》等论文，皆对苗族古歌作出了独到的探索。上述论文与胡晓东发表在《苗侗文坛》上的《苗族古歌中的日月神话浅析》、杨正伟发表在《苗岭风谣》上的《试论苗族姜央的形象》、李子和发表在《民间文学》上的《巨人的诗篇——简论〈苗族古歌〉的巨人形象》、庹修明被收入《贵州少数民族民间文学作品选》的《苗族古歌分析》等文章形成了良好的互动和互补。

　　综观这 10 年的研究，虽然有少量文章涉及图腾、族源等民族学问题，但更多的是聚焦于苗族古歌的文学研究，即将古歌作为文学题材甚至于神话或史诗题材，从而对其艺术成就作出美学审视，如段宝林的《苗族古歌与史诗分类学》、陈立浩的《试论〈苗族古歌〉的美学价值》等就都侧重文学审美角度。此外，也有一部分文章将苗族古歌理解为研究苗族社会风俗、哲学思维、宗教表述的媒介加以探讨，如徐积明的《苗族古歌〈开天辟地〉哲学思想再研究》、张晓的《从苗族古歌看其原始思维》以及吕崇龄的《苗族"古歌"人物形象的民族特征》等。总之，数量上的庞大、质量上的成熟都使得这一时段苗族古歌的研究成绩斐然。然而其局限性也较为明显，表现为学科的单一性和封闭性。正如学者所总结的那样，1986 年以前，人们对苗族古歌的研究主要集中在哲学、美学、神话学、宗教图腾及从苗汉神话比较来讨论苗汉民族的历史渊源等层面。从那时开始，除了燕宝关于族源探讨、今旦关于语言词汇、张晓关于价值意向、杨正伟关于古歌繁荣的文化渊源和传承、杨昌树关于古歌的文化生态等进行的开拓性的研究外，其他作者的探讨基本上仍沿着哲学、美学、神话学和宗教学这些框架进行。①

　　1990—2000 年苗族古歌研究共有近 20 篇期刊论文、1 本专著。较之于第一时期高峰期的文学研究，这一时段的研究处于低谷期，并具有明显的考据性。低谷期的研究成果在数量上远远逊于前后两个 10 年，然而迄今为止唯一的苗族古歌专著即吴一文等所著的《苗族古歌与苗族历史文

---

① 伍隆宣、李炳泽：《苗族古歌与苗族文化研究的评介》，《中央民族大学学报》2005 年第 4 期。

化研究》①，填补了这 10 年的低落。《苗族古歌与苗族历史文化研究》共11 章，分别是绪论、苗族古歌与苗族族源和迁徙、苗族古歌与民族关系、苗族古歌与苗族支系、苗族古歌与苗族社会形态、苗族古歌与苗族婚姻家庭、苗族古歌与苗族科技文化、苗族古歌与苗族原始宗教、苗族古歌与苗族哲学思想、苗族古歌与苗族人生礼俗、苗族古歌与苗族语言文化。全书将苗族古歌作为切入苗族文化研究的圆心，从多个扇面切入苗族文化的研究，体现了苗族古歌的丰富性与包容性。

第二个 10 年的研究特色在于从前 10 年的文学本体论转向史学考据阶段，其中石宗仁的研究如《中国苗族古歌的历史和文化》、《荆楚国名译释论——兼摘〈中国苗族古歌〉传承古楚的信息》以及余丰的《功能指向与心理暗示》等论文与吴一文等的专著形成明显的互动，即注重考证考据。这样的历史解读之成功之处在于拓展了苗族古歌的丰厚内蕴，还原了苗族古歌集苗族古代神话传说和历史于一体的情况，包含了苗族历史、伦理、民俗、服饰、建筑、气候等方面的知识，是研究苗族古代民俗、宗教、伦理、法律、哲学思想和自然科学的重要史料，具有很高的文学价值和史学价值。可以说，苗族古歌是苗族古代社会的"编年史"，是苗族先民的"百科全书"。②

2001 年至今的研究可谓众声喧哗的回潮期，表现出明显的多学科和跨学科特征。尤其需要提到的是吴一文、今旦合著的《苗族史诗通解》③。该书以《苗族史诗》④为基本素材，侧重对其作出整体性的阐释，正如其后记所言，《苗族史诗通解》的特点是"通解"，它包括题解、古语词解释、人物注解、古今地名考注、动植物注解、重要风俗解释、句子解意、段意解读、异文对比、关系词考证等各类注释⑤。此外，还有 10 篇硕士学位论文，即吴占杰的《湘西苗族古歌的伦理道德教育研究——以龙井村为例》、杜卓的《苗族古歌的社会功能研究》、许安娇的《苗族古歌的文化阐释》、王曼利的《文本背后的文本——苗族古歌〈说古唱今〉语境研究》、肖利的《黔东南苗族古歌"数字"原型研究》、伍玉静的《〈苗族古歌〉中

---

① 吴一文、覃东平：《苗族古歌与苗族历史文化研究》，贵州民族出版社 2000 年版。
② 杨正伟：《论苗族古歌繁荣的文化渊源》，《民族文学研究》1990 年第 1 期。
③ 吴一文、今旦：《苗族史诗通解》，贵州人民出版社 2014 年版。
④ 马学良、今旦译注：《苗族史诗》（HXAK HMUB），中国民间文艺出版社 1983 年版。
⑤ 同上书，第 543 页。

艺术形象的文化阐释》、彭东琳的《〈苗族古歌〉伦理思想的现代解读》、丁渝珈的《湘西地区〈苗族古歌〉文化主题研究》、于佳的《川南苗族古歌表演文本样态研究——以珙县罗渡苗族乡为例》以及罗丹阳的《苗族古歌的口头演述与文本制作——以黔东南双井村苗族歌师传唱的"瑟岗来"（Seib Gangx Neel）为个案》。有必要提及的是，罗丹阳的硕士学位论文和博士学位论文皆注重苗族古歌的田野民族志，硕士学位论文《苗族古歌的口头演述与文本制作——以黔东南双井村（Seib Gangx Neel）为个案》与博士学位论文《苗族古歌传承的田野民族志——以黔东南双井村（Seib Gangx Neel）为个案》侧重传承人的动态考察，这样长时段的关注使得其深度和广度都有重大推进。此外，这一时段还有近50篇期刊论文研究苗族古歌。

　　较之第一个10年高峰期的文学角度和第二个10年低潮期的考据考证，回潮期的这段研究具有两个明显的特征。第一，突破了单一的作品研究模式。借用文学四要素之说，苗族古歌这一时段的研究突破了纯粹的作品（即苗族古歌）的文本研究，出现了逐渐关注作者（即传承人）及其世界（即苗族古歌背后所依托的整个苗族文化语境）的趋向，其中王曼利的硕士学位论文《文本背后的文本——苗族古歌〈说古唱今〉语境研究》关注古歌的传承研究，钟雯的《图书推广的营销策略——以〈王安江版苗族古歌〉市场推广方案为例》对苗族古歌的市场化、全球化语境进行了积极的探索。第二，打破了单一的文学或史学学科的研究，出现了多学科、跨学科的互动，从而为口头诗学的研究打开了更多窗口，如曹端波的《苗族古歌中的婚姻伦理与规则》、游建西的《从苗族古歌看苗族温和文化的底蕴》等由内及外、从文学到文化的研究，为苗族古歌研究迎来了新一轮高峰。

　　苗族古歌近40年的研究出现了众声喧哗的多学科和多角度参与。就学科而言，出现了史学、文学、民族学、哲学等多学科探讨；就角度而言，出现了比较、传承等研究角度。

　　（1）史学角度。苗民无文字，其历史在口耳相传中传承，这一点在苗族古歌里尤其凸显。苗族古歌，民间叫"古史歌"、"古老话"，学术用语是"史诗"。不管叫古歌，还是叫史诗，都是以歌（诗）来叙述古代历史的。①

---

① 潘定智：《宏伟的创世史诗　丰富的古代文化》，载于潘定智等编：《苗族古歌》，贵州人民出版社1997年版，第2页。

正是苗族文化里以古歌记事而非文字记事的传统①，使得苗族古歌的史学解读相对厚重。

对于婚姻史的研究以陈立浩和杨世章较为凸显。前者在《苗族婚姻史诗〈开亲歌〉简论》里以婚姻的三个阶段为主线，立足于文本逐一解读，对其特征加以论证；后者则认为《开亲歌》对于研究苗族古代的婚姻制度和现代苗族的婚姻习俗意义重大。可以说，《开亲歌》是苗族婚姻制度的发展史、编年史，是一部具有浓厚原始性的婚姻史诗。②

燕宝以苗族古歌作为解释苗族来源与历史的枢纽，这同样也是山民的观点，后者在《试析〈苗族古歌〉的史料价值》中从苗族族源、苗族图腾、苗族氏族社会三个维度反观苗族古歌的史料价值。在史学研究角度上，尤其要提到的是石宗仁，他提出中国苗族古歌不愧为集多学科与五千年历史文化于一体的苗族"百科全书"，它为苗族史、苗汉关系史、苗族与楚国的关系、苗俗与楚俗、古代长江稻作文明史、文化人类学、古代社会、古代法文化、哲学、民族文学史、语言学、民间文学史、宗教与文化、古地名文化、古生物等学科的研究提供了大量来自古代的信息与新材料，并在其专著《荆楚与支那》中将关于古歌的史学研究贯穿其中。史学解读在一个崇尚文字至上的国家里固然免不了遭诟病和责难，因而在材料的采用上需多加谨慎，以免落入王明珂所警示的"攀附"断言。

（2）文学解读。文学解读构成迄今为止苗族古歌研究最重要的部分，形成了文学分类、文学审美、神话研究等多角度的众声喧哗，出现了不下30篇论文。其中缘由是中国文联为了编写民间文学史而有计划地记录和翻译，其文学研究具体而言表现为以下两个方面。

第一，在命名上，出现了主位与客位的二元并置。上文在重要术语中已经梳理了苗族古歌的主位表达，在此暂且略去民间自称，而以学者界定，就有苗族古歌、苗族史诗、古老话、创世纪史话等不同定义；在分类上，有创世史诗、神话史诗、原始性叙事诗等说法。段宝林提出，鉴于"神话史诗是史诗形式的神话，是神话内容的史诗，这是由神话向史诗发

---

① 游建西：《从苗族古歌看苗族温和文化的底蕴——值得深入认识的一种农业文化遗产》，《贵州社会科学》2011 年第 4 期。

② 陈立浩：《苗族婚姻史诗〈开亲歌〉简论》，《贵州民族研究》1987 年第 1 期。

展的一种过渡形式的作品"①。他认为苗族古歌应该归类为神话史诗。较之于散文体的故事，韵文体的史诗兼备了神话的内容与诗歌的韵文表达，但神话史诗的提法值得商榷。与之针锋相对，潘定智认为："有的学者把神话诗叫史诗，有的又把创世史诗叫神话史诗，这都是不科学的。神话是史诗的部分内容、材料，但神话和神话诗不是史诗。"为此，他提出，史诗有它自身的质的规定性。史诗的主要特征是：首先，它是民族最古老的叙事长诗，产生于原始社会末阶级社会初民族开始形成时期；其次，史诗主要内容是"叙史"，叙述民族的古代历史文化，全面反映古代社会生活，是民族的古代史书，也是民族的"百科全书"；最后，史诗篇幅很长，结构宏伟，是"世界史上划时代的、古典的形式"。② 综合史诗的产生年代、文本内容与篇幅长短，这样的探讨较有合理性。他将苗族古歌按照内容分类，契合了钟敬文在《民间文学概论》里的分类。

　　第二，在内容上，出现了多重维度参与。由于文学固有的包含性，故而文学的探讨包括文学的鉴赏，如刘之侠的《苗族神话的分类及其审美趣味》和潜明兹的《创世史诗的美学意义初探》。此外，苏仁先、肖丽等皆对其审美解读作出积极探索。在神话题材方面，由于苗族古歌包含了大量的神话，从而神话学的解读占有重要比重。其中陈立浩的《从苗族创世古歌看神话思维的感官性》与《从苗族创世古歌看神话思维的神秘性》一脉相承地探讨苗族古歌的神话思维；陈汉杰立足于苗族史诗是原始农耕民族审美观念的产物，提出了美与美感根植于劳动实践；而刘亚虎将《苗族古歌》放置于南方创世史诗群中，跨民族、跨地域地提出南方民族创世神话的特点：首先，不少民族的神话处于活的形态，它们不仅仅是以口头的形式流传，而且还与民族社会组织、生产方式、生活习俗以及各种祭仪、巫术、禁忌等结合在一起，进行权威性叙述；其次，不少民族的神话经过祭司和歌手的整理，以及系统化、经籍化、史诗化，有较强的叙事性；最后，由于地域的差异，同一民族的同类神话有不同的流传形态，它们可能映现了这类神话发生发展的脉络、文化堆积的层次等。③ 值得一提的是刘之侠的观点，即神话是原始先民生活虚幻的反映④，用明显的生物进

---

① 段宝林：《〈苗族古歌〉与史诗分类学》，《贵州民族研究》1990 年第 1 期。

② 潘定智：《从新编〈苗族古歌〉看创世史诗的几个问题》，《贵州民族学院学报》2000 年第 1 期。

③ 刘亚虎：《黔东南苗族神话古歌的独特价值》，《凯里学院学报》2008 年第 2 期。

④ 刘之侠：《试论〈苗族古歌〉中的发明发现神话》，《贵州社会科学》1987 年第 12 期。

化观来解读神话，将神话置于前文学或文学发展的初级阶段，从而将其理解为无知、荒谬等。

（3）民族学角度。就民族学而言，《苗族古歌》是迄今为止第一部以民族身份命名的南方创世史诗，形成了跨地域、跨方言的民族文化共同体。苗族诗歌系统自古而今的一个首要功能就是作为一个完整的符号和行为系统，不断突出和强化其共同体成员的民族自我意识，从而激起无形而强大的民族内聚力，使全体成员尽量不至于在世代流变和漫长迁徙过程中丧失心理上的统一性。①

鉴于此，民族性的探讨一直贯穿于整个苗族古歌传播、搜集和研究的过程中。如燕宝的《从苗族神话、史诗探苗族族源》和吴国恩的《民族魂的唱响——苗族史诗〈俤巴俤玛〉》。后者采用夹叙夹议的表述形式，从民族性来看，作品极力为自己民族的生存和发展而大声疾呼，字里行间无不充满这一主题。②

在理论探讨层面上，李子和以图腾为线，联系地理因素、民族历史，提出《苗族史诗》形成于母系氏族晚期至父系氏族社会这一漫长的历史时期，此时作为原始宗教形式之一的图腾崇拜已逐渐为祖先崇拜、灵物崇拜所替代，图腾崇拜退居到次要的地位，这才可能出现几种图腾次第生化，最后生出男性始祖的幻想性描述。论证大胆新颖，成一家之言。余丰梳理了枫木—蝴蝶—姜央的图腾崇拜轨迹，探讨了苗族古代社会变迁、宗教信仰、生产发展、生活习俗等方面的概况，以及苗族先民对自然、社会、天地万物、人类自身形成的看法，是研究社会发展史不可多得的材料。③ 此外，吕崇龄难能可贵地探讨了苗族古歌中的人物形象的民族特征，歌颂了在大自然面前毫无畏惧、英勇斗争，为民谋利的氏族英雄，形象地反映了苗族先民战胜自然、再造自然的无穷智慧和宏大气魄，同时也反映了他们的群居生活和社会理想。对于苗族古歌中英雄形象的探讨，可视为通过苗族古歌解读民族性格的重要视角。

（4）哲学角度。哲学角度的探讨共 10 多篇文章。由于苗族古歌以口

---

① 徐新建：《苗族诗歌系统》，《贵州民族学院学报》1987 年第 3 期。

② 苗青：《长长的路长长的歌》，载于苗青主编：《西部民间文学作品选（1）》，贵州民族出版社 2003 年版，第 37 页。

③ 余丰：《功能指向与心理暗示——从〈苗族古歌·枫木歌〉看黔东南苗族图腾代系发展》，《贵州文史丛刊》1993 年第 5 期。

头诗学形式表述苗族社会中关于天地形成、万物产生与民族迁徙等本原性问题，故而哲学探讨成为苗族古歌研究的一个维度。与西方制度化、体系化的哲学观不同，张晓指出："苗族古歌以其内容作为一个积累、创作、传承、发展的流动体，相应地留下苗族先民原始思维发展过程的遗迹，我们的任务是发掘这些'遗迹'即直观行动思维—具体形象思维—初步逻辑思维。"这样的探讨可以看成众多哲学角度探索的逻辑起点，使得其在苗族古歌的解读上观点独到："苗族古歌不再是一个个独立神话，它已经由众多独立神话的扩展、交叉，联合成一定的有机系统。但是，苗族古歌尚未达到体系神话的系统水平，它的本身仍然存在着许多非系统因素；苗族古歌的着力点在于叙述神的活动场景和过程，而不在于神本身，在于神的行为，而不是在于神际关系。"① 该文在引入独立、复合和体系的坐标下审视苗族古歌的系统性与非系统性，指出其有明显的脱节。这样的评价是十分中肯的，毕竟苗族古歌演唱需要语境，它伴随一定的民俗和生命礼仪的过程。换言之，在日常生活中，苗族古歌不是直线推进，而是呈扇面、碎片状态寄存于民俗中。

陈鸿志在《苗族古歌里的朴素唯物主义思想》中提出的云雾假说、卵生神话、天地同一、人定胜天、劳动创世②等观点，肯定了苗族先民对于唯物主义思想的积极探索。田光辉的《〈苗族古歌〉的哲学思想初探》则提出"云雾生最早"的宇宙观、"人能胜天地"的认识论和"枫树生傍留"的进化论。对于苗族古歌中传达的人之地位，何彪、田光辉等认为体现了"人为万物之灵"的价值观；与之相对的是罗义群，提出苗族哲学的核心是"江山是主人是客"的生命观，在此意义上人要关注自己的生命存在，也要追寻生态伦理的价值实现，为此，人们要彻底摒弃"人类中心主义"，关爱自然、敬畏自然、保护自然。这样的观点与龙正荣在《贵州黔东南苗族古歌生态伦理思想论析》③ 中的表述相互呼应：苗族古歌所蕴含的尊重自然、敬畏生命、人与自然和谐相处等生态伦理思想，为现实生活中如何保护我们的生存环境提供了有益的借鉴。

（5）比较角度。比较的角度共有 8 篇论文，下面以国际视野中的中外、

---

① 张晓：《论苗族古歌的系统与非系统》，《贵州社会科学》1988 年第 6 期。

② 陈鸿志：《苗族古歌里的朴素唯物主义思想》，《贵州师范大学学报》1982 年第 1 期。

③ 龙正荣：《贵州黔东南苗族古歌生态伦理思想论析》，《贵州师范大学学报》1982 年第 1 期。

国内角度下的不同民族、同一族别内的不同支系三个角度来加以梳理。

在中外的比较上，郑爱华将起源神话与国民性格相联系，提出了苗族神话的伦理性明显强于日本神话，重道德及职责，轻个人性格；而日本神话中的个性扩张与希腊神话等相似，人情味更浓。李子和则在引入少量黔西北苗族古歌的基础上，以东部苗族古歌为重心，在相同的民族认同的"过渡"背景下，将之与芬兰民族史诗《卡勒瓦拉》的内容、形式、产生时代等进行比较，提出苗族古歌的"集合"和"组合"特征。[①] 此外，石宗仁巧妙地以中外两首著名的史诗《中国苗族古歌》与《罗摩衍那》为引子，用之来解读"支那"之谜[②]，其多维角度（即历史文献、考古资料、语言学、民族学、地名文化、楚学、苗族史及稻作史等）的多学科资料使结论有较强的说服力。

在国内不同民族的比较中，陈立浩承接了芮逸夫在民国时期开创的苗汉人类起源神话之比较，并将之放在南方创世史诗中加以解读；敖行维的比较则引入了文化人类学传播学派的观点，在对比贵州彝族和苗族洪水传说异同之后提出，由于生活于同一文化圈内，休戚与共之点甚多，一个民族从另一个民族的民间传说中汲取一些因素是完全可以理解的事。[③] 土家族学者巫瑞书将湘西两大少数民族史诗（即土家族的《摆手歌》和苗族的《古老话》）并置，在指出思想观念和艺术表现相近的基础上，指出了两部史诗在类型、格调韵味、构建样式、传播渠道等方面的不同。[④] 这篇论文观点鲜明，言之有据，属于不可多得的比较论文。

苗族古歌的比较研究还有同一族别内不同支系的比较这一层面。由于苗族三大方言的隔阂，长期以来的苗族古歌研究一直表现为中部的研究较为凸显，占整个苗族古歌研究的 80% 以上，因此试图打破方言区壁垒的整体研究和比较研究就显得尤为可贵。王治新以苗族三个方言区的迁徙史诗为连接点，在梳理不同分支迁徙史诗的基本内容后，对于迁徙原因的异同作出了概括，其中相同原因的分析较为合理。第一，均直接或间接受到

① 李子和：《我国〈苗族古歌〉与芬兰民族史诗〈卡勒瓦拉〉的比较研究》，《贵州文史丛刊》1989 年第 3 期。

② 石宗仁：《中国名称"支那"之谜与苗族——世界著名的印度史诗〈罗摩衍那〉与〈中国苗族古歌〉传递的信息》，《黔东南民族师范高等专科学校学报》1994 年第 2 期。

③ 敖行维：《贵州彝族苗族洪水传说的比较研究》，《贵州民族研究》1996 年第 3 期。

④ 巫瑞书：《〈摆手歌〉与〈古老话〉比较研究》，《湖南大学学报》2007 年第 1 期。

环境或敌人的压迫，生活极端困苦，甚至无法生存下去，这才历尽艰辛，千里迢迢地迁徙的。第二，既然是被迫，因而总是从大江大湖大平原地带一次又一次往边远贫瘠山区转移。第三，不是零星散乱的短时间、短距离搬迁，都是有组织、有领导的长期长途跋涉，举族集体大转移。第四，不管受过多少折磨，损失多么惨重，各大支系都能一次又一次地白手起家，重建家园，苗族人民几千年来这种坚韧不拔、宁死不屈和乐观主义的民族精神，确实极为宝贵，值得称道。① 而吴晓东的《对偶与对唱的叙事：苗族的迁徙与英雄史诗》② 在介绍苗族的迁徙背景之后，第一次以迁徙为主题，将三大方言的苗族古歌作为整体加以研究。但"对偶"属于音律学范畴，显然不能与"对唱"（即演唱方式）并列，况且东部苗族古歌尤其是迁徙古歌的演唱其实也是以对唱形式完成的，因而这样的并置值得商榷，但其在古歌研究的地域打通上功不可没。

（6）传承研究。苗族古歌的传承研究以杨正伟为始，笔者从传统和非遗两个角度加以梳理，截至目前共有不下 10 篇期刊论文和 1 篇硕士学位论文。

杨正伟的《苗族古歌繁荣的文化渊源》可以看成其同年发表的《苗族古歌的传承研究》的姊妹篇。他在《苗族古歌的传承研究》中提出：

> 对苗族古歌的传承研究，是研究苗族古歌的基础，即将过去孤立的、平面的、表层的纯作品研究，扩展到更为广阔的领域去研究，把苗族古歌视为苗族的一个文化系统，一个有机体，将其创作者、传承者、受传者、传承渠道置于一个立体的三维空间中去进行宏观的综合考察。③

杨正伟的这两篇论文对苗族古歌的传承研究作出了高屋建瓴的定位，具体表现为三个方面。首先，对传承方式即祖先传授、家族传承、师徒传承、自学传承解说合理。其次，对传承原因分析较为全面，他将苗族古歌良性传承的原因归结为四个方面，即：松散的社会组织结构、较原始的村社民主制、相对安定的农业社会生活是苗族古歌形成的土壤；歌师卓越的编唱才能是苗族古歌得以丰富完善的基础；苗族对歌、赛歌和学歌的习

---

① 王治新：《从苗族三大支系迁徙史诗中探索"三苗"的源流》，《贵州文史丛刊》1986 年第 2 期。
② 吴晓东：《对偶与对唱的叙事：苗族的迁徙与英雄史诗》，《国际博物馆》2010 年第 1 期。
③ 杨正伟：《苗族古歌的传承研究》，《贵州民族研究》1990 年第 1 期。

俗，为苗族古歌的继承发展提供了场所；苗族人民对歌师和古歌的喜爱是苗族古歌得以广为流传的群众基础。[①] 这样的阐释充分考虑了苗族古歌农耕社会的传承语境，至今依然成为探讨苗族古歌传承原因的重要参考。最后，他是为数不多提及苗族古歌吟诵过程中具有"禁忌"的研究者之一，表现出其对于苗族古歌认识的深度与广度。杨正伟研究的不足是在对传承人的分析时引入寨老、理老以及巫师三种身份，粗看中肯，但因为缺少苗族古歌研究的具体事实佐证，限于臆想，最为凸显的是关于巫师的分类，从命名到职责似乎都显得浅显、含糊其辞，没有就其具体所唱古歌内容或篇目作出界定。

王曼利的硕士学位论文以《说古唱今》为个案，承继苗族古歌的传承研究，批判以往"发于文本、行于文本、止于文本"的单一文本研究，引入语境研究。在自称和他称的对比下，对苗族古歌进行了界定，随后就苗族古歌的演唱场景、形式、歌手身份以及传承方式等作出探讨，其出发点是着眼于整体的苗族古歌，但在资料的消化上显然没有明确区分三个方言区苗族古歌的译文他称和苗语自称，具有明显的嫁接现象，呈现张冠李戴的错误。加之其分析的《说古唱今》的语境也并非如巴莫所言的"五个在场"的语境，同样呈现明显的制作痕迹，因而该文对于苗族古歌的语境研究只能说是开了先例，但限于语言上的隔膜和深度田野工作的缺失，探讨浅尝辄止。

在传承研究里，应该提及的还有余未人的《台江苗族的灵魂空间》。由于该书属于申遗丛书，她所做的大量实地田野调查都具有重要的人类学意义。此外，在非遗申报的热潮下，苏晓红、李志勇、赵庆鸣、田茂军、毛进等皆作出了积极探讨。苏晓红提出的"保护为主、抢救第一、合理利用、继承发展"体现出政府主导、政策保障与经济支撑的合力；毛进在对比西江旅游开发前和旅游开发后苗族古歌的演唱地点、演唱程序、演唱目的和听众的不同后，提出在政府主导下的西江旅游业的迅速发展却成了这一文化迅速走向消亡的催化剂。[②] 其实，苗族古歌作为活态的创作，特性就是"创作中的表演与传承"。传承人的断层、歌师的老龄化固然是古歌传承萎缩的重要原因，然而演唱场合的缺失、听众的缺席和苗族

---

① 杨正伟：《苗族古歌繁荣的文化渊源》，《贵州民族学院学报》1989 年第 1 期。
② 毛进：《西江苗寨旅游开发与苗族古歌变迁》，《贵州师范学院学报》2010 年第 3 期。

古歌赖以生存的语境即苗族民众世界观的改变等，才是古歌断代的深层原因。

苗族学者罗义群在《苗族民间诗歌》中提出："苗族古歌是苗族童年时代的产物，是初民对自然现象和社会生活的原始理解，反映了他们对客观世界的朴素的认识。它从诞生之日起，就属于浑然一体的苗族原始文化。各种社会意识形态——历史、哲学、政治、宗教、伦理、民俗、艺术、文学等没有独立地分化出来。"正是因为苗族古歌内容的丰富性和包含性，从而对其研究除了上述提及的史学、文学、民族学、哲学比较、传承等角度之外，尚有自然科学、宗教学及无法分科的综合角度，如《苗族古歌三议》① 和《苗族古歌的潜文本解读——以黔东南苗族古歌为个案》② 等。

三、《亚鲁王》专题

自 2009 年至今的短短 8 年间，亚鲁经历了从亚鲁王史诗到亚鲁王文化再到亚鲁王学的不断升温："亚鲁王"成为 2009 年中国民间文化遗产抢救工程的重点项目，并被文化部列为 2009 年中国文化的重大发现之一；2010 年被纳入中国第三批非物质文化遗产名录；2011 年《亚鲁王》③ 由中华书局出版，发布会在北京人民大会堂举行；2013 年，《亚鲁王》学术会议召开，《亚鲁王书系》④ 得以出版，亚鲁学得以提出。

亚鲁事象影响深远，亚鲁热、亚鲁学值得回顾与前瞻，下文将对此进

① 潘定智：《苗族古歌三议》，《思想战线》1987 年第 6 期。

② 杜卓：《苗族古歌的潜文本解读——以黔东南苗族古歌为个案》，《贵州民族学院学报》2009 年第 3 期。

③ 中国民间文艺家协会主编：《亚鲁王》，中华书局 2011 年版。

④ 曹维琼、麻勇斌、卢现艺主编：《亚鲁王书系》，贵州人民出版社 2012 年版。在这套丛书中，主编提出"亚鲁学"即以史诗《亚鲁王》的文本整理为基础，以苗族独有并为族群共享、贯连古今、对苗族社会生活有重大影响的"亚鲁文化"为主要研究对象，以记忆于族群、记载于各种表意文化事象中与亚鲁故事相关的内容为主要研究领域，以文化人类学、历史文献学、民族学、文化生态学、民间文学等相关学科的理论为指导，以各相关学科的适用方法为工具，探索"亚鲁文化"在苗族社会生活中的作用和影响，探究"亚鲁文化"在苗族传统文化中的地位和价值，探讨"亚鲁文化"在当今社会自然生态、社会生态、文化生态环境中的传承方式、传承路径、传承动力和传播手段，研究如何有效地整理、传承与保护"亚鲁文化"，以研究如何发挥"亚鲁文化"的当代价值等内容为基本目标，在不断的探究和创新中逐渐形成的学科。

行专题梳理。

1. 回顾：燎原之势亚鲁热

综观近年来的《亚鲁王》研究可谓呈燎原之势，具体表现为《亚鲁王书系》的出版、亚鲁研究的多层次推进及相关会议的陆续召开。

首先，从 2009 年亚鲁文化被发现之后，在不到 4 年的时间里，出版了不少与《亚鲁王》相关的著作。第一部为《亚鲁王》，分为史诗部分和图版部分。在《亚鲁王》共 10819 行的史诗中叙述了亚鲁王的创世、战争与迁徙；在《亚鲁王》图版部分则以图文并茂的形式介绍了与亚鲁王文化密切相关的东郎、工作照、流传环境、丧葬、停灵、做客、砍马及开路。这是文化客位者进入《亚鲁王》研究的基础文献，限于语言的隔膜，多数研究者不得不借助于汉译文本进行研究。

紧随其后的是《亚鲁王文论集》，这部文集共两部分：第一部分囊括了 4 篇论文及 5 份田野报告，第二部分则是 8 位歌师的口述史。这部文集既有对于亚鲁王这一活态口头诗学所依托的苗语丧葬仪式、苗族文化语境的历史梳理，如吴正彪的《麻山次方言区苗族民间口传文化背景及其社会历史发展概观》和《祖先记忆的仪式展演与族群文化建构的历史回溯》，又有翻译初期本民族学者的思考与选择，如李云兵的《关于〈亚鲁王〉搜集若干问题的思考》与吴晓东的《史诗〈亚鲁王〉搜集整理的两种文本》。此外还有 4 篇以亚鲁王为载体的麻山丧葬调查报告及 8 位歌师的口述史。由于吴正彪、李云兵等学者精准的文化解读与扎实的语言学功底，加上田野调查和口述史的时效性与基础性，这一混合着论文、田野报告及口述史的亚鲁王研究专著成为解读麻山苗族古歌翔实的基础资料和必读书目。仅以 2013 年在贵阳召开的亚鲁王学术会议为例，在提交的 31 篇论文中，该书共被引用 77 次。

2013 年，《亚鲁王书系》出版。《亚鲁王书系》分为《史诗颂译》、《歌师秘档》与《苗疆解码》三册。其中，《史诗颂译》以史诗本体研究为主题，从传统口头文学转向民族语言学、民族历史学、民族社会学，并拓展到历史人物学领域，提出史诗《亚鲁王》的"文本、文典、文献"三重价值；《歌师秘档》从文本转向传承人、从文本传承研究转向传承现状研究，围绕史诗传承人，从文化生态学、文化传播学、文化传承学等相关学科进行社会生态与传承保护的多视角探究，忠实记录歌师对史诗传承的价值与作用；《苗疆解码》以史诗为经，以各种表意文化事象为纬，以文化生态学为统领，多维度探究、寻找史诗与各种表意文化事象的关联。其目的在于以史诗《亚鲁王》为基础，对"亚鲁文化"进行全面的活体解读。①

其次，亚鲁研究的多层次推进表现在以下三个方面。第一，大量的《亚鲁王》研究论文。自 2010 年《亚鲁王》为外界关注以来，从中国知网中可以查找到与《亚鲁王》有关的研究论文 100 多篇，减除简短的报道性质与重复性的论文，加上文集与会议文章，《亚鲁王》研究论文超过 120 篇。第二，多项国家课题专题研究。迄今为止，共有 3 个国家级课题与多个省部级课题参与，据不完全统计，包括 2013 年吴正彪主持的"史诗《亚鲁王》的搜集整理研究"，蔡熙同年主持的国家社科基金项目"《亚鲁王》的文学人类学研究"，2015 年杨兰主持的"苗族史诗《亚鲁王》社会功能研究"，梁勇主持的 2013 年教育部人文社科青年基金项目"史诗《亚鲁王》音乐研究"，2015 年杨正江申报的文化部项目"中国百部史诗工程"——《亚鲁王》史诗，等等。国家级课题项目的立项拓展了《亚鲁王》的研究维度。第三，还有多篇以《亚鲁王》为专题的硕士学位论文、博士学位论文，包括杨兰的《苗族史诗〈亚鲁王〉英雄母题研究》、王斯的《贵州苗、布依、彝族英雄叙事长诗研究——以〈亚鲁王〉、〈安王与祖王〉、〈支嘎阿鲁王〉为例》、永丽的《苗族史诗〈亚鲁王〉悲剧形象研究》、张慧竹的《在亚鲁王的庇佑下：麻山苗族的家、家族与村寨》等。上述提及的几篇硕士学位论文皆出自贵州高校，折射出本地学者对亚鲁王文化事象的持续关注。同时，暨南大学蒋明富的《论苗族英雄史诗〈亚鲁王〉的文化内涵》以"文化内涵"为关键词，逐一梳理了《亚鲁王》这一苗族文化经典的丰富内涵。此外，麻山苗族知识分子梁勇的《麻山苗族史诗〈亚鲁王〉音乐文化阐释》则以音乐人类学为理论，拓展了《亚鲁王》的音乐研究维度。厦门大学杨春艳以《家园遗产：麻山苗族"亚鲁王"的人观研究》为题的博士学位论文与四川大学文学人类学专业吴正彪以《亚鲁王史诗的民族志研究》为题的博士学位论文皆对《亚鲁王》研究进行了基于田野调查的深度推进。

最后，《亚鲁王》专题学术会议的陆续召开。在短短的 5 年时间内，

---

① 张忠兰、曹维琼：《论民族史诗整理研究的视角转换——以〈亚鲁王书系〉为典型案例》，《贵州民族研究》2014 年第 6 期。

学术界陆续召开了两届《亚鲁王》学术研讨会。2010 年 10 月 13 日，来自文化部和贵州省内外的 50 余名苗学专家、学子齐聚贵州省紫云苗族布依族自治县，拉开了《亚鲁王》文化论坛的帷幕。2013 年 10 月，由中国民间文艺家协会、贵州省文化厅主办，贵州省非物质文化遗产保护中心、贵州省文化馆、贵州省紫云苗族布依族自治县人民政府承办的苗族史诗《亚鲁王》学术研讨会在贵阳举办，来自中国社会科学院、中央民族大学、厦门大学、天津大学、贵州民族大学、贵州师范大学等高等院校及科研院所的专家学者以及从事《亚鲁王》史诗搜集整理的民间文化工作者近百人出席了研讨会。在近年来的苗学年会、苗族会议或史诗研究等学术会议上，皆有不少相关论文，如在黔南师院举办的《中国南方史诗与口头传统》学术会议上，余未人的《〈亚鲁王〉史诗的搜集、翻译、整理》、蔡熙的《〈亚鲁王〉：山地史诗的范本》以及李一如的《口传史诗的历史叙事嬗变及史学价值——以苗族史诗〈亚鲁王〉为例》等都参与了探讨。

2. 分析：如火如荼《亚鲁王》

据笔者梳理，《亚鲁王》研究特性表现为研究的综合性、立体性与及时性。

（1）综合性。诚如《亚鲁王》研究者蔡熙所言：至今仍在苗族丧葬仪式中唱诵的活态史诗《亚鲁王》，从来就不是单纯的文学，而是与人类的生命活动、文化活动等融为一体的原生态文化，它与宗教祭祀、巫术、音乐、舞蹈等活动紧密结合，集唱、诵、仪式表演于一体，体现了艺术起源的原生态特征。它涵盖了神话、仪式、历史、语言、宗教、哲学、文学等诸多方面，具有多元文化价值、多元文化视角。[①] 正是不限于英雄史诗的文学分类与解读，自 2010 年 2 月始，唐娜在《民间文化论坛》发表《贵州麻山苗族英雄史诗〈亚鲁王〉考察报告》，截止到 2016 年 12 月，从中国知网中可以查找到与《亚鲁王》有关的研究论文超百篇，学科分布如图 1-1 所示。其中，文学研究占据了目前《亚鲁王》研究的很大比重，具有民俗学、语言学、神话学、文学人类学、主题学甚至戏剧学等多角度参与的特征。民俗学的研究必须提及的是长期关注亚鲁王文化的余未人女士。她扎根田野，负责《亚鲁王》的汉译工作，故而对《亚鲁王》

[①] 蔡熙：《〈亚鲁王〉研究：构建跨学科的活态史诗观念》，《中国社会科学报》2014 年 5 月 30 日第 3 版。

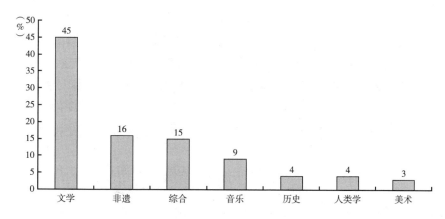

图1-1　亚鲁王研究学科分布情况

的研究既有系统性，如《读品苗族英雄史诗〈亚鲁王〉》、《21世纪新发现的古老史诗〈亚鲁王〉》等，又有专题性，如《〈亚鲁王〉的民间信仰特色》等。在语言学方面，李云兵、吴正彪、杨杰宏等学者皆对《亚鲁王》的语言学问题进行了探索与反思。如李云兵对麻山方言进行了界定并为杨正江的《亚鲁王》搜集专门制定了一套麻山苗文。杨杰宏提出《亚鲁王》在译注中存在诸多问题，故而尽可能完整地保留不同版本，突出演述语境的真实性，采用四对照译注与影像、录音、图片、民族志相结合的文本整理方法来确保译注文本的准确性。[①] 神话题材的梳理与比较也成为《亚鲁王》文学研究的重要维度。如王显昭以"神话情节"和"母题"为关键词，梳理了《亚鲁王》良好的神话生存土壤与具有鲜明特征的神话意象，从而解读神话母题的丰富内涵与文化意义；叶舒宪则从遍布世界的动物杀戮行为着手，提出砍马与吟诵《砍马经》的宣泄和净化功能。

　　活态吟诵的《亚鲁王》在麻山地区传承千年之久，但文本化的汉译本能在短短几年内被搜集、整理与出版，非遗普查的推动功不可没，这使得在《亚鲁王》的研究中，非遗角度的研究不仅在数量上较多，且在质量上值得一提。非遗研究呈现明显的综合性，具有学科分类上的模糊性和综合性，在行文中笔者偏向于从非遗的角度论述《亚鲁王》的相关事项，

---

① 杨杰宏：《苗族史诗〈亚鲁王〉翻译整理述评》，《贵州师范大学学报》（社会科学版）2015年第
　4期，第87—92页。

忽略其具体的学科分类。如郑向春先后撰文《因补助与扶持引起的纠纷》和《奖励制度与非遗传承研究——以苗族〈亚鲁王〉传承为例》，提出补助传承人需要考虑亚鲁王文化传承的家族与师承二元并置的传承方式。此外，必须提及的是由彭兆荣主持的 2011 年度国家社科基金重大项目"中国非物质文化遗产体系探索研究"，在该课题的研究中，彭门弟子杨春艳、张颖与巴胜超等陆续从非遗角度探讨亚鲁王文化事象，其中杨春艳提出的基于"家园遗产"的生养制度值得思考并借鉴。

由于《亚鲁王》属于活态口头诗学，至今依然在麻山一带的葬礼上吟诵，故而有别于传统苗族古歌的音乐学研究的缺失，《亚鲁王》的音乐研究得到了较多的阐释，诸如曾雪飞、马静、王君的《祭祀音乐中的权力文化与社会秩序——以麻山苗族地区丧葬仪式中〈亚鲁王〉演唱为例》与陈红梅的《歌剧〈亚鲁王〉的音乐特色》等，必须提及的是当地学者梁勇对于《亚鲁王》音乐研究的持续关注，他在硕士学位论文《麻山苗族史诗〈亚鲁王〉音乐文化阐释》中运用音乐人类学研究了《亚鲁王》的传承语境。

由于"亚鲁王英雄史诗"、"亚鲁王文化"与"亚鲁学"的多维拓展，《亚鲁王》研究的综合性还表现在研究的综合角度上，如徐新建的《生死两界"送魂歌"——〈亚鲁王〉研究的几个问题》与何圣伦的《文化生态环境的建构与苗族史诗的当代传承：以〈亚鲁王〉为例》等论文陆续参与了探讨。前者以生死信仰"送魂歌"、万物相连"创世纪"、口耳相沿"英雄诗"、沟通两界"东郎人"、"多语并置"再传承为行文脉络，梳理了《亚鲁王》的众多热点与争论点，旨在呼吁尊重文化主位者的言辞、话语，呈现生命本相和对世界的独特表述①；后者则提出《亚鲁王》在由具有文化传承使命的苗族歌师、具有宗教情感的接受者和具体唱诵场景构成的文化生态中才会显现出活力来，《亚鲁王》需要传承的不只是文本内容，还有其生存的生态环境。② 这两篇论文的共性是对于将《亚鲁王》定位为"英雄史诗"的反思，认为需要超越西方现代狭窄的学科分类，呼吁对于地方性知识的理解和尊重。

---

① 徐新建：《生死两界"送魂歌"——〈亚鲁王〉研究的几个问题》，《民族文学研究》2014 年第 1 期。

② 何圣伦：《文化生态环境的建构与苗族史诗的当代传承：以〈亚鲁王〉为例》，《贵州社会科学》2015 年第 8 期。

限于篇幅，《亚鲁王》研究较小范围的史学研究、人类学研究、舞蹈研究等不再展开详细讨论。

（2）立体性。不同于 20 世纪民国时期的苗族古歌社会调查、中华人民共和国成立初期以及 20 世纪 70 年代的苗族古歌文学调查，《亚鲁王》的搜集、出版和整理皆与非物质文化遗产申报有关。在此背景下，对于《亚鲁王》的调查和研究更多地强调其立体性，即注重基本内容、分布区域、历史渊源、传承谱系等问题的基本梳理。借用艾布拉姆斯所言的文学四要素之说，亚鲁王文化研究的四要素皆被多次关注。我们从 2009 年开始做的关于《亚鲁王》的各项工作，已经由过去单纯的搜集整理过渡到全面考察其文化生态、背景，作品与理论研究齐头并进。这是我们在"民间文学三套集成"基础上探索的一条新路子。如果把搜集整理比喻为"平面"、"单纯"的工作，那么，我们这次做的就是一种"立体"的、"多层次"的工作。这是一种有意义的尝试。① 具体而言，亚鲁王文化研究的立体性表现在对以《亚鲁王》为中心的作品、世界、作者与读者的研究，只是由于《亚鲁王》为活态的口头诗学，故而此处作者为吟诵《亚鲁王》的歌师，即东郎或宝目，而读者则为《亚鲁王》的听者，包括亡灵以及苗族民众等。

《亚鲁王》的文本研究占据了立体性研究近 80% 的比重，这与传统中国将史诗定性为民间文学息息相关。在文本研究中，对史诗类型学的分类、语言学的考证、主题学的探讨、神话学的解读乃至美学鉴赏等皆不在少数，如蔡熙在《〈亚鲁王〉的创世神话比较研究初探》、《〈亚鲁王〉的女性形象初探》、《〈亚鲁王〉的日月神话探赜》和《从〈亚鲁王〉看苗族文化中的文化超人形象》等系列论文中，皆以主题学、神话学、文学起源说丰富了《亚鲁王》的文本探讨。又如朱伟华的《苗族史诗〈亚鲁王〉叙事特征及文化内涵初探》亦可以看成文本解读的较佳个案，在梳理《亚鲁王》的基本内容后，论文提出《亚鲁王》史诗体现的与土地万物的亲密关系及以柔克刚、以退为进、不以蛮勇称强的文明气息，不仅属于苗族，更属于整个华夏民族，《亚鲁王》是"农耕民族的苦艰史诗"。②

---

① 余未人：《序言：麻山文化史的探寻》，载于中国民间文艺家协会主编：《〈亚鲁王〉文论集：口述史·田野报告·论文》，中国文史出版社 2011 年版，第 iii 页。

② 朱伟华：《苗族史诗〈亚鲁王〉叙事特征及文化内涵初探》，《贵州社会科学》2014 年第 9 期。

就世界范围而言，《亚鲁王》广泛分布于苗族西部方言区，到目前为止，依然以麻山次方言区的分布最为集中且篇幅浩大、内容翔实，故而对于麻山地区的系统文化研究在近期也得到持续不断的关注。吴正彪在系列论文中皆多次提及，其中《麻山次方言区苗族民间口传文化背景及其社会历史发展概观》从历史人类学视角梳理了麻山地区社会发展史，提出麻山地区在中华人民共和国成立之前的特征为多民族杂居且国家在场较为弱化；在与班由科合著的《祖先记忆的仪式展演与族群文化建构的历史回溯》一文中则以"仪式"、"神话"和"社会记忆"为关键词，通过苗族的丧葬仪式和苗族英雄史诗《亚鲁王》的神话建构展示出来的是一个族群对远古时代历史过程的社会记忆。

《亚鲁王》为民间口头相传，故而无法对其作者作出较为清晰的定义，但由于其传承的相对稳定性，故而针对每一次特定的吟诵而言，唱者即以东郎为主、宝目为辅的歌师。较之于非宗教性的吟诵歌手，吟诵《亚鲁王》的东郎具有对苗族逝者灵魂的安置能力与对苗族历史的传承能力。较之于其他苗族古歌对于古歌师的简单介绍，《亚鲁王文论集》第二部分即"亚鲁王歌师口述史"对杨保安、岑万兴为代表的8位歌师的口述资料予以整理，而且有较多学者保持了较为持续的关注与研究。以唐娜为例，她先后撰写了《谈〈亚鲁王〉演述人东郎的传承机制与生态》与《西部苗族史诗〈亚鲁王〉传承人陈兴华口述史》，正是因为多次进入田野实地调查，故而提出应该提高东郎的社会地位：史诗传统如要获得宽松、可持续的传承环境，需要主流社会为东郎"正名"，东郎群体话语权以及社会身份的确立，是保护史诗有效传承的前提与根本。[①]

就读者而言，《亚鲁王》的汉译本有广泛的文字读者，然而在苗族民间，亚鲁古歌的听众除了苗族民众、战马之外，还有亡灵。鉴于阴阳相隔之故，相关研究更多的是一种生命观的投射。笔者曾在《江山是主人是客》中以《亚鲁王》为线索梳理了西部苗族亚鲁文化丛，继而展开三个方言区苗族丧葬古歌文化带的探讨，提出《亚鲁王》传达苗族情系东方、魂归故土的生命观。

（3）及时性。从2010年2月12日《中国民族报》刊载《苗族古诗〈亚鲁王〉的前世今生》至今，发表在各种报刊上的与《亚鲁王》有关的

---

① 唐娜等：《西部苗族史诗〈亚鲁王〉传承人陈兴华口述史》，《民族艺术》2015年第3期。

论文共 157 篇。除了地方性的报纸，如《安顺日报》、《贵州都市报》、《贵州民族报》之外，《亚鲁王》亦进入了全国性的报纸平台，如《中国社会科学报》、《中国文化报》、《中国民族报》、《中国艺术报》，甚至《光明日报》与《人民日报》。

限于报纸文章较为简短的特性，故而《亚鲁王》在报纸上的文章既有简短的对于亚鲁王文化事象的发掘进度报道，如《〈亚鲁王〉：新世纪以来民间文学的最大发现》等，亦有对于《亚鲁王》研究的精练总结，如朝戈金的《亚鲁王："复合型史诗"的鲜活案例》、吴正彪的《苗族口传史诗〈亚鲁王〉中的苗语地名考述》等。报纸论文的优点是迅速、及时地报道亚鲁王文化研究动态并扩大亚鲁王文化影响，但报纸文章的不足在于过多的猎奇书写。最为典型的是，有 17 篇报纸文章以"发现"为关键词报道了亚鲁王文化事象，如《〈亚鲁王〉的发现和出版改写苗族没有长篇英雄史诗的历史》、《21 世纪新发现的古老史诗〈亚鲁王〉》等；又如《亚鲁王》是迄今发现的第一部苗族英雄史诗，它的发现、记录和出版改写了苗族文学史乃至我国多民族文学史，填补了民族文化的空白，为中国文化多元化增添了新的元素，为已有的世界史诗谱系增添了一个新的家族。①

发现、改写、增补、填补等词语的表述固然会短时间扩大亚鲁王文化事象的公众影响，但如果尊重文化持有者，就应该清醒地认识到《亚鲁王》唱本与文本之间的源流关系：在丧葬仪式上由歌师吟诵的《亚鲁王》是源，被普查者搜集、整理并出版的文本是流，不同在于《亚鲁王》以口头诗学活态传承，而文本则在汉语文献中以文字固定出版。正如一直立足于田野的余未人女士所言："其实就《亚鲁王》而言，多少年来它不仅是口头传唱，其文化生态一直在麻山存在着。"

3. 前瞻：路漫漫兮亚鲁学

在 2014 年《亚鲁王书系》出版之时，贵州人民出版社社长曹维琼提出《亚鲁王》正在经历《亚鲁王》史诗到亚鲁文化再到亚鲁学的渐进发展。就当下的研究而言，通过一部《亚鲁王》，文学家挖掘到了活态的英雄史诗范本，非遗研究者发现了家园遗产的模板，历史学家窥探到苗族古文化的活化石，民族学者看到了本土文化的宝藏，等等。换言之，亚鲁王

---

① 刘锡诚：《〈亚鲁王〉原始农耕文明时代的英雄史诗》，《西北民族研究》2012 年第 3 期。

的研究正是在多学科、多维度、多层次地基于亚鲁王文化事象而展开，从这个角度而言，亚鲁学学科的成立需要长期的研究准备，可谓路漫漫兮，然而回顾其研究动态、分析其研究特征，亚鲁学的前瞻性研究可能会在以下几个方面得以展开。

（1）文学研究的持续性。迄今为止，《亚鲁王》已经出版了上述提及的著作。由于史诗的创世部分与亚鲁王王子王孙的后辈叙事还在搜集和整理之中，故而其苗文记录与汉文翻译在文本中必然以史诗的形式呈现。传统上将史诗归入民间文学，故而《亚鲁王》的文学研究是民间文艺学中不可缺少的一个重要组成部分。《亚鲁王》史诗不仅是民间口头文学的一个重要文本，而且在民间文艺学中有着重要的学术研究价值。[①] 因此，今后《亚鲁王》的史诗内容细读、史诗主题学解读、史诗程式化研究、神话学、美学解读必然成为《亚鲁王》持续研究的热点。

（2）非遗研究的纵深性。上文言及，《亚鲁王》的搜集、整理及出版与非遗的普查息息相关。中国自 2004 年加入联合国世界非物质文化遗产组织以来，已经有多项成果被收入世界非物质文化遗产名录，其中口头诗学以少数民族英雄史诗《格萨尔王》与《玛纳斯》为代表。中国的非物质文化遗产研究已经由过去的记录转变为对传承语境的关注，故而《亚鲁王》的非遗研究一定会得到更多的推进。

（3）比较研究的急切性。较之于国外的《荷马史诗》、《吉尔伽米什》、《摩诃婆罗多》和《罗摩衍那》等以传统为导向的口头文本，《亚鲁王》为口头文本与来源于口头传统的文本二元并置。正是鉴于其活态传承的特性，故而对于《亚鲁王》与国际史诗的比较研究可以在传承形式、传承语境上加以对比。就国内而言，《亚鲁王》具备了北方的英雄史诗和南方的创世史诗与迁徙史诗的特性，故而在英雄史诗的主题下展开《亚鲁王》与中国三大少数民族英雄史诗的比较、在创世和迁徙主题下展开其与南方史诗的比较研究皆可成立。此外，《亚鲁王》是苗族西部方言区篇幅最为庞大的史诗，故展开其与苗族中部方言区的《苗族史诗》和苗族东部方言区的《苗族创世纪》的比较研究或平行研究皆有较大的发展空间。如苗族学者麻勇斌就以三个方言区的巫文化作为联结点，分析

---

① 吴正彪：《论〈亚鲁王〉史诗作为苗族口碑古籍的重要学术价值》，《贵州民族报》2014 年 10 月 23 日第 A3 版。

《亚鲁王》对东方故园文化形态的传承，提出在葬礼上吟诵《亚鲁王》是在演绎古代王者拜将和遣将出征的礼数，呼吁从苗族三个方言区的整体性角度着手才能更加全面、系统地研究《亚鲁王》及相关文化。

（4）宗教研究的必要性。《亚鲁王》被定性为英雄史诗是外来研究者的强权话语，在其传承的苗族社区中《亚鲁王》是在丧葬仪式上为亡灵吟诵的指路歌。有学者提出，正是不同于精英的书面文学单一的审美与赏析，在本土话语的活态唱本中，亚鲁古歌的吟诵具有以下特色：多在送灵仪式上唱诵，并与仪式步骤紧密结合；唱诵贯穿仪式活动始终，为仪式服务，受仪式制约，主要功能不是为了娱乐；传习过程显示诸多特有的规则和禁忌。① 可见，如果尊重文化持有者，则《亚鲁王》的研究需要从宗教角度介入，需要对于其流传语境的苗族社区的生命观、宗教体系的深描。

（5）综合研究的可能性。由于无字，苗族古歌素来被称为苗族社会的"百科全书"，《亚鲁王》也不例外。在《亚鲁王》的吟诵内容中，有开天辟地的叙述、有万物起源的交代、有宗教习俗的制定根源、有亚鲁王及其王子王孙的口传族谱记忆等，加之其吟诵于特定的丧葬场域，故而《亚鲁王》不限于文学审美、历史记忆与宗教抚慰。正如彭兆荣所言："综合课题组所得到的第一手资料，我们倾向于将这一现象视为'亚鲁文化'，而非'苗族英雄史诗'。理由是《亚鲁王》的重要表述方式虽属口传，也有史诗的特征，但其中还包括神话、仪式、巫术、身体行为、音声现象、技艺。更重要的是，'亚鲁'反映了麻山苗族特殊的认知、分类、经验、生态、知识、概念、符号等内容，仓促限定和定义有窄化之虞。"②

固然，由于短短的6年时间所限，对于《亚鲁王》研究的回顾、分析与前瞻都限于至今所出版的有限资料，随着亚鲁王及其王子王孙叙事的搜集和出版，《亚鲁王》的研究虽然需经历摸索和探讨，但亚鲁学的成熟一定会到来。

综上所述，苗族古歌的百年研究取得了累累硕果。从学科而言，在文学批评、史学考据、哲学探讨、民族学对接等方面有重大推进；从视角而

---

① 侯仰军、刘洋：《苗族史诗〈亚鲁王〉的前世今生》，《光明日报》2013年12月21日第12版。
② 彭兆荣：《主持人语》，《贵州社会科学》2013年第4期。

言，在传承语境和比较视野等方面皆作出一定探讨。然因语言的壁垒和实地田野调查的缺乏，苗族古歌的研究呈现三个不足，即忽略苗族古歌的本土分类、忽视苗族古歌的活态传承并漠视其依托的整个苗族文化语境，甚至出现明显的重中部而轻东部和西部的地域局限性。为此，苗族古歌的研究呼吁立足于实地调查的文学人类学的学科介入。

第二章 地域与主题：苗族古歌的分布和分类

苗族古歌较为系统的搜集整理早在民国时就由石启贵、杨汉先等人发起，但 1983 年《苗族古歌》① 在全国民族民间文学出版评奖会上荣获一等奖之前，其研究相对零散。由于《苗族古歌》的素材完全选用中部方言区古歌，长期以来不少学者将苗族古歌狭窄地定义为流传在黔东南的苗族史诗。在地域为界的定义参照下，近百年来苗族古歌的研究多数集中于中部苗族地区，造成长期以来东部和西部的苗族古歌深度研究的严重缺席。

为使本论著有一个清晰的研究对象，本章将以"地域"与"主题"为关键词，梳理苗族古歌的分布与分类。首先，就苗族古歌分布而言，以苗族三大方言区为地域坐标，进而概括三大方言区苗族古歌独有的特性，即神意盎然之中部古歌、巫风傩影之东部古歌及战争浸染之西部古歌。由于苗族古歌与苗族贾理、苗族神辞之间的关系密切，故而有必要梳理它们之间的关系。其次，在地域个性的基础上，苗族古歌具有个性基础上的共性，故而以创世、战争与迁徙三大主题加以论述。最后，苗族民间文学韵散并存，故而有必要探讨相同或相近内容的韵文古歌与散文故事之间的关系。

---

① 田兵编选：《苗族古歌》，贵州人民出版社 1997 年版。

第一节　苗族古歌分布

一、神意盎然之中部古歌

中部方言区的苗族古歌的特征可概括为神意盎然，具体表现在，以十二路古歌为代表的古歌中，多为交代天地万物来源、人类与民族来源的创世题材，故而叙述神意盎然。此外，由于苗族贾理在中部流传且影响最广，故列出专节梳理之。

1. 十二路古歌

中部方言区苗族古歌较为系统，具体而言可概述为十二路古歌。此处所言"十二路"并非确数，学者对此亦有不同的说法，但之所以用"十二路"有三个原因：首先是因为确有此说；其次是截至当下中部方言区的几个古歌收集本中的苗族古歌篇数虽略有出入，但大致为十二路；最后，"十二"在苗族社会中是极为吉利的数字。

> 清水江、雷公山一带苗族古歌有以下这些：1. 叙述天地来源的歌：如"开天辟地"、"铸撑天柱"、"造日月"以及"运金运银"等等。这四支歌，实际是一个系统的歌，可以连起来唱，也可以分开来唱。2. 叙述万物来源的歌：如"枫木歌"，这是一首很长的叙述诗，它又包含有"找树子种子"、"犁东耙西"、"种树"、"砍枫香树"、"妹榜妹留"、"十二个蛋"等六首。3. 叙述人类来源和民族迁徙的歌：如"兄妹开亲"、"爬山涉水"等等。民间歌手把这两首列为一个系统，可以连起来唱，但也可以分开来唱。①

按照这份材料，黔东南一带苗族古歌分为三个系统共 12 首，即上文

---

① 中国作家协会贵阳分会筹委会编印：《民间文学资料第四集·黔东南苗族古歌（一）》，中国民间文艺研究会贵州分会 1985 年翻印，第 2 页。

所示的十二路古歌。

据笔者梳理，中部苗族古歌自1979年共出版了5部完整的古歌集，虽然不同版本的文本各有侧重，但平均值大约为12，十二路古歌主题分布情况如表2-1所示。

表2-1 中部方言区古歌集与主题

三大主题	古歌歌名	苗族古歌①	苗族古歌②	苗族史诗③	王安江版 苗族古歌④	苗族十二路 大歌⑤
天地来源	开天辟地	√	√	制天造地	√	掘窝
	运金运银	√	√	√	√	运金银
	打柱撑天	√	√			
	铸日铸月	√		√		√
万物来源	枫香树种	√	√	种子之屋 寻找树种	耕地育枫	
	犁东耙西	√	√	犁耙大地		
	栽枫香树	√	√	撒播种子		
	砍枫香树	√	√	砍伐古枫		
	妹榜妹留	√	√	蝶母诞生等		
	十二个蛋	√	√			
人类与民族 来源	兄妹开亲	√	√	√		洪水滔天
	跋山涉水	√	沿河西迁	溯河西迁	√	

注：表中√表示内容与命名几近吻合。

资料来源：①田兵编选：《苗族古歌》，贵州人民出版社1979年版。

②燕宝整理译注：《苗族古歌》，贵州民族出版社1993年版。

③今旦、马学良注：《苗族史诗》，中国民间文艺出版社1983年版。

④王安江：《王安江版苗族古歌》，贵州大学出版社2009年版。

⑤黄平县民族宗教事务管理局、施秉县民族宗教事务管理局、镇远县民族宗教事务管理局：《juf ob gid hxak hlieb 苗族十二路大歌》，贵州大学出版社2013年版。

可见，中部方言区的苗族古歌集因搜集目的不同而各有侧重，在篇幅的选择上有所区别，从而叙述内容可能出现较小差异：有的偏重祭祖主题，如《苗族史诗》① 较为详细地收录了4首鼓藏节祭祀的古歌，即《寻

---

① 今旦、马学良注：《苗族史诗》，中国民间文艺出版社1983年版。

找木鼓》、《寻找牯牛》、《寻找祭服》与《打猎祭祖》；有的偏重民俗记录，如《王安江版苗族古歌》① 有《起房歌》、《打菜歌》等；有的侧重叙述众多英雄人物，如《juf ob gid hxak hlieb 苗族十二路大歌》② 搜集了反映除恶去暴的英雄群像，如《香简马》和《斩龙》等。但多数苗族古歌版本都会或多或少地搜集到上文所言的十二路古歌，即便苗族贾理在开篇之初亦会有一些狭义而言的苗族古歌（下文将论及）。换言之，就主干而言，每一本古歌集的主题虽然略有变化，但创世主题依然可以看成十二路古歌共有的主题。

之所以将中部方言区古歌概括为具有神意盎然之特性可从以下三个角度理解。

首先，中部方言区古歌篇幅较长且多为创世等神话题材，就上文的十二路古歌而言，除了《溯河西迁》为迁徙古歌之外，其余 11 首内容皆为创世，故而神话内容约占古歌篇幅的 90% 以上。即便《溯河西迁》属于迁徙古歌，但较之于东部方言区对于村寨分布的具化和明晰，《溯河西迁》仅仅出现"西方"等大致方向且气氛明快，迁徙是为了寻找好生活，这显然与东部和西部的迁徙古歌所表现出来的被迫迁走之痛心疾首截然不同，所以可以看成神话题材。

下文将通过上述提及的三大主题十二路古歌的内容概述其浓厚的神话题材。

第一主题"天地来源"由《开天辟地》、《运金运银》、《打柱撑天》、《铸日铸月》4 首古歌串联而成。

《开天辟地》是《开天辟地》这组古歌的第一首。古歌由近及远，一步一步追溯到"水汽"这种物质，并把这种物质作为天地形成的最终极物质，是天地万物的根源。在水汽生存的时代，空中飘浮着神兽修狃生的两片薄片儿申纽蛋，这两片薄片儿上下翻飞，乌云来孵化生出盘古。后来，盘古用斧子劈开天地，上块为天，下块为地。接着，友公和妞婆两位老人又来拉几下拍几下，天变成一望无边的蓝色天空，地变成了茫茫无际的大地。后来，盘古又用巨斧从天地中间劈开，把天往上撑，把地往下

---

① 王安江：《王安江版苗族古歌》，贵州大学出版社 2009 年版。

② 黄平县民族宗教事务管理局、施秉县民族宗教事务管理局、镇远县民族宗教事务管理局：《juf ob gid hxak hlieb 苗族十二路大歌》，贵州大学出版社 2013 年版。

踩，用头顶着天，用脚踩着地，手撑多少年，天就高多少尺。撑天撑久了，盘古倒下了。于是，府方公公和纽香婆婆轮流来撑天，他们一只手撑天，一只手做活。这时修狃开始出来辟山坡，疏河道，造平原，让水往东流。山川河流造好了，但仍然是不稳定的，养优架起风箱和抬来炉子来铸造经得起风雨的山坡，火亚用石头碰撞产生火花引来火种，鲍迪栋抬来炉子，仙女拉起风箱，铸成了尖顶的山坡，这样，开天辟地才告了一个段落。

《运金运银》是一首关于寻找金银并运到西方的古歌。由于天地不稳，为了把天撑稳，宝公、雄公、且公、当公四个老人家想办法从遥远的东方运来金子银子打造金柱银柱撑天，于是产生了《运金运银》的神奇想象。《运金运银》用问答式的手法揭示了金银在苗族生活中的地位和作用，追寻到金银的产地。在那万物有灵的时代，金银有其生命与情感。古歌还用大段的篇幅来对金子银子的游方、谈情说爱、成亲繁衍后代的过程进行了演绎。

《打柱撑天》先交代了天地形成之初的不稳定状态。天不稳、地不固，用什么来撑天呢？最先用化槁树撑天，用五倍子树撑天，用蒿枝撑地，天撑不稳，地撑不牢。于是"九节脚趾、九节手臂"的"九昌昂"公公上天查看，天还是不稳，地还是不固。为了把天撑稳，宝公、雄公、且公、当公四位老人出面组织打柱撑天，他们以烟柱为样子，打了 12 天 12 夜，打成了 12 根撑天巨柱，甫方老公公把打造的 12 根撑天柱抬去撑天。从此再也不害怕天塌下来了，万物才得以生长。

《铸日铸月》讲道：天地撑好了，但由于没有太阳，没有月亮，也没有星星，人类无类生存，于是，宝公、雄公、且公、当公以三冲三岭为架子，以鼎罐为炉，熔化金子银子，以青石窝为模具铸了 12 天 12 夜，一共铸出 12 个金太阳和 12 个银月亮。可是，太阳和月亮不听招呼，一齐出来，烧死了人畜，烧化了岩石，烧干了江河，大地处在一片炙热之中。宝公、雄公、且公、当公砍来最硬的树木做了一把弓，雄公铸了 22 支箭，桑扎爬在马桑树上射掉了 11 个太阳和 11 个月亮，从此，天地恢复了正常。可是，剩下的一个太阳和一个月亮害怕了，躲在雷公的岩洞里死都不肯出来，黑了七天又七夜，万物又面临了绝灭之灾。人们请蜜蜂上天去请日月，日月不出来，人们请水牛去请日月，日月不出来，后来知了、鸭子、猫、狗、鹅去请太阳和月亮都不成功，最后是公鸡把太阳给叫了出来。

叙述万物来源的《枫木歌》是《苗族古歌》的第二组，由《枫香树种》、《犁东耙西》、《栽枫香树》、《砍枫香树》、《妹榜妹留》、《十二个蛋》6 首组成。

《枫木歌》叙述的是在开天辟地之初，万物物种都放在开神劳公公的仓库里，长手婆婆手抓天门舂碓，震动天门掉下天火，烧毁劳公公的仓库，万物物种从天上下到人间，野猪大力士用嘴拱开泥土，天上的种子得以生根发芽开花。不久，枫树长成参天巨树，男女青年在树下游方，鸟儿在树上筑巢。友婆婆在池塘里放鲫鱼，清早放 9 对，傍晚少 9 条，原来是鹭鸶、白鹤在枫香树上筑巢，偷吃友婆婆的鱼，友婆婆请来汪俄和理俄当理老打官司，理老划判枫树是窝主，派鲁勐和贡傍扮恶神砍倒枫香树。树梢变成鹡宇鸟，树叶变成燕子飞，木片变成鱼种，树根变成黄鹂和布谷鸟，树干上的疙疤变成知了，树心变成"妹榜妹留"（直译为妈蝴妈蝶，意译为蝴蝶妈妈）。妹榜妹留长到 12 岁，和水泡游方 12 天 12 夜，生下 12 个蛋。12 个蛋生下来，妹榜妹留请来鹡宇孵了三年整，生出人类始祖姜央、雷公、老虎、蛇、龙、牛、大象以及一批鬼怪。为了争当大哥，雷公放水淹天地，姜央放火烧山坡，为了逃避火龙王，逃到深水潭，雷公飞向天高处，老虎逃进茅草坡，蛇逃到田坎，蜈蚣逃到岩脚，从此，人和动物以及雷公、龙王天各一方，各治各领地，各育各子孙，兄弟不相连，姊妹难相聚。

第三组《苗族古歌》叙述人类与民族来源和民族迁徙，由《洪水滔天》和《溯河西迁》两首古歌组成。

《洪水滔天》叙述人类始祖姜央和雷公、龙王、蛇以及其他动物和恶鬼凶神从"十二个蛋"生出来以后，形成了人类和自然界的分野，从而也揭开了人与自然界相互斗争、相互依存的关系，表现在古歌里就形成了姜央和雷公争当大哥而发生的斗争场面，最后以雷公放水淹没人类为结局。洪水滔天过后，世人死绝，整个人类就只剩下了姜央和妹妹，两人经诸多难题求婚结为夫妻，再次繁衍人类。

《溯河西迁》承接兄妹结婚后生出肉团，姜央将其砍成九块撒向九个山坡变成人后，苗族先民们生活了一段很长的时间。后来人多了，于是开始了艰难的沿河西迁。在这首古歌中，迁徙的先民们先后斗杀了"嘴大如瓶口"的蜈蚣、"身大如礁杆"的青蛇，斗败了"脸黑如锅底，眼红如灯笼"的野鸡和"嘴巴像犁铧，身子大如席"的野猪，绕过处处垮坡的"水龙坡"，在仙人的帮助下射杀"陡石岩"吃人的老鹰、"蝌蚪谷"吃人的蛤蟆，蹚过白水河，历尽千辛万苦，终于来到了黔东南这块土地上。

虽然在不同的古歌版本中，这十二首古歌的内容略有出入，但弥漫其间的神话色彩、创世主题依然十分明显，可谓神意盎然。

其次，中部方言区的苗族古歌中的神系世界自成系统。有学者对其进行了梳理（见图2-1）。

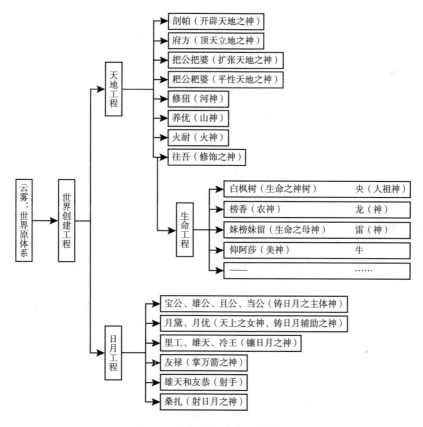

图2-1　苗族古歌的众神体系

资料来源：杨正文：《论〈苗族古歌〉的神体系》，《中南民族大学学报》1989年第6期。

最后，中部苗族古歌的演唱较少固定化的语境，如在婚礼上有交代苗族婚姻历史发展的《开亲歌》或《刻道》，在鼓藏节上吟诵《祭鼓辞》，在法律判案上多以《苗族贾理》为准则。换言之，中部方言区的十二路古歌之外的苗族祭祀歌、礼俗歌与贾理承担了中部方言区大多数宗教性运用和大量的迁徙线路交代职责，从而使得十二路古歌无须涉足过多的习俗交代与民俗叙述，从而呈现上述提及的神意盎然之特性。

除了苗族古歌的众神体系，中部方言区古歌必须提及另一重要支流，即苗族贾理①，故下文将梳理古歌与贾理的关系。

2. 苗族贾理

苗族贾理在三大方言区皆有分布。

东部方言区称之为 dut lis（都理）。在苗乡，一旦发生了民事纠纷，当事双方请能言善辩的 jangs dut（理老）出面说理调解，论断是非公道，大家约定时间地点，相互辩答，称为"拦莎铺理"（leab sead pud lis）。②

鉴于文献缺失与笔者田野调查的匮乏，西部方言区仅以麻山次方言区为例。在麻山次方言中，《亚鲁王》的唱诵大多由东郎完成，偶尔由宝目补充。宝目的唱诵主要是《亚鲁王》的创世部分，其次是叙述亚鲁的先祖在经过多次"造人"失败之后，才造出了能够在大地上正常繁衍生育的人。那些没有能够造成功的"人"，则变成了各种"惑"、"眉"（两种生灵）。"惑"、"眉"经常骚扰人，对人的生活造成了影响。要阻挡"惑"、"眉"作祟，必须恭敬相待，以免令人遭难。供奉各种"惑"、"眉"的使命由宝目承担。③ 在供奉过程中，宝目通过辩理与一定的物质献祭方式说服这些魂灵不要作祟，为人类消除灾祸。

之所以将苗族贾理并入中部方言区古歌讨论，最为重要的原因是中部方言区贾理分布最广。

此外，贾理在中部方言区保存丰富。自 20 世纪 50 年代以来，中部方

---

① 贾理在中部方言区有时候译为"佳"、"贾"或"贾理"等，虽然黔东南各次方言区在自称上略有差异，但正如《苗族贾理》之搜集整理者王凤刚所言："贾"是这种文类的称谓，"理"是指"贾"这个文类作品的思想内涵；"贾"是"理"之形、表，"理"是"贾"之魂、里，"贾"和"理"有着不可分割的关系。王凤刚：《前言》，载于王凤刚搜集整理译注：《苗族贾理》，贵州人民出版社 2009 年版，第 2 页。

② 吴海辉：《"都通"杂论》，载于贵州省松桃苗族自治县民委、贵州省苗学研究会松桃分会编：《认识自己——苗族研究论文集》，1985 年印，第 208—209 页。

③ 余未人：《苗族英雄史诗〈亚鲁王〉的民间信仰特色》，第五届少数民族非物质文化遗产保护与传承研讨会论文，贵阳，2012 年，第 135 页。

言区陆续搜集了众多贾理的素材并先后出版了5个文本①；在现今搜集的文本中，东部的理词（如《湘西苗族理词》②）已较少本论著中狭义而言之苗族古歌的内容。

长期以来，在中部方言区，对于古歌和贾理的关系有着不同声音，大致可以分为两种：一种认为"贾理"是包罗万象的，包括古歌和民族习惯法、民族哲学思想、民族迁徙史、历法，类似一个综合的文本③；另一种观点则提出二者属于不同的文类④。在笔者的田野采访中，王凤刚⑤先生对苗族古歌与苗族贾理之间的关系给予了更为详细的阐释。

访谈对象：王凤刚

问：苗族古歌与苗族贾理之间的关系，目前有不同的说法，您认为古歌和贾理之间的关系应该怎样理解？

答：如果就内容而言，贾理比古歌丰富，但就细节而言，古歌比贾理更丰富。我认为贾理与苗族古歌区别较大。首先，从地域而言，古歌是在三大方言区都有的，而贾理则在中部方言区较为突出。其次，从内容而言，古歌的内容一般包括创世及迁徙，贾理当然也包括这两大主题，但还有更为详细的案例。再次，在民间分类上，古歌为 hxak，贾理为 jax。最后，在艺术表现方式即吟诵方式上，古歌为五言体、盘问式的对唱，贾理在使用中既可唱，亦可诵，贾基本上是五言句式，但也间有三言、四言、七言甚至多言句式。我不太赞成源流之说，从目前掌握的材料来看，贾理较为凸显其实用性，从而大家就有一种想法，即贾理产生年代较晚，但至少目前从内容上，无法达成一种共识，即古歌产生早于贾理。我认为古歌和贾理运用场合和功能不同，有如并列的铁轨，它们之间有相

---

① 文经贵等整理翻译：《苗族理词》，贵州省麻江县民委，1990 年编印；吴德坤、吴德杰整理翻译：《苗族理辞》，贵州民族出版社 2002 年版；王凤刚搜集整理译注：《苗族贾理》，贵州人民出版社2009 年版；贵州原生态民族文化中心、凯里学院编：《贾》，大众文艺出版社 2009 年版；杨远松等编：《贾词选译——诗化的苗族古典乡规》，群言出版社 2015 年版。

② 石如金：《湘西苗族理词》，民族出版社 2010 年版。

③ 罗丹阳：《苗族古歌的口头演述与文本制作——以黔东南双井村苗族歌师传唱的"瑟岗来"（Seib Gangx Neel）为个案》，硕士学位论文，中国社会科学院，2007 年，第 50 页。

④ 王凤刚搜集整理译注：《苗族贾理》，贵州人民出版社 2009 年版，前言第 4 页。

⑤ 王凤刚，苗族，贵州省丹寨人，《苗族贾理》搜集整理译注者。

容之处，但不涵盖。

笔者认为，判断一个作品的属性当从文本内容和表现形式综合考量。

就文本内容而言，已故学者燕宝将贾理概括为："第一是指天地日月的产生与发展变化；第二是指社会的伦理道德准则；第三是指一切神话传说、历史及典故；第四是指古人传下的节日与风俗。"可见，以本论著的古歌界定而言，苗族贾理与苗族古歌在第一、第三和第四部分有明显的交叉。

就形式而言，区别于古歌的五言盘问式的对唱，贾理唱诵结合且以五言为主，间有三言、四言、七言。如果仅仅狭窄地在中部方言区比较，固然贾理艺术形式之唱、诵结合且不限于五言与中部古歌有着很大的区别，但如果将范围扩大一点来看，苗族贾理却与东部苗族古歌 dut ghot dut yos 有着以下相似点。

首先，就内容来说，东部苗族古歌与中部贾理都有在对创世的大量叙述之后对宗教祭祀的叙述。

其次，就表现形式而言，苗族贾理唱、诵结合，东部苗族古歌亦如此，以下是笔者的田野访谈。

　　访谈对象：WSQ①

　　问：请问您古老话是只能讲还是也能唱？是不是都是 put（吟诵）而不是 ngheub（唱）？

　　答：我既是 jangs sead（歌师）又是 jangs dut（理老）。古老话即东部苗族古歌，只讲似乎无法完全传达，还是应该将歌引入才能穷尽其意思。在讲到这些亲言亲姻（dut qub dut lanl②）时，它本来是吟诵，但是有时候为了显示你唱得多（渊博），你可以从里面拿出一些来比喻。但有一点最重要的是，必须先 put dut（吟诵礼辞），再

① WSQ，苗族，70 岁，家住湖南凤凰县两林乡，两儿五女，都已成家并大多数在外打工。他从 25 岁开始学唱歌吟诵古老话，目前与老伴和一个在凤凰县读书的孙子一起居住，其儿女辈无人学习古老话，故而无人能吟诵。由于记性较好且儿女双全，他被请唱歌说古老话的机会特别多，一般需提前十几天预约。他自豪地说，婚嫁、建房或是给孩子命名，如果不能请到他到现场唱歌或是说话，客人总是比较遗憾，主人也觉得脸上无光。

② dut qub dut lanl 即婚姻礼辞，二者关系下文将重点论及。

ngheub sead（唱歌），不然大家不同意，认为你小看人家，弄不好不和你对歌，因为这不符合习惯。

最后，"分拆跨行"[①] 表现手法也为中部贾理与东部苗族古歌所共享。王凤刚归纳了苗族贾理的表现形式，即一个合成词或成语或词组分拆在上下句使用，但不能按照分拆开的半边词义来理解文句，举例如下：

　　Dot feeb dieed lol liees 有了地方居，Dot vangl dieed lol sos 有了村寨住，

　　Laib naib ab beel nriul 尚未生太阳，Laib lat ab beel nas 尚未诞月亮，

　　Dlaib wix dab gil xis 天地黑漆漆，Zaok jeex diongb mil nriongs 像半夜三更，

　　Jouf nriangb yaf saif wix 有八个天神，Jouf nriangb yaf saif dab 有八个地神，

　　Xid xees lol yux naib 来商量铸日，Xid xees lol dangt lat 来商量铸月，

　　Yux naib vut feex feeb 铸日照地方，Dangt lat vut feex vangl 造月亮村寨。[②]

可见，正如上文所举案例，在第一句中，"地方"与"村寨"形成补充，而"居"、"住"则一分为二作为对偶表达，在东部苗族方言区的苗族古歌中亦有这样的表现：

　　Ad hneb nius xib，Ad deat nius manl
　　太古之初，原始开端。
　　Chud ub jid jos mloul，Chud bul jid jos denb
　　造水挨近鱼，造陆靠近地。
　　Dab doub jid giant dab blab，Dab blab jid giant dab doub
　　地靠近天，天靠近地。

―――――――――――

① 　王凤刚搜集整理译注：《苗族贾理》，贵州人民出版社 2009 年版，前言第 13 页。

② 　王凤刚搜集整理译注：《苗族贾理》，贵州人民出版社 2009 年版，第 25 页。

Xinb doub jex dot janx doub，Xinb hneb jex dot janx hneb
织地不得成地，织日不得成日。
Npot mongx mongl end goud dal，Nax ghueb mlad mlad
举目去看南方，只见黑漆漆。
Npot mes mongl end goud jos，Nax nzet hleud hleud
抬头去望北方，只见乌濛濛。①

那么，dut ntongd（音译：都通，意译：礼辞）是否如苗族学者欧秀昌提出的"四音格说"即四字一组的表达方式呢？

苗族的四音格词没有夹杂一个汉字，我的推测是也许这种词汇有它特定的构词法，一般后来的外来词无法加入其中，此外很有可能这和苗族整个的宇宙观和世界观紧密相连，是苗族用自己的智慧来解释这个世界。②

笔者认为，苗族贾理不仅在开篇之初会提到一部分创世神话内容，而且其迁徙古歌可以看成对中部方言区迁徙古歌的丰富，毕竟较之《溯河西迁》的模糊和浪漫表述，《苗族贾理》之迁徙与村落篇翔实具体，可以看成对中部方言区苗族迁徙古歌的丰富和补充，故而《苗族贾理》这两方面的内容可归类为古歌，但其侧重点依然是理词。

综上所述，笔者认为苗族古歌与苗族贾理之间的关系可以这样概括：苗族古歌是苗族的"圣经"，而苗族贾理是苗族的"法典"；苗族古歌是源，苗族贾理是流；苗族古歌为体，苗族贾理为用。换言之，苗族古歌是苗族贾理存在的基点，在苗族贾理中，创世古歌和迁徙古歌部分属于严格意义上的苗族古歌，但法律个案部分则不属于本论著之狭义的苗族古歌。

事实上，贾理并非如议榔等具有强行的判决作用，它更多地是以理服人甚至服鬼。苗族贾理是苗族古歌世俗化的运用。由于长期与中原文化隔离，《清实录》载："苗民风俗与内地百姓迥别，嗣后苗众一切自相争讼

---

① 龙正学搜集：《苗族创世纪》，中国言实出版社 2011 年版，第 1—2 页。
② 笔者对苗族学者欧秀昌的田野访谈。

之事，俱照苗例，不必绳以官法。"① 早在民国时期，第一批深入苗族社会的民族学家就观察到，他们发生重大纠纷事件时，老者立即召集双方当事人调解，先讲一番神话，才谈事件的解决方法。经这样判决后，双方当事人无不心服意从，再也不会到官厅去诉讼。②

二、巫风傩影之东部古歌

长期以来，有一部分研究者认为苗族古歌特指黔东南方言区古歌，而将东部和西部古歌排除在外，例如，湘西民间地区百姓传唱的歌一般不称为"苗族古歌"。③ 在笔者的田野调查中，不止一次有学者质疑："东部方言区有古歌吗？我觉得可能是神辞。"

正是鉴于长期以来东部方言区苗族古歌在地域上被漠视和在内容上被认为是神辞，故而本论著需要厘清两个基本问题，即东部苗族古歌的主题和东部苗族古歌与苗族神辞之间的辩证关系。本节将东部苗族古歌的内容概括为三大主题，并将苗族古歌与苗族神辞之间的关系作出专节论述，从而揭开苗族东部方言区信鬼好巫的神秘面纱下苗族古歌的本体。

1. 三大主题

除了较为简短的创世古歌如《开天辟地》、《盘古开天》、《晴皓立地》、《鸡源歌》等之外，笔者认为东部苗族古歌可概括为三大主题。

三大主题并非笔者的独创。笔者在湖南省花垣县的一次田野调查中，被采访人微微一笑："我晓得你要找什么，其实就是三个古的东西：dut sob（雷神古辞）、dut niex（椎牛古辞）和 ghot sob ghot bens（音译：果所果本）。"④

Dut sob（雷神古辞）：这首古歌的主线，一是叙述宇宙万物以及人类的起源，二是交代雷神的身世，并在此基础上叙述 Sob liox sob ghot（雷

---

① 中国第一历史档案馆、中国人民大清史研究所、贵州省档案馆编：《清代前期苗民起义档案史料》（上册），光明日报出版社 1987 年版，第 237 页。

② 陈国钧：《生苗的人祖神话》，载于吴泽霖、陈国钧等：《贵州苗夷社会研究》，民族出版社 2004 年版，第 110 页。

③ 罗丹阳：《苗族古歌传承的田野民族志——以黔东南双井村"瑟岗来"（Seib Gangx Neel）为个案》，博士学位论文，中央民族大学，2010 年，第 8 页。

④ 根据笔者 2011 年 3 月在湘西土家族苗族自治州花垣县小塘村对吴求春巴兑田野访谈的录音整理。

神，并非一人，而是整个谱系）与 Doub nex（天子）、Wangx jit（黄帝）之战争、议和、踏地分域以及交代湘西苗族的迁徙与分布。据搜集者之一麻勇斌解释：

> 观看祀雷的仪式，重在观看"说雷"这个部分。这部分在一定程度上是戏，是雷神与主祭巫师和讼师共同表演的一出戏。这出戏的内容涉及万物起源、部族源流、宗支分布等苗族历史重大事件，还涉及许多传说故事，有非常强的滑稽与调侃色彩。在表演过程中，有说唱，有动作，还有乐器伴奏以及合唱，加上唱辞意境奇诡，充满想象力，观众可以从中学到许多历史知识，学到许多道理和讼理的技巧与礼数。①

Dut niex（椎牛古辞）：这首古歌叙述了由于水牛透露了苗汉的父亲为犬父，因而苗人杀死了生父，母亲后来提出要宰杀水牛抵命，即交代椎牛祭祖的来源。在遗产分配时，汉人分得了书本文字和一条木船，从而较快地占有了大好河山，而苗人则因为得到一条铁船，船行过慢，故而适合居住之地皆被汉族占有，后来所得的土地多为贫瘠的高山。

Ghot sob ghot bens（音译：果所果本②）即西南少数民族地区共有的洪水滔天、兄妹成婚古歌。内容大意为，因果本惹恼果所，世人被果所下了三年漫天雨淹死，仅存果本的一对躲在南瓜内避难的儿女。为了繁衍人类，兄妹被迫成婚。经天神指点，在经历过诸多难题之后，兄妹开亲，生下一瓜形孩子，切碎后成为不同民族或姓氏的人类，上述内容为傩神起源歌。在此基础上，湘西苗族在婚礼上所吟诵的后续八大姓氏十二分支上百个单姓的迁徙和定居即婚姻礼辞（dut qub dut lanl）。

笔者将东部苗族古歌概括为三大主题亦可以从已出版的古歌集中加以佐证，表 2 - 2 是东部苗族古歌集的主题列举。

---

① 麻勇斌：《苗族巫事·祀雷》，远方出版社 2002 年版，第 318 页。
② 果所为雷神，果本为凡人，二者为兄弟。

表 2 - 2　东部方言区古歌集主题概览

古歌集 ＼ 主题	dut sob 雷神古辞	dut niex 椎牛古辞	ghot sob ghot bens 果所果本
苗族创世纪①	√	√	婚姻礼辞
苗族创世纪史话②	√	√	婚姻礼辞
古老话③	仡戎仡夔	√	
中国苗族古歌④	除鳄斗皇	在中球水乡	傩公傩母
湘西苗族古老歌话⑤	涿鹿之战	√	宇宙洪荒、告索告笔、傩母傩公
民国时期湘西苗族调查实录·祭祀神辞汉译卷⑥		√	傩神起源歌
苗族巫事·祀雷⑦	√		
吃牛词⑧		√	

资料来源：①龙正学搜译：《苗族创世纪》，中国言实出版社 2011 年版。

②石如金、龙正学搜集、翻译：《苗族创世纪史话》，民族出版社 2009 年版。

③龙炳文、龙秀祥等整理译注：《古老话》，岳麓书社 1990 年版。

④石宗仁整理、译注：《中国苗族古歌》，天津古籍出版社 1991 年版。

⑤张子伟编：《湘西苗族古老歌话》，湖南师范大学出版社 2012 年版。

⑥石启贵编著，麻树兰、石建中整理译注：《民国时期湘西苗族调查实录·祭祀神辞汉译卷》，民族出版社 2009 年版。

⑦麻勇斌：《苗族巫事·祀雷》，远方出版社 2002 年版。

⑧石如金：《吃牛词》，未出版。

　　从表 2 - 2 可知，虽然在具体的命名上，三大主题在不同的文本中略有差异，例如 ghot sob ghot bens 有诸多不同的称谓，如婚姻礼辞、宇宙洪荒、告索告笔、傩母傩公、傩神起源歌等，但其叙述内容基本吻合。

　　2. 苗族古歌与苗族神辞

　　在东部方言区，苗族神辞（神歌）即巴兑（bax deib）在行法事时所吟诵的唱词，苗语称为 dut ghunb（都棍）。苗族神辞（神歌）在信鬼好巫的东部方言区中大量分布，但苗族神辞并非东部所独有，在中部方言区，《苗族古歌古词·神词》、《祭鼓辞》① 以及《雷公山苗族巫辞贾理嘎别福》② 就收录有大量的神歌，在西部方言区则有《祭天神》等。然而，由于东部方言区苗族神辞不仅在数量上较为庞杂，而且在规模上较成体系，

① 杨元龙搜集整理译注：《祭鼓辞》，贵州民族出版社 2011 年版。

② 文远荣：《雷公山苗族巫辞贾理嘎别福》，中央民族大学出版社 2010 年版。

故本论著以东部方言区为个案。

对于苗族神辞，徐新建曾重点论及，神歌主要与神、鬼、阴魂等内容有关，如《盘古王歌》、《冬农神撑天歌》、《杨亚射日月歌》、《派狗上天取食种歌》以及各种巫辞等。在此界定上，他提出研究神歌需注意以下几个问题：

> 第一，苗族诗歌中的"神"与西方神话，如《荷马史诗》等中的"神"是颇不相同的。它不是那种浸注着理想的人文主义色彩的虚拟式英雄楷模，而是与死亡、阴魂相关联的本体性鬼神。它们被普遍而广泛地传播着、吟唱着，通过各种大同小异的仪式，实际上已与苗族成员的真实生活融为一体，成为他们人生世界的重要组成部分，而非仅是有明显心理距离的审美观照对象。第二，苗族生活中的这种吟神唱鬼与基督教传统之信奉耶稣上帝亦有区别。它没有完整而繁琐的宗教化程序和教规，而顶多有一些与具体的神歌吟唱有关的仪式与禁忌，并且这些仪式与禁忌往往又同其现世的实用需求有关。第三，由于苗族文化的无字特征，其神歌系统又或多或少充当了口头形式的哲学、神学等意识形态方面的众多角色。而在西方，自亚里士多德之后，神话被作为书面的文学样式传递了下来，而哲学、神学等则随着日趋细密的社会分工而逐渐分道扬镳。[①]

正是由于分类上的驳杂，即与神、鬼、阴魂等内容有关并包括各种巫辞，对于了解自古重鬼信巫的苗族社会，苗族神辞的重要性不可小觑。加之与真实生活融为一体且充当了口头形式的哲学、神学等意识形态并存活于现实现世之中，苗族神辞成为研究苗族古歌不得不参照的一个重要体系。

上文已提及，有学者认为东部方言区无古歌，只有神辞。二者有诸多细微交叉，就吟诵语境而言，dut sob（雷神古辞）在祀雷时吟诵，dut niex（椎牛古辞）在椎牛时唱诵，ghot sob ghot bens（音译：果所果本）可一分为二：ghot sob ghot bens（音译：果所果本）加上历次迁徙（njout bul njout denb）则为婚姻礼辞（dut qub dut lanl），ghot sob ghot bens（音

---

① 徐新建：《试论苗族诗歌系统》，《贵州民族学院学报》1987 年第 3 期。

译：果所果本）加上傩母傩公（ned nux bad nux）则为还傩愿仪式之傩歌。为了较为清晰地看出吟诵内容与场景之间的辩证关系，笔者将东部苗族古歌三大主题与其演唱场景概括如下（见图2 - 2）。

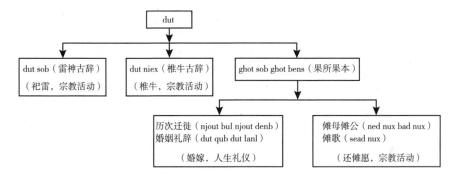

图 2 - 2　东部苗族古歌内容与唱诵语境

如图2 - 2所述，就演唱场景而言，苗族古歌大约5/6的内容在宗教活动中吟诵。正是鉴于其大量地寄生于宗教仪式并以吟诵为主，故而容易造成其为东部苗族古歌（即苗族神辞）的认识。为此，下文需对苗族神辞进行更为详细的梳理。

在东部苗族方言区，由于苗族古歌与苗族神辞之间有明显的交叉与融合，故而两者之间存在两种不同的隶属关系。一种观点认为苗族神辞包括苗族古歌，这种观点以石寿贵等为代表。另一种观点认为苗族古歌与苗族神辞属于并列的两套系统。

以下是笔者对于苗族古歌与苗族神辞之关系的田野调查个案。

时间：2011 年 8 月 7 日上午
地点：湘西土家族苗族自治州花垣县排比乡董马库村
访谈人：石寿贵
问：作为州级巴兑文化传承人，我看书中介绍您的身份是巴代，而我想做的是苗族古歌的研究，就我所知，在巴代文化里有古歌，但我不太清楚两者之间的关系。
答：在东部我们不叫苗族古歌，我们叫古老话。古老话是远古时代留传下来的语言，又叫"古言古语"、"宗言祖语"。我将它分成天地形成、苗族祖先、宇宙洪荒、涿鹿之战、历次迁徙、鼓社鼓会、姓氏定居，加上前言，共 8 章 44 节。我的资料还没有正式发表，但是我可以给你参考。① 我将它的演唱内容和场合大概分类如下。

天地形成：又叫"开天辟地"。这段古老话在椎牛、接亲摆酒席等场合讲述，起到祭祖、歌颂祖德、传教后人的作用。

苗族祖先：传说苗族祖先叫"剖力剖尤"，他们共有 71 个大哥、82 个老弟，称为"七十一兄、八十二弟"。后来又有"奶夔玛媾"（鬼母犬父）的传说，可见，这奶夔玛媾不单是苗族的祖先，还是 12 个客弟的父母，是苗客共同的祖先。

宇宙洪荒：传说在历史上曾经有过一次特大洪灾，俗语叫"满天水"。由于告松和告笔两个相斗，天降大雨淹没凡间，致使人类灭绝，只有告笔的一儿一女坐在瓜内避灾，得以幸存。之后，这兄妹成婚方才繁育后代，这便是宇宙洪荒的时代。这段宇宙洪荒的古老话原本是在祭祀中的内容，后来逐渐改变成为傩歌。

涿鹿之战：在中国历史上，以黄帝为首的部落联盟与以蚩尤为首的九黎部落联盟曾在涿鹿一带发生战斗，两大联盟都使用了自己的奇方异术，动用了天神、奇术、风雨、雷电、怪鲁、砂石、面具、百虫等，结果以黄帝战胜蚩尤而告终。这段古老话讲述的是苗族遭灭顶之灾的情况，是极痛心的事，因而在实际中很少讲诵，只有在多姓人共同椎牛（而不是一家一户的椎牛）的场合才由歌师唱诵。讲诵的时候，得烧黄蜡香和破布烂片香以祭祀在战争中死去的先人。

历次迁徙：迁徙中的一些具体地名，各地古老话传说不一，虽然地名有些不同，但有一条是可以肯定的，那就是大的迁居共有七次（后又迁往花垣、保靖之偏远山区，成为八次迁徙）。此古老话在椎牛祭祀中讲古根时吟诵。

鼓社鼓会：实际上就是椎牛祭祖。在椎牛祭祖中有一个围场鼓舞寻欢作乐的场面，这仅是椎牛祭祀中的一段祭礼科仪。但鼓社鼓会，古时亦可作为一个部落或一个团体的象征。它表示同一个组织，属于

---

① 笔者在 2011 年访谈巴兑大师石寿贵之时，其所搜集整理的古歌材料尚未公开出版，但石寿贵大师提携后辈，将材料供笔者查阅，特在此表示感谢。后来，这份材料的较大篇幅以前言的形式收入《湘西苗族古老歌话》。

一个系统的意思。鼓社鼓会并非原始部落就有的，是在迁徙的过程中的产物。最起码也是发生在奶夔玛媾后代的事，因为玛媾的丧生是缘于水牛黄牯漏风告密，在玛媾死后要刺杀水牛黄牯抵赎其命，并立下规矩，从此之后代代相传，成为习俗。杀牛剥皮，蒙鼓作乐，这是常事，但在古老话中，则是用食人魔的皮来蒙鼓的，这可能是融合二者为一的说法。

姓氏定居：我湘西本地的苗族姓氏，大体有 12 家支系，共 148个姓，其中包括田姓和杨姓。杨、田二姓是否属苗姓暂且不说，但有一点是可以确定的，那就是此二姓是随着苗族迁徙而到达湘西的。同时，此二姓在迁徙中是苗族的好朋友，并且帮苗民抗击过敌人，因而也将此二姓一同纳入苗族姓氏（其他地方作何说法那是另外一回事）。这里的关于姓氏定居的古老话只是本地的说法，并不包括其他地方，与其他地方的说法是不一致的。姓氏定居的古老话在椎牛、结婚酒礼互敬场合多有唱诵，但有一条，开亲对方的姓氏在讲诵时由对方自己唱诵为好。

问：您作为巴代大师，又把古老话归类为巴代的一个小支系，是不是古老话一般就不单独唱诵？

答：也不完全是，我搜集得比较全。有苗族古老话祭祀歌汇览、湘西苗族古老歌话、巴代古歌、中国苗巴代古老歌、苗族巴代古老话。当然之间有很多交叉，后来我把这些材料归为三本书的东西，准备陆续出版。你所言的古歌我们叫它古老话，古老话属于巴代神辞中一个很小的支系。

按照巴兑大师石寿贵之说，古老话的内容与其吟诵的语境关系如下（见表 2 - 3）。

表 2 - 3　古老话演唱内容和场景

演唱内容	演唱场景
天地形成	椎牛、接亲摆酒
宇宙洪荒	傩歌（还傩愿）、姻亲絮话
涿鹿之战	多姓人共同椎牛的场合才由歌师唱诵,需烧黄蜡与破布乱片

续表

演唱内容	演唱场景
历次迁徙	椎牛祭祀
鼓社鼓会	椎牛
姓氏定居	椎牛、结婚酒礼

注：表中内容由石寿贵整理，表为笔者所制。

石寿贵将古老话归结为苗族神辞的一个小分支。其实就东部苗族古歌与苗族神辞的关系而言，另有不同的声音，即认为苗族古歌与苗族神辞分属不同的并列系统。

采访人：SQS[①]

采访时间：2012 年 3 月 1 日

采访内容：苗族神辞与苗族古歌

问：椎牛和椎猪是苗族巴兑比较重要的两趟法事，那么在椎猪里面是否提到苗族古歌的相关内容？请您就椎牛和椎猪来源说一点。

答：椎牛里是有古歌的，而且很长，但我只是听说，我们凤凰不准做，所以我没学过。至于椎猪，古歌说不上，但我曾听到这样一个故事，就是说苗族为什么要椎猪。其实巴兑要做什么法事必须有一个缘故和底子（根由），你不知道底子，那你还做什么？椎猪的缘由老辈子是这样讲的：很久很久以前，居住上是一处苗寨、一处汉寨。苗人中的石姓和吴姓这两个姓氏的人恶得很（好斗），他们用 Lianx nggiab（连枷）[②] 打汉族人。苗人不识字，汉人聪明，发明了火药就打败了他们。苗人于是开始被迫迁徙，迁徙是由吴姓先开始的，许多异姓亲友都还没过来。一位吴姓老人养了一头猪，这头猪下了很多崽儿让家里发了财，这位老人在迁徙中就舍不得丢掉这头母猪，后来走

---

① SQS，苗族，巴代雄。从家族史方面而言为苗族第三代巴代，其祖父共有五兄弟，国民党抽壮丁时，祖父因为躲避抓壮丁跑到现在的居住地，有巴代看他祖父善良，遂传授之，祖父又传给他父亲，父亲又传给他。他仅有一子，长期在外打工，媳妇为外省汉族，问及儿子是否会继续跟着他学巴代，SQS 苦笑并戏言："总是要等我老死以后他才替坛，谁让我还活得好好的。"

② 一种农具，用来脱壳。

到了我们苗族的高山深谷，这头母猪却死了。母猪死了，老人不忍心
一家人自个儿吃，他惦记着姐妹还没有来到，要给她们留一些；舅父
也还没到，要给他留一点。为了避免这些肉被其他人偷吃，他就用咒
语发毒誓说："猪身上这些部位是指配给舅舅或姑妈的，谁也不能
吃，吃了就要被虎咬。"这就是 nieax heub nieax heb① 的来源。

　　在过黄河的时候沾着好多好多的水泡泡，你看凤凰两林这一带的
苗族女性衣服上都绣有这样的水泡泡，因为我们是从黄河被赶过来
的。这个故事我是相信的，说明我们苗族人比较傻，打了人家才被别
人赶走，在走的过程中留下的这些水泡你看现在都还有，这是师父讲
给我的。

　　问：您这个故事讲到苗族很久以前的历史，而且还解释椎猪的原
因，这一部分是不是只能由巴兑来吟诵呢？

　　答：椎猪是因为主人家有人生病或是其他原因，一句话，家里不
清净，仙娘看了认为要举办椎猪才能消灾。以前椎猪的时候也讲到你
所讲的 dut ghot dut yos（苗族古歌），讲到 njout bul njout denb（历次
迁徙）的那部分。我只是听到这样的故事，没有学过用 dut ntongd
（礼辞）来吟唱，而且我们做巴兑的，这些东西懂就多讲一点，不懂
就少讲一点，因为把法事做齐（完整）才是根本。

　　问：我还一直以为巴兑法事里要将做法事的缘由讲清楚才是根本。

　　答：懂当然最好了，但是一般情况而言，巴兑做大一点的法
事，如椎牛或椎猪，主人家条件好一点是要请客的，请客的话会有
jangs dut（理老）来讲这个东西。一是整堂法事都由巴兑讲，他没
有那么好的精神（体力），二是巴兑把法事做好就行，chat ghot
（讲古）一般由 jangs dut（理老）来讲。这里面有个分工，bax deib
（巴兑）负责巫事，jangs dut（理老）负责 chat ghot（讲古）。我们
做 bax deib 的，不懂 dut ghot（古老话）不行，但事实上，可以由我
们讲，也可以由 jangs dut（理老）讲。

从大量的访谈可知，巴兑要做法事必须有缘故和根由。这个缘故和根

---

① nieax heub nieax heb 即忌肉。东部方言区苗族椎猪后，要将带尾后腿猪肉留给母舅，此猪
　腿仅供母舅亲族老小及同姓人共享，外姓人不得食用，另外此肉需一餐食尽，否则需挖土深埋。

由用散文叙述为故事，用韵文唱诵即苗族古歌，但由于巴兑（bax deib）要负责整堂法事，故而这个缘故和根由可以由 jangs dut（理老）讲，也可以由巴兑讲。

苗族学者麻勇斌将苗族巫事过程归结为"备祀—请神—酬神—送神"四个阶段。在整个仪式过程中，巴兑的吟诵都可称为苗族神辞，而苗族古歌则仅仅在请神与酬神之间出现。① 讲述根源的部分即 chat ghot，理论上由巴兑完成，在实际操作中巴兑或理老都可兼任。以祀雷为例，整个活动分为四个板块，苗族古歌仅限于第三个板块之说雷部分。

第一个板块是备祀，包括请师（ob jinb cent sid）、述由（kit ghunb）、步阵（pot nted）、披挂戴盔（jid hod gieb rongx）、驱散厄鬼（ghueb rongx ghueb ghunb）、换气续命（deub gheix nbad niel）、藏魂躲影（rad xoub jand del）、上天报信（xud doul rad ndad）等八个段落。

第二个板块是迎神（reax ghunb），包括请师（ob jinb cent sid）、请神（reax ghunb）、分配神位（jib beb dex jongt）、呈礼（pot nted）、消灾（dut niel）、献食（dux lul）等六个段落。

第三个板块是说雷（put dut sob），是祀雷巫事的核心。其仪式与唱词有很多戏剧性的成分，需要三个角色同时配合才能完成。

第四个板块是送神（songt ghunb），包括扫孽（gheud zhux）、献猪（songt nbeat）、卜问（jid nes）、献酒献肉（dux gangs joud nieax）、送神（songt ghunb）、结束语（keub zhux keub cheib）等六个段落。②

通过文献梳理与实地采访，笔者认为，在东部方言区，对苗族古歌与苗族神辞之间的关系可以作出如下三点总结。

首先，就吟诵形式来说，相对于歌（sead），苗族古歌与苗族神辞都为 dut（音译：都，意译：辞），加之篇幅较长，表现形式皆可概括为 dut ntongd（音译：都通，意译：礼辞）。吴海辉在《"都通"杂论》中提到了 dut ntongd 几个较为重要的特征：

① 笔者 2012 年 1 月 22 日对麻勇斌的田野访谈。
② 麻勇斌：《苗族巫事·祀雷》，远方出版社 2002 年版，第 70—71 页。

都通的形成基于苗族东部方言，语词一般都有双词连缀，对应组合的特点，主要有同义词连缀和相关词连缀两种……苗家这种双词成组、两两对应的语言习惯特点，使得自己的语言能比较容易地由词语的对应上升发展为句子的对应，形成两句偶联，类似汉语的对偶句，做到同一事理分两句两次表达，从多角度丰富了语言表达形式，即反复强调了同一语义，使其意义深化，事理更明白，却又不显得重复，把这些两句偶联的句组串联起来，组合成长篇的言论，就是成篇成章的语段，即"都通"。①

其次，就内容而言，苗族古歌与苗族神辞亦可归为 dut ghot dut yos（音译：都果都谣）。从广义来说，其实 dut ghot dut yos 包括三大板块的内容，即 dut ghunb（神辞）、dut ghot（苗族古歌）、dut lis（理词）；从狭义而言，dut ghot dut yos 仅包括 dut ghot（苗族古歌），具体内容为上文所言的三大主题。就两者之间辩证关系而言，由于每一堂祭祀都要交代祭祀来源，传统意义上的苗族神辞必须有 chat ghot（讲古）这一环节，故而讲述其神辞起源的椎牛古辞（dut ghot niex）、椎猪古辞（dut ghot nbeat）、祀雷古歌（dut ghot sob）、傩神起源歌（dut nux 或 sead nux）等古歌则为本论著所言的苗族古歌。实际上，由于巫事活动程序较多，除了 chat ghot（讲古）之外，尚有大量的祭祀歌、丧歌、巫辞等仪式歌。此外，还有对祭品、法器、法事、民俗的表述，这一部分显然不属于本论著所言的苗族古歌。

最后，就吟诵者而言，东部方言区苗族古歌可由巴兑或理老来完成。从具体分工来说，在东部方言区，除了婚姻礼辞部分大多由理老吟诵之外，具有巫事性质的宗教活动之 chat ghot（讲古）部分可以由巴兑吟诵，也可由理老代劳。从传承人角度来说，理老和巴兑是传承苗族古歌的中坚力量。

可见，苗族古歌与苗族神辞并非孰大孰小那样简单，而是一个双向互补的关系：对于苗族神辞而言，为了凸显仪式的神圣性与权威性，需对其来源有一个交代，所以每一堂祭祀活动必然有 chat ghot（讲古）这一环

---

① 吴海辉：《"都通"杂论》，载于贵州省松桃苗族自治县民委、贵州省苗学研究会松桃分会编：《认识自己——苗族研究论文集》，1995 年印刷，第 201—203 页。

节，即苗族古歌；对于苗族古歌而言，其演唱必须有一定的场域和语境，并非情境性或应景式的随意对歌，长期以来东部苗族重鬼尚巫的传统使得大部分苗族古歌借助于祭祀活动被仪式化和凝固化，从而形成了至今既融合又独立的特点。也正因如此，在他者看来，东部方言区无古歌，只有神辞，殊不知古歌在信鬼好巫的东部方言区的神辞之 chat ghot（讲古）部分傲然屹立，构筑了东部方言区苗族古歌之巫风傩影的基础和核心。

三、战争浸染之西部古歌

就目前的搜集、整理和出版而言，西部苗族古歌表现为以下两个特征。

一是较为简短。从目前的出版情况来看，西部除了《亚鲁王》之外，较少超过 200 行的古歌，较之于中部的十二路古歌和东部之牛神古辞等古歌而言，西部古歌结构短小。正如王维阳所言：

> 与其他方言的苗族古歌相比，滇东北次方言苗族古歌一般较为短小，上千行的作品较少见，以一二百行的作品最为常见；句式有别于其他方言区的苗族古歌，并非整齐划一，而一般是长短不一；在叙事上，自问自答，重点事件、重点人物反复吟唱，表达委婉含蓄，往往在叙事中抒情，具有灵活性和自由性。[1]

二是战争描写丰富。较之于中部苗族古歌之神意盎然和东部苗族古歌之巫风傩影，西部苗族古歌浸染了大量的战争符号。

1. 战争古歌

西部苗族古歌具有战争浸染之特性，可从以下两个特征加以理解。

首先，就数量而言，西部苗族古歌战争内容庞杂。在笔者搜集的西部苗族古歌近 10 个文本中都有大量战争题材的古歌，不仅叙述了战争的起因、过程与结果，而且提到以格蚩爷老为代表的苗族领袖的奋力抵抗和最终战败，其篇幅约占古歌内容的 1/3 甚至半数以上（见表 2－4）。

---

[1] 王维阳：《导言》，载于王维阳整理译注：《苗族古歌》（卷四），贵州民族出版社 2015 年版，第 5 页。

表 2-4　西部苗族古歌中的战争题材古歌

古歌集	篇数	篇名列举	战争内容比例(%)
西部苗族古歌①	16	《苗家三位首领》、《阿耶混与阿耶荷、阿耶导的故事》、《根支耶老与革缪耶老的故事》、《根支耶老往东迁》、《革缪耶老的故事》、《根支耶老、革缪耶老和耶玖逼蒿的故事》等	45
中国西部苗族口碑文化资料集成(上卷)②	30	《苗族绳疙瘩根源传》、《格米爷老的子孙》、《格武爷老格诺爷老打仗的军队》、《格蚩爷老的子孙》、《格耶爷老的子孙》等	53
西部民间文学作品选(2)③	12	《则噶老》、《直米利地战火起》、《龙心歌》、《格自则力多》等	48
西部民间文学作品选(1)④	3	《战争与迁徙》、《平定天下的人》、《古博阳娄》	30
六寨苗族口碑文化⑤	3	《战争与迁徙》、《苦难岁月》、《尤铎朵》	42

　　资料来源：①陆兴凤等编译：《西部苗族古歌》，云南民族出版社 1992 年版。

　　②［英］张绍乔、张继乔搜集整理，毕节地区民族事务委员会、毕节地区民族研究所编：《中国西部苗族口碑文化资料集成》(上卷)，杨忠信等译，云南民族出版社 2007 年版。

　　③苗青主编：《西部民间文学作品选(2)》，贵州民族出版社 1998 年版。

　　④苗青主编：《西部民间文学作品选(1)》，贵州民族出版社 2003 年版。

　　⑤毕节地区民族宗教事务局、毕节地区民族研究所、大方县民族宗教事务局、毕节地区苗学研究会编：《六寨苗族口碑文化》，贵州民族出版社 2004 年版。

　　其次，西部苗族古歌之战争浸染特性还表现在对战争浓墨重彩的叙述上。苗青主编的《根爷耶劳与根蚩耶劳》记载：

　　根爷耶劳把黑漆弯弩挎肩上，根爷耶劳把箭筒挂腰间，带领大队兵马开向前，决心和根炎敖孜劳来周旋。根爷耶劳弯腰用脚尖奋力张弩，根爷耶劳弯腰用手指稳当搭箭，一声弩发箭飞驰，一声弩发箭如雨，花绿绿铁箭飞向敌人头，花绿绿铁箭飞向敌胸膛。根炎敖孜劳不甘心，根炎敖孜劳有谋算。造了七十只木筏，造了七十只战船。木筏战船拴篾索，木筏战船紧相连；笃那依摸大江心，木筏战船连成片，木筏战船来回渡，渡来兵马万万千。兵如蚂蚁密密麻麻，兵如蚂蚁盖地遮天。根爷耶劳火燃眉毛，根蚩耶劳火燃眉毛，他们召集大队兵马，专等敌兵来到。不久敌兵来到，双方厮杀恶战；一方如蛟龙出海，一方如猛虎下山。根爷耶劳纵身上了枣色骣，杀得敌人尸骨成山；根蛊耶劳带兵冲进敌阵，杀得敌人心惊胆寒。根炙敖孜劳定会占领络钨，他命令兵士从外包抄，他命兵士从里冲击；根爷耶劳遭到夹攻，根蛊耶劳前后受敌。牛角处处响，军号声声急。两位耶劳奋力拼杀；无奈敌人太多，无奈敌兵声势浩大，两位耶劳力尽被捉，双双死在敌人刀下。根爷耶劳战败，阿挲溃不成军，只好放弃络钨，全体远守终里。①

苗青主编的《战争与迁徙》记载：

> 沙陡重整兵马沿着黄水河岸再来打，沙陡率领将士顺着浑水河畔再来战。战马啸啸天震颤，黑云滚滚地昏暗。沙陡战马咆哮两眼吐火花，沙陡战马嘶鸣恶嘴吐红焰；烈火烧红天半边，赤火灼红地一半。尤娄放出九条斑龙来助威，尤娄派出八条花龙来参战；斑龙呼风唤雨洪水漫山岭，花龙翻江倒海浑水遍山岗；沙陡烈火被扑灭，沙陡赤焰被驱散。尤娄派雷公来参战，电闪雷鸣沙陡兵逃散，尤娄放雄鹰来助威，雄鹰勇猛沙陡兵溃崩。尤娄和沙陡参战半年，沙陡兵败九十九个平原；尤娄与沙陡血战半载，沙陡兵败九十九道山野。②

可见，较之于中部方言区苗族古歌的神意盎然与东部方言区苗族古歌的巫风傩影，西部方言区的苗族古歌折射着战争的历史投影，刀光剑影的战争见证了苗族苦难的民族史。此外，西部古歌战争浸染之特性还表现在亚鲁古歌构成了连缀西部方言区的亚鲁古歌文化带。

2. 亚鲁古歌文化带

西部方言区苗族从地域分布上涉及面较广，西部方言（又称川黔滇方言）主要通行于贵州的中部、南部、西部、北部和川南、桂北以及云南全省。由于居住相对分散，概括西部苗族古歌的主题较为困难，然而略去诸多细节的不同，西部苗族古歌仍有一条鲜明主线，即战争题材的亚鲁古歌贯穿其中。

---

① 《根爷耶劳与根蛊耶劳》，载于苗青主编：《西部民间文学作品选（2）》，贵州民族出版社 1998 年版，第 82—84 页。

② 《战争与迁徙》，载于苗青主编：《西部民间文学作品选（1）》，贵州民族出版社 2003 年版，第 200—201 页。

　　《亚鲁王》① 是一首在麻山一带苗族丧葬仪式上吟诵的古歌。就目前出版而言，共有 1 万余行，分为两章，共 21 个小节。第一章为远古英雄争霸，其中第一、二、三节为创世史诗和亚鲁身世，第四到七节为龙心之战，第八到十节为盐井之战，第十一到十三节为智慧撤退和辗转迁徙，第十四和十五节为迫战哈榕泽莱，第十六节为闯入凶险的高山峡谷中，第十七节为智谋荷布朵王国；第二章为重建王国大业，其中第一到三节为二次创世，第四节为托付王国大业。

　　一般而言，苗族古代文学是韵散并存，亚鲁题材也不例外，散文题材大量存在，如《杨鲁的传说》等；就韵文体而言，《亚鲁王》不是个案，类似主题在西部苗族古歌中大量出现。在国家级非物质文化遗产申报材料中，对于《亚鲁王》的分布区域是这样叙述的：

　　　　《亚鲁王》主要流传于安顺市的紫云苗族布依族自治县，分散流传于黔南布依族苗族自治县的罗甸县、长顺县、平塘县和黔西南布依族苗族自治州的望谟县。此外，贵阳市、花溪区、龙里县、息烽县、平坝县、黔西县、大方县、织金县、威宁自治县、镇宁自治县、关岭自治县等西部苗族地区也有少量流传。②

　　这份申遗材料仅将范围限定在贵州，其实亚鲁文化带几乎遍布整个中国境内的苗族西部方言区（因无国外资料，故而不敢下断言）。笔者根据目前搜集的《亚鲁王》并参照其他亚鲁古歌将其主题列表如下（见表 2 - 5）。

表 2 - 5　西部亚鲁古歌主题分布情况

亚鲁古歌　　主题	创世史诗亚鲁身世	龙心之战	盐井之战	智慧撤退辗转迁徙	迫战哈榕泽莱	智谋荷布朵王国	二次创世托付大业
亚鲁王	√	√	√	√	√	√	√
四川苗族古歌①·杨娄古仑	杨娄身世猪心之仇	√	战败自杀成仙作祟祭祀来历				

①　中国民间文艺家协会主编：《亚鲁王》，中华书局 2011 年版。
②　《麻山苗族史诗——亚鲁王》，紫云苗族布依族自治县苗学会非遗申报材料。

续表

亚鲁古歌 ＼ 主题	创世史诗 亚鲁身世	龙心之战	盐井之战	智慧撤退 辗转迁徙	追战哈榕 泽莱	智谋荷布 朵王国	二次创世 托付大业
西部苗族古歌（川黔滇方言）②·祭天神	测天量地 杨劳身世 猪心之仇	√	战败自杀 成仙作祟	子承父业 锻造兵器	神剑之战 被施诡计	雕像祭祀 儿孙西迁	祭天神来历
苗族神话史诗选③·古博杨鲁	杨鲁身世	√		√			
祭魂曲④·喂鸡	开天辟地 洪水滔天 姐弟成婚 叫鲁央禄	√		√	迫战所莫 祭祀鸡来历		
西部民间文学作品选(1)⑤·古博阳娄	阳娄家世	√		√			四月八来历
西部民间文学作品选(1)·战争与迁徙⑥	蒙博娄蒙 尤娄家世	猪心之仇 主战沙陡		√	被迫三次 迎战沙陡		弟兄九人 分散迁徙
西部民间文学作品选(2)⑦·龙心歌	格诺爷老 爷觉毕考	√					

资料来源：①古玉林主编：《四川苗族古歌》（上册），巴蜀书社 1999 年版。

②杨照飞编译：《西部苗族古歌（川黔滇方言）》，云南美术出版社 2010 年版。

③杨兴斋、杨华献搜集整理，贵州民族事务委员会民族古籍办公室编：《苗族神话史诗选》，贵州民族出版社 2000 年版，第 181 页。

④清镇市民族宗教事务局编：《祭魂曲》，贵州民族出版社 1995 年版。

⑤苗青主编：《西部民间文学作品选（1）》，贵州民族出版社 2003 年版。

⑥苗青主编：《西部民间文学作品选（1）》，贵州民族出版社 2003 年版，第 175 页。这首《战争与迁徙》与《六寨苗族口碑文化·战争与迁徙》内容高度重合。后者来源于毕节地区民族宗教事务局、毕节地区民族研究所、大方县民族宗教事务局、毕节地区苗学研究会编：《六寨苗族口碑文化》，贵州民族出版社 2004 年版，第 146 页。

⑦苗青主编：《西部民间文学作品选（2）》，贵州民族出版社 1998 年版。

就篇幅而言，这 8 首韵文体古歌除了《亚鲁王》以外，其他的篇幅都较为短小。此外，除了《西部苗族古歌（川黔滇方言）·祭天神》与《西部民间文学作品选·战争与迁徙》有子承父业的后辈叙事之外，其余皆没有《亚鲁王》的第二章，即重建王国大业；内容叙述大多包含有龙心大战和智慧撤退以及辗转迁徙三个基本主题，不同的是，《亚鲁王》在战争叙事上更为丰厚，如盐井之战、迫战哈榕泽莱、智谋荷布朵王国。

就演唱场景而言，《苗族神话史诗选·古博杨鲁》不是单一文本，它与杨鲁史歌之中的《戛董蒙丈》、《杨鲁子孙迁徙》相互印证，属于姊妹篇，遗憾的是搜集者没有提及其演唱语境，《西部民间文学作品选》对《古博阳娄》、《战争与迁徙》、《龙心歌》的演唱语境也没有提及；《西部苗族古歌（川黔滇方言）·祭天神》与《四川苗族古歌·杨娄古仑》讲述祭祀来历，可视为宗教活动的唱词。正是由于《西部苗族古歌（川黔滇方言）·祭天神》与《四川苗族古歌·杨娄古仑》依附于祭祀活动，这两首古歌都有明显的禁忌记载。《西部苗族古歌（川黔滇方言）·祭天神》中这样记述："儿孙可穿绸缎忌穿铜衣、忌穿铁衣。"《四川苗族古歌·杨娄古仑》中则提到："从此，我杨娄这家忌猪心。"西南民大杨彪证实川南一带杨姓苗族至今仍有男性不得吃猪心的风俗。①

亚鲁古歌作为民族战败的口述史，其吟诵带有刻骨铭心的悲愤感，为此，古歌的结束重复提到："祖纽老下套祖先受骗上当，竖起耳朵来专心地听啊"，"祖先上当受了骗，竖耳听分明呵！"大量的重复显然是忧愤之余的铮铮警示。

在亚鲁古歌系列中，与《亚鲁王》最为相近的是《祭魂曲·喂鸡》。这首古歌与《亚鲁王》一样是在丧葬仪式上吟诵，并有创世叙事、龙心之战、智慧撤退、辗转迁徙、迫战敌人等主题，其中祭祀鸡的来历和《亚鲁王》迁徙途中的万物跟随十分吻合。此外，与《西部民间文学作品选·战争与迁徙》相同的文本被收入《六寨苗族口碑文化·战争与迁徙》，搜集者在前言中交代：此歌在婚嫁、丧祭、节日、白天、晚上皆可演唱，歌词随着歌的情节顺序、歌的曲调，有时催人泪下，有时使人兴奋。

从上文梳理可知，就流传地域而言，亚鲁古歌遍布西部苗族聚集地，成为连缀西部苗族古歌的一条主线。就演唱内容而言，除了少量的创世交代和迁徙叙述之外，战争题材贯穿整个亚鲁古歌的唱诵中，约占70%以上的篇幅，或许正如《亚鲁王》执行主编余未人女士所言，只有身临其境地聆听和入心地品读，才能从那些生动形象的描述中去领悟英雄而悲怆的意蕴。②

① 笔者对川南苗族同胞杨彪的田野访谈。杨彪，男，苗族，西南民族大学教师。
② 中国民间文艺家协会主编：《亚鲁王》，中华书局2011年版，第7页。

在上述 8 则《亚鲁王》韵文中，如以主题为线索，除了少量的创世交代和迁徙叙述之外，战争题材贯穿整个亚鲁古歌的唱诵中。或许正如"中国苗族文学丛书"之《西部民间文学作品选（1）》主编苗青所言：

> 作为特定历史所产生的文学，又作为特定文学所反映的历史，这套苗汉文对照本收录了西部方言区苗族自古以来的百万字篇幅的作品，其中有大量的篇幅是反映古代战争与迁徙的重大题材……这场战争，场面如此浩大与激烈，前前后后经过了十几年。一般从汉文书籍所写的《涿鹿之战》中看不到，这里可以看得一清二楚。其实汉文书籍中所写的涿鹿之战，仅仅是这场战争的一个场面或者说是一个比较集中的场面。从这本苗汉文对照的作品中看，远古的这场震撼寰宇的战争，场面不局限于涿鹿这块地盘，它的整个跨度是从黄河流域到长江流域，而后波及南北与东西各地，遍布神州大地。①

通过上文梳理可知，苗族古歌因地域的不同呈现不同的区域特征，这与苗族的历史分布密切相关。苗族学者杨培德就苗族三大方言区历史说道：

> 西部和东部方言区苗族参与过上古时期发生在中原的激烈角逐，战败而退出中原，因而其关于历史的叙述充满战争主题；中部方言区大概一直生活在苗族诞生的环太湖地区，没有北上参与过中原逐鹿，整个九黎三苗失势之后退出平原，所以关于历史的记忆没有惨烈的战争，文化艺术较好地保持着本源的特征。②

这一观点较好地阐释了苗族古歌在三个方言区的分布特征：因中部方言区较多地保持着苗族文化本源，故而古歌神话叙事完整且自成体系，可概而称之为神意盎然之特性；东部方言区的战争记忆在祀雷古歌中有所论述，但由于东部方言区楚巫文化盛行，故而东部方言古歌呈现与巴兑神辞的交错杂糅，表现为巫风傩影之特性；西部方言区古歌保留了大量的战争

---

① 苗青：《长长的路长长的歌》，载于苗青主编：《西部民间文学作品选（1）》，贵州民族出版社2003 年版，第 19 页。

② 笔者对苗族学者杨培德的田野访谈。

符号，加之西部苗族长期经历战争与辗转迁徙，因而西部苗族古歌表现出战争浸染之特性。

第二节　苗族古歌分类

如果仅仅从地域分布论及苗族古歌的个性，则会造成苗族古歌因地域不同而各不相同。其实，三大方言区苗族古歌的共性更加明显，故而这一节从整体入手，探讨苗族古歌的整体分类。

苗族由于历史上战争和长期性迁徙，三大分支呈现很大的差异：虽然在民国时期东部的石启贵、西部的杨汉先、中部的梁聚五等都对苗族文化作出重要推动，但解放后，黔东南苗族在人才培养上较为凸显，加上田兵选编的《苗族古歌》在1979—1982年的民间文学中获得了国家级的奖项，从而使外人甚至本民族人误认为苗族古歌仅仅流传于黔东南，忽略了苗族自身的多元性，其实三大方言区在语言和历史上都具有共同性。①

苗族古歌的分类因参照体系不同而独具特色。若以地域分类，则有神意盎然之中部古歌、巫风傩影之东部古歌以及战争浸染之西部古歌；从演唱场合来看，有情境性较为随意的黄平、镇远、施秉一带晚上成年男性游方时与户主共唱的大歌，也有黔东南在酒席上的盘问式对歌，更有具有规定性的人生礼仪，即婚丧嫁娶，如中部之《焚巾曲》、东部之《婚姻礼辞》及西部之《亚鲁王》，又有祭祀礼仪，如东部祀雷之《巫辞》、中部鼓藏节之《人类起源歌》以及西部方言区祭天神之《祭天神》；从演唱方式而言，中部有古歌之唱与贾理之诵，东部方言区古歌亦有唱有诵，《亚鲁王》的吟诵则有哭腔调和吟唱调。笔者认为，苗族古歌就功能而言实际上回答了"我们是谁？"、"我们来自哪里？"、"我们将去向何处？"等本源问题，对上述三个问题的回答衍生出苗族古歌的三大基本主题，即创世、战争和迁徙。

---

① 笔者对苗族学者杨培德的田野访谈。

一、创世

三大方言的苗族古歌都包含对创世的大量交代，就主题而言，"创世主要包括开天辟地、人类起源、民族诞生、文化发端以及宇宙万物肇始的神话"①。具体而言，三大方言区又各具特色。

中部苗族古歌对创世的交代最为系统和完善，故而在上节中将中部苗族古歌的特性概括为神意盎然。以《苗族古歌》②为例，古歌三大系统十二路古歌除了《溯河西迁》之外，其余 11 首古歌皆有创世主题。据统计，《苗族史诗通解》创世部分的篇幅约占全书的 3/4，足见创世对于苗族之重要性以及创世叙述对于苗族史诗之重要性。③ 其创世叙事随处可以举例，如：

> Lol hxid dliel hsat denx 在那遥远的太初，
>
> Bil xit dab xit waix 还没有制造天地，
>
> Bil xit gangb xit gux 还没有制造昆虫，
>
> Bil xit dliangb xib dliux 还没有人类和鬼神，
>
> Bil xit bib xit mangx 没有我们和你们，
>
> Bil xit dlad heb ngax 更没有追山的猎狗，
>
> Bil xit liod kab lix 也无犁田的黄牛，
>
> Diel diel bil dot maix 万物都还没有生。④

东部方言区苗族古歌也有创世主题，虽然创世的叙述大多夹杂在苗族神辞之 chat ghot（根源）部分，但其内容相对完整：

> 《椎牛古根》苗语称"果聂"，是一部融神话、传说、故事于一体的较为完整的创世史辞。它由两部分组成，前半部是创世神话，记

---

① 陶阳、钟秀：《中国创世神话》，上海人民出版社 1989 年版，第 3 页。
② 田兵编选：《苗族古歌》，贵州人民出版社 1979 年版。
③ 吴一文：《论苗族史诗的叙事主题》，中国南方史诗与口头传统学术研讨会论文，都匀，2015 年 11 月，第 69 页。
④ 吴一文、今旦：《苗族史诗通解》，贵州人民出版社 2014 年版，第 15 页。

叙天地形成、万物起源等，以神话为基本内容，充满奇妙的想象，神话色彩很浓。后半部是创世传说，这部分多以写实记事为主，包括苗族鼓社根源，即椎牛和鼓舞的根源。①

关于创世的叙述随处可见：

> Ad hned nius xib 往古的那一天，
> Ad deat mius manl 昔日的那一夜。
> Kiead qand lix jib 开天立地，
> Kiead qand yangx mil 气象复明。
> Kiead qand jid mex janx qand 开天开不成，
> Lix jib jid mex janx jib 立地立不就。
> Chub ub jid jos mloul 海水连接着鱼，
> Chud bul jid jos denb 陆地连接着故土。
> Dab doud jid giant dab blab 陆地连接着天空，
> Dab blad jid giant dab doub 天空连接着陆地。
> Xenb doub jid daot janx doub 天地分不成，
> Xenb nex jid daot janx nex 海空分不出。②

西部的创世古歌包含神人创造宇宙、欧佛补天、杨亚射日射月以及莱珑、欧玛兄妹成婚等基本主题。

三大方言区地域分布跨度较大，故而存在较多的差异，"各地传说虽然不尽相同，对同一题材的有关作品的人物名称及故事情节的先后叙述也不一定完全相同，但其基本线条一致，主题一致，主旋律不变"③。

苗族古歌涵盖了所有苗族神话的主题：

> 苗族的创世神话分量较多，内容丰富；洪水、人类再生繁衍神话的流传面广，故事情节较为完整、动人；图腾神话呈现出多元现象，

---

① 石启贵编著，麻树兰、石建中整理译注：《民国时期湘西苗族调查实录·祭祀神辞汉译卷》，民族出版社 2009 年版，第 182 页。
② 石如金、龙正学搜集、翻译：《苗族创世纪史话》，民族出版社 2009 年版，第 3—4 页。
③ 苗青主编：《西部民间文学作品选（1）》，贵州民族出版社 2003 年版，第 7 页。

既有动物图腾神话，也有植物图腾神话；神性英雄神话数量较多，一种融合在创世神话之中，其他以射日神话为主要比重；文化起源神话以农业起源神话为主要内容。①

鉴于下文将重点论及古歌之原初性，即创世题材，故而此处简述。

二、战争

苗族学者石朝江在《战争与苗族》中提出，每一个民族在历史上都经历过战争，而苗族历史上经历战争时间之长、次数之多、规模之大，实属罕见。

鉴于上文已将西部苗族古歌特征概括为战争浸染，故而在此以东部苗族古歌为重点，稍微提及中部方言古歌。

东部苗族古歌三大主题之二 dut sob（雷神古辞）和 dut niex（椎牛古辞）皆与战争有关。Dut niex 对于战争的交代较为隐晦，叙述的是苗人杀死了犬父，故而在遗产分配时汉人分到了文字和大好河山，而苗人只有前往高山居住。Dut sob（雷神古辞）的线索可以一分为二，明线是叙述天地万物和人类起源的创世题材，暗线则是叙述雷氏部落与其余部落的战争。正是因为叙述中明确提到战争的敌方为 Wangx jix（黄帝）和 Doub nex（天子），并交代了苗族在迁徙之前的战争之处有鳄鱼、毒鱼草、船舸等非山地符号，故而有学者认为"雷神词中的雷神，实际上是指九黎部落，他的首领是蚩尤。德能和王纪与雷神之战，实际是指蚩尤、炎帝与黄帝之战"②。正是鉴于此，麻勇斌提出：

"祭雷"（xid sob）也有一个"说雷"（pud dut sob）的特殊主题。所以仪式进行到请神阶段，还未酬神的时候，苗巴代就要用"说雷"的主题来重演七位雷神兄弟姊妹如何铸造穿破天地劈碎山石的兵器武装与黄帝大人激战，最后黄帝战败交还属于苗族先辈平原的

---

① 伍新福、龙海清、燕宝：《苗族宗教与神话》，载于《中国各民族宗教与神话大词典》，学苑出版社 1990 年版，第 467 页。

② 石如金、龙正学搜集翻译：《苗族创世纪史话》，民族出版社 2009 年版，第 174 页。

这段历史故事，以歌颂取悦众雷神，最后达到消除雷神与主家误会、怨恨的目的。

对于这次生死攸关的战争，古歌给予了气势恢宏的叙述：

> Jongs menl dead npad sod rongx sob ghunb 七位顽强的女雷龙雷鬼，
> Jongs ndut dead nint sob dut sob mend 七位勇烈的男雷神雷魃。
> ……
> Peab lol goud dal ghos gheul 就劈下南方的撑天高山，
> Beux bos goud dal ghos renx 就斩断北方的撑地峻岭。
> Doul reil box hneb box hlat jid gheax 就把嵌有日月的天盖掀歪斜，
> Deut ndeat box doub box roub jid hat 就将载有湖海的地底踢倾覆。①

就中部方言区而言，目前出版的古歌集都没有记述战争的内容，对此王凤刚解释道：

> 《苗族贾理》是用以教诲子孙为人懂理立身处世的，是用于解纠纷、断案件、祭神灵、维护社会和谐的。它是为了"治世"、"致用"而非为了"存史"而作的。世代受到《苗族贾理》的和与善的核心价值观教诲的苗族人似乎非常明白：在人类历史的长河中，战争苦难、仇恨隔阂毕竟只是短短的一瞬，和平友好相处、勤劳朴实的生活才是它的主；记忆苦难和仇恨不是人生或民族的目的，追求社会和谐国泰民安生活幸福才有最大的意义。②

然而有学者提出不同看法，认为中部方言区古歌也有战争叙述，只是较为隐晦而已。

有学者认为中部方言区的古歌没有战争的痕迹，这个问题我是有

---

① 麻勇斌：《苗族巫事·祀雷》，远方出版社2002年版，第219、437页。
② 王凤刚：《苗族贾师的故事》，宁文创事业有限公司2012年版，第285—289页。

不同意见的。其实在《十二个蛋》中，姜央和雷公、虎、蛇等的争斗应该是民族之间的战争。我推测这并不是简单的人与自然和万物争斗的场景，而是以这十二种动物为图腾的氏族之间的斗争，可以看成较为隐晦的战争。①

三、迁徙

澳大利亚学者格迪斯曾提及世界上有两个苦难深重而顽强不屈的民族，即中国的苗族和散居在世界各地的犹太族。仅就迁徙而言，正如本民族学者所梳理的那样：

> 不论从我国的钦定正史还是野史，都可以看到这样的一个事实：自逐鹿中原失败之后，苗族在数千年来的历史发展中一直不断地迁徙流动，从尧舜征伐"三苗"、夏商周征讨"蛮荆"、秦汉隋唐征战"武陵五溪蛮"、宋元明清的苗民起义，苗族几乎都是被征伐，不断地迁徙逃亡。他们从北而南，从东而西，从江湖之畔、千里沃野迁徙到云贵高原，终于在大西南的荒山野岭中生存下来。②

战争与迁徙如影随形的历史投射在苗族古歌中，正如苗族学者吴晓东所言：

> 苗族的迁徙与英雄史诗，还得从昔日的楚地说起。……如今湖南境界，昔日归属于楚国，在其北部，乃是吞吐长江之水的八百里洞庭。分布于湖南境内的四大河流——湘、资、沅、澧，分别从南、西两个方向注入这浩瀚的湖泊。当年的苗民先祖们，便是溯着这些河流向着西与南两个方向迁徙。沿沅江西迁的，形成了如今的东部方言苗族，聚居于湘西以及与其临近的黔东北。这些苗族继续前行，经过贵州的北部与四川的南部，到达云南东北部与贵州西北部，再往南到达

---

① 笔者对韦文扬的田野访谈。韦文扬，苗族，贵州省丹寨县人，作家。
② 石朝江：《苗族迁徙史》，贵州人民出版社 2008 年版，自序第 1 页。

云南东南部，甚至东南亚的越南、老挝等国家，形成了如今的西部方言苗族。逆资水而上，翻山越岭后又逆清水江、都柳江进入黔东南的，形成了如今的中部方言苗族。这种大规模的迁徙，构成苗族史诗的主要内容。通过这些史诗，我们可以勾勒出远古苗族先民携妻带子相依相随沿河迁徙的情景。①

在诸多的战争古歌叙述中有胜有败，然而随着决定性的涿鹿之战的战败，苗族被迫经历了一次又一次艰难的迁徙。

迁徙是三大方言区的苗族古歌最为凸显的主线，各地较有影响的有湘西方言的《果聂》、《伐索》、《部族迁徙》、《部落迁徙》与《分支分系》，黔东方言的《跋山涉水》、《兄弟迁移》、《龙鸟支离》，川黔滇方言的《蚩尤的传说》、《杨鲁话》和流传于滇东北和贵州威宁一带的迁徙组歌。②

在东部方言区，苗语称迁徙古歌为 Njout bul njout denb 或 Njout bad njout mangs。Njout bul njout denb（迁徙古歌）有诸多不同的叙述，但较为大众接受的是七次大迁徙或八次大迁徙。

> 从内容上看，这部史诗共分八大段：第一段讲的是第一次大迁徙的原因及其历程。原因即受了他人欺侮才被迫迁徙，历程即沿河沿水而下。第二段讲的是第二次大迁徙的情况，即沿河沿水而上翻山越岭而行。第三段讲的是苗族迁徙到占楚占菩以后的情况。第四段讲的是第四次大迁徙，即苗族被迫离开占楚占菩，向崇山迁移的情况。第五段着重叙述苗族开发崇山，在崇山聚居的情况。第六段讲的是第六次大迁徙，即从崇山迁徙到泸溪峒泸溪岘的情况。第七段讲的是敌人疯狂破坏，苗家奋起反抗的情况。第八段讲的是第七次大迁徙的原因及其历程。原因是战争的创伤，苗族的主要队伍决定另择生活之地；历程，是从泸溪峒泸溪岘迁去各个地方。③

东部迁徙古歌虽然路线和地名略有不同，但都交代了迁徙的被动与艰

① 吴晓东：《对偶与对唱的叙事：苗族的迁徙与英雄史》，《国际博览馆》2010 年第 1 期。
② 苏晓星：《苗族文学史》，四川民族出版社 2003 年版，第 140—141 页。
③ 《湘西苗族》，《吉首大学学报》1982 年第 10 期。

难，更为重要的是必然提到的两个地名即 ub nqod xid（雾乔西）与 ub nqod seat（雾乔洒）。[①]

> Ghans jul jib ub nex dot boub nangd rut mloul 见到了别人夺走我们的美丽水乡，
>
> Zeax bans jib bul nex dot boub nangd rut denb 望尽了他族抢占我们的大好平原。
>
> Jiex jangx das xed 心中生恨，
>
> Jex jut das shanb 肝胆生仇。
>
> Jib ub boub lis jix nzhad zhanx mloul 要夺回失去的水乡泽国，
>
> Jib bul boub lis jix nzhad zhanx denb 要抢回沦丧的肥沃平原。
>
> Jib ub lot mloul 沿着来时的水路下去，
>
> Jib bul lot denb 沿着曾经的陆路远征。
>
> Zhad ub nqod xid lot mongl 从雾乔西下去，
>
> Zhos ub nqob seat lot mongl 从雾乔洒下去。[②]

关于西部方言区的迁徙古歌，有学者将其概述为两大主线：

> 一是由北而南而西而西北而西南的大迁徙，具体而言即诸如格武爷老、格诺爷老、噶骚卵碧、格资爷老、爷觉毕考、格米爷老，直到爷觉黎刀和格自则力刀等将领，先一辈是从浑水河流域的荡利莫北方大平原边打边转移的。他们一代一代地转移与迁徙，路线十分明确。其总的线路趋势是：由北而南而西而西北而西南。这是滇东北次方言支系这支队伍的大迁徙。
>
> 二是由北而中而西而西北而西南的大迁徙：例如蒙博娄和蒙尤娄这两位首领以及他们的子孙所率领的队伍，迁徙路线略有不同。他们从北方大平原出发，横渡浑水河（黄河），进入河南境地，然后奋力西迁，到了大西北。随后又翻山越岭迁入大西南，其迁徙总的趋势

[①] 苗族本土学者认为这是对黄河两种不同的称呼。笔者根据对湖南苗学会会长龙文玉先生的田野访谈的录音整理。

[②] 麻勇斌：《苗族巫事·祀雷》，远方出版社 2002 年版，第 215、432—433 页。

是：由北而中而西而西北而西南。这是属于川黔滇方言支系这支大队伍的迁徙。①

在这两大主线的历史背景中，西部苗族古歌对于迁徙的叙述充满了被迫离开家园的哀伤之情：

> 则噶老实在舍不得呵，
> 怎能抛下田中那绿油油的庄稼；
> 恋恋不舍离家乡，
> 率领子孙便迁走。
> 来到笃纳伊莫，
> 要用绳索横渡河，
> 要用乜索才溜过。
> 木筏渡过笃纳伊莫，
> 木船渡过笃纳伊莫，
> 木筏浮水面，
> 木船水上漂。
> 则噶老的子孙渡过去，
> 渡到了笃纳伊河对岸，
> 来到了南方的笃直氏。②

中部方言区在《溯河西迁》中对于迁徙原因的交代是"人多住不下"。迁徙路线是说苗族沿河迁到"松堂坳"后，便分成九大支：一支住方先（榕江），一支住方尼（台江），一支住者雄（雷山），一支住春整（凯里），一支住兴久（施秉），一支住兴林（镇远），一支住旺展（黄平旧州）。③

对于古歌交代的迁徙原因和路线，笔者一直存疑：一是迁徙原因如果仅仅是人多，那么应该朝地理条件较好的地方迁徙，但从苗族的居住地点来看，

---

① 苗青：《长长的路长长的歌》，载于苗青主编：《西部民间文学作品选（2）》，贵州民族出版社1998年版，第22—23页。
② 苗青主编：《西部民间文学作品选（2）》，贵州民族出版社1998年版，第66页。
③ 其余两支迁徙地点待考。

其居住条件每况愈下；二是迁徙总是背井离乡，但古歌叙述中的主动与欢快很难解释。

笔者认为，中部苗族方言区的迁徙古歌，除了上文所言的《溯河西迁》之外，还需参照两个体系。一个是鼓藏节中唱诵的《跋山涉水》：

Niangb kub daib Diel bal 有伙坏心人，

Hvib dliud dlaib genl ninl 心肺黑似漆，

Gid hxongt dib bib mil 用枪打祖父，

Gid dangd maf bib nal 用刀杀祖母，

Luf bib fangb luf vangl 强占我村庄，

Luf bib lix luf dinl 霸占我良田，

Nangb ghangd lol ful ful 坏人进来了，

Dangx fangb kib ninl ninl 地方不安宁，

Lot gif ghongd mad dus 祖公气得咬断马笼头，

Hmid gif dius hlet liangl 祖母恨得咬断铁筷子，

Diut wuk ax bub gheis 六位祖母不知往哪里走，

Ax bub mongl id deis 六位祖公不知往哪去，

Mul fangb deis hxud dins 哪里才是生存的地方？

……

At niel bib gid mongl 吃鼓藏我们再分手，

Hek diongx bib did dlenl 祭祖宗我们再迁徙；

Zab wuk dlial zal gongl 五位祖母分走五岭，

Zab ghet mongl zab diongl 五位祖公各走五冲；

Nend 这样，

Bid was jox fangb Zenx Linl 我们离开了美丽的整枪，

Was jox eb Wul Ghol 离开了富饶的吾葛；

……

Wuk hot mongl yal nil 没法奶唤公快走，

Ghet hot mongl yal nil 无计公喊奶快逃；

Laix tiet laix bongb bil 一个拉一个的手，

Dail gangf dail ud bangl 一个牵一个的衣；

Gol hsab waix hsab bil 喊声应山应水，

Genx hsab vangx hsab diongl 哭声惊天动地；

Nes ait hat nes lol 百鸟可怜齐飞聚，

Ngix ait hat ngix leil 百兽同情齐来迎。①

之所以引用较长的篇幅，是因为这是中部方言区为数不多的交代迁徙原因乃战争所迫的古歌，正如搜集者所言：

这是一首独具月亮山苗族地区特色的迁徙歌。在迁徙过程中，祖父母身背簸箕，肩扛木鼓、粑槽，过河过溪，翻山越岭寻找好地方。在与滔滔江河、陡峭山崖、山中毒蛇猛兽，乃至与谷桶般大的"蛤蟆"、晒席样的老鹰拼斗中，显示了苗族祖先聪明智慧、大智大勇和可歌可泣的精神。②

此外，笔者认为，《苗族贾理》可作为中部方言区迁徙古歌的另一个参照系统，以下是笔者的田野访谈。

访谈对象：王凤刚

访谈地点：访谈人家中

问：在《苗族古歌》中有专门的一章即《溯河西迁》，但在这一章中迁徙原因为"人多住不下"，我个人认为似乎应该还有其他理由。另外，对于迁徙地点的介绍比较模糊，您认为应该怎样理解《苗族贾理·迁徙篇》的意义？

答：《苗族贾理·迁徙篇》讲述的迁徙其实很庞杂，有对多个民族的交代：从大而言，它提到八种民族的迁徙，其中包括汉族、布依族、水族等，比如它提到水族迁自北方的说法至今已得到学者的肯定；从小范围而言，它列举了十二宗族，其中包括希、方、尤、噶闹等，再往小一点，它还提到具体的村寨。我认为这是《苗族贾理》实用性极强的原因，因为古歌或贾理都是活态口头传统，在传承过程中不断丰富。

《苗族贾理·迁徙篇》的意义，你可以从我在《苗族贾理·前

① 杨元龙搜集整理译注：《祭鼓辞》，贵州民族出版社2011年版，第35—36页。

② 杨元龙搜集整理译注：《祭鼓辞》，贵州民族出版社2011年版，第19页。

言》部分得到提示：《迁徙篇》是苗族的一部迁徙史诗。在这部迁徙史诗中，我们可以看到苗族人民是如何以顽强的毅力、艰苦卓绝的奋斗精神战天斗地，不断适应新的环境，创造生命和发展新空间，发展社会经济和文化。从讲述中可以看出，苗族是在迁徙过程中完成了由母权制社会向父权制社会的转变，由采集渔猎经济向稻作养殖等农耕经济的转变，由对偶婚向专偶婚、从妻居向从夫居婚的转变。《迁徙篇》不仅讲述和反映了苗族的迁徙活动，具有历史价值，而且对于研究苗族社会也有很大的价值。

从上述访谈中可知，《苗族贾理》对于迁徙的交代较为翔实，甚至具体到村寨。上文言及东部方言区和西部方言区的迁徙古歌较为完整和丰富，中部方言区如果仅仅以《苗族古歌》为例则稍显单薄，故而笔者在此引入《苗族贾理》与鼓藏节古歌作为补充，从中可以看出迁徙为三个方言区苗族古歌的共有主题。

第三节　苗族古歌与苗族故事

上文梳理苗族古歌在地域分布上表现为神意盎然之中部古歌、巫风傩影之东部古歌与战争浸染之西部古歌；就其共性而言，表现为创世、战争与迁徙三大主题，这是从内容而言；从形式而言，本论著所言的苗族古歌仅限于诗歌体。毕竟在苗族民众的日常生活之中，同题材的内容往往韵散并存，其中散指散文体神话故事，而韵则可细分为韵文体神话歌和韵文体神话辞（见表 2-6）。正如苗族史诗研究专家今旦所言：史诗虽也是口耳相传的作品，但与故事传说等口语化的散文作品不同，不仅有严整的格律，甚至用词和某些句子结构都与口语有异。[1]

---

① 今旦：《半个多世纪的耕耘》，载于吴一文、今旦译注：《苗族史诗——苗文汉文英文》，马克·本德尔（Mark Bender）等英文译注，贵州民族出版社 2012 年版。

表2-6　苗族日月神话举例

	散文体神话故事	韵文体神话歌	韵文体神话辞
东部	《张果老射日月（甲、乙）》①、《砍日树月树》②	《sead meus gheab 鸡源歌》③、《ad gul oub leb hneb hlat 十二个日月》④、《平羽射日》⑤	《除多罗树》⑥
中部		《铸日铸月》⑦；《铸日铸月》、《射日射月》、《呼日呼月》⑧；《铸日铸月》、《射日射月》⑨；《铸日铸月》⑩	《雷公山苗族巫辞贾理噶别福·巫辞·开天辟地》、《liub hnaib dangt hlat 铸造日月》⑪、《yux naib dangt lat 铸日造月》⑫
西部	《公鸡叫太阳》⑬	《杨亚射日月》⑭、《laot ghaib hxut hnub hlit 公鸡唤日月》⑮、《yangx yens yangx yuas baod hnob hlit 阳寅阳岈射日月》⑯、《杨亚射日》共3首⑰、《杨亚射日月歌（一、二）》⑱、《铸日铸月》共4首⑲、《baod hnob hlit 射日月》⑳	

资料来源：①凌纯声、芮逸夫：《湘西民族调查报告》，民族出版社2003年版。

②苗青主编：《东部民间文学作品选》，贵州民族出版社2003年版，第558—559页。

③苗青主编：《东部民间文学作品选》，贵州民族出版社2003年版，第32—44页。

④龙宁英、石寿贵、石寿山编注：《湘西苗族巴代古歌》，湖南人民出版社2012年版，第7、8、9、10、33页。

⑤石如金、龙正学搜集、翻译：《苗族创世纪史话》，民族出版社2009年版。

⑥石宗仁搜集整理译注：《中国苗族古歌》，天津古籍出版社1991年版，第31—35页。

⑦田兵编选：《苗族古歌》，贵州人民出版社1979年版。

⑧燕宝整理译注：《苗族古歌》（HXAK LUL HXAK GHOT），贵州民族出版社1993年版。

⑨马学良、今旦译注：《苗族史诗》（HXAK HMUB），中国民间文艺出版社1983年版。

⑩镇远、黄平、施秉三县委：《苗族大歌》，内部资料。

⑪吴德坤、吴德杰搜集整理译注：《苗族理辞》，贵州民族出版社2002年版，第37—50页。

⑫王凤刚搜集整理译注：《苗族贾理》，贵州人民出版社2009年版。

⑬燕宝编：《苗族民间故事选》，上海文艺出版社1981年版，第8—15页。

⑭陆兴凤等编译：《西部苗族古歌》，云南民族出版1992年版，第13—19页。

⑮苗青主编：《西部民间文学作品选（2）》，贵州民族出版社1998年版，第32—37页。

⑯苗青主编：《西部民间文学作品选（1）》，贵州民族出版社2003年版，第56—69页。

⑰［英］张绍乔、张继乔搜集整理，毕节地区民族事务委员会、毕节地区民族研究所编：《中国西部苗族口碑文化资料集成》，杨忠信等译，云南民族出版社2007年版，第19—36页。

⑱《民间文学资料》（第十六集），中国作家协会贵阳分会筹委会1959年编印，第6—11页。

⑲杨照飞编译：《西部苗族古歌（川黔滇方言）》，云南美术出版社2010年版，第26—50页。

⑳毕节地区民族宗教事务局、毕节地区民族研究所、大方县民族宗教事务局、毕节地区苗学研究会编：《六寨苗族口碑文化》，贵州民族出版社2004年版，第6—25页。

关于苗族古歌与苗族故事之间的共生关系，下文以表 2 - 6 中三大方言区共有的射日射月和唤日唤月神话（下文简称为日月神话）为例进行探讨。

从表 2 - 6 可看出，就三个方言区的日月神话而言，出现散文体神话故事、韵文体神话歌和韵文体神话辞三者并存的现象，三者之间就内容来说大同小异，那么三者在苗族生活语境运用中有何区别呢？以下是笔者的两个田野访谈资料。

采访对象：TFP①

时间：2011 年 10 月 3 日晚

问：听婆婆说，您会唱《sead mleus gheab 鸡源歌》，您还记得起不？

答：（唱）Nius manl dut ghot pud nangz zeix 古言古语交代清，

Deb dut pud nqib jul janl janl 古语古言说分明。

Xib nius hneb dand nis zhaot deib 昔日太阳有六对，

Zhaot deib nangd hlat jid jongb dangd 六对太阳一起升。

……

十几年不唱了，我现在记不起来。以前经常跑到外面唱，你一起头我就能接，这首歌还有很长，我忘了。后来唱到太阳月亮十二队一起出啊，就这样，世界上的人啊、动物啊都被晒化了，有一个能人去把这些多的太阳月亮射落了，可是剩下的那个也不敢出来了。试了很多办法都不行，公牛、老虎去叫更是把它吓得连面都不见，黑天黑地的。最后是公鸡叫出来的，为什么呢？因为太阳是公鸡的舅舅，公鸡是月亮的外甥，所以后来人们就奖励它一顶红冠子，可惜它不会戴，弄了个反家伙，我们就是这样说的。

问：我刚才注意到您给我说的这个好像是故事，不是唱歌啊。

答：歌是跟着古（故事）。歌是唱，古是摆。

采访对象：TZL②

时间：2011 年 10 月 7 日晚

---

① TFP，苗族，松桃苗族自治县长兴镇等高村村民。

② TZL，苗族，理老，松桃苗族自治县黄板乡和平洞村民。

问：我感觉您上面讲到射日时候有点像摆古？

答：唱的时候快得很，怕你听不懂，所以先摆一次，再给你唱。

问：有这样先摆后唱的吗？要是这样都能摆，那么就好多古了。

答：那是很多啊。苗族有句话叫"汉有三千六百字，苗有四万八千歌"。我们有 sead（歌），有 dut（音译为"都"，意译为"辞"，即古老话），还有 ghut（故事），所以我们唱歌、吟古老话也摆古。

问：您这样一说，我就想起来了，好多歌的内容在摆古（讲故事）里都讲过啊，那么是不是所有唱的这些古老话都能当成故事讲？

答：也不见得，故事是讲给娃娃听的，可以老是（重复）讲，都果都约（苗族古歌的音译）是该讲的时候才能讲，不可能随便重复啊。

从文化持有者的访谈中可以知道歌谣与故事的关系：从相似性而言，"歌也是跟着古（故事）"暗含着古歌大多数能以故事的形式讲述，即上文所言的故事的歌谣化或曰歌谣的故事化，故而出现了散文体故事和韵文体古歌在内容上的完全重合；二者之间的区别是故事可以重复讲，而古歌则只能在"该讲的时候才能讲"，暗含着古歌演唱需要一定的语境并伴有一定的禁忌。

综上，笔者批判歌词一维的研究。由于苗族古歌与苗族故事具有明显的互文性，甚至出现内容完全重合的情况，设若仅做歌词一维的文本研究，显然无法深入阐释古歌的丰富内涵，因此，本论著提出进行文本与唱本整体性的文学人类学研究。

第三章　歌词与民俗：苗族古歌的本文和仪式

苗族古歌的本文与仪式研究是以口头诗学为核心，对音乐、歌词与民俗的立体研究，即以歌为核心向唱、词、俗辐射，本章将从以下三个方面立体探讨苗族古歌的本文与仪式。

首先，对苗族古歌之"歌"（即其音乐性）进行梳理，这是书写文本与活态歌谣不同的基点。上文已梳理长期以来苗族古歌的搜集、研究和出版都侧重于歌词一维，零星点缀的音乐学研究显然无法与古歌之丰富性相匹配。歌词一维的研究忽略了苗族古歌在唱本中的音乐性，仅以古歌之"歌"为例，笔者在东部方言区的田野调查所得与前辈学者的田野经验相吻合：

> 歌手离开了演唱环境，就很难"凑"出各种"花"来。实践确实如此，当我们要求歌手讲述诗歌内容时，往往歌唱时的许多优美的歌词不见了，甚至有的歌手，只能由着他唱，不能说着记。他们说"唱着记不完，说着记不全"这话很有道理。这也是口头文学的特点所决定的。因为没有文字记录的口头文学，全靠有韵易于上口，便于流传，故大多采取歌唱的方式，靠曲调韵律传诵下来，离开曲调韵律，诗歌如同失去了灵魂。①

其次，较之于情景歌和应景歌，苗族古歌的内容相对固定。如中部方言区的十二路古歌、东部方言区的三大主题、西部方言区的战争古歌等，虽然略有差异，但基本主题如开天辟地、万物起源、民族战争与迁徙等相

---

① 马学良：《素园集》，中国民间文艺出版社 1989 年版，第 126 页。

对稳定，这使得对其歌词的解读具有可行性。

最后，苗族古歌的演唱具有一定的语境性。中部方言区除了黄平一带男青年游方时所唱大歌（苗族古歌）较为自由之外，苗族古歌在酒席上、在鼓藏节上、在贾理断案中的表达皆有一定的场景性；东部方言区和西部方言区大多在婚丧嫁娶和宗教仪式中唱诵，皆有较为固定的场合。换言之，苗族古歌等口头经典的吟诵具有一定的固定性和语境性，故而对其赖以寄生的民俗作出基本的田野民族志解读是本论著的基点。

综上，较之于作家文学是精英的固定书写文本，歌谣是集体的活态唱本。只有将"歌"、"辞"与"俗"加以综合立体研究，才能实现对苗族古歌的文学人类学研究。

第一节　苗族古歌之歌

纵观苗族古歌的百年研究，除了部分学者根据实地田野调查对苗族古歌的唱本作出少量探讨之外，大多集中于以出版物为参照的文本歌词研究。歌词一维的研究或侧重文学性审美，或侧重历史学训诂、民族学对接，却无法对苗族古歌的音乐性作出探讨。其实，苗族古歌之传承不同于精英的文字书写，而在于苗族歌手的唱诵：歌词是唱出来的，歌乐存在于歌唱中；至于歌俗，更是通过"唱"才得以呈现。

与专业的音乐探讨不同，笔者试图引入音乐人类学对苗族古歌进行阐释。音乐人类学认为不仅需要研究民族的音乐功能，更要研究其文化功能。本论著的苗族古歌音乐人类学研究不仅要对其曲调结构、演唱方式等进行基本梳理，更要对苗族古歌及其背后的民族文化进行论述。鉴于专题的苗族古歌音乐研究较少，故而下文在梳理苗族古歌的音乐研究概况后，笔者将从三大方言区苗族古歌曲调列举和苗族古歌音乐分析两个部分来探讨。

一、古歌音乐研究概述

苗族古歌的研究起始于英国传教士克拉克，他于 1896 年将搜集调查与研究同步，但遗憾的是当时音乐性研究处于空白。其后，民国时期中部方言区之梁聚五、东部方言区之石启贵与西部方言区之杨汉先等苗族学者与芮逸夫、程国钧等民族学家虽然在搜集和研究上皆取得较为重要的突破，但截至民国时期，苗族古歌之音乐性研究依然没有展开，虽然也有学者意识到搜集民歌重辞轻曲的不足：

> 大凡民歌，到了"文人"或"学士"之手，多半会变成呆板的东西，特别是一般搜集民歌者，多半都只注意辞藻，而忽略了那作为民歌灵魂的曲调……你想，民歌如果只剩下几个呆板的方块字，那还有什么？①

中华人民共和国成立后，苗族古歌的研究在苗族民歌研究的影响下有所推进，其后随着民族识别等工作的展开，苗族古歌的音乐性研究开始进行。《苗族民歌》② 搜集了 4 例古歌曲调并对其音乐性作出一定的分析与概括，但由于强烈的时代背景投射，虽然研究者音乐专业素养较高，但过度强调了"民间音乐与社会历史、人民经济生活的关系"，将口头创作视为窥视他者文化的窗口，误将游方歌纳入古歌系列，有曲调记录而少音乐分析。

其后，蒲亨强在苗族民歌研究系列论文中探讨了苗族古歌的音乐性，其对苗族古歌的论述基于实地调查，第一次正面提及苗族古歌的音乐性：《古歌》，唱神话传说之类内容……以 sol、do、rel 为核心歌腔，带吟诵性，节奏自由，无法纳入计量节拍。③ 与此同时，李惟白的专著《苗岭乐论》则可视为苗族古歌音乐性研究的重要著作。他按照内容将苗族古歌归入叙事歌，并指出其用朗诵调叙事歌来演唱：朗诵调叙事歌，常用于隆重节日的酒会场中，具有家族史、民族史、村寨史的宣教功能。④

随着苗族古歌研究的不断深入，尤其是近年来非物质文化遗产申报工作的影响，苗族古歌的音乐性研究取得重大突破。值得一提的是，苗族音乐学者梁勇在《麻山苗族史诗〈亚鲁王〉音乐文化阐释》中以民族音乐

---

① 方殷：《苗族民歌研究·苗族民歌选代序》，《东方杂志》1943 年第 39 卷第 12 号。
② 中国音乐研究所编：《苗族民歌》，音乐出版社 1958 年版。
③ 蒲亨强：《访苗歌手、谈民歌》，《音乐爱好者》1999 年第 6 期。
④ 李惟白：《苗岭乐论》，贵州民族出版社 1996 年版，第 137 页。

学为理论支撑，先就《亚鲁王》的演唱语境进行探讨，再分析其音声类型与音乐特征，最后解读《亚鲁王》古歌的文化内涵。《千岭歌飞》作为苗族民歌研究的集大成者，将苗族古歌定义为苗族精神文化的核心。作为专业音乐学者，作者还记录了一首迁徙古歌曲调，提出苗族古歌的演唱目的是教育子孙，让子孙增强民族意识与凝聚力。[①] 此外，《湘西苗歌研究》、《贵州岜沙民族音乐考》、《苗族大歌》、《山野的回音——音乐人类学笔记》、《湘西苗族民歌音乐浅析》虽然没有就苗族古歌的音乐性研究作出专题研究，但都或多或少对苗族古歌的音乐性研究有所推进。

纵观苗族古歌的音乐性研究，不足之处表现在以下两点：第一，研究限于音乐本体探讨，较少涉及文化阐释，苗族古歌之音乐性研究和苗族古歌文化性研究各自为政，在上述研究中，仅有《麻山苗族史诗〈亚鲁王〉音乐文化阐释》一文对两者有着较好的兼顾；第二，具有明显的地域局限性，上述列举的苗族古歌音乐性研究都呈现明显的方言区甚至同一方言区不同次方言的隔离，从数量而言八成以上的苗族古歌音乐性探讨限于中部方言区，较少关注东部和西部方言区。

二、苗族古歌曲调列举

三大方言区苗族古歌的吟诵各具特色，曲调亦各不相同。

1. 东部方言区

东部方言区由于次方言不同，在吟诵曲调上有差别，但基本表现方式大致相同，具体可分为两种，即 sead（歌）和 dut（辞）：sead（歌）只是零星点缀，仅有篇幅简短的创世古歌，如《开天辟地》等以 sead（歌）为表现形式；东部方言区古歌以 dut（辞）之唱诵为主。理老吟诵之 dut ghot 音乐性较弱，巴兄所唱诵之 dut ghunb 介于唱和诵之间，故而民间有唱神歌和说神辞之说[②]，鉴于勉强能以曲调记录，故而归类为唱。

下面这则古歌曲调低沉，介于吟诵和演唱之间，音域较窄。其余的长篇神歌皆以此曲调反复吟诵，具有旋律重复性和固定性。

①　王承祖：《千岭歌飞》，贵州人民出版社 2010 年版，第 123—124 页。

②　笔者对唐建福田野访谈得知，巴兄在行法事 dut ghunb（神辞）部分一般用唱（ngheub），而到 chat ghot（古歌）部分则多用诵（put）表现。

I=C 4/4 6/4 3/4

东部方言区苗族古歌在已经出版的文本中，因为没有曲调的记录，仅仅是对歌词的翻印和整理，对其表现形式一直较少论及，然而细心阅读会发现大多编者都会在前言或后记中或多或少提到其较之于中部古歌演唱体不一样的 dut（辞）之吟诵体。限于这样的论述只言片语，笔者认为仅仅通过书面材料是远远不够的，较为清晰的东部苗族古歌表现形式的探讨必须通过对这些搜集、整理和翻译东部苗族古歌学者的田野采访来加以了解。苗族学者张应和说：

> 从音韵这个角度来考察，东部苗族古歌更多偏向韵文体，一般不唱，当初我在搜集的时候他们统统是朗诵，没有谁唱，至少就婚姻礼辞而言，到现在我也没有发觉谁在唱。因为它的内容本身就比较适合朗诵，不属于歌体，而属于韵文体。①

在此段访谈中，张应和突出了婚姻礼辞"一般不唱"、"统统是朗诵"，较为切合东部方言区 dut ntongd（礼辞）以 dut（辞）为主的表现形式，理老之 dut ghot（古歌）属于吟诵体，音乐性较弱，故而只能以节拍记录之，比如：

X— X— —X— —X—X—X - X—X

Deb npad nhangs mex jid sat ab leb 闺女请赐给一位，

---

① 笔者根据在湖南省湘西土家族苗族自治州花垣县对苗族学者张应和的访谈录音整理。张应和，苗族，湘西土家族苗族自治州花垣县人，编著有《苗族婚姻礼辞》。

X— 　X— —X—X—X—X—X—X

Goul mel nhangs mex jid sat ad ndut 胞妹请赏与一名。

X— 　—X— —X—X— —X—X—X— —X

Geud neul geud mongl dand nex shab kheat 人前招待亲友，

X— 　X— —X—X—X— —X— —X— —X

Jib zheit geud bul xangb poub xangb niangx 身后承继香火。①

　　从上述节拍的分析中可知，这段婚礼古歌以吟诵为主，一字一拍，呈现明显的朗诵风格。

　　总之，东部方言区除了较少的古歌由巴兑演唱而具有一定的音乐性之外，最为常见的三大主题即 dut sob（雷神古辞）、dut niex（椎牛古辞）和 ghot sob ghot bens（音译：果所果本）皆可由理老吟诵，音乐曲调几近于无。

　　2. 中部方言区

　　狭义而言，中部方言区苗族古歌为 12 首大歌。从《苗族民歌》、《千岭歌飞》中可以了解，中部方言区古歌以唱为主，但曲调较为固定。苗族学者杨昌树提出可以将中部方言区古歌调划为两大板块，其中在黄平、镇远、施秉县一带运用大歌歌调演唱，其曲调单一。苗族大歌的基本音调如下：

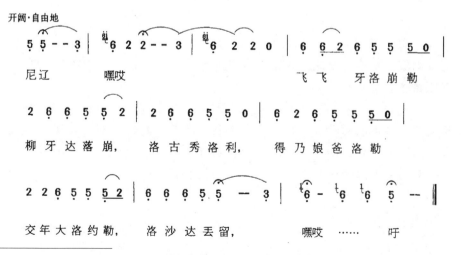

_____

① 笔者根据在湖南省湘西土家族苗族自治州凤凰县两林乡代稿村婚礼现场录制的理老龙金华吟诵的《婚姻礼辞》录音整理。

　　词意：寨寨不来客，我们寨来客，来客有古理，客人未来到，年岁已来了，来得真热闹。

　　可见，苗族古歌以特有的大歌调式进行演唱，曲调统一、和谐、深沉、苍劲。对唱时每方二人为一对，且不能在室内唱。歌声高亢悠扬、优美动听、粗犷奔放，在万籁俱寂的深夜，往往传到七八里外。[①]

　　此外，中部方言区的古歌还以酒歌调为主要演唱形式，以雷山县西江镇为例，其曲调为：

　　据笔者访谈，学者对于西江古歌调提出以下观点：这段古歌曲，曲调较为深沉，以四声音阶（即5、6、1、2）为主。整段乐曲虽然较长，但是各乐句都是这几个音的随机性变化组合，节奏在唱词（即一字一音）的基础上随感情的变化而变化。演唱过程中2和5的延长音较为明显，具有原始性和悲壮性。[②]

　　广义而言，中部方言区苗族古歌还包括《贾理》、《刻道》等与祭祀相关的诸多神歌神辞，比如在鼓藏节中，除了《人类起源》、《跋山涉水》等古歌吟诵之外，还有大量的礼俗歌或情景歌唱诵。下文以影响较大、内容相对固定的《贾理》为例，选录的曲调有：

---

① 杨昌树：《苗族大歌介说》，《贵州大学学报》2001 年第 3 期。
② 笔者根据对民族音乐学者梁勇的田野访谈录音整理。此古歌为雷山西江候昌引老人演唱，曲调为笔者录制，梁勇记谱，在此表示感谢。

余育中唱，王凤刚、杨圭田记谱：

Ⅱ：1 5 | 1 5 6 | 1 − | 1 5 5 | 5 5 | 1 − | 1
5 5 | 5 3 1 5 − | 1 5 5 | 5 1 | 5 − | ……

正如搜集者王凤刚在前言中提及，《贾理》可唱可诵，曲调虽然因地区不同而有差异，但都格调古朴、庄严、苍劲，不用高昂、激越、浪漫的唱法。[①]

3. 西部方言区

西部方言区次方言众多，故而较之东部和西部方言区苗族古歌调更为复杂和多元。

据笔者对苗族学者杨照飞[②]的访谈，其搜集的古歌虽然遍布云南楚雄、昭通一带，但曲调单一，旋律固定。此外，据陶小平[③]介绍，其参与搜集的《四川苗族古歌》同样呈现曲调相对固定之特征。

流传于普定县境内的猴场、补郎、坪上、猫洞等苗族村寨的苗族古歌，根据苗族支系的不同可分为大花苗族和水西苗族两个流派，除了语言和唱调不尽相同外，两个流派的苗族古歌的内容大同小异，如《神话古歌》、《杨鲁史歌》等，可以作为叙事诗朗读，更多的时候被演唱。在具体演唱过程中，每一首苗族古歌要有 4 个和谐的曲调，至少要由 4 个人演唱。基本音符为 6、5、3、1 四个音，有颤音，每小节后常用滑音结束。[④]

此外，西部方言区麻山次方言区的《亚鲁王》曲调有吟唱调与哭唱调，其中吟唱调运用较为常见。苗族音乐学者梁勇将《亚鲁王》的音乐概括为三个特点：首先，似说似唱的唱诵性特征，"说"是具有一定音乐性的"唱着说"，"唱"是具有一定语言性并注重内容传达的"说着唱"；其次，作"曲一唱百"的吟唱和哭唱，曲调单一；最后，乐句的旋律简单，乐句感也较差。[⑤]

下面是一首由黄老华演唱、梁勇记谱的苗族古歌。录制地点在紫云苗族布依族自治县大营乡巴茅寨黄老华家。

①　王凤刚搜集整理译注：《苗族贾理》，贵州人民出版社 2009 年版，前言第 12—13 页。
②　杨照飞，女，苗族，云南楚雄人，搜集整理和翻译《云南苗族古歌》。
③　陶小平，男，苗族，四川珙县人，参与搜集整理和翻译《四川苗族古歌》。
④　参见普定县《苗族古歌》非物质文化遗产申报材料。
⑤　梁勇：《麻山苗族史诗〈亚鲁王〉音乐文化阐释》，硕士学位论文，陕西师范大学，2011 年，第 46—49 页。

Ndot nox xed faf ded

中速 悲伤地

苗文：Oud,　　laif sed yos lul jat ndongf yos.　　Oud——
直译：哦，　　现在 起 哟 来 上 天 哟。　　哦——

苗文：Has nil nas gax ndoub jingb ndod heud lex　　ol,
直译：如 此 啊 你 吃 成 饭 就 走 喔，

苗文：Has nil nas gax wul jingb angf heud lex　　ol.
直译：如 此 啊 你 喝 成 水 就 走 喔。

三、苗族古歌音乐性分析

从上文可知，三大方言区的苗族古歌之音乐性之间既有共性又有个性，其个性表现在三大方言区古歌的演唱方式不同。中部方言区苗族古歌虽有酒歌调和大歌调之区别，但除贾理以吟诵为主外，大多以歌唱为主。东部方言区正好相反，除了少量以歌唱形式表现，大量的苗族古歌以吟诵为主要表现形式。西部方言区以麻山《亚鲁王》为例，形式灵活多变，有的用盘歌的形式盘问对唱，有的以叙事形式朗读、吟唱，有的则以道白的形式相互问答。[①]

三大方言区苗族古歌在音乐性方面的共性表现为以下两个方面。

第一，朗诵调在三大方言区中普遍存在。东部方言区古老话之"话"即明显的朗诵调。西部方言区花苗之古歌和山歌不同，山歌是男女传情的

---

① 《麻山苗族史诗——亚鲁王》，紫云苗族布依族自治县苗学会非遗申报材料。

即兴创作，古歌相对较为固定。在唱法上也不同，山歌是用嘹亮的山歌调，古歌则是以慢吟方式哼出。① 上文言及广义而言中部方言区苗族古歌包含神辞与贾理等古辞。贾理亦唱亦诵，神辞则由鬼师以叙述的形式吟诵出来，曲调古朴典雅，抑扬顿挫，十分动听。②

有学者提出朗诵调的出现源自苗族的说唱音乐，源出于古代"议榔制"时期由理老在调解民事纠纷时演唱的理词，称为"道理歌"。它是一种无乐器伴奏，伴以说白说唱的音乐形式③，正如石薇在硕士学位论文《贵州岜沙民族音乐考》中所总结的那样，这类曲调比较平直，变化不大，基本以同一音型变化重复而成，声音低沉，速度较快，口语朗诵性很强。

第二，苗族古歌曲调固定。在上文梳理的苗族古歌音乐性研究中，迄今为止被记录的古歌曲调不足 20 首，这固然由于非专业研究者无音乐专业记音知识，但更为重要的原因还在于苗族古歌曲调固定，具体表现为曲调较为单一。王承祖提出苗族古歌与其他抒情见长的民歌不同，侧重表意，即将事理陈述清楚。④

在笔者的田野访谈中，杨昌树提出古歌内容（叙事）大于形式（音乐）：黄平、施秉和镇远一带古歌只有一个调，调子比较单一。虽然表现形式是一问一答，但曲调固定不变，所以从音乐角度而言很简单，甚至五音都不到。⑤

正是由于曲调单一且唱诵结合，故而苗族古歌可归结为叙事性大于音乐性。一言以蔽之，苗族古歌的音乐性较弱，重辞轻乐。音乐人类学不单是对外来音乐进行一种表层的研究，也不是一种民族的音乐学——它是为更深刻地理解所有音乐而提供可能的一个学科。⑥ 正是音乐人类学坚持从民族文化阐释民族音乐性，从而达到多元音乐文化的沟通与共享，故而笔者认为，苗族古歌重辞轻乐的特征从音乐人类学的角度可以将其归结为以

① 夏杨：《写在前面》，载于夏杨整理：《苗族古歌》，德宏民族出版社 1986 年版，第 1 页。

② 黄平、施秉、镇远三县委：《苗族古歌古词》，未出版，第 4 页。

③ 李惟白：《苗岭乐论》，贵州民族出版社 1996 年版，第 138 页。

④ 王承祖：《千岭歌飞》，贵州人民出版社 2010 年版，第 98 页。

⑤ 笔者根据对杨昌树的访谈录音整理。杨昌树，男，苗族，贵州黄平人，贵州民族大学艺术系副教授，著有《苗族芦笙》。

⑥ ［英］约翰·布莱金：《人的音乐性》，马英珺译，人民音乐出版社 2007 年版，第 25 页。

下三个原因。

首先，苗族古歌篇幅宏大。东部方言区苗族三大古歌、中部方言区的十二路古歌以及西部方言区的《亚鲁王》古歌叙事繁杂，较短的古歌在千行以上，《亚鲁王》长达2万多行。正因其内容驳杂，故而演唱重叙事轻艺术渲染。音乐性较弱的特征既有利于其内容的传播，也有利于歌手长时间演唱。正如学者所言：在我国一些少数民族中，流传着一些长篇叙事民歌，例如彝族的《梅葛》、苗族的《古歌》……这些歌曲多在节日吟诵，吟诵性较强，歌词篇幅较长，有的长达数万行，需要数小时甚至几天才能唱完。[①]

其次，苗族古歌内容庄严。苗族的诗歌系统庞杂而完整，关于歌谣的重要性有着诸多民谚："后生不学唱找不到对象，姑娘不绣花找不到婆家。"正因诗歌体系庞杂，苗族学者将歌谣的重要性概括为："以歌代言、以歌抒情、以歌明理、以歌立法、以歌交际、以歌祭祀，这些都已变成一种生活常态，或者说，歌就是他们的一种生存方式。"[②]

可见，苗族古歌较之于活路歌、劳动歌、祝词、酒歌、情歌、儿歌等，内容更为庄严；较之于起义歌、苦歌或有明确年限的传说之歌，历史更为久远。正因苗族古歌的内容涉及神话、历史与民族，承载了历史的厚重性，故而叙事内容庄严，吟诵语境固定，咏诵曲调相对稳定，演唱时唱者态度严肃，场面庄严，腔调稳重，多用真声，听众可于适当的段落转折处插花衬垫，但必须与主歌曲调、唱腔一致。古歌乐曲结构单一，一曲多词，中音拖腔，严格按照古歌的形式演唱，不得即兴创作和发挥。[③]

最后，苗族古歌寄生于民俗活动。民间音乐是民俗的颂歌，它在民俗中成长、传播和传承。民俗既是它的载体，又是它的内容。在传统的苗族社区中，苗族古歌之唱者没有作为职业歌手独立出来。苗族古歌的吟诵并非随意而为，大多寄生在婚丧嫁娶或还傩愿、祀雷、椎牛等祭祀活动中。

苗族古歌素来被誉为苗族精神层面的"圣经"，同时是囊括民族文化的"百科全书"。正如本民族学者所言：苗族古歌以史歌类最为典型和有

---

① 袁静芳：《中国传统音乐简明教程》，上海音乐出版社2006年版，第1页。
② 龙海清：《序》，载于龙宁英等编注：《湘西苗族巴代古歌》，湖南人民出版社2012年版，第1页。
③ 雷惠玲：《湘西苗族民歌演唱艺术研究》，硕士学位论文，湖南师范大学，2006年，第10页。

研究价值，此类古歌一般由专人传唱、传承，词语多为古苗语，常人不易理解。演唱者往往是先唱后释，听者才能略知其意。[①] 正因民族文化的厚重性，苗族古歌的音乐人类学研究者除了需要专业的音乐基础之外，更应该借鉴人类学之田野调查法深入其吟诵语境，故而需要对苗族古歌赖以滋养的苗族文化（如宗教学、历史学、文学等）有着广泛的了解。在此意义上，苗族古歌的音乐探究基于音乐而需要在音乐人类学上得到拓展。

第二节　苗族古歌之词

苗族古歌研究不能仅就歌词一维展开，但歌词的研究仍是基础和核心：

> 歌词当然不是音乐的声音，而更是语言行为，但它是音乐整体的一部分，而且有明确的证据表明，音乐中使用的语言不同于日常谈话的语言；歌词反映了心理释放的机制和一种文化中普遍的心态和价值观，因而提供了一种极好的分析手段。在歌词中可以发现神话、传说和历史，而且歌曲常常被用作一种濡化方式。[②]

在本节，关于苗族古歌之词，笔者将以三个关键词即"神话"、"历史"和"民族"为线索加以探讨。

一、神话

"神话"的定义众说纷纭，以至于有学者调侃：设若我们读到这样的

---

① 杨忠信等：《译者的话》，载于［英］张绍乔、张继乔搜集整理，毕节地区民族事务委员会、毕节地区民族研究所编：《中国西部苗族口碑文化资料集成》，杨忠信等译，云南民族出版社 2007 年版，第 1 页。

② ［美］梅里亚姆：《音乐人类学》，穆谦译，人民音乐出版社 2010 年版，第 193、216 页。

表述，例如"神话的真正含义（或意图）是……"，我们应当防范它。^①
本论著避开诸多不同的定义而吸收国内民俗学家的观点，即从其特点上加
以认识，神话通常具有这样一些特点：

> 神话是有关神祇、始祖、文化英雄或神圣动物及活动的叙事，通
> 过叙述一个或者一系列有关创造时空以及这一时刻之前的故事，神话
> 解释着宇宙、人类（包括神祇与特定族群）和文化的最初起源，以
> 及现时世间秩序的最初奠定。^②

前文已梳理，中部方言区之苗族古歌神话色彩浓厚，具有神意盎然之
特性，其实东部方言区与西部方言区苗族古歌也包含大量的关于人类与族
源的神话叙事。

西部方言区《苗族古歌》之第一章"创造天地万物"中对于天神锐
觉藏努的创世给予了明晰的叙述：

> 天地是哪一个造的？天地是天神锐觉藏努造的。
> 人类是哪一个造的？人类是天神锐觉藏努造的。
> 万能的天神锐觉藏努，
> 把天空造成簸箕一样平，
> 把天空造成筛子一样平，
> 让太阳和月亮在上面发光发亮。
>
> 万能的天神锐觉藏努，
> 他造出光滑平坦的天空，让乌云飘来飘去，
> 他造出光滑平坦的天空，让风儿吹来吹去，
> 他造出光滑平坦的天空，让小鸟飞来飞去。
>
> 万能的天神锐觉藏努，

---

① ［美］J. W. 罗皆森：《神话：一个游移不定的词语》，载于［美］阿兰·邓迪斯编：《西方神话
学读本》，朝戈金等译，广西师范大学出版社 2006 年版，第 77 页。
② 杨利慧等：《现代口承神话的民族志研究》，陕西师范大学出版社 2011 年版，第 1 页。

他给世界造出深沟，让河水流淌，
他又造出高山大岩，互相对立，互相对笑。①

东部方言区《中国苗族古歌》第一部分"远古纪源·世界之始"中表述为：

那时候天黑沉沉，那时候地暗昏昏。
伬楼生冷才来造十二个太阳，
伬楼生冷才来造十二个月亮；
十二个太阳十二个月亮同照天庭，
十二个太阳十二个月亮共晒大地，
晒得岩崖熔得像浓痰，
晒得石壁软得像鼻涕；
……
十二个太阳啊十二个月亮，晒得大地不成世界；
十二个太阳啊十二个月亮，晒得大地不成样子；
晒得天崩地烫，晒得地裂到果苏果干。②

正是基于对其神圣性的肯定，神话得以通过仪式或民俗而不断地完善。

那不是我们在近代小说中所见的虚构，乃是认为在荒古的时候发生过实事，而在那以后便继续影响世界影响人类命运的。我们底神圣故事是活在我们底典礼，我们底道德里面，而且制约我们底行为支配我们底信仰，蛮野人底神话对于蛮野人是这样。③

只有在此意义上，我们方能理解为什么苗族古歌素来被誉为苗族的"圣经"：每个版本的苗族古歌都涉及解释天地是如何形成的、世界万物是怎样产生的这个原初性问题。在此意义上，苗族古歌不同于阶级社会和

---

① 夏杨整理：《苗族古歌》，德宏民族出版社1986年版，第5—6页。
② 石宗仁搜集整理译注：《中国苗族古歌》，天津古籍出版社1991年版，第3页。
③ ［英］马林诺夫斯基：《巫术科学宗教与神话》，李安宅译，中国民间文艺出版社1986年版，第85页。

私有制产生之后产生的反歌、民间抒情诗、酒歌、活路歌等实用功能明显的其他苗族诗歌，苗族古歌内容的神圣性使得其不同于民歌的娱乐和交际功能，带有追根溯源、慎终追远的教育和规范功能，神圣性使得苗族古歌的演唱带有宗教的庄严感和仪式的神圣感。

杨正伟曾对这种神圣性作出解读，认为这种演唱场合的特别规定是由苗族人民敬重祖先、崇拜祖先的民族心理意识决定的。有时为了维持演唱古歌的威严性，人们按照自己的愿望，附会编织了种种神奇的故事，以强化其可信性。①

这种解释意识到苗族古歌传承的社会语境是较为自足而封闭的乡土社会，在这样的传统里形成的慎终追远的祖先崇拜使得苗族古歌演唱带有神圣性，不足则是在附会编织故事增加可信性的背后具有更强大的话语权：神话文学之所以能产生在远古时代，那是因为水族（泛指无字民族）先民对自己周围诸多的自然现象缺乏科学的认识与理解。②

设若参考亦真亦假的《荷马史诗》之于希腊人的影响，《圣经》之于西方白人的潜移默化，《史记·五帝本纪》之于中华民族的认同和凝聚，就可以理解苗族古歌尤其是创世部分之于苗族民众的神圣感和敬畏感。

二、历史

王明珂提出历史分为历史事实和历史心性。③历史事实是历史本文，而历史心性是历史文本。较之精英固定的文本历史，苗族古歌是集体活态呈现的本文历史。正如苗族学者所言，苗族在自己的世界里用诗性的苗语传唱着自己的历史，苗语记叙的历史不是按照时间年代排序的时间历史，而是用迁徙起点及途中的地理空间排序的历史，空间的先后就是时间的先后。④

其实在苗族古歌中，较之于创世史的神奇迷离和战争史的模糊久远，

---

① 杨正伟：《论苗族古歌繁荣的文化渊源》，《民族文学研究》1990 年第 1 期。
② 范禹编：《水族文学史》，贵州人民出版社 1987 年版，第 32 页。
③ 王明珂：《历史事实、历史记忆与历史心性》，《历史研究》2001 年第 5 期。
④ 杨培德：《前言》，载于杨亚东、杨华献：《苗族迁徙史歌》，贵州民族出版社 2013 年版，第 1—2 页。

苗族的迁徙史清晰可辨。长期以来，如影随形的战争使得苗族迁徙不断，形成了现今的苗族三大方言区迁徙古歌的个性与共性并存的现象。

苗族三大方言区的迁徙古歌的个性表现在叙述迁徙的原因不同、吟诵迁徙古歌的语境不同与迁徙的线路不同。笔者将三个方言区较有代表性的迁徙古歌及与之相应的吟诵场域、吟诵内容与吟诵功能列表如下（见表3－1）。

表3－1 三大方言区苗族迁徙古歌资料

方言	迁徙古歌	吟诵场域	吟诵内容	吟诵功能
中部	溯河西迁	酒席	因人多主动迁徙	历史教育
	跋山涉水	鼓藏节	月亮山苗族迁徙之艰难困苦	情境教育，讲述苗族分布
	焚巾曲	丧葬	苗族亡灵回归之路	引渡亡魂返回东方故园
	迁徙篇	讲述贾理	从望纽湾望达谷到方希①，继续往西北方向	口授中部苗族迁徙分布，与《村落篇》是姊妹篇，以理服人
东部	雷神古辞	祀雷	东部苗族姓氏定居地	取悦雷神并给主人祈福禳灾
	婚姻礼辞	婚礼	东部苗族姓氏定居地	苗族姓氏分布，婚姻圈概述
西部	亚鲁王	丧葬	亚鲁王及其王子王孙分布	送魂与指路
	迁徙组歌	不详	由北而南而西而西北而西南 由北而中而西而西北而西南	西部苗族震撼寰宇的两大迁徙路线，为口述迁徙史
	喂鸡	丧葬	清镇市苗族亡灵回归之路	送魂与指路

注：①方希亦作方西，地名，指今贵州省榕江县。

为什么三大方言区的迁徙古歌会出现如此巨大的分歧？有学者这样解释：川黔滇苗族多有战争和渡河的痛苦记忆，这应该是该区域苗族遇到外族的巨大压力，只好放弃美好的故土，进入生活艰难的贵州高山区；湘西方言区苗族一直处于与汉族竞争的状态，迁徙古歌也描述的是苗汉之争，苗族在竞争水边平坝的过程中失利，只好选择上游的溪峒地区；清水江流域的苗族迁徙的缘起在于人口过多，需要溯河西迁，寻找好生活，迁徙是该支系苗族主动进行的，迁徙古歌尽管有祖先迁徙时的艰辛，但整体内容是愉快的。①

虽然在吟诵场域、吟诵内容与吟诵功能上，三大方言区的苗族古歌略有不同，但三大方言区的苗族古歌都有一个共同点，即可视为苗族口述的迁徙史。从表3-1可见，迁徙古歌在三大方言区皆有吟诵。苗族迁徙古歌在东部方言区多于婚礼上吟诵，以《苗族创世纪史话·婚姻史话》为例，这部口述史一共出现了近200个地名，约有40个地名因为迁徙时代遥远，很难将其与现在的地名一一对应，此外的160个村寨截至当下仍然可按图索骥地寻找到。据笔者统计，多数地名集中于湖南省湘西土家族苗族自治州的花垣县、凤凰县和贵州松桃苗族自治县等以腊尔山为重要地标的苗族聚集地，其迁徙古歌可视为东部苗族的口述迁徙史。

苗族迁徙古歌可视为苗族口述的迁徙史更为实证的案例可参照《吕洞山地区苗族史诗》，其对苗族迁徙的记录较为精确（见表3-2）。

表3-2　《吕洞山地区苗族史诗》对苗族分支分系的统计

十二支系之苗姓	汉姓	迁徙史诗中出现的地名个数	现在依然能对应的地名个数	百分比（%）	具体到县市或乡镇的地名个数	百分比（%）
十二支系总迁徙	东部苗族	∣15	15	100	15	100
Ob ghuans 得欢	石、施	6	6	100	6	100
Ob nong 窝弄	吴	7	7	100	7	100
Jid xot 及晓	吴	24	15	63	16	67
Ghuans goud 窝管	石、施	16	10	63	8	50
Xib giad 西架	石	9	9	100	9	100
Ob khat 窝侃	杨	5	5	100	5	100
Ghuans nas 窝管支系（管拿）	石、施	14	9	64	9	64
Ob liub 窝溜	龙	20	12	60	13	65
Ob liod 窝僚	龙	8	7	88	7	88
Ob bangb 窝磅	廖	8	3	38	8	100
Ob khad 窝卡	麻、梁、石	25	23	92	24	96
总计		147	107	73	117	80

通过对比可知，《吕洞山地区苗族史诗》交代了苗族五宗六族十二支系的迁徙史与定居之地，精确率高达80%。正如《吕洞山地区苗族史诗》后记所言：（它）叙述了吕洞山苗族经过若干年繁衍再向湘西各地散居延伸的史实，追溯了吕洞山作为苗族"祖公山"、"祖婆山"的

历史根源；（它）第一次点明了湘西苗族的苗姓支系，填补了历史遗留资料的缺陷和若干古籍资料的不足，还原了历史的本来面目。①

西部方言迁徙古歌多在葬礼上作为指路歌与送魂辞，除《亚鲁王》可视为麻山苗族族谱的清晰记忆之外，西部方言区苗族迁徙古歌的迁徙地点久远且模糊。在中部方言区，迁徙古歌在《苗族古歌》与《苗族史诗》中呈现缥缈难寻的口述史特征，然而在《苗族贾理》中则详细而生动。《苗族贾理·迁徙篇》可以说是中部方言区苗族的一部迁徙史诗，讲述了12群人为了生存，从望钮湾达谷开始大迁徙，经过许许多多的地方，经历种种坎坷和事件，最后一部分来到方西，有的又继续往西北方向迁徙，在今丹寨县、雷山县、三都水族自治县等区域生活居住的史事。此外，《苗族贾理·村落篇》则交代了中部苗族170多个苗寨的村落情况，可视为中部苗族迁徙史的重要参考。

除了上述口述迁徙史之共性外，三大方言区苗族迁徙古歌的共性还表现为迁徙时段的久远与迁徙路程的漫长，最为值得一提的是，迁徙之始发地点皆为湖泽之地且迁徙之时经过一条河流。

首先，湖泽之地为迁徙的始发点在《苗族古歌·溯河西迁》中叙述明晰：从前五支奶，居住在东方；从前六支祖，居住在东方；就在海边边，天水紧相连。

在西部方言区，对于湖泽之地的记忆则这样叙述：

> Hmongb Bos loul drous de 博娄祖婆来开田，
> Drous duax dlex dlangx 开在滔滔黄水边，
> Drous dout lax dax 开得良田平展展；
> Hmongb Yeus loul drous qeut 尤娄祖公来辟地，
> Drous duax dlex ndred 辟在滚滚浑水岸，
> Drous dout deb ndrangl 辟得大地平坦坦。

在东部方言区除了提及迁徙始发之地为水乡泽国之外，还重点提到：古时的水乡鳄鱼太多，古时的家乡鳄鱼凶狠。从中可知，三大方言区的迁徙古歌歌词暗示着故园的湖泊广袤千里、物产丰富。

---

① 保靖县政协文史学习委员会编：《吕洞山地区苗族史诗》，湖南人民出版社 2016 年版，第 129 页。

其次，迁徙的必经路线为一条大河。中部方言区的迁徙古歌中说迁徙时经过了三条河：行行又走走，遇到三条江，滔滔向东流，水色不一样，一条白生生，一条黄央央，一条清幽幽。据学者分析，第一条为黄河，第二条为长江，第三条则为南方的河流。在西部方言区，有学者总结道：在那悠悠昊天的东方寰区，在那茫茫旷世的大地中间，有两条大河，一条叫浑水河，一条叫清水河。浑水河川黔滇苗语方言叫 dlex ndrod，意为浑浊的河，滇东北次方言叫 dlix vangx dlix ndlod，意为黄色的浑浊的河。清水河川黔滇方言叫 dlex nchab，意为清凉的河，滇东北次方言叫 ndus naf yik mol，意为清澈而两岸宽阔的河。① 在东部方言区，《dut sob 混沌乾坤》叙述德能与壬纪约定后，因为德能之故土被悉数占尽，只有无奈地选择迁徙，迁徙的始发点为一条河面有如洒落灰糠的河流，即 ub nqod xid 与 ub nqod seat。

> Jib ub laot mloul 从水中去寻游鱼，
> Jib bul laot denb 由陆地去找乡土。
> Ghox ub nqod xid laot mongl 从雾乔西的河流下去，
> Zhaos ub nqod seat laot mongl 从雾乔洒的江河下去。

上文言及的中部方言区之"黄央央"的河水，西部方言区之 dlex ndrod（浑浊的河）或 dlix vangx dlix ndlod（黄色的浑浊的河）与东部方言区之 ub nqod xid 或 ub nqod seat（意为尘土飞扬的这条浑浊的河），多数学者认为特指黄河，这是三大方言区迁徙古歌中相重叠的部分。

有学者总结指出：在中部方言区，鉴于苗族文化里以古歌记事而非文字记事的传统②，苗族古歌如田兵整理的版本，分开来各自成章，连在一起把几首或十几首内容连贯的古歌连起来唱，一唱就是几天几夜，这是通史式的古歌③；在西部方言区，由于战败而迁徙，由于迁徙而

---

① 苗青：《长长的路长长的歌》，载于苗青主编：《西部民间文学作品选（2）》，贵州民族出版社1998年版，第8页。

② 游建西：《从苗族古歌看苗族温和文化的底蕴——值得深入认识的一种农业文化遗产》，《贵州社会科学》2011年第4期。

③ 潘定智等：《宏伟的创世史诗　丰富的古代文化》，载于潘定智等编：《苗族古歌》，贵州人民出版社1997年版，第2页。

颠沛流离，或许正如西部方言区苗族古歌的搜集者所概括的那样：

> 这是一部历史，一部悠远而迷濛的历史。它或许也有虚构，更多的却是真实。悲壮的真实。它叙述着苗族的祖先如何一次一次地抗争，那结局又总是一次一次地失败、流亡，一次一次地向生疏的远方迁徙……苗家歌手本来也只是把它们作为历史来传唱的。①

在东部方言区，1950 年以前，椎牛活动严禁汉人入场。苗族有"铜不沾铁，苗不沾客"的族规，苗族迁徙的路线是不宜为汉人得知的。②

可见，较之于文字记载的铁板钉钉，苗族古歌则以口述史言之凿凿地记录了苗族的历史。

上文以神话、历史切分苗族古歌，显然是沿用传统的学科分类范式，设若参照文学人类学界定的"神话历史"，则苗族古歌糅合二者。正如叶舒宪所言：

> 古歌有一个仪式语境，所以我们不能把它当（虚构的）文学看，它本身是宗教礼仪的一部分，当然没法考证哪天开天辟地，哪天蚩尤和谁发生战争，但信仰是真实的，它被一代又一代地接受就是活生生的神话。因为所有的原住民在有毕摩、萨满的时候，都生活在信仰之中，没有一个无神论者，所有一切历史的讲述必然是神话历史。③

三、民族

由于无字，苗族古歌成为民族口述的历史，对于民族文化的凝聚与传承有着举足轻重的意义，有学者提出：

---

① 杨光汉：《序言》，载于陆兴凤等编译：《西部苗族古歌》，云南民族出版社 1992 年版，第 2 页。
② 张子伟、张子元：《湘西苗族椎牛祭》，湖南师范大学出版社 2012 年版，第 26 页。
③ 根据叶舒宪 2011 年 12 月 11 日对笔者开题报告的指导的录音整理。

　　活在世代人民口头上的史诗，在民族认同中起着一定的作用。苗族早期历经部落战争和迁徙，处于分散割裂的聚居状况，不断受到历代统治阶级的压迫，因而苗族必然特别需要强化民族认同感，苗族古歌对此起到了相当的积极作用。人们通过苗族古歌，怀念、追认民族的共同祖先，追述民族的渊源、历史和往昔的社会生活，以此强化民族的内聚力。[1]

由于口头诗学代际传承的特点，苗族古歌属于活态口传史诗，它虽然经历时光的磨砺，但并没有被历史束之高阁。直到当下，它仍与苗族民众的生活息息相关。苗族古歌的吟诵大多是在重大的集会和酒宴上，说理判案和丧葬仪式中。

　　《苗族古歌》从古流传至今，源远流长，这有其特殊的历史原因。自苗族先民三苗、驩兜、南蛮、武陵蛮，到宋时的苗，都一直把它视为自己的"百科全书"而广为传诵，家喻户晓。"文革"十年浩劫中，它的手抄本和方块苗文记载本被焚烧殆尽，但苗族人民还是悄悄地用民间口传的形式，将其保存下来了。在苗族青年举行隆重的婚礼时，都要请讲古的老师傅朗读《苗族古歌》中的《开天立地篇》和前朝篇中的《亲言姻语》；在举行最大的祭祀仪式"椎牛"的前一天晚上，外甥要请"后辈亲"（舅方亲属）登上火塘，朗读《开天立地篇》……总之，苗族的婚丧喜庆，处处离不开《苗族古歌》。正因为如此，《苗族古歌》得以流传千古，历世不衰。[2]

苗族古歌与民族习俗息息相关，正如徐新建分析的那样：

　　苗族诗歌系统自古而今的一个首要功能就是作为一个完整的符号和行为系统，不断突出和强化其共同体成员的民族自我意识，从而激

---

[1]　李子和：《我国〈苗族古歌〉与芬兰民族史诗〈卡勒瓦拉〉的比较研究》，《贵州文史丛刊》1989年第3期。

[2]　龙炳文、龙秀祥等整理译注：《古老话》，岳麓书社1990年版，前言第1页。

起无形而强大的民族内聚力，使全体成员尽量不至于在世代流变和漫长迁徙过程中丧失心理上的统一性。[1]

第三节　苗族古歌之俗

文学人类学自产生起，就一直坚持着对文本逻各斯中心的反思，其重要的方法论——三重证据法强调对文化人类学的资料与方法的运用。在本论著中，三重证据法的具体运用就是对民俗仪式的跟踪。

苗族古歌作为活态口头诗学，仅歌词一维的研究忽略了对苗族古歌赖以生存的民俗语境的深描。

> 史诗是民俗生活中的一个重要组成部分，史诗演唱是重要的"民俗活动"。史诗文本的解读，不能脱离它所赖以生存的那个传统；史诗的意义，是由文本和语境共同创造的，因而脱离语境的、脱离田野作业的史诗研究，不能说是全面的研究。[2]

可见，苗族古歌的传承并非歌词一维，而是作为民俗活动的一个环节寄生于民俗活动中，具有活态传承特性，故而在对苗族古歌之歌、辞解读之后，笔者将以田野调查梳理苗族古歌之俗，在此以贵州省松桃苗族自治县大兴镇东风村"还傩愿"为调查个案。

观察时间：2011 年 12 月 29 日—2012 年 1 月 5 日

调查地点：贵州松桃苗族自治县大兴镇东风村

调查背景：据田野信息人提供信息，2011 年 12 月 31 日—2012 年 1 月 2 日，家住东风村的吴××因为家中有人身体反复病痛，经医院多次治疗未愈，一年之前许愿后身体复原，因而经仙娘看定日子决定还傩愿。笔

---

[1]　徐新建：《试论苗族诗歌系统》，《贵州民族学院学报》1987 年第 3 期。

[2]　朝戈金：《口传史诗诗学——冉皮勒〈江格尔〉程式句法研究》，广西人民出版社 2000 年版，第 7 页。

者在《民国时期湘西苗族调查实录》、《古老话》以及《中国苗族古歌》等苗族古歌文本中了解到，在还傩愿活动中要吟诵《洪水滔天》、《兄妹成婚》等古歌，遂决定实地调查整个还傩愿的过程，借以反思苗族古歌所寄生之民俗。

之所以选择还傩愿为田野调查个案，主要出于以下两方面思考。

首先，还傩愿是目前东部巴兑主持的唯一大型宗教仪式。苗族学者石宗仁曾提到还愿、椎牛、吃猪、跳香、接龙为苗族五大祭祀活动。① 相对于严格意义上的椎牛在中华人民共和国成立后从未举行、接龙零星举办，吃猪和跳香受众少，还傩愿是目前东部方言区较为频繁举行的大型宗教活动。据笔者与操办本次法事的掌坛巴兑龙玉瑞交流，他认为虽然还傩愿有严格的时间规定，即重阳后到封坛日约 3 个月，但每年由他操办的法事仍有 20 场左右。

其次，还傩愿属于巴兑札唯一可能吟诵苗族古歌的法事。前文已梳理巴兑之命名、分类及功能，其中提到巴兑雄和巴兑札之间的源流关系，即巴兑雄产生于苗族的原初宗教，巴兑札是苗汉杂居后文化交融的结果。巴兑札除了其唱词全部用汉语之外，与苗族椎牛、椎猪、接龙等苗族法事明显排汉以及具有诸多禁忌不同，它具有较强的宽容性，同时也在弱化苗族文化的影响，兼有道教文化和佛教文化的渗透。据调查，巴兑札主持的诸多法事（如祭四官神、退五鬼、谢土等）都没有吟诵苗族古歌，在此意义上，还傩愿成为巴兑札唯一可能吟诵苗族古歌的法事。

下文将从田野点概况、还傩愿程序、古歌探源、结语四个部分加以论述。

一、田野点概况

松桃苗族自治县成立于 1956 年，是国务院批准成立的最早的苗族自治县之一。位于武陵山脉主峰梵净山东麓，地处黔、湘、渝两省一市接合部，与湖南的花垣、凤凰相连接，同重庆的酉阳、秀山接壤，素有"黔东门户"之称。全县辖 28 个乡镇 503 个村，人口共 65.3 万，其中苗、侗等 14 个少数民族人口占总人口的 47.5%。

大兴镇位于松桃苗族自治县东南部，湘、黔、渝交界处，东邻中国历

---

① 石宗仁搜集整理译注：《中国苗族古歌》，天津古籍出版社 1991 年版，第 122 页。

史文化名城凤凰，南接铜仁市，西与牛郎镇接壤，北和盘信镇、正大乡毗邻，是铜仁凤凰机场所在地。大兴镇是贵州省"双百"小城镇建设示范镇和21个综合改革示点镇之一，素有"黔东第一门户"之称。辖大兴、星光、白岩、河界营、岩拉、高岩、银岩、中茶、婆硐9个行政村及1个居委会，88个村民组，66个自然寨。全镇总户数4027户，总人口18637人，其中非农业人口867人，占总人口的4.7%，少数民族人口占总人口的90%。[①]

东风村位于大兴镇附近，距松桃苗族自治县县城52公里，处于湘、黔交界处，距镇政府不到1公里，是典型的城乡接合处。全村共有52户302人，苗族人口占95%以上，以吴姓为主，兼有龙、王等姓氏。由于离城镇较近且交通方便，东风村汉化程度较高。[②]

承包到户时人均拥有水田1.5亩、旱地1亩，并以户为单位分得一定的山林。近年来由于地理优势，铜仁凤凰机场、大兴工业园等相继落户于此，不仅给村里年轻人提供了大量的就业机会，而且由于工业用地、政府征地，加上一部分外地人来东风村购买地基修建住房，东风村的经济在全镇属于中上水平。据保守计算，全村仅有10余人曾断断续续外出大城市打工，大多村民已经不再是传统意义上面朝黄土背朝天的农民，除了中老年人耕种能够一家人食用的粮食之外，多数年轻人主要经济来源靠做生意、打短工，因而土地抛荒现象较为严重。

由于交通方便，距离城镇及市区近且长期与汉文化接触，东风村的苗族文化保存十分脆弱。据村民回忆，民国时期就没有人家举行椎牛活动，中华人民共和国成立后没有村民接龙，椎猪也是几十年难遇一次。巴兑雄的宗教影响已经十分微弱，仅仅在丧葬仪式上为老人招魂或定下葬方位，有点火把之习俗但已经没有论火把[③]的习惯。笔者访谈得知，5年前村里有人举办过还傩愿活动。

---

① 参见 http://baike.sogou.com/v6436371。

② 东风村苗族民众日常生活大多汉化，衣（服饰方面，除少部分老年妇女以外，多数苗民即使节庆也是着汉装）、食（饮食上几乎与城镇无异，没有稻田养鱼的习惯，从而没有特意食用糯米和田鱼的习惯）、住（建筑方面，全村都为西式砖房，最后的一家吊脚楼于2008年拆掉）、行（交通工具方面，全村有轿车4部、摩托车21部，与传统苗民以行走为主截然不同）渐染汉俗。从语言来说，苗语依然是最为重要的口头交际用语。

③ 传统苗族丧葬仪式上，有舅方理老与主方理老就开天辟地、死者的死因等展开古老话的辩论，即论火把；埋葬当天，舅舅在前点燃火把，即点火把。

举办此次还傩愿活动之当事人，60 岁，松桃苗族自治县大兴镇国土所退休干部，经济较为宽裕。膝下两男一女，皆已成年。之所以举办此次活动，是因为其第二个儿子反复无缘无故生病，经仙娘看定，认为是其祖宗许愿未还[①]，从而需置办一趟还傩愿仪式，以便了结所许之愿。

传统人类学是通过他者反观自身。而作为苗族，笔者选择自己的第二故乡作为田野点，似乎容易陷入主位文化的自说自话之中。鉴于"靠得太近，导致了模糊"的悖论，笔者一定会忽视和遗漏很多重要的信息和细节，然而优势也较为明显。

首先，语言优势。东风村日常生活中仍用苗语交流，此次还傩愿活动虽然由苗族巴兑札主持，整堂还傩愿用汉语唱诵，但活动之外的所有交流皆用苗语。笔者认为仪式和仪式之外的整体调查才构成其整体。研究这样的少数民族古典诗歌，如果没有扎实的语言基础和对整个文化系统的了解，结果就正如凌纯声所言：不过以我们有限的苗语知识，把这些苗人歌谣译成汉文，实难望其能完全代表它们观似浅薄、实很广博的内容和价值。[②] 因而能否用苗语理解整个民俗文化语境十分关键，笔者的母语为苗语，加上熟悉苗文，首先在语言上优势比较明显。

其次，较好的人际关系。笔者家人于 11 年前从同镇较为偏远的茶园村迁移到此处定居，人际关系融洽。经笔者母亲询问，得到许可调查的承诺，当事人对笔者的田野调查全力支持："尽管问，尽管拍，尽管录，尽管摄。知无不言，言无不尽。"

最后，文化上熟悉的陌生。作为生在改革初期、长在开放时代的苗族人，笔者对于自己的民族文化既熟悉又陌生。笔者所成长的茶园村为单姓村，属于东部苗族比较典型的以血缘为纽带的村落。改土归流之前属于生苗区，后归属松桃苗族自治县，一直到 1996 年才通电，2005 年才通公路，长期与外界的封闭使得笔者的成长地民族文化保存较好，无形中深受民族文化的熏陶。但笔者自 1987 年上学开始，大多数时间在外面学习，仅有假期在那里度过，加上长期接受汉文化教育，所以与民族文化存有隔膜。这样游离的身份似乎可以形成一个较好的视觉，即对自己社会中司空

---

① 在苗乡，许愿必须还愿，然出于诸多原因一直未还者，父辈许愿可由子辈还。这样的还愿既有抵还旧愿之意，也有完成新愿之说，即所谓一傩冲百鬼、一愿了千神。

② 凌纯声、芮逸夫：《湘西苗族调查报告》，民族出版社 2003 年版，第 277 页。

见惯的生活方式形成暂时的陌生感。①

以下是笔者对于整堂还傩愿活动的现场实录。

二、还傩愿程序

在传统意义上，整个还傩愿过程有的长达三天三夜，仪式环节可多达34场，但在具体操作上，诸多环节可适当缩短。笔者经历的此次还傩愿历时近 34 个小时，即从 2011 年 12 月 31 日 21 时起到 2012 年 1 月 2 日 7 时（见表 3-3）。据本次掌坛大师龙玉瑞解释，由于离封坛日没剩几天，完成这场法事之后，他们当天下午就得去赶另一场法事，整个过程在时间安排上十分紧凑。他严格按照程序完成了还傩愿的 27 个环节，并在唱傩歌部分吟诵了《傩神歌》。

表 3-3 松桃苗族自治县大兴镇东风村还傩愿流程

时间	流程	内容	情景描述	备注
2011 年 12 月 31 日 21：00—22：10	安土地	主持巴兑念诵咒语并交代主人家住址、人口情况	主人家燃放鞭炮，两位巴兑身穿红色法衣，其余巴兑协助摆放神坛并安放傩公傩母像	此段仪式结束后，凡在场者都必须食用主人家分给的食品和酒水
2012 年 1 月 1 日 5：12	安司命	请祖师降傩堂		
7：00	铺坛发文	给神设位	布置神坛,给傩公傩母装上面部头像	烧香敬酒，交代酬傩还愿原因
9：42	接界作桥	避开邪魔闯入架桥请神降临		这两个过程有铺坛设桥连接天地之意
11：48	会兵	列举各种镇魔法宝	主持巴兑轻声念"藏身经"	就各样道具——陈说：白水牛角、绺巾、祖师棍、司刀、令牌等
13：22	接驾	开光点像、迎圣接驾	巴兑念诵并迎请众神	迎神仪式结束
15：00	劝酒	向神灵献酒食	反复劝酒	共 17 次
16：50	下马	请神灵享供品		巫师休息吃晚饭

---

① 王铭铭：《人类学是什么》，北京大学出版社 2003 年版，第 51 页。

续表

时 间	流程	内容	情景描述	备注
18:00	唱傩歌	唱《洪水滔天》和《兄妹成婚》古歌	由一名巴兑歌唱,众巴兑偶尔唱和	除少量古歌外,还有大量调侃性的歌谣演唱
18:50	讨筊	占卜吉凶	逐一对家人、五谷乃至六畜一一卜问	打卦
20:10	扮先生等	先后扮演开山、先生、算匠、八郎、师娘等角色。带有明显的娱神娱人成分	20:30—21:20 扮开山 21:26 扮先生:巴兑唱和,相互问答(化妆滑稽、偶尔佯装摔倒,引得众人大笑不止,有大量荤段子①) 22:12 扮算匠 22:19 扮八郎:头戴八郎面具,手执桥圙和刺刀 23:43 扮师娘:由一位身材娇小的男性男扮女装,几乎是浓妆艳抹:穿女性服饰,头包青帕,做女性忸怩样,引得观众尤其是孩子大笑不已。10分钟之后打棒棒鞭,师娘逐渐转为男性阳刚之气,肩背绺巾,手拿刺刀四处舞动	由参与的8位巴兑轮流戴不同的面具扮演不同角色;除师娘靠化妆外,另有一人分别戴相应面具扮开山、扮算匠、扮八郎、扮铁匠、扮和尚、扮土地、扮判官 现场声音杂乱,无法听见巴兑唱词,显然有点喧宾夺主,陆续有观众离去,仅有5位留下,两分钟后全部离去,仅剩巴兑、男主人与帮忙人员
2012年1月2日 1:16	上熟	抬整猪上供	1:22—1:40 巴兑手执刺刀,猪背上插尖刀一把并挂上猪膘,将竹卦放在猪背上,并在猪背上放香纸与糍粑	1:35 巴兑按猪身上各部位依次述说咒语 1:46 从猪头处切掉猪头烧愿
4:50	扮土地	土地为苗乡农事之基础,故而较为尊重	与扮开山等不同,较为严肃	巴兑龙七兵认为"土地不到愿不了,土地来了了愿情"
5:20	扮判官	为主家作证	佩戴判官面具,勾销祭物祭品	判官面貌狰狞,显然有神判之意
6:30	送神	酬谢并送神	巴兑将傩公傩母置主人身上,主人弓腰背出门外	牛角齐鸣,巴兑在神辞吟诵中逐一拆除傩坛

注:笔者亲身经历的还傩愿有两次。除了这次调研,还有一次。8岁左右,曾在家乡茶园村远房爷爷家经历一次,当时年纪尚幼。但母亲说还傩愿不欢迎未婚女青年参加,因为次日晚上,巴兑从扮先生开始模拟男女猥琐之态,并堂而皇之说荤话,契合民间戏称:没有酸汤吃不饱,没有女人睡不好。此外,其歌词较为显露,试举一例:男人打架拐对拐,女人打架奶对奶;先生想去拉一把,摔得头上一脸奶。母亲评价其 cud ghuat jul(太荤),民间则认为 jex cud jex dant ghunb(非丑话敬奉不了神)。

三、古歌探源

一般而言，巴兑所从事之法事必然有一环节交代法事之根源，但巴兑札由于融入过多的道教和佛教文化，故而仅在还傩愿法事中演唱少许苗族古歌。

早在民国时期，凌纯声等就在《湘西苗族调查实录》中对还傩愿有过详细记录，在《唱傩歌》中提及：歌词亦很广泛，除叙述傩神威德及祈福、祛祸、消灾、除难之词外，有《傩神起源歌》及《傩公傩母歌》，叙述傩神起源的故事。① 其后，石启贵在其《湘西苗族调查实录》中录有《傩神起源歌》。《民国时期湘西苗族调查实录·还傩愿·唱傩歌》记载：《傩神起源歌》系石启贵先生遗作，它用民歌的体裁，如实地记载了有关苗族傩神起源的神话传说。经学者创作后，这首傩歌影响深远。

中华人民共和国成立后，陆续有苗族古歌集收录了关于洪水泛滥、兄妹成婚的古歌。中部方言区有《苗族古歌》② 之《洪水滔天》与《兄妹结婚》两首，《苗族史诗》③ 之《洪水滔天》，《苗族古歌》④ 之《YANGB NANGL ZEIT JES 洪水滔天》与《VANGB ED DOD TIT BENS 兄妹结婚》，《苗族贾理》⑤ 之《兄妹结婚 qid naix xit bul》，《苗族理辞》⑥ 之《洪水滔天 Yangb Nangx Ghab Lail》和《央娶妹为妻 Vangx Eb Dod Tit Bens》；西部方言区则有《西部苗族古歌》⑦ 之《洪水滔天歌》，《苗族神话史诗选》⑧ 之《洪水淹世界 Dlex Denb Ndax Deb》、《伏羲兄妹 Fux Xib Muas Nol》及《洪水朝天 Dlex Dlangx Njet Ndox》，《西部苗族古歌（川黔滇方言）》⑨ 之《兄妹成亲》，《祭魂曲》之《姐弟成婚》，等等。东部方言区则有《湘西

① 凌纯声、芮逸夫：《湘西民族调查报告》，民族出版社 2003 年版，第 134 页。
② 田兵编选：《苗族古歌》，贵州人民出版社 1979 年版。
③ 马学良、今旦译注：《苗族史诗》，中国民间文艺出版社 1983 年版。
④ 燕宝整理译注：《苗族古歌》，贵州民族出版社 1993 年版。
⑤ 王凤刚搜集整理译注：《苗族贾理》，贵州人民出版社 2009 年版。
⑥ 吴德坤、吴德杰搜集整理译注：《苗族理辞》，贵州民族出版社 2002 年版。
⑦ 陆兴凤等编译：《西部苗族古歌》，云南民族出版社 1992 年版。
⑧ 杨兴斋、杨华献搜集整理：《苗族神话史诗选》，贵州民族出版社 2001 年版。
⑨ 杨照飞编译：《西部苗族古歌（川黔滇方言）》，云南美术出版社 2010 年版。

苗族古老歌话》① 之《宇宙洪荒 Jid dangs doub nex》,《古老话》② 之《巴龙奶龙》,《中国苗族古歌》之《傩公傩母》,《苗族创世纪史话》之下篇《婚姻史话 Chud qub》,等等。

四、结语

还傩愿,苗语谓之 qaod nux（撬奴）。家庭如遇久病未愈、求子不顺、与人纷争等,经仙娘看定,许愿一段时间就要举行这种酬傩祭典。还傩愿属于东部方言区苗族较大的民俗活动之一。在凤凰县落潮井乡勾良苗寨设有湘西巫傩文化展览馆,对于还傩愿有较为翔实的介绍。

关于还傩愿之习俗,清乾隆早期的学者胡端在《禁端公论》中说:"吾尝观其歌舞,跳跃盘旋,苗步也;曼声优亚,苗音也;所称神号,苗祖也。是盖苗教耳,而人竟神之,何哉?或以谓此巫教,巫教虽古,圣人亦不禁;且楚巫之盛,自周秦来非一代矣,何伤乎?"

从上述论述可知,还傩愿为苗族原生宗教活动。民国时,苗族学者石启贵的调查实录与沈从文的文学书写可相互印证。沈从文笔下的还愿是这样表述的:

> 锣鼓喧阗苗子老庚酹傩神,代帕阿妹花衣衣裙正年轻,
> 舞若凌风一对奶子微微翘,唱罢苗歌背人独自微微笑。
> 傩公傩母座前唢呐呜呜哭,在座苗人举箸一吃两肥猪,
> 师傅白头红衣绿帽刺公牛,大缸小缸舀来舀去包谷酒。③

石启贵笔下的还傩愿具有纪实色彩:

> 还傩愿,苗谓"撬弄"（qaod nux）……在湘西边县,占最强大之势力,不仅苗人情奉已深,而文明汉族亦已深信崇奉也。惟无庙宇为祭祀所,人们祭时,往往是就家庭中,设神坛;安神像奉之。秋冬

---

① 张子伟编:《湘西苗族古老歌话》,湖南师范大学出版社 2012 年版。
② 龙炳文、龙秀祥等整理译注:《古老话》,岳麓书社 1990 年版。
③ 沈从文:《筸人谣曲》,载于《沈从文全集》第 15 卷,北岳文艺出版社 2012 年版,第 13 页。

祭之独盛，春或有之，夏时极少。小村落，至少年还二三堂，大村落，至少年还七八堂，或十余堂亦不等。社会上，几乎造成还傩愿之一种风俗。[1]

石启贵表述具有民族志特色，如他对还傩愿的历史背景、发展源流、当前影响乃至仪式流程都有详细的描述；而沈从文的表述则明显地流于表面，带有浮光掠影的猎奇色彩，将苗族传统神圣的还傩愿更多地表述成一场有美女参与的酒肉狂欢节。[2] 但在苗族东部方言区，还傩愿是除椎牛之外最大的宗教活动。就一般情况而言，举办还傩愿的主人家敞客收礼，故而参与人数较多，少则两三百人，多则上千人。

还傩愿由巴兑札主持，做法事时所用语言大多为汉语。笔者曾在绪论部分提及本论著所言的苗族古歌用苗语流传，之所以将还傩愿作为苗族古歌之民俗加以探讨，在于笔者了解到还傩愿民俗与苗族古歌唱诵内容互为印证之处较多。

首先，还傩愿祭祀对象为傩公傩母。还傩愿活动把傩公傩母具象化，并安放到神坛上（如图3-1）。

祭祀神像的具体称谓有主位与客位的差异。陆次云《峒溪纤志》载："苗人腊祭，曰'报草'。祭用巫，设伏羲女娲。则此乃相沿苗风也。"在苗族民众中，所祭祀对象有两种称谓，即 ned nuox bad ghunb（音译：奶傩巴棍）或 ned nux bad nux（意译：傩公傩母），相同点是祭祀神像皆为图3-1所示之红脸傩公、白脸傩母。奶傩巴棍两位祖先神的起源古歌正是东部方言区苗族古歌三大主题之一，即 ghot sob ghot bens（果索果本）古歌。古歌唱道：大洪水之后世人全被淹死，兄妹被迫成婚。据此可以理解傩母和傩公被敬奉的原因。

果索果本两老庚吵架后，果索放满天水，世上人除了一对兄妹都淹死了。后来兄妹成家才养出世间人来。你看巴弩到现在都是红脸的，就是因为娶了妹妹害羞啊，所以供在那里也是不管事的，只有奶弩管全盘。你看我们说起的时候都是奶弩巴弩（ned nux bad nux），

---

[1]　石启贵编著：《湘西苗族实地调查报告》，湖南人民出版社1986年版，第428页。

[2]　龙仙艳：《沈从文与石启贵：苗族传统的多重表述》，《文艺争鸣》2012年第3期。

图 3-1　巴兑吟诵还傩愿古歌及祭祀之红脸傩公、白脸傩母

从来没有说巴弩奶弩的。①

其次，还傩愿活动中反复唱诵古歌，即古歌与民俗的融合。上文已言及巴兑所从事巫事一般分为备祀—请神—酬神—送神四个阶段。在整个仪式过程中，苗族古歌在请神与酬神之间 chat ghot（讲古）时出现。从还傩愿整个祭祀过程来看，苗族古歌在请神环节中穿插吟诵，择录部分吟诵内容如下：

> 万丈高楼平地起，水有源头树有根。
> 当初涨了齐天水，淹坏凡间世上人。
> 兄妹二人来成配，生养凡间世上人。
> 君王乃是万民主，天下人民是子孙。
> 家家感恩把愿叩，不忘华山二真神。
> 等到重阳神下降，宰杀猪羊敬奉神。

最后，还傩愿民俗可以看成苗族文化向汉文化调适的案例。从祭祀对

---

① 笔者根据对本堂掌坛巴兑龙玉瑞的田野访谈的录音整理。

象来看，还傩愿本为苗族原始宗教活动，但受外来文化的影响，仪式活动由巴兑札来主持，上文已言及巴兑札即苗族文化向外来文化的一种调适，故而经常出现用汉语做仪式、用苗语唱古歌的民俗情况。①

通过对还傩愿民俗的跟踪，笔者的观点是：如果民俗在变动，那么古歌也会发生变化。还傩愿民俗中具象化的木雕、仪式中的古歌演唱都可以看成用仪式演绎古歌，故而还傩愿成为解读苗族古歌之俗的较佳个案。

---

① 就整个东部方言区而言，苗族民众对苗族语言的使用情况有三种，即完全使用苗语、一部分使用苗语和已经失去苗语。笔者所调查的东风村属于苗汉聚居地，属于一部分使用苗语的地区，从本次还傩愿民俗（用汉语做仪式，苗语古歌的唱诵既用汉语也用苗语）可以看出，还傩愿的核心依然是苗族文化。

第四章　唱者与听者：苗族 古歌的呈现和接受

　　上文言及，苗族古歌指在苗族聚居地用苗语流传的关于开天辟地、万物起源、民族族源与迁徙等题材的歌谣。截至当下，苗族古歌依然成为维系苗疆族源记忆、族群意识和族属认同的重要依据，并以此深远影响着椎牛、鼓藏节等宗教活动和婚丧嫁娶等生命仪式的有序进行。与精英书写的文学文本不同，苗族古歌长期以来一直以口头诗学的唱本形式流传于苗族社区，较之于百年以来苗族古歌被"文本化"（被搜集、整理、翻译和研究）的短时阅读而言，苗族古歌几千年以来直至当下仍然以唱本的本文形式在苗族民众间依靠口耳相传。

　　苗族古歌是唱者之唱与听者之听的双向交流：从发送者的角度而言，苗族古歌在苗族社会流传的基础在于"唱"，只有通过唱者之唱，苗族古歌才能得以传播；从接受者的角度而言，苗族古歌的传播方式在于"听"，旋律、歌词乃至语境都因为听者的聆听和感受才得以完整。可见，不同于书写文本之读者与作者的隔膜与疏离，苗族古歌的唱者与听者的双向交流具有情境性和现场性。正如学者所言：因为不靠文字阅读而用口耳传递，《亚鲁王》的存在和呈现就具有了集体参与和现场互动的交往特征。那样的场景异常热闹，对族群凝聚和集体认同所起的作用，实不亚于清冷的文本。①

　　可见，区别于精英书面文学的作者和读者，苗族古歌的接受主体为古歌之唱者和听者。苗族古歌的唱者包含巴兄、东郎、宝目、理老及歌师，并非简单的传承人一说所能涵盖；从接受者（听者）角度而言，相对于书面文学单一的人类文字阅读，苗族古歌接受者多元。除了苗族民

---

① 徐新建：《生死两界送魂歌——〈亚鲁王〉研究的几个问题》，《民族文学研究》2014 年第 1 期。

众作为听者之外，世间生物、鬼神与亡灵都构成苗族古歌的听者，下文将分而论之。

第一节　苗族古歌之唱者

相对于书写文本的明确作者，苗族古歌由于年代久远，很难考证其原初作者。较之于苗族古歌作者之模糊性与集体性，具体到某一场古歌吟诵，则苗族古歌之唱者具有明晰性和专属性。苗族古歌与苗族民众生活息息相关，多在重要仪式中演唱。在苗族社区中，古歌的唱诵并没有从苗族社会中作为一种职业而单独脱离出来，古歌之唱者与苗族其他民众一样参与生产劳动，只是在特定的场域才吟诵古歌。

苗族古歌先后五次进入国家级非物质文化遗产名录，在各地区非物质文化遗产的积极申报中，古歌传承者被概称为传承人，并分为国家级、省级和州级，重要性已得到不断的关注。

> 传承人是非物质文化遗产的重要传承者和传递者，他们以超人的才智、灵性，贮存着、掌握着、承载着非物质文化遗产相关类别的文化传统和精湛的技艺，他们既是非物质文化遗产活的宝库，又是非物质文化遗产代代相传的"接力赛"中处在当代起跑点上的"执棒者"和代表人物。传承人可能是遗产传承中承上启下的继承者，也可能是社会传承中承上启下的继承者。①

事实上，由于长期的迁徙与战争等历史缘故，苗族三大方言的古歌吟唱者在不同的方言区甚至在同一方言区的不同次方言里，称呼和分类上亦各具特色。

据笔者的田野调查，东部方言区把吟诵古老话之人称为 jiangd dut（音译：话师，意译：理老），这是针对 jiangd sead（歌师）而言，符合东部方言区 dut（辞）和 sead（歌）分属于两种不同的文学体裁的情况。在

---

① 刘锡诚：《传承与传承人论》，《河南教育学院学报》2006 年第 5 期。

中部方言区，第一次对古歌传承者作出深入研究的首推杨正伟。他在《苗族古歌的传承研究》中以传承为关键词，将传承者分为寨老、理老和巫师三类。

由于居住分散，西部方言区苗族古歌唱者的分类与称呼分歧较大。其中，川南的古歌师根据演唱场合分为 houd qud（在丧葬中或祭天神中的主祭）、houd zongk（婚礼上的主礼）两类。[①] 在西部方言区的麻山次方言区，以《亚鲁王》[②] 的唱诵为例，可分为东郎（dongb langb）和宝目（bof hmul）两类：东郎即在葬礼上唱诵史诗《亚鲁王》之人，东郎的唱诵既包括创世纪，也包括对亚鲁王的后代子孙身世的交代；宝目唱诵的是《亚鲁王》的创世纪部分，这个部分在生活礼仪中运用得较多。

关于东郎与宝目之关系，较为具体的解释可参照学者余未人的阐释：

> 葬礼上有东郎在，便由东郎主持，宝目只能做些杂事；如果东郎不在，才由宝目主持。葬礼各个环节的转换，要由东郎指挥、大声下令，颇为威严……在麻山苗人的日常生活中，东郎的地位相当于寨老。夫妻吵架、寨邻矛盾，也由东郎主持解决。麻山苗人们出于对亚鲁的信仰，对东郎十分尊崇；宝目与东郎相比，层次稍低。他们所从事的，是麻山苗人日常生活中有关的祈福禳灾的各种活动。因为这种活动比较频繁，主人家请宝目的时候也不那么隆重，没有仪式。[③]

虽然古歌之唱者在三大方言区有不同称谓，但抛开称谓的表面差异，就内容与形式而言，苗族古歌的唱者可以分为以下三类：第一类以唱为主要形式，强调苗族的神话历史叙事，其唱者为歌师；第二类以吟诵为主要形式，偏重伦理道德教育、法律裁判，其唱者为理老；第三类为可唱可诵，凸显宗教语境，其唱者为巫师。

---

① 笔者根据对《四川苗族古歌》搜集者之一陶小平的田野访谈的录音整理。

② 此处所言的《亚鲁王》既包括已经出版的文字版本，又包括尚在搜集整理的民间唱本，内容包含创世纪、亚鲁王身世以及亚鲁王子孙后裔的叙事。

③ 余未人：《苗族英雄史诗〈亚鲁王〉的民间信仰特色》，第五届少数民族非物质文化遗产保护与传承研讨会论文，贵阳，2012 年，第 135—136 页。

一、歌师

三大方言区的苗族古歌歌师的称谓各不相同，东部方言区称为 jangs sead（歌师），中部方言区称为 ghet xiangs hxak（古歌师），西部方言区麻山次方言称为东郎（dongb langb）。

东部方言区古歌以吟诵为主，仅有篇幅简短的创世古歌如《鸡源歌》（sead mleus ghead）等由歌师演唱。在已出版的古歌集中，仅有石寿贵整理的《湘西苗族巴代古歌》对 sead ghot（古歌）有所搜集。事实上，歌师仅仅演唱苗族古歌的一个极小分支。

罗丹阳田野调查得知，在黔东南施秉、台江和剑河等县演唱苗族古歌之人称为 ghet xiangs hxak（古歌师），民众对其界定有严格的标准：其一，从演述的水平上来说，古歌师需要记住大量篇幅的古歌内容，在演述的过程中不能出现差错；其二，从演述者的嗓音条件来说，古歌师的嗓音要洪亮，让受众有兴趣听下去；其三，从古歌师必须会教徒弟来说，他或她有传承苗族文化的职责；其四，除了以上三条外，古歌师还精通古歌之含义，并能诠释。[①]

在漫长的苗族历史中，苗族古歌通过歌师代际口耳相传，由于无字，诸多苗族古歌歌师的名字皆没有记载，直到西方传教士克拉克等搜集介绍，少量的古歌歌师逐渐被记录下来，下文选择三大方言区影响较大的四位代表作为个案加以简述。

西部方言区的苗族古歌歌师杨芝算得上杰出的代表。《大花苗口传文化杰出传承者——杨芝》[②] 对其介绍如下：

> 杨芝，苗族，生于 1875 年，卒于 1958 年，是近代时期西部最为优秀的古歌歌师。他被英籍牧师柏格理称为"苗族精英"。杨芝从小就是一个极为聪明伶俐的孩子，他爱听父亲唱古歌，而且只要是父亲唱过的他都能出奇地记得很牢。他父亲过世后，在受雇于他人、多方

[①] 罗丹阳：《苗族古歌传承的田野民族志——以黔东南双井村"瑟岗来"（Seib Gangx Neel）为个案》，博士学位论文，中央民族大学，2010 年，第 9 页。

[②] 耀华：《大花苗口传文化杰出传承者——杨芝》，参见 http://blog.sina.com.cn/s/blog_c145393c0101bzzz.html，2013 年 5 月 14 日，引用时有删减。

谋生的十五年间，他利用晚上空闲时间不间断地去拜访苗族老歌手，学唱保存在他们脑海中的古歌。就这样，杨芝一靠天资，二凭用功，终于把丰富的苗族古歌和苗族历史故事融进了自己的记忆中。苗族古歌不少，有迁徙歌、故事歌、攀亲歌、敬老歌、祭祀歌和盘歌等，内容非常丰富，而杨芝几乎没有不会的。于是他成了人们尊敬的歌手，不论是青少年们请他教歌授艺，还是村民们约他唱歌讲故事，他总是有求必应，一夜一夜地教人们唱歌，一宿一宿地讲述评说，成年累月反反复复地进行，终于使杨芝的苗族说唱艺术达到了炉火纯青的地步。

他还用流畅的汉语或彝语向听众中的其他民族朋友介绍他吟唱的诗歌和讲述的故事。柏格理牧师曾说，他听杨芝唱古歌、讲故事常常到了入迷的程度，他收集的苗族古诗歌大部分来自杨芝的亲口唱述。一位早年就读于东方语言专科学校的归国华侨——夏杨（甄经）先生在滇东北工作时，深受杨芝演唱的花苗口传文学的影响，他三十年孜孜不倦地将其译成最早的汉文版本《苗族古歌》。①

西部方言区麻山次方言的《亚鲁王》影响深远。据普查，西部方言区约有 3000 名东郎，在这些东郎中，陈兴华较有代表性。《亚鲁王·东郎简介》记载如下：

陈兴华，男，苗族，1945 年 12 月 15 日生。贵州省紫云苗族布依族自治县猴场镇打哈村打望组人。在陈兴华的少年时代，人们都向往东郎这一神圣的职业。受时代氛围的影响，陈兴华于十六岁时开始利用当扫盲班教员的空闲时间去拜师学习唱诵《亚鲁王》。超强的记忆力和唱诵的熟练，让年仅二十岁的陈兴华成为小有名气的东郎。民间的传统是一人只能拜一师，而陈兴华一人拜了三位名师：母舅爷韦昌秀、伯岳父伍老桥、堂伯父陈老幺。与陈兴华一起拜师学艺的还有其他亲人，最后出师的只有陈兴华一人。

陈兴华二十岁出师后在原猴场镇各个苗寨主持葬礼仪式，唱诵《亚鲁王》。他综合了三位师傅唱诵的史诗内容，形成史诗超长的篇

---

① 夏杨整理：《苗族古歌》，德宏民族出版社 1986 年版，第 92 页。

幅、丰富的细节。

他每次在葬礼上唱诵都会赢得聆听者的赞赏。

1966年，"文革"爆发，破除封建迷信，打倒牛鬼蛇神，东郎们都被抓进学习班劳动学习。陈兴华因为当过扫盲班教员而被网开一面，侥幸未被抓进学习班。陈兴华没有因此而放弃东郎的事业。"文革"期间，麻山苗人的葬礼都是在深夜偷偷地举行。当别人都睡熟了，陈兴华就会低声唱诵，艰难地履行着东郎的职责。1969年之后，他参加了猴场镇粮站的征粮工作，白天上班，下班后就会匆匆赶往丧葬人家唱诵，没有间断主持葬礼的义务。

"文革"后，陈兴华意识到史诗的濒危，之后若干年，他在工作之余，用汉字记录苗族语音的方法四处走访年老的东郎，认真做笔记，不断丰富自己的唱诵内容。陈兴华收了不少徒弟，但最终出师的只有三人。[1]

在东部方言区，苗族歌师的生平和事迹同样为人津津乐道，下文以龙玉六为例。

龙玉六（1907—1986），男，苗族，花垣县猫儿乡新寨村人，祖传第九代苗老司，满肚子民间文学。20世纪60年代初，省、州民间文学调查组将他作为重点对象，进行了半个多月的采撷，录了十几盒磁带。他所讲述的苗族《古老话》，经龙炳文翻译整理成34万字的书稿，由岳麓书社出版，1997年获湘西土家族苗族自治州民间文学奖；石宗仁翻译整理出版的长篇《中国苗族古歌》，其粗胚也是龙玉六所演唱的长歌。[2]

在中部方言区，张定祥算得上优秀的苗族古歌歌师代表，下文择用余未人女士对他的介绍。

一个用古歌来口传心授自己文化的民族，是了不起的民族。因为

① 中国民间文艺家协会编：《亚鲁王》，中华书局2011年版，第18—19页，引用时有删减。
② 田仁利编：《湘西当代民族文化传人录》，中央民族大学出版社2009年版，第63页。

对于有文字的民族来说，就算有几代人的间隔，自己民族古代的文化还能在典籍中存留；而对于历史上没有文字的苗族，只要稍稍懈怠，就会导致文化的断代，乃至于消失无踪。据不完全调查，台江苗族古歌有 4 组 13 首 15000 余行，涉及苗族祖先对宇宙万物的认知和日常生活艺术的全景。

2002 年我在施洞芳寨的民间歌师中寻访，发现芳寨的歌师们特别推崇岑孝村的一位老人张定祥，说他是远近苗人中最有名的大歌师。那是一个藏在深山老林里的小苗寨。寨上不通公路，植被特别茂密。走在林中小路上，参天大树遮天蔽日，黑茸茸的森林中浓雾弥漫。山外的太阳已经当空，这里还是一种晨曦微露的感觉，能见到尾羽长长的野鸡扑扑惊飞。寨上只有 33 户，张定祥是寨上最年长者。

78 岁的张定祥家的歌是有根的。他祖父就是当地有名的歌师，祖父把歌传给了父亲，父亲教给母亲，母亲又把歌传给他。家传是一条主脉。除此之外，他还到别的村寨，跟过几位古歌大师学歌。长年的积累，使得他涉猎了很多古歌，凡有自己不会唱的，他都要不弃不舍地跟着歌师学会，才依依离去。他会 30 多首古歌，有的仅仅一首歌，比如《月亮歌》，就要唱三天三夜。若是每首歌不重复地唱，他能唱一个多月。

回首往事，他歌唱才能得到的一次最好的展示是在 1957 年，到如今已经过去了整整半个世纪。那时，他得知施秉龙塘有个奶奶能唱三天三夜，就一心想与她对歌。正好自己家里办满月酒，他就特意邀请那位奶奶来做客。席上棋逢对手，双方摆下了擂台阵对唱。以酒伴歌，一唱就是三天三夜，谁也"唱不倒"谁。那是一场歌的盛宴，全寨的人都来观战，有近百人从头至尾助阵听歌。直至今日，那仍是他漫漫人生路上最辉煌的时刻。因为家居边远，山外没人进山来跟他学歌，这对于一位满腹古歌的歌师来说，确是人生憾事。他只有在寨子上和家里传歌。一位 59 岁的高徒跟他学歌三四十年了，学会了 20 多首古歌；高徒自己也带了三男一女 4 个小徒。张定祥的两个儿媳妇也是后继者，特别是大儿媳，学歌的成绩让他欣慰。

苗歌是张定祥一生的爱好和心血的结晶，他特别看重，总怕自己日后会把本民族精华的古歌带进坟墓去。他让到广东打工的儿子给自已买回录音机和录音带。每到夜深人静的时候，他就自唱自录。2002年，他把自己录下的带子拿给我看，已经录了几十盒歌带。

张定祥不仅是一位民间歌手，他对苗歌还有深入的思考；正是这种思考，奠定了他作为一名大歌师的地位。他认为，苗歌像一棵大树，有枝丫，还有叶和花。主枝是不变的，而枝丫、花和叶子，就看歌手的本领了。也只有这样，苗歌才不是一成不变的僵硬东西，苗歌才能不断地丰富和发展。他又说："一首歌就像一条路，你在路上走，一路的风景叫你白天看夜晚想，唱了还想唱。"①

由于没有文字记录，已经无法知道更多的民国之前的苗族古歌歌师，上述列举的这四位现当代苗族古歌歌师亦只是众多苗族古歌师之沧海一粟。新世纪以来，随着各地非物质文化遗产的普查，苗族古歌歌师的分布与情况逐渐明晰，他们构成了苗族古歌传承的中坚力量。

二、理老

理老在东部方言区称为"jangs dut"（理老）。由于东部方言区苗族古歌三大主题即 dut sob（雷神古辞）、dut niex（椎牛古辞）和 ghot sob ghot bens（音译：果所果本）皆以 dut（辞）为表现形式，故而东部方言区苗族古歌之唱者以"jangs dut"（理老）吟诵为主流。

理老在中部方言区称为"ghet lil lul"或"ghet jax"，王凤刚以流传于中部方言区丹寨县内的《苗族贾理》为例，提出《贾》的历代传承人主要是理老。

由于东部方言区与西部方言区苗族贾理的传承日渐式微，故而传承贾理的理老以中部方言区为主要力量，较有影响的理老可参阅王凤刚所著的《苗族贾师的故事》。下文以这本论著的一个个案，窥斑见豹地了解一位理老——《贾》歌双馨名师陈金才。

陈金才（1910—1988），男，苗族，贵州省丹寨县展良村村民。陈金才出生在一个十分贫困的农民家庭，六七岁了还光着屁股在外

---

① 余未人：《深山里的苗族大歌师》，《当代贵州》2008 年第 17 期。

面，八岁时父亲得急病去世，当年母亲也改嫁了，留下他与仅年长五岁的哥哥相依为命。为了生存，他十岁为人放牛、砍柴讨口饭吃，东家睡一晚，西家困一宿，异常艰难。

当时，丹寨及临县广大苗族地区，唱歌、诵《贾》的风气很盛，陈金才所居村寨的后山头，就是一处历史悠久的爬坡节歌场，有许多青年就是凭自己会唱歌到此谈情说爱而娶得媳妇。陈金才在此风气熏陶下，十三岁在山上放牛、打柴时就开始学唱歌了。他学歌的劲头很大，全寨百十户人家，凡是会唱歌的，不管是老是少，是男是女，他都去求教，白天碰到白天学，晚上碰到晚上学，哪里碰到在哪里学。有一次他上坡时碰到本寨一位五十多岁的老人抬一挑草回家，就缠着老人教歌，老人只好把草放下来教他。刚开始，下雨了，他就脱下衣服给老人家遮雨，直到把那首歌学会了，他才甘休，老人笑他真是个"歌迷"……

他学唱歌的痴迷劲引起了寨里七十三岁的老贾师兼歌师的器重，收他为徒。那年他十七岁。老贾师告诉他："《贾》是我们苗家最重要的古典，你光晓得歌还不够。只有掌握了《贾》，把贾理存在心头，你的根基才坚实雄厚，才能做到眼如针利，心似灯明。我教你，你要好好把它记下来，还要把它传下去。"

陈金才把老贾师的话默默记地在心里，每晚都跟着老人学《贾》至深夜，达三个月之久，基本把老人掌握的《创世篇》、《洪水篇》、《村落篇》、《婚姻篇》学完了，还学了《霞道奴》、酒歌。老人高兴地说："你不要满足，还要向别人学。"老贾师又介绍他去展良寨的蒙山继续学。

二十九岁时，陈金才被邀到十里外的排谈寨跟羊乌寨有名的贾师兼歌师余西成对唱《霞道奴》。这是一首篇幅逾万行的苗族问答体古歌，歌中很多内容或典故来自《苗族贾理》。他们从晚上一直唱到第二天上午艳阳高照，对方输了。输在造星秤来称银子的环节上，这只有熟悉《苗族贾理·创世篇》的人才能回答出其典故。像这样的对歌、赛歌，陈金才共唱了三十多场，可以说他的一生就是唱歌的一生。

1965年"四清运动"后他被打成"牛鬼蛇神"，叫他参加"学习班"，罚他二十元钱，不准他唱苗歌。他在心里说："不准我唱苗歌，除非把我的舌头割掉。"从公社回家后，他照样唱，不仅自己唱，还教别人唱。即使在"文化大革命"时期，他也还是唱。他会做木工，白天做工，晚上就唱歌、教歌，走到哪里就把歌留在哪里。"文化大革命"结束后，他的歌更是唱到县城，唱到临县，唱到州里，唱到北京。

他掌握的《贾》和苗歌，短的每首有二三十行或上百行，长的有上千行甚至上万行。1983年冬天，他给歌徒们唱了十五个日夜，用歌签①计数，仅传统歌就达60253句（行），使用的歌签仅存部分就有两斤六两重。其中一首《霞道奴》，就有1.28万行。可见其歌之多，真是名不虚传。

......

陈金才酷爱苗族民间歌谣与《苗族贾理》等民间文化。对守护、传承、弘扬本民族优秀传统文化高度自信和自觉的精神，感动了众多的人，也受到了相关部门和组织的重视和肯定。他先后被吸收为贵州民间文艺家协会会员，被推举为黔东南州政协第五届委员会委员。在上个世纪九十年代编辑出版的《丹寨县志》、《黔东南州志·人物志》中，都有专篇记述他的生平事迹。

1985年夏天我邀请陈金才老人来县城我家小住，请他给我系统介绍、唱述他所掌握的《贾》和苗族民歌，做抢救性保存。他体谅我行动不便，欣然答应。他对我说：我欢迎大家来跟我学，希望更多人把我掌握的歌、《贾》传承下去。你需要记多少天，我就跟你住多少天。你想记什么，我都告诉你，树老会翻根，瓜老会蒂落，我不像有的人那样保守，要把它带到棺材里去，而是要把它留给我们苗家后代。（后来我了解到确实如其所言，有的爱好者带了录音机上门来，要录他的资料去自学，有的请他去演唱或录音，他都爽快地满足来者的请求，而且就像来我家一样不收任何报酬，纯粹是无私奉献。）②

正是世代以来众多理老刻苦钻研的学习精神与胸怀宽广的分享理念，苗族贾理才得以代代相传。

---

① 用竹签象征理词的理片。
② 王凤刚：《苗族贾师的故事》，宁文创事业有限公司2012年版，第65—72页，引用时有删减。

三、巫师

巫师在中部方言区称为 xangs dliangb（鬼师），在东部方言区称为 bax deix（巴兑），在西部方言区麻山次方言中称为宝目（bof hmul）。

以东部方言区的苗族古歌为例，大型的宗教祭祀都需要交代祭祀来源即有 chat ghot（讲古）这一环节，需要吟诵巫辞起源的椎牛之椎牛古辞（dut ghot niex）、椎猪之椎猪古辞（dut ghot nbeat）、祀雷之祀雷古辞（dut ghot sob）、还傩愿之傩神起源歌（dut nux 或 sead nux）等古歌。除了上文提到的理老之外，吟诵更多地由巴兑来完成。

鉴于巴兑（bax deib）在绪论中已作为专有名词进行解释，此处简要地进行梳理。大多的巴兑或多或少都能吟诵古老话，但苗族古歌的吟诵以巴兑雄为主，在其主持的祭祀中，nongx niex（椎牛）、pot ghot（打棒棒猪）、tud ngas（招魂）、xoud sob（祀雷）等都要吟诵长篇苗族古歌，此外还在不同祭祀场合中有较为短小的古歌吟诵；在由巴兑札主持的祭祀中，则只有还傩愿这堂法事演唱《傩神起源歌》，东部方言区苗族古歌巫师的个案以石寿贵为代表。

> 石寿贵，男，苗族，1951 年 3 月 9 日出生。花垣县董马库乡大洞村农民，苗巫文化传承人。从小跟随父亲学习苗巫文化，刻苦用功，记忆力强，数十年下来，他对苗巫文化中的基本功样样精通，可谓身怀绝技，为第三十二代掌坛师……
>
> "我只读过高中，研究'巴代文化'完全出于一种责任。"石寿贵告诉记者，因父亲也是巴代传承人，留下了许多巴代文化的手稿和资料，如果不去研究整理，将面临失传。上世纪 80 年代，当他用苗族巴代文化"会意造字"的表现方法在州博物馆写字时，却发现没有人看得懂。他尴尬地意识到，没有系统的文字记载，苗族文化正面临失传的危险。
>
> 从那时起，他下定决心把苗族巴代文化进行系统整理。但他一个农民，谈何容易。
>
> 为实现自己的梦想，从 1986 年开始，石寿贵荒废农事，孤身一人走遍贵州、四川、湖北、湖南、重庆的 20 多个苗族县市，磨烂了

40 多双解放鞋，行程 10 多万公里，拜访了无数的巴代坛班，通过走访，收集了大量的巴代原始文化手迹、文物、图片，回到家里，一笔一字，一勾一画，整理资料。

为加快整理速度，1996 年开始，他购买了电脑和打印机，将所有的资料和信息全部输入电脑。20 多年来，他凑了 30 多万元投入巴代文化研究，已整编译注《巴代文化系列丛书》200 多本，图片 2000 多幅，收集巴代实物 160 多套，整理 200 多册手抄文献和 151 盘音像资料。目前已出版了《苗师通书》和《湘西苗族古老歌话》等 4 本著作。这些珍贵书稿是目前我州乃至全国范围内有关巴代文化科目最齐全，内容最翔实、广泛、细致，实物彩图最丰富、生动的原生态民间传统资料。对于全方位、多视角、深层次研究苗族历史文化有着极其重要的价值和深远的意义。①

与歌师吟诵之古歌较少宗教语境以及理老吟诵之贾理强调法律分析相比，巫师所吟诵的苗族古歌更多宗教气息，多出现在丧葬或祭祀活动过程中，且在吟诵过程中有诸多的仪式和禁忌。

巫师之所以成为苗族古歌的唱者之一，原因在于：为了凸显仪式的神圣性与权威性，需对仪式有一个原初的解释，所以每一堂祭祀的合理性需要从苗族古歌中找到诗学确认；苗族古歌的演唱必须有一定的场域和语境，并不是情境性或应景性的随意对歌，而长期以来苗族重鬼尚巫的传统使得大部分苗族古歌借助于祭祀活动被仪式化和凝固化，从而形成了巫师成为苗族古歌唱者的情况。

提到苗族古歌的唱者，不得不对其传承方式稍作介绍。与精英的文字书写不同，苗族古歌依靠口耳相传在传承人之间代际传承。更为独特的是，苗族古歌传承有阴传和阳传两类。

阴传即阴传阳或曰祖先传教。

按照过去苗族民间传统的说法，演唱古歌需要特定的场合，平时不准唱，一般人也学不会。歌师之间只承认相互影响，不承认师徒关

① 张耀成：《我向祖国献份礼——记湘西州苗族巴代文化传承人石寿贵》，《团结报》2009 年 8 月 25 日第 3 版，引用时有所删改。

系。会不会演唱古歌，关键看他是否有"缘分"，能否得到祖先的启示，谓之祖先传承，其实叫"祖灵传承"还确切一些。①

鉴于神授之说在科学至上者看来不可理喻，因而杨正伟先生将其解释为以下三个原因：对"梦"和"灵感"缺乏科学的解释；歌师为强化自己的威信而杜撰；这些歌师有超强的记忆力和"创作天才"。②

抛开科学一维的阐释，《亚鲁王》田野搜集者杨正江对神授说深信不疑，在东郎传承中确有田野实例。

> 神授大多情况为，他（东郎）生一场病，大多是精神类疾病。这种病生得奇怪，好得也奇怪，比如生病期间他可以爬上很小的竹竿，这个竹竿不会折断。他很轻松就上到房顶，瓦片也不会垮。我遇到的前两个师傅都属于这种情况。以我自己的个人田野经历，这种神授传承的比例占百分之一左右。③

笔者 2012 年 5 月在湖南凤凰县落潮井乡高云洞村采访巴兑雄 WFZ④ 时，他以亲身经历证实确有神授之说。

> 那时候闹清四旧，所以谁都不学这些，我父亲去世时我二十多岁，我从来没学过。一直到八十年代，家里渐渐不清净。我找仙娘看，仙娘说你祖辈是当官的，现在需要找人带他们寻找吃喝，所以你必须替坛⑤。你说好奇怪，我从来没学过，但不知怎么就慢慢有人请我。那些神辞和法事，我都没学过，更奇怪的是，比如明天我要去给人家椎猪，今晚上在梦中就有人教我，第二天醒过来，一切就懂了，就这样我就学会了。

---

① 罗义群：《苗族民间诗歌》，电子科技大学出版社 2008 年版，第 55 页。
② 杨正伟：《苗族古歌的传承研究》，《贵州民族研究》1990 年第 1 期。
③ 笔者对杨正江的田野访谈。
④ WFZ，男，苗族，巴兑，湖南省凤凰县落潮井乡高云洞村村民。
⑤ 替坛即继承父辈之巴兑身份。东部方言区巴兑大多是家族传承，且在苗族民间称巴兑雄为 ghueb（官），死后需有子孙继续担任巴兑，方能让祖宗接受供奉，故而大多巴兑雄家族中必须至少有一子继承其职业，否则祖宗会寻找后辈的麻烦，使其疾病缠身或诸事不顺。

他妻子对他成为巴兑过程的讲述更为生动：

　　家里不清净那阵子，他长期身体不舒服躺在家里，娃娃多，活路重，我一开始很生气，以为他是懒，故意借口身体难受不干活，你说我一个女人哪里能干完全家的活，所以经常和他吵架。他总是说也不知道是什么病就是累得很，经常跑卫生院（看病），连卫生院喂的看门狗见了他都摇尾巴。一开始我找他吵，后来我就开始发牢骚说："你们（祖宗）一天到晚找他，他娃娃这么多，活路那么重，他不干活我们一家人怎么活；我不相信这些迷信，有本事你们放过他来找我。"你猜后来怎么了？第二天我的嘴就发红发肿往左偏，我自己心里害怕了，赶快请他给祖宗烧纸，病来得怪也去得怪，当天下午也就好了。从那以后我就支持他干这个，慢慢地他就有一定名气，2002年勾良那次椎牛就请他来当掌坛法师。①

　　相对于阴传之零星和不成规模，阳传是苗族古歌传承的主流。阳传为活人之间的传承，按身份关系，可以分为家族传承和师徒传承。
　　家族传承的主要方式是父传子，子传孙，一代一代往下传。据笔者对杨正江的采访，他认为在麻山一带，一场葬礼的唱诵至少有五到六个环节，其中有两个环节必须是自己家族的东郎才知道，比如他会讲到诸如亡灵父母的相识、恋爱、结婚以及对亡灵的生养，还有亡灵自己一生的重大经历，这些发生在亡灵身上很私密的事只有家族里的东郎知道，故而家族传承是一个很重要的因素。②
　　相对于家族传承强调血缘关系，师徒传承强调师徒关系。师徒传承有零散传承与办班传承两种。
　　零散传承较为常见，以《苗族古歌》为例，花垣县苗族古歌传承分支众多。

　　龙炳文，80岁，花垣县龙潭镇人，教师，州级苗族古歌传承人；
　　田斌，75岁，花垣县猫儿乡人，教师；

---

① 笔者对 WFZ 妻子的田野采访。
② 笔者对杨正江的田野访谈。

龙天荣，60 岁，花垣县补抽乡人，艺人；

石昌林，80 岁，花垣县排碧乡人；

石金魁，82 岁，花垣县排碧乡人，苗族巴代传承人；

石金和，80 岁，花垣县龙潭镇人，苗族巴代传承人；

石成业，89 岁，花垣县麻粟场镇人，苗族巴代传承人；

石寿贵，56 岁，花垣县董马库乡人，苗族巴代传承人。①

办班学习则大多限于中部的理词，《苗族贾理》的调查者总结道：

鉴于学习人数众多，由众所推崇的贾师以开办培训班的形式，向学员们系统传授。贾师和学员一般双向选择确定，往往是学员们主动向所向往的贾师提出办班请求，他同意后就可择日开授。办班传授在新中国成立前很流行，新中国成立后曾被当作"传播封建迷信"而被禁止，改革开放以后才有人恢复举办。②

第二节　苗族古歌之听者

文学人类学的诸多理论皆在探索中，因而对于作家文论的借鉴必不可少。接受美学于 20 世纪 70 年代初在联邦德国开始发起，后来逐渐产生世界影响，其代表人物罗伯特·姚斯、沃尔夫冈·伊瑟尔等提出的期待视野、召唤结构及理想读者等都强调读者参与的重要性。

一部文学作品，并不是一个自身独立，它向一时代的每一读者均提供同样观点的客体。它不是一尊纪念碑，形而上学地展示其超时代的本质。它更多地像一部管弦乐谱，在其演奏中不断获得读者新的反

---

① 湘西土家族苗族自治州花垣县《苗族古歌》非物质文化遗产申报资料。
② 王凤刚搜集整理译注：《苗族贾理》，贵州人民出版社 2009 年版，前言第 14 页。

响，使本文从词的物质形态中解放出来，成为一种当代的存在。①

正如阅读使书写作品具有了意义，口头诗学因为有了听众才得以完整。

> 口承史诗的传承离不开听众。史诗的社会功能和美学价值是"潜在的功能"和"潜在的价值"，只有通过听众的接受，史诗的潜在功能才得以发挥，史诗的潜在价值才会发生效应。史诗的价值结构是史诗与听众的合成结构，在这一结构中，听众是价值的主体。听众接受，史诗才得以流传，听众拒绝接受，歌手演唱得再精彩，没有听众聆听，史诗就会失传，是听众使史诗获得了生命。②

较之于书写文本的单一读者，苗族古歌的接受者更为丰富和多元。强调听众/观众与表演者之间的双向协作是国际民俗学表演理论的重要推进，它提出在有效的、互动的交流行为完成的过程中，表演者和听众实际上是相互协作、共同参与的。本论著在吸收接受美学注重读者参与的同时侧重苗族古歌之听者的分类，以便通过古歌听者的分类更完整地梳理古歌演唱的主体、功能等系统性的本土性知识，从而完成苗族古歌文学人类学的初步探讨。

苗族古歌被文本化不过百年，而唱本的古歌存在至少千年以上。故而严格意义上的苗族古歌为"苗族"之古歌，显然是以苗族为主体但不仅仅限于苗民。换言之，如果仅仅将其主体限定为苗族民众一维显然低估了苗族古歌。上文之所以认为将古歌"封建迷信化"、"文学化"或"艺术化"漠视了苗族古歌的丰富内涵，在于从听者而言，苗族古歌之听者不仅包括有生命的苗族民众与生物，也包括无生命的鬼神与亡灵。

一、苗族民众

正如余未人在《尊重〈亚鲁王〉史诗的口头传统》中所言，我们共

---

① ［德］姚斯：《走向接受美学》，陈敬毅译，江苏教育出版社1990年版，第26页。
② 马学良等编：《中国少数民族文学比较研究》，中央民族大学出版社1997年版，第264页。

同做的，是《亚鲁王》由苗语口头唱诵到汉文文字的首次转化。至此，《亚鲁王》结束了上千年的纯口头唱诵，而有了一个文字的汉文本。①

追根溯源，苗族古歌被文字化最早可以追溯到 1896 年西方传教士克拉克的首次搜集，古歌大范围的文本形式传播当数 1979 年田兵编著的《苗族古歌》首次公开出版。苗族古歌以唱本形式流传则源远流长，以黔东南一带为例：《开天辟地》中关于创造宇宙的原始框架产生时代当在汉代以前；《枫木歌》原始框架的产生也可能早于汉初；反映吃鼓藏的苗族古歌的原始框架可能产生于汉晋之际。②

即便以目前看来较晚定型的《苗族贾理》为例，在累经数千年的传承后，大约定型在 300 年以前。

一是在《迁徙篇》中叙述的最后一个迁徙定居地，距今有 20 代约 600 年；二是在《村落篇》中叙述的村寨，据若干谱牒资料可确证建寨最晚有 11 代约 310 年；三是丹寨境内的一些在清朝雍正改土归流前存在而此后消失的村寨，《村落篇》有述及，改土归流后才出现的一些移民新村寨和屯堡，《村落篇》中却无述及。③

可见，较之于近年以来古歌被汉文文字"文本化"的短时阅读而言，苗族古歌几千年以来直至当下仍然以唱本的形式口头唱诵、音乐伴奏、融于民俗活态地流传于民间。

由苗族古歌中神话、历史与民族的古歌之词和创世、战争与迁徙的共时分布可知，苗族古歌在苗族地区用苗语流传并与苗族民众生活息息相关。在此意义上，苗族民众成为最为重要的听者之一。

二、世间生物

上文已论及，苗族古歌并非精英的文字书写，它以活态的唱本形式寄生于民俗活动之中。鉴于此，苗族古歌的第二类听者可概括为世间生物即

---

① 中国民间文艺家协会编：《亚鲁王》，中华书局 2011 年版，第 768 页。
② 吴一文、覃东平：《苗族古歌与苗族历史文化研究》，贵州民族出版社 2000 年版，第 7—15 页。
③ 王凤刚搜集整理译注：《苗族贾理》，贵州人民出版社 2009 年版，第 2 页。

相对于人类之外的生命体。苗族古歌之听者为世间生物这一特点在中部的《贾理》尤其是创世部分十分明显，在中部方言区的鼓藏节上也有体现，在东部方言区的宗教仪式中亦较为突出。

此处所言的生灵包括动物和植物，其中动物以牛、马、猪、鸡等苗族生活中与人类关系较为密切的牲畜为代表，植物则有米草、枫树、马桑树等。

《祭鼓词》[1] 是苗族古代和近代庞大祭祀活动的诵词，分"起鼓"、"砍鼓树"等章节，其中 geid sais nix（剥牛旋）的诵词有专门为牛吟诵的《审牛词》。

> Bad liongk yeb 牯牛哟
>
> Dlial niox hneib hniul geid deix hmangt ghot 那些远古的时节
>
> Mongx diagl yib hneib xiaangf niangb hmangt ghot 那些从前的故事
>
> Bieeb xit mongx lol kab hsieeb 远古你生出来哟
>
> Yib mongx lol kab dlot 祖公养你来犁田
>
> Niangb mongx niux wangb mongx hangd hkieb 祖公养你来耙地
>
> Niangb mongx niux lol mongx hangd hot 在你的身上你自己来表述
>
> Mnongx xit nkad lol at dax dol 在你的嘴上你自己来说
>
> Xit hkieb lol at hfut nongb 来哟，来，我们聚会
>
> Niangb niox hneib niul 相邀来做鼓藏节[2]

从重复使用的第二人称"你"可知，这段诵词显然是以牛为拟定听众。据徐新建的田野民族志介绍：寨老李春荣解释说，念词（椎牛古辞）的目的是告诉老人家我们生活好了、有吃有穿，我们要来献祭你们；然后又对牛讲，不是我们要杀你，是枫树喜欢你，是刷条想赶你，让牛别伤心，安心地去侍奉老人。[3]

无独有偶，东部苗族在祀雷时如需要用牛祭祀，则需念《喂水牛水》。

---

[1] 贵州省民族事务委员会、中国民间文艺研究会贵州分会编印：《民间文学资料》（第六十一集），1983 年。

[2] 刘峰：《鼓藏节：苗族祭祖大业》，知识产权出版社 2012 年版，第 50、63 页。

[3] 徐新建：《生死之间——月亮山牯脏节》，浙江人民出版社 1998 年版，第 68—69 页。

Ghob bad mongx soub mel lot 面如生铁熟铁的雄性：

Moux lis gheax mloux dongt sead 你要侧耳倾听（我唱的）诗，

Gheax beas dongt dut （你要）侧面细听（我诵的）辞。

Canb nex jid xeub moux nangd dex ninb 千人变动你的居所，

Jex nex nianl gangs moux ad houd joud noux jib doub 无人想给你一口人间的米酒；

Beat nex jid lieas moux nangd qeut jongt 百众更改你的住所，

Jex nex gangs mous ad houd joud neul jib las 无人想赏你一盅人类的佳酿。

此处所言及的"你"即用来祭祀的水牯牛，苗族古歌之唱者通过与听者牯牛的交流，阐释选定它作为牺牲的缘由。麻勇斌研究员对于这一事项的解释是，之所以要牛听往古的讼理之辞，是因为牛已经要被杀来祭神了，它怨恨取它性命的人，它会变成鬼后找害它的人的麻烦。故在它临死之前弄清原因，要让它明白，对于它的死，它只能责怪谁，只能找谁索命。①

此外，在西部方言区麻山次方言的葬礼上，为了将亡灵灵魂驮回亚鲁王所在的故土，需要砍死一匹战马。砍马有诸多的仪式与程序，最为重要的是必须念诵《砍马经》。

> 马啊马，莫听唢呐吹，莫听锣鼓声，听我唱古理，听我唱古歌。很早很早前，棉轰王不歹，造了百种邪，造了亚多王，是你的祖先，不想天上住，随雨到人间，来到亚鲁寨，鲁来嫩草养，多王受优待，享福不知福，吃鲁命中树，啃鲁命中竹……②

从《砍马经》中可知，之所以要砍死这匹战马，是因为它的祖先"吃鲁（亚鲁）命中树，啃鲁（亚鲁）命中竹"。正是因为结怨结仇，亚鲁王当时提出要砍死亚多王（战马）偿命，亚多王则认为消除仇恨

---

① 麻勇斌：《苗族巫事·祀雷》，远方出版社 2002 年版，第 273—275、477—478 页。

② 班由科搜集：《苗族开路歌》，载于紫云苗族布依族自治县民委、贵州省民族事务委员会古籍办编：《民族古歌资料》（一），1956 年，内部资料。

的办法并不是当时杀死它抵罪，以后有亡人要回祖先之地，需有战马骑着上岩石山，可以砍死它的子孙以让亡灵顺利回归，故而对马的唱诵词中还有交代，即"你莫怨砍者，应恨你祖先，祖先亚多王，已经许了愿"。

固然，对于唯物主义者而言，索命一说不屑一顾，更让科学主义无法解释的是接下来给将要被杀的水牛喂壮行酒，在念诵诵词之后，不少牛温顺地舔下这碗酒，甘愿被椎杀。2013 年 12 月 4 日，笔者参加的亚鲁王祭祀大典上，被选定的战马听了《砍马经》之后，虽然被砍得血淋淋，但不悲鸣嘶叫，也不忍痛乱跑，而是安安静静地转圈，任由砍马师将其砍死。

生灵不仅仅是动物，还有植物，如《qet mit niongb 草卜遴选鼓藏头》[①] 即是为米草而吟诵：

> Niongb eb 米草啊
>
> Mongx dios daib fangb dol 你原来生在大海边
>
> Mongx daib jid fanngb faib 你来自遥远的东方
>
> Mongx bub jul hsangb huib bat sangx 你阅历丰富见多识广
>
> Mongx xangf jul bat zangs bat dliangb 家神野鬼你知道端详
>
> Nongd jef seik mongx lol niangb dangx 这样才请你到屋里坐
>
> Nongd jef wil mongx lol guf jib 这样才接你来到我火塘

三、鬼神

除了有生命之人与世间生物，无生命之鬼神也是苗族古歌听众的重要部分，下面这段古歌即为雷神吟诵：

> Huad manx jox menl deb npad sob rongx sob ghunb, manx guant dab blab 让你们九位龙神雷神专管天上，
>
> Doub nex wangx jit boul guant dab doub 让德能王纪专管人间。

---

① 杨元龙搜集整理译注：《祭鼓辞》，贵州民族出版社 2011 年版，第 91—92 页。

Manx nib dab blab manx heut jid nkhed dab doub 你们在天空看住世上，你们在上天专看人间。①

此处的"你们"指的是雷神世家。唱者在叙述天地起源的创世神话之后，以大量的篇幅叙述雷神与黄帝战争的经过，因为这次战争以雷神胜利告终，故而重复叙事是为了取悦雷神。从这一层面而言，祀雷古辞的拟定听众为雷神。

再如流传于川黔滇方言区的《祭天神》，明确交代了其祭祀对象。

> Yeuf chik nenb gud zhit shob zhit shend
> 蚩爷兄弟竖起耳朵听
> Nos dout naf dlex ndul leul daof bil draod daof dous
> 听见大河的流水声
> Yeuf chik nenb gud zhangt muas nuaf
> 蚩爷兄弟抬头望
> Nuaf dout naf dlex ndul leuf daof dous draod daof bil
> 看见大河从上往下的流水②

因为其听众为被汉族用阴谋欺骗而战败的苗族祖先即蚩尤兄弟等众神，所以整堂仪式有禁止说汉语的禁忌。据苗族学者杨照飞的解释，如果仪式过程中说汉语则冒犯了祭祀对象，整堂仪式前功尽弃。以《亚鲁王》为例，《亚鲁王》的主干分为三大板块：创世纪、亚鲁王及亚鲁王的子孙后辈叙事，后两者的吟诵大多在葬礼上由东郎吟诵，其听者为亡灵（下文将论及），而创世纪部分则频繁地运用在日常生活的语境中，多由宝目吟诵，听者为各路鬼神，咏诵目的为祈福禳灾。

四、亡灵

其实早在民国时期，苗族学者杨汉先在大量的苗族开路古歌搜集过程

---

① 石如金搜集翻译：《苗族创世纪史诗》，民族出版社 2009 年版，第 50 页。
② 杨照飞编译：《西部苗族古歌（川黔滇方言）》，云南美术出版社 2010 年版，第 429—430 页。

中，就注意到开路古歌的听众并非人类而为亡灵：鬼师指死者路时，坝苗相信，如开路鬼师说话不周到，死者不能入阴间，则死者必回而问鬼师，故鬼师每于讲话完结另开始次段时，声色严肃，表示诚恳与死者讲，务使死者能入阴间，不致回阳世危害家人及自己。[①]

之所以将亡灵作为单独的听者加以论证，是因为亡灵既不同于有生命之人与生物，又不同于无生命之鬼神。亡灵（新亡）介于阴阳之间。在苗族意识中，死亡并非生命的终极，新亡处于阳灵和阴魂的阈限之中：对于活人而言，新亡显然已经落气、停止呼吸，故而属于死者；对于阴魂，由于还没有经过将其魂魄送回东方故园，故而亡灵还没有归入祖宗行列，其模糊性类似于阈限理论之"钟摆"阶段。[②]

正是因为将亡灵作为拟定听者，故而吟诵的称呼对象绝对不能出现生者的名字，不然会招致不幸。正是因为苗族丧葬古歌的听者明确为亡灵，故而不少学者在对苗族丧葬古歌的搜集和整理过程中，在形成文本后都用模糊的名称来代替，如在《湘西苗族招魂辞》中称为"阿德"，在中部苗族的《焚巾曲》中则泛指为"妈妈"，川黔滇方言区的《丧事录》则将称呼模糊为"石头大爷"。

> Nat zhes, sheud zhenl nel yeuf reb el 就这样，赶快起来吧，石头大爷
>
> Nat zhes, yeuf reb sheud zhenl nel 就如此，石头大爷赶快起来呢
>
> Nat zhes, sheud zhenl nel naf yeud reb el 就这般，赶快起来吧，石头大爷[③]

本章引入文学人类学，重点探讨苗族古歌之唱者和听者。由于苗族古歌听觉是第一位的，故而苗族古歌的听者不同于阅读者之单一的人类，从而吟诵就不仅仅是完成文学审美之维，更多的是万物之间的交流和沟通。

---

① 杨汉先：《黔西苗族调查报告》，载于杨万选：《贵州苗族考》，贵州大学出版社 2009 年版，第 71 页。

② Leach, *Polical System of Highland Burma*, Athlone，转引自彭兆荣：《文学与仪式：文学人类学的一个文化视野》，北京大学出版社 2004 年版，第 40 页。

③ 杨照飞编译：《西部苗族古歌（川黔滇方言）》，云南美术出版社 2010 年版，第 4 页。

各种树木、动物、昆虫和植物，都被以谨慎和无微不至的方式对待。如果要砍一棵树或杀一个动物，就必须解释自己的意图，并请求对方的宽恕。①

听众多元的深层原因还在于其身心未分离之完整性：

原始民族自持的信仰和文化，根本没有也不可能把困扰欧洲人的一系列思维性质的对立范畴引入他们的宇宙和人生。对他们来说，天地万物是个生命统一体。普遍的灵性在其中往来穿行，自由流淌。通过一定的方式，人们可以和它对话、交往，使之顺随人意。艺术时空即是灵性通达、人事化解的证明或预示。②

---

① ［英］费舍尔：《亲历宗教·西方卷》，秦英译，东方出版社 2006 年版，第 24 页。
② 叶舒宪等：《人类学关键词》，广西师范大学出版社 2006 年版，第 57 页。

第五章 功能与传承：苗族古歌的田野民族志

与书写文本的功能和传承研究形成较为可行的文学评论（文艺学）和历时文献梳理不同，对口头诗学的功能和传承研究需要引入文学人类学的基本方法，即参与观察后形成的田野民族志。

徐新建提出，就具体的文学人类学的研究对象而言，以侗歌为例，就是研究它的发生（包括"历史上"和"情景上"）、特性（包括呈现和类型）、发展（包括空间和世代的接受、传播）、功能（包括对个体的和对族群的）。① 故而在对苗族古歌的歌词与民俗、唱者和听者等特性作出基本梳理后，本章将以田野民族志的形式重点探讨苗族古歌的功能与传承。

第一节 苗族古歌功能研究民族志

苗族古歌功能研究方面的论文较多，较为深入和全面的观点有杜卓在硕士学位论文中所提到的：

> 在苗族人民的日常生活中，苗族古歌主要的社会功能包括：认知功能、教育功能、娱乐功能和维系功能。苗族古歌的社会功能实现了苗族人民对自然、社会、人与自我的认知，在古歌的演唱过程中，民族精神、民族历史和生活的智慧得到了传承，祭祀仪式中，苗族古歌

---

① 徐新建：《侗歌民俗学研究》，民族出版社2011年版，第221页。

不但起到娱神和娱人的功能，还使人们的情绪和心情得以宣泄和调剂，古歌歌词和演唱情境对表达民族认同、维持社会秩序、规范人们行为等有着不可替代的作用。[①]

基于对苗族古歌搜集和整理文本的功能研究是较为合理的解释，不足在于学者的概括里并没有文化持有者的声音。鉴于口头诗学的功能研究应该回归唱本，在实地田野中聆听当地民众对其功能的表述，笔者在凤凰县两林乡代稿村进行了田野调查。以下是笔者参与观察后的田野民族志。

调查时间：2012 年 2 月 28 日—3 月 5 日

调查地点：湖南省湘西土家族苗族自治州凤凰县两林乡代稿村

调查目的：苗族婚姻礼辞的吟诵功能

调查背景：据笔者对湘西土家族苗族自治州凤凰县民族局原局长 ZZG 的采访，就凤凰县乃至整个东部方言区而言，目前苗族古歌活态演唱仅存 dut qub dut lanl（婚姻礼辞）。田野信息人隆七金[②]告知笔者，2012 年 3 月 1 日到 2 日代稿村有苗族传统婚礼并一定会吟诵苗族婚姻礼辞，经事前沟通，户主同意笔者全程参与田野调查，笔者以此机会调查凤凰县苗族古歌的演唱功能。

一、田野点概况

笔者所在的田野点为湘西土家族苗族自治州凤凰县两林乡代稿村。

湘西土家族苗族自治州成立于 1957 年，位于湖南省西北部、云贵高原东侧的武陵山区，与湖北省、贵州省、重庆市接壤，是湖南的西北门户，素为湘、鄂、渝、黔咽喉之地。境内有汉、土家、苗、回、瑶、侗、白等 30 个民族，人口 283 万人，世居主体民族土家族占 41.5%、苗族占 33.1%。辖吉首市和泸溪、凤凰、花垣、保靖、古丈、永顺、龙山 7 个县，总面积 15461 平方千米。[③]

凤凰县系湖南省湘西土家族苗族自治州所辖八县市之一。东与泸溪县

---

① 杜卓：《苗族古歌的功能研究》，硕士学位论文，贵州民族学院，2010 年，摘要第 1 页。

② 隆七金，男，苗族，理老，凤凰县腊尔山镇叭苟村村民。

③ 参见 http：//baike. baidu. com/view/110750. htm。

交界，南与麻阳县相连，西同贵州省铜仁市、松桃苗族自治县相邻，北和吉首市、花垣县毗邻，距州府吉首市53公里，总面积1759平方公里。全县辖24个乡镇，355个村（居）委会。2010年底全县总人口41.69万人，其中苗族人口22.72万人，占全县总人口的54.5%。境内山江镇、千工坪乡、木里乡、麻冲乡、腊尔山镇、禾库镇、两林乡、米良乡、柳薄乡、三拱桥乡、火炉坪乡、两头羊乡（火炉坪乡和两头羊乡现合并到吉信镇）、都里乡、落潮井乡等乡镇为苗族聚居乡镇，阿拉镇、竿子坪、廖家桥镇、县城沱江镇、新场乡均有部分苗族聚居村。①

两林乡不属于腊尔山镇，却归属传统意义上的腊尔山台地。腊尔山台地在历史上是苗族最为集中的地带之一，清人严如熤在《苗防备览·险要考》中云："大腊尔山，城（凤凰）西70里，高10余里。山势甚大，跨楚黔两省。东之鸦有、夯尚，南之栗林、有泥，西之亢金、嗅脑，北之葫芦、篁子坳，具系此山脉，绵亘余单，其上苗寨甚多。故往史称湖、贵苗生苗者必腊尔山。"

笔者所调查的两林乡代稿村地理位置如图5-1所示。

图5-1　凤凰县两林乡代稿村地理位置

---

①　笔者对凤凰县民研所唐建福的田野访谈。

代稿村包括四个自然村，即 dex gheul、ub ndut raos、lieux bleat、zheit gheul yinx zhal，共有 334 多户 1300 人，除五个汉族媳妇外，其他人均为苗族，粮食基本上保持自足，主要经济作物是烤烟，80% 以上的年轻人在外打工，外来务工收入是主要的经济来源。

笔者调查的村寨属代稿村自然寨之一 ub ndut raos（直译为板栗园），以龙姓（deb zheul）、唐姓（deb biant）为主。就结婚对象而言，40 岁以上的苗族几乎没有与外族人（尤其是汉族）结婚的习惯，30 岁左右的青年随着在外求学、务工等外出机会逐渐扩大了婚姻圈，目前有三个外省汉族媳妇，并有两个姑娘外嫁。

之所以选择这样的田野点出于以下两点思考。

首先，这个田野点具有典型性。代稿村属于湘西。狭义的湘西从行政意义上指湘西土家族苗族自治州，而广义的湘西则指东部苗疆文化带。唐宋以前的"五溪蛮"、宋元以后的"千里生界"、明清之时的"生苗"、民国时期的"不相统属"以及乾嘉苗民起义和湘西革屯运动都可看出东部苗疆之间荣辱与共、休戚相关的凝聚感。就地理概念而言，湘西主要指湘西土家族苗族自治州，怀化市麻阳苗族自治县，黔东北的松桃苗族自治县，湖北省的恩施、宣恩等县市，以及重庆市的秀山、酉阳和彭水等县，现今犹存的南起于贵州铜仁交界的亭子关，北到湖南吉首的喜鹊营的"苗疆万里长城"即是较好的地标。就文化认同而言，他们自称 ghaob xongb（果雄），彼此之间生活习俗相近，并能用母语（东部苗语）相互交流，《溪蛮丛笑》等文献中记载："有踏歌、椎牛之俗；重视过四月八、端午节，划龙舟。"

其次，苗族古歌的演唱时空逐渐缩减。传统意义上，东部苗族日常生活中处处离不开古歌演唱。

> 东部苗疆在椎牛时讲述世界起源和迁徙苗族史诗，在敬雷神时讲述宇宙自然苗族史诗，在主持婚嫁仪式时讲述婚嫁姻亲苗族史诗，在主持吃血时讲述誓盟苗族史诗，在主持丧葬时讲述火把苗族史诗，在主持理论辩对时讲述理辞苗族史诗，在主持村规民约时讲述规款苗族史诗。[①]

① 笔者对石寿贵的田野访谈。

然而在当下现实生活中，大多依附在巴兑祭祀活动中的古歌演唱场合越来越少：椎牛、接龙和祀雷等大型宗教活动只是偶尔举办，大多是由政府策划，带有明显的旅游宣传目的，其中苗族古歌的吟诵或成为零星点缀或直接被取消。椎猪或还傩愿在东部方言区民间依然进行，但前者涉及古歌部分较少，后者以笔者在贵州省松桃苗族自治县大兴镇东风村参与的还傩愿个案为例，苗族古歌已具象化和仪式化（上文还傩愿之个案已梳理，不再赘述）。故而就严格意义而言，东部方言区活态的古歌吟诵仅存婚礼上吟诵的 dut qub dut lanl（婚姻礼辞）。

二、婚姻礼辞吟诵

文学人类学倡导研究一种文化必须基于田野民族志，笔者关于古歌吟诵功能的探讨仅限于婚姻礼辞，故而以婚姻礼辞的参与者（唱者与听者）为重点。

理老：男方理老 LJH[1]，其古歌从父辈继承下来，据说是当地很有影响的理老，现年 70 岁，家有三儿四女，仅有长子可以吟诵古歌。其长子是村支书，但和父辈口传心授不一样，他用文字记诵苗族古歌。LJH 坦言自己有 10 多位徒弟并有几位已经出师，但由于现在年轻人不像他那样热心学古歌，故而真正能像他身兼歌师与理老两职的人并不多。女方理老 LXZ[2] 多次在婚宴中为他人吟诵婚姻礼辞，据笔者对田野信息人隆七金的采访，在此次婚姻礼辞吟诵中，理老 LXZ 表现较为优秀。

受众：受众群体可以分为三种人。第一种人即当事人，包括新娘新郎及围坐在礼桌旁边聆听婚姻礼辞的至亲。他们按照与新人的辈分和亲疏关系以礼桌为中心辐射设座（女方有女方父母、姨妈和叔伯婶娘、兄弟姐妹及嫂子，男方有爷爷奶奶、父母、叔伯婶娘、兄弟及未出嫁的妹妹，大约 30 人）。第二种人即媒公媒婆，虽然这两位新人是自由恋爱，但媒公媒婆作为协调双方新人举办这场婚礼的中介是必不可少的。一是显得正式，正如在婚姻礼辞里提到的：天上无云不下雨，地上无媒不成亲。二是能在彩礼等问题上作为中间协调人。第三种人为流动性的听众。出于对婚姻礼

---

① LJH，苗族，理老、歌师，家住凤凰县两林乡代稿村。

② LXZ，苗族，理老，家住凤凰县腊尔山镇。

辞内容或是对双方新人送多少礼物的兴趣到场聆听，有 30 人左右。

摄影师：这是笔者未进入田野之前没有预料的。婚礼当天请来了摄影师。据与他们交谈，当下凤凰一带的婚礼，新人都乐意请摄影师将整个过程录像并制成光碟，每场婚礼大约给他们 1200 元的辛苦费。鉴于要取得较为唯美的拍摄效果，摄影师几乎如导演一般权威，在新娘进入村寨时，按照礼节，新郎方的理老开始吟诵 dut ntongd（礼辞），但为了效果逼真，这段时间的长短由摄影师来确定。在这段婚姻礼辞吟诵中间，为了争取多拍摄互送礼物的镜头，摄影师要求理老不用讲述太多婚姻礼辞。据笔者观察，理老没有表现出很明显的反感，对于摄影师随意打断其吟诵婚姻礼辞也表现得较为宽容。

在笔者参与的这次婚礼中，婚姻礼辞在整个婚姻过程中的吟诵有三次。

前两次在 3 月 1 日婚礼当天晚上的 21：42—21：48 男方理老开始吟诵 dut ntongd 和 22：52—1：18 双方理老交叉吟诵 dut ntongd。据了解，这两次讲述的 dut ntongd 属于 dut qub dut lanl（婚姻礼辞）里面的 dut lanl（待客礼辞），属于待客的客套话，在一般请客的场合都可以讲述。通常情况下，讲述时主客双方一较高低的辩论意味比较浓厚，但吟诵没有较为明确的主题，也没有太多的场景布置，从形式而言较为散漫，从内容而言较为宽泛，故而不是本章的论述重点。

第三次婚姻礼辞的吟诵在婚礼第二天即 3 月 2 日早上 ntad qub（解礼）与 zhaot qub（成礼）两个仪式中。按照理老的说法，苗语的 ntad qub 直译为"解开婚"，意译为"解释婚源"，主要讲述万物起源、民族迁徙、姓氏分布等，吟诵内容为 dut qub（古根礼辞）；zhaot qub（成礼）直译为"放某物于婚"，意译为"谢婚"，主要内容是结婚的男女双方通过理老用金钱或物品互相致谢，致谢对象依次为媒人、双方父母、兄弟等，吟诵内容为 dut lanl（待客礼辞）。

古根礼辞和待客礼辞之辩证关系需作进一步阐释。古根礼辞和待客礼辞分开时，待客礼辞属于陪同客人所说的话，即客套话，可以根据仪式内容和谈话内容而随意变动，但句子结构必须为对偶句；古根礼辞一般指解礼仪式上所讲的对偶文，内容固定，讲述者必须凭记忆讲述，不能随意更改，内容为天地起源、万物起源、工具创制、民族起源、姓氏起源、婚姻起源、民族迁徙、姓氏分布等。理论上本论著的苗族古歌仅限于古根礼辞部分，然而由于两者相互交融，以本次田野调查为例，即先说待客礼辞再到古根礼辞又到待客礼辞，加之民间概称其为婚姻礼辞，故而本论著婚姻礼辞涵盖两者。

　　田野信息人隆七金提醒笔者，前两次吟诵的待客礼辞是热身，真正体现水平和演唱功能的是婚礼第二天即 3 月 2 日早上解礼和成礼仪式中婚姻礼辞的吟诵。鉴于这次吟诵集中了新娘新郎双方亲人，双方各指定一位理老为代表吟诵，故而是本次田野观察的重点。以笔者参与观察的这次婚礼为例，就婚姻礼辞吟诵场面而言，自 8：30 开始，陆续有人摆设八仙桌一张，桌上摆酒碗一对、白米一升、猪头、炒好的鸡肉两碗、筷子两双，另有香纸若干，如图 5－2 所示。

图 5－2　ntad qub（解礼）、zhaot qub（成礼）场景布置

　　此次婚姻礼辞讲述从 9：20 开始，一直持续到 10：30。与晚上较为零散的讲述不同的是，早上的这段婚姻礼辞仅仅是双方各派一位理老为代表，他者不得帮腔和打断。在大约 40 分钟的解礼仪式后，双方即进入成礼仪式，相互赠予礼物。在此过程中也有少许待客礼辞，男方在理老的主持下不断地向女方至亲一一派送礼钱：先是媒人，后是父母辈和兄妹辈。

随后女方同样由理老给男方至亲逐一送棉被、鞋子、衣服等。最后，两位理老顺时针方向向听众发烟敬酒，仪式结束。

笔者将婚姻礼辞已经出版的文本、汉文译名、内容简介以及吟诵者汉译等相关信息概括如下（见表5-1）。

表5-1 东部方言区婚姻礼辞相关信息

著作	汉译	内容简介	jangs dut 汉译
湘西苗族婚俗[①]	古歌	天地初生、人类来源、开亲结义、民族迁徙（提及但没有收录古歌歌词）	歌手 歌师
苗族创世纪史话[②]	婚姻史话	兄妹成婚（人类起源）、创制婚姻、迁徙定居（吴姓、石姓、田姓、麻姓、杨姓、龙姓）	理师 法师
苗族创世纪[③]	婚姻史话	兄妹成婚、苗汉分居、创制婚姻、迁徙定居（吴姓、石姓、田姓、麻姓、杨姓、龙姓）	
苗族婚姻礼辞[④]	苗族婚姻礼辞	绪头、婚姻起始、部落迁徙、分支分系（吴姓、石姓、杨姓、田姓、隆姓、廖姓、麻姓、龙姓）、颂词	礼郎
湘西苗族古老歌话[⑤]	婚姻嫁娶	酒席互谢	
中国苗族古歌[⑥]	部族变迁	迁徙、十二宗	
古老话[⑦]	开天立地亲言姻语	濮斗娘柔（开天立地）、创制婚姻、迁徙定居（戴弄、濮沙、戴卢、戴辽、大芈惹偻、戴骧、戴轲、戴硕、戴恺、戴莱）	讲古的老师傅

资料来源：①田仁利编著：《湘西苗族婚俗》，岳麓书社1996年版。
②石如金、龙正学搜集、翻译：《苗族创世纪史话》，民族出版社2009年版。
③龙正学搜译：《苗族创世纪》，中国言实出版社2011年版。
④张应和、彭荣德整理：《苗族婚姻礼辞》，岳麓书社1987年版。
⑤张子伟编：《湘西苗族古老歌话》，湖南师范大学出版社2012年版。
⑥石宗仁翻译整理：《中国苗族古歌》，天津古籍出版社1991年版。
⑦龙炳文、龙秀祥等整理翻译：《古老话》，岳麓书社1990年版。

笔者的这次田野资料大多亦按照这些出版物的内容逐渐推进，即摆放礼桌—开天立地—婚姻起始（媒人来历）—东部分支分系。鉴于内容大同小异，笔者只选择目前没有出版的内容来举例，比如说到婚姻礼桌时这样吟诵：

Teat nend 今天
nongx nieax boub lis yous joud 椎牛需美酒佳肴
Chud qub boub lis yous ghot 婚姻照礼辞古俗

Ad doul jid bex nend 这张婚姻礼桌
Bleib leb deb gib nangb bleib leb hneb dand 四个金角如四轮日升
Bleib leb deb qand nangb bleib ngongx rongx nios 四条银边如四凤侧卧
Bleib goul deb zheat nangb bleib nongx rongx xeud 四只桌腿如四龙屹立
……

三、婚姻礼辞功能

苗族古歌的演唱，其作用与功能是怎样的？这个问题已经有很多学者探讨过。那么，苗族知识分子、苗族理老、苗族民众对此有着怎样的理解？

张应和提出：

（古歌的吟诵）很大程度上维系了亲属内部的团结，成为维系家族或民族内部团结的一根纽带。通过讲这些古老话，使大家不忘亲族乃至民族的根，加上这些古老话语言比较生动，通过明喻、暗喻和对仗以及苗族民间的典故来增加趣味，从而具有寓教于乐的效果。[①]

唐建福[②]提出，苗族婚姻礼辞的功能主要有两方面。一是团结功能。例证是每叙述完一个姓，均要这样吟诵：

Ad god nend deit nis poub niax nangd qub 这是祖辈姻亲
Ned mat nangd lanl 父辈婚配

---

① 笔者对张应和的田野访谈。
② 唐建福，苗族，湖南省凤凰县两林乡人，湖南省凤凰县民族局民研所工作人员。本章所述婚姻礼辞的民族志撰写得到他的大量资料资助与订正，在此表示感谢。

Jox reux wangx jit boub nis jox reux nangd qub 千代姻亲皆由此

Gul reux wangx jit boub nis gul reux nangd lanl 万代婚配溯古根

二是文化历史传承功能。具体例证是每个姓的习惯与分支（小姓）都有所描述，吟诵的内容契合东部方言区的苗族情况，甚至可以从苗族婚姻礼辞中按图索骥地找到各个姓氏的分布，在描述每一个姓的起初时都这样叙述：

Jib ub njout mloul 沿河寻找渔猎之地

Jib bul njout denb 沿山寻找耕种之所

Pud dand boub nangd dab leb deb ×× （说到我们这个姓××）

接下来即交代这个姓氏的迁徙过程、定居之地、民俗与婚配圈等。

苗族学者麻勇斌[1]提出，婚姻礼辞的吟诵更多地是对婚姻方向的确认，以及对婚姻圈的肯定和重复。通过婚姻礼辞的吟诵，对苗族的分布作出更详细的讲述，故而唱者与听者皆在潜移默化的古歌吟诵过程中了解到东部苗族的分布概况。比如东部方言区之婚姻礼辞在创世叙述和婚姻来源之后，即是对东部苗族之五宗六亲的交代：

Ad hneb fend mianx dax nongs nbat 昔日分鼓雨雪下

Ad deat fend nhol dax nongs neb 往日分社冰雪飘

Lies ngheub nius manl nangd blab mat 要吟旧日之五宗

Lis nzhut blab bad blab mat nex 要诵昔日之六亲

Blad senb doul jongt renx blab ntongd 五姓分散坐五溪

Blad bad doul jongt blab npand renx 五宗散居住武陵

……

苗族理老 LJH 用古老话（古歌）这样解释吟诵婚姻礼辞的功能：

---

① 笔者对麻勇斌的田野访谈。麻勇斌，苗族，贵州松桃人，贵州省社科院研究员，著有《苗族巫辞》、《苗族巫事》等。本论著所涉东部方言区巫辞部分得其指导，在此表示感谢。

Hud joud zot hlongb 饮酒能斟，

Nongx nieax zot ghueas 吃肉得嚼。

Hud joud lieas senb lieas njod 饮酒为改姓改宗，

Nongx hliet lieas bax lieas mil 食肉为改父改母。

Jex jangt nis deb npad zheul 不嫁你是龙家女，

Jangt lol janx ad niax ghueas 嫁了你是石家婆。

Joud heub del hud 忌酒能喝，

Nieax heub del nongx 忌肉能吃。

Hud jul joud heub lies geud fax fub fax guib 饮酒后发富发贵，

Nongx jul nieax nieal lies geud fax zit fax send 吃肉后发子发孙。

他随后这样解释：

在还没有唱这个古歌之前，即使酒肉端上桌子来，你还没有改姓是不能吃的，否则按老辈人的说法，你吃了会遭到虎狼的袭击甚至吞食。只有通过摆这张礼桌、说完 dut qub dut lanl（婚姻礼辞），你才可以成为家里的一分子，来享受这个忌酒忌肉，所以其最重要的目的是为新娘改姓——不嫁是龙家女，嫁了是石家婆。

同在两林村的理老 WSQ 这样补充：

Dut qub dut lanl（婚姻礼辞）最主要的目的是为新娘改姓。假如你不唱这个亲言亲语，那么她即使嫁过来一百年，终究还是客人身份。女性在娘家始终是外姓人，一旦嫁为人妇，那么娘家的祖宗就不再庇护她。假若不通过吟诵 dut qub dut lanl（婚姻礼辞）为新娘改姓，那么夫家的祖宗不保佑她，她随时可能生病或出现其他不好的情况。在歌词里面有这样一句：不嫁你是龙家女（泛指），嫁了你是石家婆（泛指）。唱了这个亲言亲语，给这个嫁过来的媳妇改姓以后，她便和娘家的祖先断了联系，不再受娘家祖先庇护，而由夫家的祖宗来保佑她，不仅是生前保佑她平平安安，而且百年之后她才能被夫家的列祖列宗认可，列入祖先的牌位，接受子孙的香火。你要是专门讲这些是为新娘改姓，那些干部（外地人）是不认同的，认为这是迷信。但我们说 dut qub dut lanl（婚姻礼辞），再多都是花架子（华而不实），只有这几句是一定要说的：

Jex jangd nis longx giad nis 不许是龙家女

Jangd jul nis shix giad pox 许了是石家婆

Goud neul geud mongl dangb nex shab kheat 身前要她待人接物

Goud zheit geud bul xangb poub xangb niangx 身后要她承继香火

固然还有其他理老提及唱诵婚姻礼辞是为了让亲戚双方尽快认识，从而达到新人双方亲朋好友相互沟通，但据笔者调查，参与这次婚礼的九位理老大多认同 dut qub dut lanl（婚姻礼辞）吟诵的实质性功能是为新娘改姓。笔者于 2017 年元月再次到凤凰县拍摄婚姻礼辞，多位理老提及婚姻礼辞的吟诵功能主要是为新娘改姓。

访谈对象：LYS①

访谈时间：2017 年 1 月 25 日

问：为什么要唱婚礼理辞？

答：按照我们少数民族的习惯，这是一种娱乐。

问：除了娱乐是否还有其他原因呢？

答：除了娱乐，还有尊重客方的原因。结婚、满月酒甚至起房子（建新房），我们苗族拿这个当最大的待客的礼。

问：待客礼词是尊重对方和娱乐，但为什么要 ntad qub（讲述古根礼词）？

答：这个原因说起来话长，说的是以前我们苗族婚姻第一步是订婚（zhanx qub），那个时候这个女的还不是你婆娘（妻子）。也就是说敬奉鬼神的时候，就比如这次婚礼的这个妹子（新娘）姓龙，如果没有经过今天早上解礼（ntad qub）这个环节，在她父亲（娘家）那边，忌肉你不能吃，夯果你不能碰，意思是户口还没有迁到这里来（还没有改成夫家户口）。

问：精神（灵魂）户口？

答：是的，这是以前阴阳的说法。只有进过解礼（ntad qub）这

---

① LYS，苗族，理老，1945 年生，湖南省凤凰县沱江镇南华村九组村民。

个环节，才可以吃娘家的忌肉，吃了也没有罪，因为她的户口已经迁到夫家来了。你看刚才我们喝酒调户口，就是这个意思，所以解礼（ntad qub）不敢开玩笑。为什么要烧纸烧香？你要告诉（男方的）家神，这是我们给你们领来的新的家庭成员，户口已经迁到你这里了，所以烧纸烧香告知男方的列祖列宗这是家庭的一分子，所以解礼（ntad qub）是不能开玩笑的。

通过后期的文献梳理，笔者在文本中找到同样的表述：不嫁是我家的女啊，嫁了便是你家的人①；不放是某家女，放了是某家婆②。

关于吟诵婚姻礼辞的功能，笔者采访了几位村民，他们有不同的说法：有苗族民众认为是给母亲 janx ned（奶水）钱，表示对女方父母养育的感谢；也有人认为是在婚嫁过程中教育新人，使得其婚后生活美满幸福。以歌举例如下。

其一：

Zhot qub dud bloud meb ghob xot 成礼主家摆竹席
Zit yangd boub lies beat jid tab 钱物必须依次放
Max eib jid chat dand max nend 自古礼节需跟随

Panx deb soud giead jid gub kut 养儿育女真辛苦
Nongx hliet ghob ted lies heut zhab 幼时吃饭需喂养
Liox deb rut yangs tob job gind 成人对镜贴黄花

Liox lol lies bix mil nangd nius 需赔母亲养育苦
Teat deat sead lol gangs nghat mab 今早才给奶水钱
Renx qenx doub nis ad bob nend 人情正是由此出

Janx ned lies ghox bad god gil 奶水钱追溯古根

---

① 石宗仁翻译整理：《中国苗族古歌》，天津古籍出版社 1991 年版，第 297 页。
② 龙健等搜集：《松桃龙氏族谱》，未出版资料，第 226 页。

Jid chat max ead nangd lis senb 追溯古歌皆由此①

其二：

Goud mex xub nex ghob jut yot 姑娘年龄尚幼小
Chud jib chot dot ad leb giad 怎能操管一个家
Khad nzod beut nghueb dand hmangt jos 贪睡日中不见起
Nanb fand lol hnant mex nangd nhenx 需您大度宽容她

Soud deb jex xangd nianl leb rut 妹妹年龄尚幼小
Xub hent jit sheab ud jid yangl 懵懂诸事望体谅
Nghet ub jid xeab nex sheit tongt 挑水需轻放水桶
Bleat ub jid seit nex ghob gangd 倒水要轻靠水缸

Max nend mex heut sheub wud jid rut 教导有方全靠您
Sheab rut geud janx bad dud nangd 亲如己出如一家
Xib hneb ub band 他日
Deab qub deab lanl wud deab dot 招亲待客万般礼
Mex nbut doul nib mex nangd giad 美名远扬遍苗乡②

此外，还有民众提出，吟诵婚姻礼辞是为了表示对婚礼参与者的尊敬，因为所有参与婚礼的人或多或少都带礼钱来贺喜，大家都费心费力，说婚姻礼辞能让所有亲戚听，是出于对他们的尊重。

可见，学者与村民、主位和客位之间对婚姻礼辞吟诵功能的理解分歧较大。

四、结语

在参加此次婚礼之前，笔者曾参加贵州省松桃苗族自治县长兴镇等高

---

① 笔者对湖南省凤凰县两林乡理老隆七金的田野访谈。
② 笔者对贵州省松桃苗族自治县正大乡吴国汉的田野访谈。

村的一场苗族婚礼，田野信息人事前告诉笔者会有古歌吟诵，因而笔者从成都赶到现场并作为新娘陪送人全程参与了婚礼，遗憾的是新郎方无人会吟诵古歌。通过前期的阅读和田野，加上笔者此次全程参与婚姻礼辞的吟诵流程，了解到东部苗族古歌之婚姻礼辞的以下信息。

第一，在称呼上，两林一带（甚至整个东部方言区）把吟诵古老话之人分为 jangs dut（理老）和 bax deib（巴兑）两种。婚礼上的古歌多数由理老吟诵。

第二，苗族婚姻礼辞吟诵的功能已为学者所探讨，但大多忽视文化持有者的声音。从婚姻礼辞吟诵的整个过程来看，笔者认为苗族古歌的功能较为多元，具体到此次田野的婚姻礼辞而言，其吟诵内容分为 dut qub（古根礼辞）和 dut lanl（待客礼辞）。古根礼辞部分牵涉到 ghot sob ghot bens（果索果本）等创世古歌和 njout bul njout denb（历次迁徙）等迁徙古歌，其后的待客礼辞中夹杂了大量的礼俗古歌。

首先吟诵 ghot sob ghot bens（果索果本）等创世古歌，讲到开天辟地，讲到婚姻的来历，有理老提到婚姻的起始是给新娘改姓，使受众对于苗族的世界体系和婚姻来历形成一个基本了解，并凸显婚姻的神圣性与庄严性。

其次吟诵 njout bul njout denb（历次迁徙）等迁徙古歌，提到五宗六亲的分布，这是对东部方言区苗族八大姓氏七个可通婚集团的分布作出一个基本的概述，既有对民族迁徙和定居状况的情境性教育，也是对通婚区域、通婚方向乃至通婚对象的提醒与肯定。在较为传统的苗族社会里，婚姻对象和婚姻圈是较为固定的。①

---

① 在婚姻礼辞中，东部方言区苗族姓氏的讲述一般为八大姓七个可通婚集团与五宗六亲之说：八大姓即 deb hlongb（吴伍洪滕）、deb xot（吴伍滕贺欧）、deb miel（龙隆余薛）、deb biant（龙隆唐梁）、deb khad（麻欧施张刘向胡时王吴田）、deb ghueas（廖石沈）、deb kheat（杨秧罗）、deb lel（田滕彭李），各个大姓下都有不少分支，目前实地调查到 50 多个苗族姓氏。在婚姻礼辞讲述时，八大姓的讲述顺序必须以 deb hlongb 为先，结婚双方女方为倒数第二，男方倒数第一。这是因为传说中苗族迁入湘西时是 deb hlongb 打头阵，最辛苦，所以要最先讲。苗族通婚集团为八大姓七个可通婚集团，因为 deb hlongb（大吴）与 deb xot（小吴）至今在苗族传统习俗上不能通婚，两者合并仅剩七姓。五宗六亲（没有具体到某一具体姓氏，泛指整个东部方言区苗族）契合苗族古歌吟诵的 blad nbat zhot mat（五宗六亲）之说。苗族姓氏之间能否通婚的依据不是汉姓而是苗姓，因东部方言区苗族汉姓多是改土归流时由所居住地的土司和官府给定的汉姓，以利造册编户，如 deb khad 对应的汉姓有十多个，但在凤凰境内均称兄弟（nab goud），不能通婚。只有交表为最理想的通婚对象，平表不婚。经实地调查，苗族各姓氏的实际分布情况与古歌描述内容基本一致。在此，特别感谢凤凰县民族局民研所唐建福为笔者提供的田野资料。

最后吟诵的是 dut lanl（待客礼辞），这是伦理的现场教育，既有对新人的言传身教，也有对观众潜移默化的影响。通过这样较为正式的介绍，使得新人双方的亲朋好友得到沟通和了解。可见，虽然贯穿其中的吟诵都一直具有诗学美感，但婚姻礼辞的吟诵显然不仅仅是文学的审美，更多的是文化教育。综上，笔者将东部方言区苗族婚姻礼辞的功能概括如下（见表5-2）。

表5-2　东部方言区苗族婚姻礼辞功能概览

身份	访谈人数	婚姻礼辞吟诵功能
理老	8	首要功能是为新娘改姓，其次是尊重双方亲戚朋友
学者	5	凸显团结功能和历史文化传播功能；确定婚姻圈
村民	10	热闹气氛，尊重亲友
新娘新郎	2	现场伦理教育

第三，在吟诵空间上，在整个东部方言区，随着录像技术的普及，一部分举办婚礼的家庭会花钱请摄影师将整个婚姻过程录制成录像带。为尽量还原苗族原生态的婚礼，会特意请理老吟诵婚姻礼辞。因而各地皆零星有婚姻礼辞的吟诵，但这样的人为干预的婚礼数量较少，构不成规模。东部方言区活态的苗族古歌仅有婚姻礼辞还在 ghueb zheat（黑脚苗）一带（见图5-3）吟诵。

图5-3　黑脚苗地理分布情况

注：大弧线内的部分属于黑脚苗分布区域，更具体一点的地区即小圆圈所示的这些乡镇。

第四，理老大多年事已高，后继乏人。在此次田野调查的八位理老中，年龄最大者 87 岁，最小者 45 岁。与他们交谈得知，婚姻礼辞的学习是一个长时段的过程，其中在婚礼上的吟诵是初学者最好的"旁听"阶段，但由于代稿村 80% 以上的青年外出务工，随着外来文化的冲击和价值观的转变，婚姻礼辞的传承岌岌可危。

总之，此次参与观察仅三天，但在这之前，笔者已经三次进入东部方言区对苗族婚姻礼辞进行了不同时段的考察。通过这次参与观察跟踪，笔者对于婚姻礼辞的理解从文本走向唱本，下一步的考察点即苗族古歌的传承情况。

第二节　苗族古歌传承研究民族志

苗族古歌的传承研究，笔者在综述部分已进行梳理，其中较为可取的有杨正伟强调将创造者、传承者、受传者、传承渠道置于一个立体的三维空间进行宏观的综合考察，然其不足在于传承的立体研究忽视苗族古歌作为活态口头诗学并非单一地以固定文本的形式存在，而以本文即唱本的形式存在于巴兄巫事、贾理断案或婚丧礼仪中，故而很难将其独立抽取出来。

苗族古歌的传承固然可以从不同时代搜集的文本中作出比较，然而这样的文本分析的不足之处较多：首先，由于古歌是活态传承，文本化的过程不免加入了整理者的理解；其次，古歌的演唱具有动态性，演唱内容与演唱歌手息息相关，故而每一次咏诵活动具有一定的偶然性。

上文已言及苗族古歌与情景歌和应景歌不同，苗族古歌大多在一定的民俗活动中吟诵，故而对苗族古歌的传承研究需要对其语境加以关注。由于苗族古歌本文为口头诗学，故而对其世代的接受和传播需要参考一定的文献资料，但更需要对其所寄生的民俗活动过程乃至历时发展进行梳理。换言之，现实生活中出现了歌师老龄化、传承断代化的现状，有学者认为需要建立传承体系，形成政府主导、社会参与的局面，以实现对传承人的保护和培养。① 文学人类学提出口头诗学的传承更多地依靠意识形态的影响，它并不是传承者之一维，而是与传承者、听众和传承语境等息息相关。

上文已提及苗族古歌在东部方言区除婚姻礼辞外大多依附于宗教活动，中部方言区古歌除贾理之外大多可以在集会的酒席上唱诵，西部方言区如麻山地区亚鲁王等也依附于一定的人生礼仪而唱诵。故而笔者在此探讨苗族古歌的传承，更多地需要对其所赖以寄生的苗语生活世界的民俗语境进行共识梳理和历时比较。

对于苗族古歌传承研究，笔者以鼓藏节为田野点，从鼓藏节古歌、田野点选择、格细鼓藏节、鼓藏节传承和结语五个部分加以探讨。

一、鼓藏节古歌

选择鼓藏节作为苗族古歌传承研究的田野，理由有三。

第一，鼓藏节为三个苗族方言区所共有。杀牛祭祖在东部称为 nongx niex wes nhol（椎牛），中部叫吃鼓藏，西部叫敲巴郎，一脉相承的都是对祖先的缅怀和追忆。汉文献有关黔中一带苗族牛祭的记载，最早见于南宋朱辅的《溪蛮丛笑》，该书云苗人"祭祀必先以生物呈献神，许则杀以血"。

第二，鼓藏节祭祀来源与古歌紧密相关。关于东部苗族的椎牛原因，笔者从文献搜集和田野采访中共找到三种解释，大多与苗族古歌有关。解释一："ned ghunb mat ghuoud"（乃鲧玛勾）即祭祀神母犬父的古歌。解释二："lioub doub lioub nqet"（留斗留且）索要水牛的古歌。② 解释三：大力与水牛巴普的传说，这一传说可参见芮逸夫《湘西苗族调查报告》中的《天女与农夫》故事。在这诸多解释中，祭祀 ned ghunb mat ghuoud 和 lioub doub lioub nqet 之说较为原初并为大众所接受。大力与水牛巴普的传说则带有阶级社会的投射，基本主题类似于汉族牛郎织女的故事。

中部方言区鼓藏节同样有诸多不同的来源说，试举几例：

---

① 罗丹阳：《苗族古歌传承的田野民族志——以黔东南双井村"瑟岗来"（Seib Gangx Neel）为个案》，博士学位论文，中央民族大学，2010 年，第 35 页。

② 这两种解释在不同译文的 chat ghot niex（椎牛古辞）中交叉叙述。

　　姜央说：古时候蝴蝶妈妈生了十二个蛋，孵了三年也没有破壳。蝴蝶妈妈正准备飞走，听到蛋内喊道："再抱抱我吧，快憋死我呀，一宵出来了，出来当师傅，当方支大哥，阿央聪明赛众人。"三天以后，孵出了人类始祖姜央与妹妹、虎、龙等十二直系。为了繁衍人类，姜央提出与妹妹结婚，后经一系列难题求婚，生下石磨崽，经雷公提醒，剁碎后成为百姓人，姜央为感谢祖先赐福，遂杀牛祭祀。

　　枫树说：传说啄木鸟啄开枫木树心，蝴蝶妈妈妹榜妹留（即姜央的母亲）出世。妹榜妹留产下 12 个蛋，蛋孵出牯牛，那个蛋不承认是蝴蝶妈妈的崽，将其气死，杀牛祭祖后百事如意，遂兴起吃鼓藏。

　　仿生说：姜央兄妹在干活时听见啄木鸟在空树心找虫吃的"咚咚"声，"好像是妈妈的节日到了，好像是妈妈的鼓声响了，我俩快去看吧！"后来他们学蜜蜂和水瓢虫的姿势踩鼓，遂兴跳鼓祭祀祖宗。

　　上述三说皆可在苗族古歌中找到源头。此外还有娶岳母说、子寻父说、江西迁来说以及孔明诡计说等不同解释。在诸多不同的说法之中，蝴蝶妈妈妹榜妹留之说似乎较为大众接受，一是鼓藏节是祭祀祖先的节日，二是传统鼓藏节还需祭祀用枫木做的木鼓。如在 2010 年雷山鼓藏节开幕式上就明确提到：

　　相传苗族始祖妹榜妹留从枫木树心诞生，苗族人认为人死后只是灵魂的一种转移，用枫木制成的木鼓便是祖先的归宿之所。只有敲击木鼓，才能唤起祖宗的灵魂，（故而祭祖）便以祭鼓的方式来体现。[①]

　　西部方言区，以高坡苗族为例。高坡苗族的杀牛祭祖，有传说的神话可作为它来源的根据。有四五种内容大致相同的古老传说的记录，称为"巴郎古记"。

---

① 2010 年雷山鼓藏节开幕式台词。

古昔洪水之后，天下人烟湮灭，伏牺和他的妹妹志喜因藏身在葫芦里，得免灭亡，兄妹成婚，七年无孕，在西岷山上出现了一头乌牛，角上有"祭天牛"三字，伏牺就将此牛祭天地，志喜由此怀孕，十月临盆，生下一皮口袋，内有十童男，九童女，从此世界再有人烟。①

纵观三个方言区可知，对鼓藏节起源的解释大多都有古歌印证，从中可看出鼓藏节与苗族古歌息息相关。

第三，鼓藏节有大量的古歌吟诵。上文提到，椎牛仪式之 chat ghot niex（音译：查果尼）环节必然要吟诵椎牛古辞，表 5 - 3 即不同文本对东部方言区鼓藏节古歌的吟诵记录。

表 5 - 3　东部方言区苗族椎牛古辞列举

苗族 创世纪①	苗族创 世纪史话②	古老话③	中国苗族 古歌④	湘西苗族 古老歌话⑤	民国时期湘西 苗族调查实录⑥	吃牛词⑦
dut ghot niex 椎牛古辞	dut ghot niex 椎牛古辞	椎牛古辞	在中球水乡 （父、母、役 牛、鼓舞）	椎牛古辞、鼓 社鼓会 历次迁徙、姓 氏定居	dut ghot niex 椎牛古辞	chat ghot niex 椎牛古辞

资料来源：①龙正学搜译：《苗族创世纪》，中国言实出版社 2011 年版。

②石如金、龙正学搜集、翻译：《苗族创世纪史话》，民族出版社 2009 年版。

③龙炳文、龙秀祥等整理译注：《古老话》，岳麓书社 1990 年版。

④石宗仁整理、译注：《中国苗族古歌》，天津古籍出版社 1991 年版。

⑤张子伟编：《湘西苗族古老歌话》，湖南师范大学出版社 2012 年版。

⑥石启贵编著，麻树兰、石建中整理译注：《民国时期湘西苗族调查实录·椎牛卷（上、中、下）》，民族出版社 2009 年版。

⑦石如金：《吃牛词》，未出版。

可见，东部方言区椎牛古辞的吟诵虽然在具体细节上有所不同，但主题基本一致。

在西部地区关于这一祭典的歌有《爷利涛祭祀歌》："爷利涛打老牛／祭祀他的祖先／子子孙孙才繁荣／如象火边的坛坛罐罐／摆了那么多／

① 罗荣宗：《苗族歌谣初探　贵阳高坡苗族》，西南民族学院民族研究所 1984 年版，第 187 页。

爷利涛打老牛/祭祀他的祖先/牛马猪羊才兴旺/如象天上的飞鸟一样多/数也数不清/爷利涛打老牛/祭祀他的祖先/他长寿活到一百岁/如象盛开的花朵/永远不凋谢/蜜蜂就有酿蜜的原料/如象多汁的大树/永远不干枯……"

中部鼓藏节的苗族古歌可分为两个部分：一是由于鼓藏节会有亲朋好友相聚，故而酒场上会有古歌唱诵；二是祭祀活动中有由祭司吟诵的古歌。

这类古歌侧重叙述祭祀来源，与仪式有关的歌是由执事人员在仪式中唱述的，内容是仪式的由来、主旨和过程。如加鸠地区祭鼓社开始时的《起鼓藏歌》，歌词共86句，分为6段。又如在"念祖宗"这一仪式上唱的《念祖宗歌》，共248句，从敬祖宗的意义开始，叙唱祖宗率众排除万难，辗转迁徙来现今住地的历程。[1]

笔者将中部方言区已出版鼓藏古歌进行了梳理，详情如下。

《祭鼓词》是目前中部方言区出版较为完整的鼓藏歌，分"起鼓"、"砍鼓树"、"凿鼓"、"造饭"、"换鼓"、"引鼓"、"杀牛祭鼓（祖）"、"淋花树"、"拨牛旋"、"洗鼓"、"送鼓"等章节。"起鼓"叙述鼓社来源，"祭鼓"交代杀牛祭祖的原因，"拨牛旋"即用颂词纠正牛的旋，并叙述牛的来历，吩咐牛跟着祖宗到天上去效劳。

《苗族史诗》分为寻找木鼓、追寻牯牛、寻找祭服、打猎祭祖四节。

《苗族贾理·祭鼓篇》：这部分内容为 gheid nrix meef niul（意为"念给牛听的祭鼓词"）。

《雷公山苗族鼓藏节》中有片段记录，如《祭鼓词》、《西江祭鼓词》、《杀牛祭鼓歌词》。

《鼓藏节·苗族祭祖大典》：《起鼓词》、《审牛词》、《判牛词》。

《祭鼓辞》：《人类起源》、《跋山涉水》、《祭祖源头歌》、《寻鼓》、《吩咐鼓》、《拉鼓》、《寻找鼓藏牛》等。

有学者将苗族古歌在鼓藏节的唱诵场景作出了较为完整的概括：

历史上的祭鼓节，还请祭师专门唱诵苗族古歌。这些歌，曲调近

---

[1] 苏晓星：《苗族文学史》，四川民族出版社 2003 年版，第 289—294 页。引用时有删改。

似吟诵，但语调跌宕，悲怆凄凉，极富感染力。这些古歌往往是从宇宙的起源、人类的诞生，唱到祖先们如何开疆辟土，如何艰苦奋斗、创建家园……每当唱到惨烈悲壮的斗争场景和颠沛流离的迁徙生活时，歌者往往无法控制感情，哽咽垂泪，断断续续，声音颤抖。听众无不掩面流泪，有的甚至泣不成声，其场景真是动人。最后，歌者还在歌里告诫族人，不能忘记祖先，不能忘记苗家苦难的历史，要继承祖先遗志，发扬祖先不屈不挠的精神。这不能不说是一种传授民族历史文化，激励族人继承传统、励精图治的极好的教育方式。[①]

二、田野点选择

上文从鼓藏节为三大方言区的苗族所共有、其祭祀来源与古歌息息相关、鼓藏节在祭祀过程中会吟诵古歌等三个角度进行文献梳理，试图阐释选择鼓藏节作为苗族古歌传承研究田野的原因。

笔者从文献与田野调查了解到，中华人民共和国成立后东部方言区已无严格意义上的椎牛活动，多数从以户为单位的祭祀祖先的仪式改为以政府或旅游公司组织的以娱乐为目的的活动，笔者将所搜集到的中华人民共和国成立后东部方言区椎牛情况概括如下（见表5-4）。

表5-4 中华人民共和国成立后东部方言区椎牛活动列举

时间	地点	事由	简介
1986年4月8日	花垣县吉信坳	苗族过四月八	椎牛队伍分为主队和客队，贵州松桃为客队。身穿红色法衣的50个苗族巴兑吹响牛角，手执梭镖的苗族小伙子向拴在花柱上的水牛刺去，直至水牛倒地。但此次水牛椎牛只做表演，用人力推倒，并没有真实椎牛，没有吟诵苗族古歌。
1991年6月28日	排碧乡政府	排碧乡组织	政府组织椎牛，无苗族古歌吟诵。
1992年4月8日	松桃苗族自治县大兴镇机场	苗族过四月八	根据大会组委会安排，举行了苗族椎牛祭祖仪式，牛郎区为主队，其余四区为客队。椎牛祭祖之后，祭肉按苗族习俗在主客两队之间进行分配，没有吟诵苗族古歌。

---

① 王承祖编著：《千岭歌飞》，贵州人民出版社2010年版，第138页。

续表

时间	地点	事由	简介
1993 年 6 月 20 日	花垣县体育场	花垣政府组织	由花垣县政府部门组织，由排碧乡黄岩村承办，石金魁坛师掌坛，活动有拦门、跳鼓、都乐、椎牛。参加人数达两万人，没有吟诵苗族古歌。
2004 年	凤凰县勾良村	商业表演	据主持巴兑所言，一开始举办者提出仅仅为演出而椎牛，但主持巴兑不同意，他提出仅仅为娱乐而椎牛，那样罪过太大，会伤害他。后来并没有真正意义上的椎牛活动，而只是启动了基本的藏身和念咒保护观众两样法事，参与的祭祀人员包括巴兑札，故而表演性较强，没有吟诵苗族古歌。

　　首先，从时间安排来看，椎牛在仪式上已经大大缩减，举办椎牛是高度浓缩的祭祖仪式，明清以前为十五日制，乾（隆）嘉（庆）时压缩为七日制，民国初期又缩短为五日制或三日制。①而笔者所调查到的这五次椎牛，要么是政府组织的节日活动要么是商业演出，为时仅为短短的半天甚至 3—4 个小时，时间上的大幅度减少导致仪式上的缩减。据主办者回忆，活动主要凸显椎牛，几乎不涉及宗教内容，已无传统意义上巴兑吟诵椎牛古辞。其次，从参与人员而言，传统的椎牛必须由舅家执矛刺杀牯牛，但由于是政府举办，故而没有实际意义上的舅家，舅家的缺席使得没有主家与舅家互动吟诵的椎牛古辞。

　　由此可见，中华人民共和国成立后，东部已无传统意义上的椎牛，椎牛古辞已无吟诵语境。较之于东部椎牛的衰微，西部敲巴郎大多为单家独户的小规模，只有中部的鼓藏节至今依然十分活跃。随着鼓藏节于 2006年进入国家级非物质文化遗产名录，中部鼓藏节借助旅游之风再度兴起。中部鼓藏节的分布可参阅《鼓藏节的区位分布》。②

　　在历时梳理和共时比较后，笔者确定将鼓藏节的田野点选定在黔东南地区。黔东南鼓藏节有白鼓藏与黑鼓藏之别。笔者将通过举办鼓藏与取消鼓藏、黑鼓藏与白鼓藏之间的历时梳理和共时对比，探讨仪式的变迁，从中窥视苗族古歌空间和世代的接受与传播。

　　本次的田野点在凯里市三棵树镇格细村，以下为笔者在格细村的田野民族志。

---

① 张子伟、张子元：《湘西苗族椎牛祭》，湖南师范大学出版社 2012 年版，第 413 页。
② 刘峰：《鼓藏节：苗族祭祖大典》，知识产权出版社 2012 年版，第 12—13 页。

三、格细鼓藏节

调查地点：贵州省凯里市三棵树镇格细村①

调查背景：田野信息人 YJ② 提供，其老家前两年开始筹备过鼓藏节③，2012 年 3 月 24 日（农历龙年三月三日）是仪式最为集中的鼓藏节，这显然是无法长期跟踪鼓藏节文化（历时三年）的田野调查者最为合适的田野观察时间。

鉴于笔者重点调查鼓藏节活动中是否有苗族古歌演唱，因而此次田野报告集中关注与苗族古歌相关的活动。

1. 鼓藏节流程

格细鼓藏节活动共 9 天，鉴于笔者此次以苗族古歌为重点，而鼓藏节相关宗教活动集中于 3 月 24 日，3 月 25 日—4 月 1 日重文体活动，故以 3 月 24 为重点描述。本次活动流程见表 5 - 5。

表 5 - 5　凯里市三棵树镇格细村鼓藏节活动流程

时间	流程	情景描述
3:00—4:30	杀鼓藏猪	鼓藏头一行三人在鼓藏场上，由祭司先念祭祀辞，后宰杀鼓藏猪。
5:00—11:30	各家各户杀猪	较多的人家杀了五头猪，最少的也杀了两头猪，鼓藏气氛热烈。
11:00—13:30	分 dliangb dab① （相答）	鼓藏头一行十二人分割约二两鼓藏肉，将大米、相答分给各家各户。
11:00—16:30	招龙	念诵招龙辞，在山上招龙，各家各户祭祖招龙。
17:00—17:30	启鼓	由鼓藏头敲击木鼓，念祭词，唤醒祖宗灵魂，欢请祖宗共度鼓藏。

注：①dliangb dab 即土地神。

除了宗教仪式较为集中的 3 月 24 日当天以村民活动为主外，整个鼓藏节期间都会有亲朋好友来参加，但一般集中在 3 月 24 日至 3 月 26 日。

---

① 格细村位于三棵树镇巴拉河中游 8 公里处，有 8 个村民小组，338 户 1788 人，是巴拉河沿岸最大的、具有近千年历史的苗疆古寨。

② YJ，男，苗族，凯里市三棵树镇格细村人，贵州师范学院经济与政治学院 2011 级思想政治教育专业学生。

③ 鼓藏节的准备时间长达两到三年，包括醒鼓、喂养鼓藏牛、置办鼓藏节所需物资等。

整个鼓藏节持续时间较长，其余活动由鼓藏组委会安排，具体安排如下：

格细鼓藏节活动安排

3 月 27 日　斗鸡。

3 月 28 日　苗歌对唱赛（白天）。

3 月 29 日　芦笙舞赛（白天）。

3 月 30 日　长跑、拔河。

3 月 31 日　独唱、双人舞、集体舞。

4 月 1 日　（晚上）。

注：27—29 日晚上，电影。

格细鼓藏组委会

2012 年 3 月 27 日

2. 田野访谈

笔者对此次鼓藏节的参与除了现场目睹之外，还辅以大量田野访谈。

访谈对象：YQG①

问：您作为这次鼓藏节的鼓藏头，在这个过程中要唱些什么古歌？

答：这些东西我们都不唱了。

问：您所说的都不唱是在鼓藏节期间不唱还是在平时生活中也不唱？

答：我们是从剑河搬过来的，以前过鼓藏节有很多讲究，当然也要唱古歌。后来有一年十二位鼓藏头中的一位去鼓山上取木鼓的时候，踩到了粪便，随口就说是谁死（屎）到这儿，没过多久这位鼓藏头就莫名其妙地去世了。大家都感到鼓藏节忌讳太多不好，慢慢就改过来了，古歌不唱了，忌讳也没有了。

问：那您在吃鼓藏这几天有没有念诵一些神辞呢？

答：有啊，比如今天清早杀鼓藏猪时说一些保护村寨的话，我们

---

① YQG，男，此次格细鼓藏节鼓藏头。

招龙的时候也要念一些。大概是这样唱的：

Hnaib nongdhnaib vut 今天好日子

Hmangt nongdhnaib lal 今日好时辰

Bib fangb nongx niel hek od 格细鼓社祭

Dex vongx fangt niex 祭祀要招龙

Zuk niel vut fangb 跳鼓舞呀地方顺意

Nongx niel vut vangl 过鼓藏呀村寨吉祥

……

Tob dlangb dab vongx hob 各路龙神山神啊

Tub vail mul zuk niel 跟我去跳铜鼓舞

Tob dlangb dab vongx hob 各路龙神山神啊

Tub vail mul nongk niel hek od 跟我去过鼓藏节饮酒去①

……

问：您刚才说起您念的是招龙（辞），这是吃鼓藏一定要有的吗？

答：我和你说实话，我觉得这是按招龙的样子来做的，可是他们（村民）提出是吃鼓藏，在向大伙集资的时候是这样说，在对外宣传的时候也是这样说，依我说，这是招龙，不是吃鼓藏。所以我唱的全部是祈求龙神山神保佑全寨老小的祈祷辞，没有你所说的古歌。

由于方言的隔膜，笔者一直困惑格细村此次举办活动究竟是鼓藏节还是招龙，后来阅读鼓藏节相关的资料并与苗族学者杨培德先生交流，才知中部方言区白鼓藏地区由于节日文化变迁减少鼓藏节的诸多环节而凸显招龙环节即所谓白鼓藏。② 故而其祭祀对象除了祖宗之外，尚有本地人称为dliangb dab（音译：相答）的土地神。这与笔者在格细村搜集到的一份

---

① 笔者录音，吴小花记录并翻译，本论著中多处中部方言区苗文由吴小花订正，在此一并致谢。

② 杨培德：《鼓魂》，中国文联出版社 2002 年版，第 15 页。据笔者对苗族学者吴一文的采访，他不同意招龙为鼓藏节的一个环节。他认为鼓藏节是祭祖，强调血缘，而招龙是祈福，强调地缘。吴一文，男，苗族，文学博士，黔南民族师范学院副院长，出版有《苗族古歌与苗族历史文化研究》（贵州民族出版社 2000 年版）、《蝴蝶妈妈的祭仪》（贵州人民出版社 2006 年版）、《苗族古歌通解》（贵州人民出版社 2014 年版）、《苗族古歌叙事传统研究》（贵州人民出版社 2017 年版）等，主持 2007 年国家社科基金课题"苗族古歌通解"、"20 世纪 50 年代苗语文学史料整理译注"。

《传奇的格细》的内容相吻合。

> 翔刚翔马说：明天起，你们组织寨民在寨顶修三个水塘、在寨中修四个水塘供龙神洗澡。寨中所有大路都用石头砌好，寨顶修一个芦笙场，人们逢年过节在那里跳芦笙，踩铜鼓。十三年一度，虎年开始，兔年继续，龙年结束，每年至少举行三天，每逢虎、兔、龙年的三月三，万物苏醒、鬼魂神灵活动频繁之际，喊他们一起过来过节……同时用各种彩纸制作一把大伞，放在芦笙场斜坡处给龙神休息，次日人们着盛装在芦笙场上跳芦笙，踩铜鼓给龙神观看。你们只有这样做了，一寨人才能过上好日子。

表5-6是笔者对部分村民过鼓藏节原因的访谈记录。

表5-6　格细村村民过鼓藏节原因

姓名	与YJ关系	民族	年龄	文化程度	过鼓藏节的原因
ZM	母亲	汉	45岁	初中	庆祝丰收
YCC	外婆	苗	68岁	小学	传统节日
YP	邻居	苗	21岁	初中	传统节日
YXC	父亲	苗	50岁	初中	祭祀祖先
YXG	叔叔	苗	38岁	大学本科	传统节日
LY	姨爹	汉	39岁	中专	集会
ZCX	姨妈	汉	37岁	初中	祭祀祖先，让亲戚关系更密切
YQG	邻居	苗	78岁	小学	祭祖

从表5-6可知，村民对于过鼓藏节的原因有诸多解释，仅有不到一半的村民认为鼓藏节主要是祭祖，可见节日文化在不断变迁。就笔者参与的这次鼓藏节而言，过节期间不唱苗族古歌。在祭祀过程中，祭司的吟诵也无本论著所言狭义的苗族古歌，只是招龙仪式中有少量招龙辞吟诵。就各家各户而言，与鼓藏节相关的最大活动是敬奉祖宗，表现为在鼓藏节期间，需要用猪头、香纸和酒等祭祀（具体而言就是先烧纸，供奉完之后，才可以吃饭）。在祭祀的时候除了说一些保佑子孙后代的话之外并无古歌吟唱，亲戚朋友来做客是免不了要对歌的，但所唱的歌大多是情景歌，即

一些歌唱山山水水、抒发喜悦心情的酒歌。

王凤刚对鼓藏古歌有搜集，以下是笔者对王凤刚的田野访谈。

> 访谈对象：王凤刚
>
> 问：您在搜集的时候有没有思考或是请教过歌师鼓藏节为什么要吟诵鼓藏歌，尤其是为什么要吟诵古歌？
>
> 答：唱到祭祀就必然要对祭祀源头有个交代，你要知道他（敬奉对象）的根源在哪里，这样你才能有针对性地请他来接受（你的供奉）。所以你在请他来的时候要追溯根源就必然要讲到贾理或是古歌，要不然你不知道他是谁、在哪里。你纯粹摆放贡品而没有交代的话，他（敬奉对象）是听不到的，这是祭司的说法。

在笔者后期的田野访谈中，杨元龙也提及鼓藏古歌是人神交流的一种媒介。显然，鼓藏古歌作为鼓藏节的一部分，它的唱本存在应该是一个整体。鼓藏古歌作为民俗的一部分，需要与共时的其他媒介配合才能达到与神和祖先沟通的目的。

> 通神术有五种：一是凭借蜡烟。二是凭借手诀。三是凭借歌话、咒语。用祭词诵出，是通用的一种表达手段……四是凭借歌舞。五是凭借音响。锣鼓、牛角是常用的响器，被认为具有通神的功能。[1]

故而，传统意义上鼓藏节吟诵古歌成为与祖宗神灵沟通的中介，祭词相当于人神沟通的方式之一，需要与其他媒介一起构成祭祀活动的整体。

四、鼓藏节传承

从传统角度而言，吟诵古歌是鼓藏节活动中较为重要的一环。之所以将鼓藏节作为田野点考察是由于苗族古歌不同于其他的情景歌，苗族古歌寄身于鼓藏节等仪式中。通过调查得知，东部方言区已无严格意义上的椎牛，中部方言区之鼓藏节则有黑鼓藏向白鼓藏过渡的趋势，甚至出现如笔

---

① 张子伟：《湘西苗族椎牛祭》，湖南师范大学出版社 2012 年版，第9—10 页。

者田野点格细村之招龙等逐渐在仪式上减少流程的趋势，对此，刘峰博士认为：

> 虽然黑、白鼓藏的演化原因甚多，但国家在场应该是其主要因素之一。在一个以农业为主的国度里，大量宰杀耕牛必定被历代王朝所禁止，这从鼓藏节的分布来看，也许更能说明问题……这些演化可以理解为苗族对于国家制度或汉文化的互动与调适。①

国家在场是鼓藏节质变的一个原因，也是直接影响古歌是否吟诵的重要原因，但除国家在场的笼统阐释之外，笔者认为可以更具体细分。

1. 政治角度

（1）改土归流后的政治高压。改土归流对苗乡的影响，张中奎在其博士学位论文《改土归流与苗疆再造》概述为：

> 清帝国"开辟"苗疆，以武力征服苗民，在苗疆设厅置县，安屯设堡，建立新的社会统治秩序。清帝国的目标是使"新疆六厅"的"生苗"化为"熟苗"，"熟苗"化为"民人"；"新疆"变为"旧疆"，"旧疆"变为"腹地"。②

在这样的政治背景下，苗疆长期以来因地处偏僻而未被中央纳入版图之前的"既不纳粮当差，也不输赋供役，在内部无贫富贵贱，有强弱无贵贱，有众寡无贵贱"的文化被强行打破，原生态的民族文化如椎牛活动也被当局所禁止。下文为笔者在湖南省凤凰县两林乡的一份田野访谈。

访谈对象：WQS

问：我从书上知道苗族古歌有一部分内容是夹杂在苗族神辞里，请问您在哪些场合有古歌演唱？比如说，祀雷和椎牛里是否提到苗族古歌？

答：我们凤凰不椎牛，据说是很久以前有官员禁止凤凰椎牛。听

---

① 刘峰：《鼓藏节：苗族祭祖大业》，知识产权出版社 2012 年版，第 120—124 页。

② 张中奎：《改土归流与苗疆再造》，中国社会科学出版社 2012 年版，第 259 页。

师父说，从那以后，凤凰巴兑封印（禁止椎牛），我依稀记得有歌这
样唱：

Jib yenx hongd niex 凤凰禁椎牛

Jib zhes hongd nhol 镇箅止跳鼓

Nex liox ghueb 官大

Nex liox dud 吏大

Dab xib jex mex jid houb 五宗不能汇集

Leb leb jex mex jid hat 六亲不能聚众

Mloul khead jex mex gib 干鱼不再忌讳

Mloul nqent jex mex lis 红鱼无需喂养①

……

就如这首歌所说，我们这里的巴兑都不再椎牛，甚至整个凤凰都
不再举行椎牛祭鼓了。因为不再举行这种活动，所以也就没学，我不
会讲这个。

凤凰禁止椎牛之说，笔者通过后期的文献梳理得到证实。

查苗人生长边荒，多疑畏鬼，凡遇疾病、灾害等，则必延巫师，
宰耕牛，聚众禳解，名为做鬼。及至秋冬，繁与淫祀，比户皆然。小
则附近寨落，百十为群；大则聚集邻省苗族人，盈千累万。巫师妄言
福祸，以惑愚顽。从前癫苗滋事，皆由此起。且于每岁秋成，必将所
蓄牛只，恣行宰杀，次年耕作无以翻犁，则又称贷买牛，遂致贫困，
流而为匪。是椎牛祭鬼，实为苗害。鼐于上年剀切开道，并出示严
禁……嗣后专责苗弁，实力稽查，如有私造枪械及重淫祀，立时究
拿。唐倘该管苗弁知而不报，分别治罪；地方文武官员，失于觉察，
照例议处。②

正是在"椎牛祭鬼，实为苗害"的他者逻辑下，当地规定：

① 此处多次提到鱼，似乎与中部鼓藏节时鼓藏头头上所带干鱼和麻山东郎在葬礼上吟诵《亚鲁王》
时需佩戴干鱼类似。

② 付鼐：《收缴苗枪并禁椎牛通禀》，载于刘志淳校注编著：《凤凰县古代诗文选》，团结出版社
2017年版，第244页。

　　如有苗族人椎牛祭鬼，立即督同寨长，将本犯及巫师，并附和人等，送该管厅县究治。倘苗弁及寨长扶同徇隐，或亲身自犯，一经发觉，立拿详革治罪。

　　民俗的意义总是在历时演变中不断地发展，鼓藏节在历时发展过程中由以祭祀为初衷转变为以聚会为目的。

　　（吃鼓藏）至其意义，最初是为了各支族的迁徙结束，大家欢庆后，就各自分散，另成家创业，而达到发达兴旺的目的。但越是到后来，逐渐演变成全面性的集会，共同商讨重大的事务。因之，实际含有维系民族内部的团结与巩固之意。①

　　如在清代乾嘉苗民起义前夕，石柳邓、石三保等在鸭堡寨吴陇登家聚会歃血（以椎牛为名），盟约"逐客民，复古地"。起义一爆发，凤凰、松桃等东部方言区苗族快速响应，故禁止椎牛的实质是禁止苗族聚众。

　　（2）"文革"重创。中华人民共和国成立以后，生产资料归集体所有，椎牛祭祀活动失去载体。大多数民间信仰被列入封建迷信范畴，千百年来一直被苗族人民十分尊敬的巫师遭到了前所未有的排斥和打击，民间祭祀活动进入前所未有的低迷状态。②"文革"对民族文化的破坏达到了无以复加的地步，大量的歌师被当作牛鬼蛇神批斗，一系列与巴兑相关的文化被定义为"四旧"，"文革"的重创使得鼓藏节被迫中断。诸多东郎回忆起"文革"的遭遇时依然心有余悸：

　　挨批斗的时候，造反派还抓我们过去，批评我们说不要信神弄鬼，压榨百姓的血汗钱。我刚学，还不"得鬼"，只去乡里接受了一天的教育。而班老泰、班兴林他们连谷子都给全部没收了。我们回家后，就不敢唱了。到"三自一包，四大自由"才恢复唱诵。③

---

① 龙正学：《苗族祭司初探》，载于龙正学搜译：《苗族创世纪》，中国言实出版社 2011 年版，第 302 页。

② 龙秀海搜集整理译注：《椎牛》，贵州民族出版社 2015 年版，第 11 页。

③ 王金元：《四大寨歌师韦正开口述史》，载于中国民间文艺家协会主编：《〈亚鲁王〉文论集：口述史·田野报告·论文》，中国文史出版社 2011 年版，第 221 页。

2. 经济角度

从经济角度而言，鼓藏节的滋养土壤是农耕经济。

改土归流后，苗疆官员对椎牛活动进行研究，发现其两大特征为凝聚人心与财富耗费。① 故而禁止椎牛的目的虽然是避免苗人聚众却打着经济弊端的旗号：所谓的"次年耕作无以翻犁，则又称贷买牛，遂致贫困，流而为匪"，"一次吃鼓藏，十年背老账"，等等。

对于经济弊端的指责，苗族学者杨元龙用实地的田野个案反驳了这种他者想象。杨元龙对参与鼓藏节活动的苗族民众李春荣进行了田野访谈，李春荣认为：

> 这次鼓藏节我应是不亏不赚，但我结识了很多新朋友，老朋友、老亲戚的关系更加密切。我们高坡隔山隔水，平时大家很难走动，吃鼓藏时，远近的朋友都来了，我们和朋友之间是一次大好的团聚，互相叙旧，交流生产生活、致富经验。年轻人也有机会广结朋友，好处多得很。②

关于鼓藏节的功能，较为全面的观点可参见徐新建的研究。

> 通过这种方式实现了天地鬼神相沟通和周期性实现族类精神大聚合的功能，同时还无形中起到了均贫富等贵贱的作用，使山寨模式的经济生活始终保持在"无赤贫亦无极富"的理想状态的水准上。③

下文是笔者对于鼓藏节古歌传承的几段田野访谈摘录。

访谈对象：罗义群④
问：作为苗族资深的研究专家，您怎样看待苗族古歌的传承前景？

---

① 谭必友：《清代湘西苗疆多民族社区的近代重构》，民族出版社 2007 年版，第 280 页。
② 杨元龙搜集整理译注：《祭鼓辞》，贵州民族出版社 2011 年版，第 200—201 页。
③ 徐新建：《西南研究论》，云南教育出版社 1992 年版，第 164 页。
④ 罗义群，男，苗族，黔东南人，凯里学院原院长，教授，著有《中国苗族诗学》、《苗族丧葬文化》等。

答：国家从农业社会走向工业化、市场化、城市化，经济基础的改变带来意识形态的改变。我个人认为经济的原因是最重大的因素，你想年青人都出去了，传给谁？在以前，歌师是没有报酬的，但现在时代变化了，一切以经济为重。你比如我有一个学生，他父母都是很有名的歌手。他读书后，他父亲就不让他再学这些歌。他父亲说：我这代人，如果不会唱歌，就没有社会地位，说严重一点，连老婆都娶不到；但你不一样，你要的是高学历和好工作。

在笔者田野调查的过程中，一位巴兑的后代坦率地承认：

这个年代讲的是谁有本事挣钱，我们都不愿意学这些。我老丈人倒是喊我学，我不愿意，我自己的舅子（即严格意义的巴兑嫡传人）都不肯给他替坛，本来别人还说你先把坛放好，哪天想学还是老坛，我舅子直接把这个坛都给砸了。他说我父亲、我爷爷、我祖太都学这个，可是你看哪个过上好日子了？唠唠叨叨一个晚上能有多少收入？受冻挨冷值不得。[①]

苗族学者杨元龙的田野调查这样叙述：

一些青年……说他们是不会再搞吃鼓藏了，这次搞花费大，但没有办法，一方面还是老人当家，他们做不了主；另一方面，过去大多苗人吃不起鼓藏，很久没有杀牛敬祖宗，心里老是歉歉的，对不起祖宗。现在改革开放，政策好，吃饭不愁，又好找钱，老人敬一次祖宗，他们理解、支持，让老人们搞一次，了却心愿。到他们当家就不搞了。有吃有穿，是政策好，不是祖宗保佑得的。[②]

从上述访谈中青年言及的"要的是高学历"、"受冷挨冻值不得"、"有吃有穿，是政策好，不是祖宗保佑得的"等表述中可以看出鼓藏节传统的祭祀功能逐渐弱化，经济成本算计的背后是意识形态的改变。

---

① 笔者对松桃苗族自治县长兴镇车卞村 WSQ 的田野访谈。
② 杨元龙搜集整理译注：《祭鼓辞》，贵州民族出版社 2011 年版，第 209 页。

每一种文化的滋生都有其土壤，鼓藏节的滋生土壤是农耕经济。鼓藏节赖以产生的最为重要的因素有两个：一是相信通过这样的仪式能够与祖先灵魂甚至万物交流对话，二是必须蓄养有足够的耕牛。故而在"利益最大化"的市场经济时代中，它要么被取消、缩减，要么异化成为一种旅游资源。

3. 文化传承人

从文化传承人角度而言，东部方言区椎牛的巫事仅有少量巴兑能做。谭必友将传统苗族的社会结构概括为"内储式社会流动"①，具体如图5-4所示。

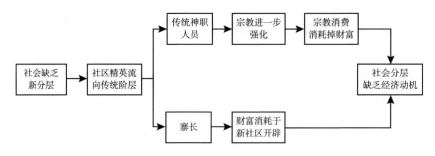

图5-4　苗族社区内储式社会流动

正是由于社会精英只能在本社区流动，没有"学而优则仕"、"三不朽"、"穷则独善其身，达则兼济天下"等中原文化的渗透，故而传统神职人员在苗乡具有较重要的社会地位，这是苗族社区重鬼尚巫的基点。

正如金介甫对苗族作家沈从文所撰写的传记中所言：

（沈从文）对苗民的这些气质赋予道义上的意义，说明苗族的坦诚率真，并未被汉文化所造成的文质彬彬、贪得无厌、等级森严等约束玷污。沈从文心目中的苗民只是辛勤劳作以求生存，祭祀无处不在的鬼魂和守护神，通过喝酒、唱歌、比赛、自发的爱情活动等简单的乐事在感情上得到抒发。在沈的笔下，苗民思路奔放不羁，对世界有直截了当的美的鉴赏力，所以他们的日常生活显得富于创造性，他们对于生活的激情在各种节日里表现得最为淋漓尽致，时常达到发狂、

---

① 谭必友：《清代湘西苗疆多民族社区的近代重构》，民族出版社2007年版，第62页。

着魔的程度，这似乎表明他们成功地和神达到浑然一体的程度。[①]

出于对祭祀的重视，寄生于苗族神辞的东部方言区古歌得以传承。苗族古歌靠口传心授而代代相传，传承辈分大多为祖传父、父传子即大约以25年为周期的代际传承。而自改土归流至今近两百年，由于上述提及的政治和经济原因，苗族古歌传承人方面出现文化断裂就不足为奇。

访谈对象：WXZ[②]

问：花垣县龙潭镇一直是东部苗族文化的腹地，中华人民共和国成立前举办过多次椎牛，您是本地的巴兑大师，有没有经历过椎牛？您自己能不能主持椎牛？

答：椎牛是民国以前甚至更早的事，那是犯了事（许了椎牛愿）才能做，我自己参加过一次，那时我才8岁（1927年）。我学巴兑学得早，14岁（1933年），老师也教过椎牛全套的东西，那是我们做的最大的祭鬼活动，只可惜后来莫说主持就是参加都没得参加。长期不做就慢慢丢了，一是记住也没有用，二是久了也记不住。不久前听说县里面好像搞过一次，但那不是我们的传统。现在搞的是相反的，以前四月八是牛的生日，不准犁牛，还要给它好东西吃；那次在四月八是杀牛，完全搞错了，那些都是搞给大家看着好玩的，所以根本就不唱古歌。

"完全搞错了"暗含着东部方言区椎牛活动传统的祭祀意义已经改变。以笔者的田野调查为例，东部方言区在中华人民共和国成立后已无严格意义上的椎牛，固然有上文所言的政治和经济原因，但从文化传承人而言，东部苗族地区已较少能主持整堂完整仪式的巴兑。

东部苗族方言区少有能主持椎牛祭祖的巴兑之断言与本土学者的调查基本吻合。《椎牛》搜集者龙秀海总结道：

石正阳师傅1928年4月出生于今湖南省花垣县雅酉镇一个苗语

---

① ［美］金介甫：《沈从文传》，符家钦译，国际文化出版公司2009年版，第18页。
② WXZ，男，苗族，巴兑，湘西土家族苗族自治州花垣县龙潭镇人。

称为 Hlod Banx 的偏远山村，他家是巫觋世家。石师傅天资聪颖，8
岁习巫，10 岁跟随父亲四处为人行巫事，14 岁时（1942 年）在雅酉
麻家寨大寨主吴魁兴家椎牛祭祖，做其父助手，16 岁时（1944 年）
与父亲一起帮其大伯石吾三家椎牛祭祖。石师傅是湘西和黔东北亲身
参与椎牛祭祖的唯一健在的巫师。这意味着他是东部方言区苗族仅存
的能主持椎牛祭祖的最后一颗火种。①

五、结语

苗族古歌作为活态口传诗学，具有表演中的创作与传承等特性。苗族
古歌并非情景歌或应景歌可随意吟诵，它大多寄生于巴兑巫事、贾理断案
和婚丧礼仪中，故而设若其所寄生的民俗活动不再举办或举办性质变异，
苗族古歌的传承就必然受影响。关于苗族古歌的传承条件，罗义群给予了
较为精当的概括：

> 如果说师徒传承是苗族古歌得以保存的纵向延续，苗族民俗背景
> 和苗族心理特征则是古歌得以横向传播和发展的土壤。首先，苗族社
> 会发展缓慢，但是苗族古歌得以繁荣、流传的重要因素。其次，对历
> 史的回忆和对祖先的崇拜，是苗族古歌得以发展的思想根源。再次，
> 长期的封闭和对外来文化的抵制使苗族古歌有了扎根条件。另外，多
> 种文化背景促使了苗族古歌的传播。各种节日活动、婚丧嫁娶习俗为
> 苗族古歌的流传提供了场所。②

可见，民俗背景、祖先崇拜、较为自足的乡土文化体系都是苗族古歌
良性传承的重要基础。与之相对，苗族古歌传承濒危的原因有以下几点。

首先，从功能而言，苗族古歌功能发生变异。以上文多次提及的鼓藏
节古歌为例，传统意义上，鼓藏节的首要功能是祭祖，其次是族类精神聚
合。受市场经济的影响，当下鼓藏节更多地从祭祀初衷走向多文化资源的

---

① 龙秀海搜集整理译注：《椎牛》，贵州民族出版社 2015 年版，前言第 6 页。
② 罗义群：《苗族民间诗歌》，电子科学技术出版社 2008 年版，第 49—51 页。

推广，近年来贵州省雷山县的鼓藏节大多由政府策划即是案例。

其次，从语境而言，苗族古歌传承语境变动。传统的苗族婚俗与歌唱始终紧密伴随，融为一体，歌唱是婚俗的有机组成，婚俗则是苗歌传承的重要生态环境。而在当下，随着传承语境的改变，苗族古歌的传承遭受了前所未有的危机。以东部方言区为例，苗族古歌大多寄生于苗族神辞之中，通过苗族传统习俗中几个较大的祭祀活动如还傩愿、椎牛、接龙、祀雷等来传承，随着上文所言的冲击与影响，苗族原生宗教的传承已岌岌可危，直接影响到苗族古歌传承语境的变动。据笔者田野调查得知，东部方言区之椎牛民俗衰微之后，椎牛古辞就无从传承；格细村鼓藏节从传统黑鼓藏向白鼓藏过渡后，鼓藏古歌较少演唱。

最后，从传承人而言，苗族古歌传承链脆弱。受全球经济浪潮的影响，苗岭山寨的青年们纷纷外出打工，留守村落的青年人寥寥无几。对于外出青年人而言，与外来文化的接触使得他们不愿意重复祖辈过的日子，也不愿意学习本民族的传统古歌；留守苗寨的青年人面对经济时代，压力大，内心浮躁，无法静心记忆。

除了本论著分析的上述原因之外，国际民俗学大师洛德曾提到，书写的生活方式的影响大于口头讲述方式后，这种古老的艺术便会消失。[1] 随着电视、网络等多媒体逐渐进入传统的苗族村寨，苗族古歌口传心授的传承方式更加难以持续。

笔者认为，从社会背景而言，苗族文化经历上文所言的冲击与影响之后，传统意义上的古歌的演唱功能逐渐萎缩。古歌演唱的背后是神性精神的交流。例如，祭祀礼仪中的古歌唱诵就是人与神之间交流的媒介，即便以人生礼仪为例，东部方言区婚姻礼辞的吟诵目的是给新娘改姓，西部方言区麻山次方言《亚鲁王》的吟诵也是为了将亡灵魂魄送回故里。因而不难理解，经历过改土归流的文化强制、"文革"的政治高压和改革开放后的经济冲击，苗族古歌不可能再原生态地继续传承下去。究其原因，最根本在于神性精神的坍塌，外来文化破坏了传承的基础，并以多米诺骨牌的效应侵蚀了苗族传统的文化体系。在此意义上，苗族古歌传承前景堪忧，或许只有摆脱文化进化论的文化优劣比较才能共享文化的多元。

---

[1] ［美］洛德：《故事的歌手》，尹虎彬译，中华书局 2004 年版，第 27 页。

第六章 多元与共享：歌谣的 文学人类学研究

本章将从歌谣传承的地方性知识、歌谣的禁忌探析与歌谣的文学人类学本科教学的必要性三个角度加以展开。

以苗族古歌为核心的苗族传统的地方性知识解读可以以丧葬古歌为个案。下文将探讨苗族丧葬文化的特质，通过丧葬古歌的历史记忆解读丧葬古歌所传达的"江山是主人是客"的生命观；此外，将以禁忌为关键词，梳理苗族古歌禁忌并研究歌谣禁忌现象；反思文学人类学歌谣研究的可能性，呼吁高校开设文学人类学的本科教学，旨在通过歌谣的表达方式反思三大中心的遮蔽，呼吁多元与共享的文化理念。

第一节 歌谣传承的地方性知识

由于无字，苗族古歌是苗族古代社会的"百科全书"，其传承多数通过民俗得以固定。换言之，苗族古歌经久不衰的根本原因，就在于它不是单纯的孤立的文学现象，而主要依靠特定的民俗得以传播。生老病死是人生较为重要的生命仪式，下文将在简要介绍苗族丧葬文化特质之后，以遍布于西部方言区的亚鲁古歌为例，探讨苗族丧葬古歌所传承的地方性知识。

一、苗族丧葬的文化特质

虽然三大方言区的丧葬习俗略有差别，但几乎都包括临死送终、沐尸着装、停放入殓、打绕棺、造坟下葬等环节，因大多汉化，故不一一列举。传统苗族葬俗仪式东部由巴兑雄操办，西部方言区麻山次方言区由东郎操办。改土归流以来逐渐汉化，道士或巴兑札成为主持丧葬仪式的重要神职人员，然而丧葬过程仍有一部分仪式沿袭传统。笔者在腊尔山的田野调查发现：苗族传统的丧葬并没有打绕棺程序，打绕棺是汉族文化影响的结果，故而由巴兑札主持；而招魂则是苗族丧葬文化的核心部分，只能由巴兑雄主持。巴兑雄 TQH① 的说法是："葬礼没有他们（巴兑札与道士）可以照常进行，没有我们（巴兑雄）则万万不行。我们不去招魂，灵魂就不能回家。"

就东部方言区而言，与苗族古歌相关的苗族丧葬文化特质最为凸显的是招魂，类似于西部方言区的指路②，此外，表现为闹火把习俗，类似于中部方言区的吟诵《焚巾曲》③。

1. 招魂

招魂（chat ngangx）即请巴兑雄寻找亡人的魂魄并将其交付给亡灵的列祖列宗。苗族人认为，老人去世后，他并不知道自己死了，灵魂仍像生前那样，去他经常活动的地方。故而需要巴兑雄把他的灵魂找回，交付于集聚在夯果的祖宗，从而庇护后代并接受后人供奉的香火。

为亡灵招魂需择吉日，一般在安葬结束的当天或三到五天的某个夜晚，地点在主家的火坑边，只能由巴兑雄主持，所需用具为一槽糯米粑、一根完整的猪大肠、一个猪肚子和一刀猪肉、一条鱼、一根顺水流逝的菖蒲草，还要煮一锅不舀米汤的米饭；要把所有掘坟的工具全聚拢放在门外，到时让巫师用施有法术的水洗；要一块瓦、一瓢糠、五个空碗、一个盆、一把砂刀；另要一柄锄，一匹从裹尸布撕下来的白条布。④

招魂的程序如其他巫事一样分为请师、述由、布阵、披挂、除开厄、藏魂、报信、迎神、促问、审判、占卜等 18 个步骤。所有程序皆由巴兑

---

① TQH，苗族，巴兑，湖南凤凰县两林乡板井村人。

② 西部方言区的指路在麻山次方言区表现为吟诵《亚鲁王》并伴有砍马仪式，因附录中专门描述亚鲁王祭祀大典，故在此不作详述。

③ 正如古歌搜集者所言，《焚巾曲》是苗族著名的丧葬古歌，广泛流传于黔东南苗族地区，类似于其他民族和苗族其他地区的指路经（歌）。多于苗族老人寿终正寝后演唱，平时忌唱。该古歌就是祭师（歌手）用诗歌的形式，引度亡魂沿着祖先迁徙的路线返回东方老家，然后从那里上天去与苗族历代祖先亡魂团聚。潘定志等编：《苗族古歌》，贵州人民出版社 1997 年版，第 178 页。

④ 麻勇斌：《苗族巫辞》，台海出版社 1999 年版，第 9 页。

雄在吟诵过程中做出一定的肢体动作，内容包括追问死者死因、追寻死者魂魄、为死者解开枷锁等，具体内容可参见《苗族巫辞》。

2. 闹火把习俗

有关闹火把风俗，民国时期苗族学者石启贵在《湘西苗族调查实录》中这样叙述：（苗族）值死亡丧葬时，孝家及时向舅辈报丧，于葬前开吊日晚，在院坝或楼门边举行"已烂达"（jid lanb das）仪式即"辩死理"，俗称"舅辈闹火把"。闹火把的具体内容，目前搜集较为完整的文本可参考龙炳文的《古先活·说火把》①。闹火把具体可分为以下九个环节：①别了凡间，要去濮娘家；②打扮好了，去濮娘家园；③砍树搭尸床；④你们是谁卵孵蛋生；⑤这样才来开亲；⑥火把的根源；⑦盘问死因；⑧门外火堆如何了结；⑨火把怎么给。

在上述九个环节中，第一至三个环节侧重葬俗传统即病人落气、洗涤尸体与停尸习俗；第四至五个环节质问遗孤来源、开亲传统；第六个环节强调"火把"的根源，是因为为亡人送灵之时需要有人引路；接下来的第七个环节通过盘问知道舅亲是谁，故而舅舅方的理老就要质问亡者为何去世，是否儿女不孝，丧家方尽量解释是因为重病无法救治；第八个环节则解释门外火堆的处理方式；第九个环节是一起探讨点火把的方式。

闹火把（jid lanb das）可称为丧葬礼辞，在这份礼辞里既有对葬俗的叙述，也有相当篇幅叙述婚姻的起源。《苗族婚姻礼辞》搜集者张应和先生提出，丧葬礼辞与婚姻礼辞有相当长篇幅的交叉，完整的丧葬礼辞既包括人类的来源，也包括婚姻的起源甚至湘西苗族的迁徙史，由于当下的闹火把习俗逐渐消失，故而在黔东北一带仅有点火把之程序而无闹火把之辩理。

二、丧葬古歌的历史记忆

苗族学者麻勇斌曾提及苗族口头文学的叙述可分为直接说史类和间接说史类，其中直接说史的口头文学之文学性和历史性皆有较为重要的价值，间接说史类文学则凸显文学价值而弱化历史价值。上文在言及苗族古歌的地域特征分布时提及东部方言区的苗族古歌枝干可概括为三大主题，即雷神古老话（dut sob）、牛神古老话（dut niex）和婚姻礼辞（dut qub

① 龙炳文、龙秀祥等整理翻译：《古老话》，岳麓书社1990年版。

dut lanl)，这三大主题属于直接说史类。本章论述之丧葬活动中的 chat ngangx 古歌则属于间接说史类，但从中依然可以看到苗族历史的诸多投射，择要列举如下。

1. 炎黄之说

丧葬仪式洗涤死尸虽然是象征性的，但因为这种洗澡水被视为不祥之物，要特意加以处理。只有将洗尸水隔阻远离主家（丧家）才不会招致不幸，所以要将洗尸水倒往行人无法踩到的地方，究竟倒向何处呢？

《苗族巫辞》中这样写道：

> Lol bleat ub zead nex das 倒那清洗死尸的水，
> Lol reil ub nzead nex senb 扔那濯涤尸体的汤。
> Ad sanb bleat nqinb 一次倒尽，Ad zoud bleat jos 一回扔光。
> Oub sanb bleat nqinb 二次倒尽，Oub zoud bleat jos 二回扔光。
> Bub sanb bleat nqinb 三次倒尽，Bub zoud bleat jos 三回扔光。
> Bleat myl jox renx lious ghunx mangd gheul 倒往九列高山之外柳滚的山河，
> Bleat myl gul ral lious nqint nangd denb 倒往九重峻岭之外柳请的家乡。①

此处提及的 lious ghunx 直译为守候黄色的人，lious nqint 直译为守候红色的人。这首苗族丧葬古歌多次提到这是远古与苗族为敌的两大部落，与之旷日持久的大战致使苗族败北南迁，根据其 lious ghunx 即衣带尚黄与 lious nqint 即衣带尚红之标记，推测其为黄帝部落与炎帝部落。lious ghunx 与 lious nqint② 在苗族歌谣中被多次提及：

> Nyus manl lyeus ghunx nrangs lyeus nqent 昔日獠奎獠请③，
> Lyeus ghunx lyeus nqent nyens ghab ned 俱为异族头人，

---

① 麻勇斌：《苗族巫辞》，台海出版社 1999 年版，第 10、152 页。
② 因版本不同，拼写略有差异。例如，下文将 lious nqint 写作 lyeus nqent，将 lious ghunx 写作 lyeus ghunx。
③ 獠奎獠请为炎帝与黄帝，此首歌谣摘录自龙秀章《苗族上下七千年》。龙秀章，男，苗族，贵州松桃人，著名歌手。

Jongb dral beux lot boub nangd denb 率众攻我九黎。

Nrangs boul teib bul teib denb jongt 与我争疆夺土，
Nrangs boul jid ghueut la sub trud 互相掠田抢土，
Jid ghueut mloul ndred mil ub cenb 彼此霸河而渔。

这首歌谣明确提到战争。正是因为 lious ghunx 与 lious nqint 即炎黄为苗族宿敌，故而将洗尸水倒往其所居之地则可以理解。

2. 船舸之争

苗族丧葬仪式在 rad xoub jant del（藏魂隐魄）一节中提到其隐藏的经由之地时这样叙述：

Jix zheb oub doul ngangx bind ngangx seab① 拉住两艘古船，
Jix nhex oub doul ngangx hold ngangx ndut 拽紧两条大舟。

之所以要提及古船、大舟，是因为丧葬的招魂需要经由江河之地，故而需要船舸相助。而上述提及的 ngangx bind ngangx seab（铁船钢船）与 ngangx hold ngangx ndut（木船竹筏）之所以重要，是因为这两艘质地不同的船只与苗族命运攸关。

据 dut niex（椎牛古辞）叙述，苗瑶杀死犬父、汉人埋葬神母之后，在分配遗产的过程中，由于苗汉事先约定谁先占据平地谁就可以拥有平地，故而虽然木船竹筏为苗瑶所造，但汉人利用公鸡啄米忘记报时之诡计让苗瑶熟睡不醒，在凌晨之际将轻巧快捷的木船竹筏撑走，留下笨重缓慢的铁船钢船，故而后来苗族所居之地全为高山峻岭之贫瘠山谷，而汉人土地则为一马平川之肥沃平原。这样的叙事在苗族古歌中频频出现。

Dab leb Deb xongb Deb yix 几个苗人、瑶人，

---

① 据麻勇斌解释，ngangx bind ngangx seab 是苗族传说中的第一条古船。苗族的祖先用无比巨大的树造这条古船，就是为了沿着大江去寻找更宽阔更富庶的家园。苗族祖先造这条古船的时候，与之同父异母的兄弟（汉族祖先）也在造船，他们造的是条生铁船，那条生铁船太笨重了，不如苗族祖先的木船轻巧，所以后来被汉族祖先在夜里调换了。麻勇斌：《苗族巫辞》，台海出版社 1999 年版，第 9 页。

Sad chud nangx gianb nangx sab，Nangx ndut ngangx hlod 造好了杉木船竹子舟。

Dab leb Deb zhal Deb kheat 几个汉人、其他族人，

Chud ngangx soub ngangx hlaot 造好了铁舟钢船。

Nqit manx dab xib jid zeix lol dand Ub nqod xid 他们聚集到务乔西的水边，

Jid longs lot sot ghaob det Ub nqod seat 来到务乔沙的江畔。①

代雄、代夷造出了木船、竹船，代咱、代卡造出了钢船、铁船。

代咱、代卡忙中有错，他们把代雄、代夷的木船、竹船调换。

他们沿河而下，他们顺水放船。

……

他们终于来到豆莱，来到那土地肥沃的大河之滨。

那儿鱼虾成群，那儿土地平旷。

他们捕鱼捞虾，他们喂养牛羊；

开垦出无边的荒地，种上了五谷杂粮。

代雄、代夷登高远望，也要搬到那广袤的河滨。

无奈木船、竹船不在，只好徒步奋力前往。

……

但是，河湖已被占完，山林已被圈定，

草场已被利用，平地已被开垦。

没有打鸟的处所，没有宽阔的渔场，

没有田地种植五谷，没有晒纱晾衣的地方。

他们只好离开豆莱，他们只好另寻他乡。②

在中部方言区，李炳泽搜集到同样题材的古歌叙事：

Beib ghot deet niangx dlex 我们的祖先得泡桐船，

---

① 此处，务乔西（也作雾乔西）、务乔沙（也作雾乔洒）是河名音译，一般认为是黄河。参见石如金、龙正学搜集整理：《苗族创世纪史话》，民族出版社 2009 年版，第 191、254 页。

② 张应和：《苗乡探奇》，四川民族出版社 1994 年版，第 60—61 页。

Beib ghot deet niangx hfeib 我们的祖先得轻便舟；

Dongl diul deet niangx khab 汉族得青杠船，

Dongl diul deet niangx hed 汉族得笨重舟；

Dongl diul qab vax lel 汉族人的船划不动，

Dongl diul ed vax niangs 汉族人的船撑不起；

……

Dongl diul laof niangx dlex 汉族划走泡桐船，

Dongl diul laof niangx hfeib 汉族偷去轻便舟。①

3. 洪水之灾

巴兑雄在寻找亡灵魂魄的过程中由近而远依次寻找。如在世界寻找不到，则需要上到天界继续寻找。在前往"则松邓荣"、"则冉邓滚"的三条岔路上，有一条通往南方的雷神领土。在叙述到雷神时，古歌隐含地提及：

Jex guant ad meul niux xib ghob ghuoub 尽管在遥远的昔时，

Ad hneb nius manl ghob lieux 在久远的古代，

Boub dot nins gix nab bleid goud，Goub bul bleid denb 我们曾是要好的兄弟，亲密的朋友。

此处提到的兄弟、朋友指雷神，雷神神话韵文诗是苗族乃至西南一带少数民族流传的洪水神话。这首诗歌即东部方言区苗族古歌的三大主题之一雷神古辞（dut sob），中部方言区的洪水滔天（yangb nangl zeit jes）与兄妹结婚古歌（vangb ed dod tit），西部方言区则为兄妹成婚等异文。正是因为结怨过深过久，故而巴兑雄在寻找亡灵过程中绝对不能踏入雷神居住地，"千世不踏一步，百年不走一脚"。

上述提到的三个例子明显带有苗族历史的隐喻投射，如果忽略其文化内涵的深描，则完全无法理解招魂的整个仪式。

---

① 李炳泽：《口传史诗中的非口语问题——苗族古歌的语言研究》，民族出版社2004年版，第411—412页。

三、丧葬古歌的文化传承

丧葬古歌对于苗族文化的传承可以从以下两个角度加以认识。

1. 沿袭苗族尊舅传统

东部苗族有民谚曰："天上雷公大，地上舅公大"（Deb npad liox goud nel goud mongs，deb nit liox ghaob jongx bid gaod）。具体表现在椎牛活动中即筹备、活动与结尾三部分皆需由舅舅参与：在筹备法事阶段，举办椎牛的主家需派族胞或亲自去舅家邀请；在椎牛中心环节即刺杀牯牛之时，执矛者必为舅父或舅方代表；在椎牛后分割牛肉之时，带尾牛后腿需分给舅父。

如果说椎牛活动较为隐讳地传达了苗族浓厚的尊舅思想的话，那么闹火把则较为清晰地反映了苗族特有的尊舅文化。苗族对于舅舅的尊重似乎更甚于父亲：过年过节必须送礼拜见只是最浅层次的表现；稍为明显的还表现在家里有红白喜事，只有等到舅父到来方可开席，而且只有他才能端坐主位；最明显的是家庭如果有什么重大决定，必须与舅舅商量，经他点头方可。

追本溯源，便可以知道这种思想的由来。原来苗族同其他民族一样，也是从原先的母系氏族演变到父系氏族。在那个只知其母不知其父的时代，舅舅是家庭里最重要的劳动力，他必须担负起沉重的养育一个庞大家庭的任务。这就不仅使得他在整个家庭获得不可忽视的地位，而且使得被他养活的其他家庭成员背负着沉重的负债心理，而这种偿还心理像集体无意识那样烙入苗族人的骨髓。民俗中的尊舅之风是舅权制最具表现力的一种传导方式，它不是律法，却胜似律法。①

不熟悉这种传统的外族人会天真地认为如果没有舅舅，那闹火把就没有必要举行，岂不是可以省略繁杂的苗族葬俗？格尔茨曾言及文化就是这样一些由人自己编织的意义之网，闹火把的合理性与苗族文化息息相关。苗族特有的社会组织——"榔款"里的所有成员都只能是男人，苗族女性是绝对不能参加的。因而失语的、空洞能指的苗族女性是不能为自己言说的，所以如果一个苗族女性和丈夫不和，而又没有兄弟为其撑腰的话，

---

① 彭兆荣：《西南舅权论》，云南教育出版社 1997 年版，第 284 页。

真可谓叫天天不灵、呼地地不应（janx mied jix mied qials）。没有话语权的女性注定只能是沉默的羔羊，这就是哥荣妹贵在苗族社会里长期流传的缘由。

其实闹火把表现出的尊舅传统仅仅为象征仪式。闹火把包括外甥寻根认舅、舅方追查亡者死因、索回亡者遗物等过程。表面似乎都是舅方咄咄逼人，但在实际的辩理过程中更多的是询问亡者过世的原因、救治的方式等，带有明显的关切之意。通过闹火把，舅方与丧家之关系得到又一次确认，有利于增进亲情。最为重要的是，在遗产分配之时，舅家只能得到亡人少量的遗物，这份遗物并不能给舅方带来经济利益，而象征着外甥不忘舅辈根系之源，并有世代结好之意。正如中部方言区苗族吟诵《焚巾曲》所显现的那样，若是姑妈的丧事，《焚巾曲》系请舅家人出面演唱，舅家必退还上述象征性的工钱给丧家；如果不退还，即说明舅家从此与丧家断绝亲戚关系。可见，闹火把也好，《焚巾曲》也罢，仪式都是象征性的，表现的都是一脉相承的尊舅传统。

2. 回答生命的终极意义

苗族对生与死和生命的价值进行了严肃认真的思考，形成了独特的生命哲学。苗族认为，万物有灵，灵魂不死。人同万物一样，生死是相互关联、相互转换的。生是死的开端，死是生的延续，生是短暂的，死是永恒的。因此，苗族不但重视生，而且看重死。为了生的欢乐，苗族用双手、力量、智慧建造美好家园。为了死的幸福，苗族构筑了一个比凡间更为美丽的天国，《苗族巫辞》这样叙述：

> Zhoub yangb jid khud niux xed 他们日以继夜地在花丛中互相迷恋，
> Chud yangb jib ghueas niul shanb 他们遗忘时间地在绿叶下相互爱慕。
> Niul xed niul janx benx npod zhos xout 他们相恋好比花蕊贪恋雨露，
> Ghos shanb ghos janx ghob yous ghueas mloul 他们的相思犹如水草眷恋游鱼。
> Ros benx jongs canb nguix rongx 天国花园七千美丽的女子，
> Ros bid jongs beat nceib nceut 鬼域果圃七百俊俏的后生。
> Lial nhol ghuat hneb 在美妙的花鼓节奏中度日，

Khoud nzhat ghuat nius 在悠远的木叶乐韵里消闲。

Lial nhol jix nplud blad danb blab eud 踏大鼓的节律展舞他们衣袂飘扬，

Khoud nzhat jid nplud minl dongl minl xangt 奏大吕之铿锵狂歌他们长袖翻飞。

下文将以《亚鲁王》为个案，梳理亚鲁题材在西部苗族方言区形成的文化丛和三个方言区苗族丧葬古歌构成的文化带，从中探讨苗族丧葬习俗之尚东理念背后所传达出的客居的生命观。

（1）亚鲁题材。前文已梳理，亚鲁主题在西部古歌中被大量吟诵。《亚鲁王》古歌在西部苗族丧葬或宗教祭祀活动中大量流传，原因何在？虽然前文梳理的几个文本都已出版，但《亚鲁王》作为国家级非物质文化遗产一直归类在民间文学里，而仅仅用文学来解读显然不够，诚如学者朝戈金所言，如果我们把《亚鲁王》看成一个作品的话，它实际上是一个唱段，它镶嵌在仪式活动中。它不是简单的文学作品，它和苗族的宇宙观、人生观紧密联系。所以这一支苗人把民间的诗性智慧、语言的表达技巧锻造到这样高的一个程度，这首史诗就成了维系这个族群的文化表达、内部认同，甚至关乎其生与死的观念体系，它与作家的审美解读不能并列。①

借用艾布拉姆斯在《镜与灯》中提到的世界、作家、作品、接受者四维角度，就接受者来说，亚鲁王及各个方言区的苗族指路古歌的接受者（听众）是亡灵，这显然与世俗文学之审美等维度不相符合。

在笔者的田野调查中，亚鲁王主位文化持有者杨正江这样解释，在给死者唱诵《亚鲁王》之前，东郎有这么一个交代："你生前没有人给你讲，你现在死了由我来给你讲。只有记住这段历史，你才能找到路回家，因为在老祖宗那里会有一个考官考你，你只有把老祖宗这段历史讲述得一字不漏，老祖宗才会打开大门让你回家。"

可见，作为"一个唱段，它镶嵌在仪式活动中"，作为"唱给亡灵的指路歌"，《亚鲁王》非但不能用书面文学来解读，甚至于口头诗学的表演理论也不一定适合它。《亚鲁王》在演唱时具有严格的要求，从申

---

① 根据朝戈金 2011 年在贵阳召开的中国少数民族文学年会上的讲话的录音整理。

遗材料中可以了解到：《麻山苗族古歌——亚鲁王》吟唱之前，整个家族的歌师或一个村落甚至一个地域内的歌师都必须齐到坐堂举行神圣的仪式，一人吟唱，众歌师监督，吟唱内容不能有误，失误者当场被取消歌师资格。①

作为文本的《亚鲁王》是学者搜集、整理的结果，那么作为活态唱本的亚鲁古歌，其演唱语境何在？

据杨正江所言，《亚鲁王》在麻山地区具有送魂、治病、破案以及祈福禳灾等功能，以其最常见的送魂功能而言，《亚鲁王》是麻山葬礼中东郎演唱活动中的一个片段。在麻山的葬礼中，东郎先是为亡灵招魂，其次是对亡灵人生经历进行简介，再次是叙述创世，最后是唱诵亚鲁王和其后辈支系以及对亡灵祖辈父系的交代，具体可以分为六个步骤，粗略概述如下：

第一步，先给亡灵招魂。把亡灵灵魂招回家来，在唱诵之前，东郎需这样交代："你已经去（过世）了××天，今天，你的孝子来请我给你讲我们老祖宗的故事。无论你走了多远，你都需要回来听我讲，听我讲你的历史，你的根源……"

第二步，讲述死者身世。"在我给你讲我们的古老历史之前，我要你先记住你现在生活的环境，因为你即将离开这个环境，你必须记住你的爹妈是哪个，他们怎么认识、谈恋爱，然后生下你。你自己怎么成长……"

第三步，讲述创世纪。"现在，你开始上路了，你走前，我（东郎）跟在你身后，我边走边讲、边走边唱；你则边走边听，要听好。任何事物都有个来源，你的来源是什么呢？你肯定是人，可是人是怎么来的呢？这就必须从创世纪开始，即谁来造天造地，老祖宗是怎么来的……"

第四步，唱诵亚鲁王的一生即当前出版的《亚鲁王》文本。

第五步，讲述迁徙史。亚鲁王战败后到南方，讲到他的十二个王子及若干王孙的情况。哪个去了哪里必须交代清楚，目的是告诉亡灵所有远古血亲的情况。

---

① 《麻山苗族古歌——亚鲁王》，紫云苗族布依族自治县苗学会非遗申报材料。

第六步，交代死者家族史。在最后这一部分唱到死者这一家到底属于亚鲁王的第几个儿子，接下来就讲到孙子这一代，再接下来就可以找到我们现在的家族——其实亚鲁王的叙事就是我们（麻山）苗族地区的家族史。[1]

可见，亚鲁王是当地苗族的祖先，《亚鲁王》即是其家谱。从上述提及的六个步骤可知，除了第一和第二个步骤与《亚鲁王》联系不多外，其余的第三到第六步骤皆是围绕亚鲁王及其子孙后代的叙事。

（2）开路古歌。《亚鲁王》是麻山苗族开路歌的一个环节，而开路只是苗族丧葬的一个环节。开路其实并非某一个分支的苗族所专有，而为三大方言区甚至于国外的苗族所共享，如法国人类学家勒摩纳在泰国苗族地区记录翻译的《指路歌》，其内容与王秀盈整理的《焚巾曲》大同小异。[2]

虽然在称呼上略有差异，但其功能指向和背后隐藏的生命观完全一样：开路，西部麻山地区称为 janb jid（开路）；中部多数地方叫《焚巾曲》（hxak peed qub），有的地方叫《焚绳曲》（hxak hent hlat），也有叫《赞娘歌》（hxak hent nal）和《带路歌》（hxak yangl geed）的[3]；在东部有 chat ngangs（招魂）、jongb goud（引路）之说。其中西部的 janb jid（开路）与东部民间的称呼 jongb goud（引路）和中部的带路歌（hxak yangl geed）在词源上几近吻合：jid、goud、geed 都为路、道路之意，其声母和声调的雷同在三大方言区的苗语中并不多见；janb、jongb、yangl 则是指引或带领之意，暗含着东郎（或巴兑雄）给亡人指点迷津。在功能指向上，《带路歌》是根据死者灵魂回老家这一目的取名；而 janb jid（开路）在这里不仅特指一种仪式，而且有"回归"的意思；jongb goud（引路）即 chat ngangs（招魂）之意，在将其魂魄找到之后，东郎（巴兑雄）还要将亡灵送回祖先所在的东方故园。

---

[1]　笔者 2012 年 4 月对杨正江的田野访谈。

[2]　苏晓星：《苗族文学史》，四川民族出版社 2003 年版，第 304 页。

[3]　中国民间文艺研究会贵州分会、贵州民族学院编印：《民间文学资料第四十八集（苗族焚巾曲）》，1982 年，"译者的话"第 3 页。

　　具体而言，截至当下，三大方言区苗族共出版了十余部丧葬古歌①。此外，在麻山地区，早在 1954 年就有由班由科搜集但未公开出版的资料《苗族开路歌》，并交代其演唱多在老人去世之时，主人家请歌手来唱给死者听。中部的开路歌以巴拉河流域的《焚巾曲》为较佳案例，《焚巾曲》在民间有不少口本，歌名不尽统一。几份异文皆由王秀盈搜集整理，内容大多涉及创世神话、兄妹开婚、民族战争和迁徙，此外还有对死者的叮嘱和送亡线路。东部方言区出版的开路古歌共有四部。这四部东部方言区的丧葬古歌在内容上有较大出入，其中前三部较重民俗记录，而《苗族巫辞》所叙述的亡灵回归之路具有《离骚》的绚丽烂漫，比如在通往天界的三个层次中，对第三梯的描写明显带有创世叙事和历史记忆：

> Chud dot ad zhenb nqet hneb nqet hlat 做有一杆日秤月秤
> Ad zhenb nqet rongx nqet ghunb 那杆神秤鬼秤
> Ninb nceab ud nianl ad banx jib doub 安居它也知道事态变化
> Jongt rut ud nianl ad dongs jib las 静坐它也洞彻人间万象
> Zhos sead nianl liox nianl xub 量官司诉讼它明白大与小
> Zhos zhangs nianl xeab nieal hend 量灾祸杀伐它明白重与轻

　　通过上文梳理可知，开路古歌在三大方言区皆有分布，下文笔者将探

---

① 西部开路古歌有：苗青编：《西部民间文学作品选（1）》之《Lox Khuab ged》，贵州民族出版社 2003 年版；罗有亮译注：《苗族指路经·红河卷》，云南民族出版社 2005 年版；杨照飞编译《西部苗族古歌·丧葬理辞》，云南美术出版社 2010 年版；项保昌等译注《苗族指路经·文山卷》，云南民族出版社 2005 年版；古玉林等主编《四川苗族古歌·丧葬祭祀歌》，巴蜀书社 1999 年版；贵州省民族志委员会编：《民族志资料汇编》第 5 集，1987 年印刷；清镇市民族宗教事务局编：《祭魂曲》，贵州民族出版社 1995 年版；纳雍县民族事务局编《纳雍苗族丧祭词》，民族出版社 2003 年版；织金县民族事务委员会编《苗族丧祭》，贵州民族出版社 1991 年版；中国民间文艺家协会主编：《亚鲁王》，中华书局 2011 年版。中部《焚巾曲》有：中国民间文艺研究会贵州分会、贵州民族学院编印：《民间文学资料第四十八集（苗族焚巾曲）》之《焚巾曲》（之一）、《焚巾曲》（之二）、《带路歌》，1982 年印刷；潘定智等编：《苗族古歌·焚巾曲》，贵州人民出版社 1997 年版。东部的四部开路古歌为：龙炳文等整理译注：《古老话·论火把》，岳麓书社 1990 年版；石如金搜集：《湘西苗族传统丧葬文化》，民族出版社，2007 年版；石启贵编著：《民国时期湘西苗族调查实录·祭日月神卷》，民族出版社 2009 年版；麻勇斌：《苗族巫辞》，台海出版社 1999 年版。

讨为什么亚鲁主题会在西部形成文化<u>丛</u>，为什么三大方言区的丧葬仪式指路古歌会形成文化带。就民俗的角度而言，迁徙主题在苗族婚庆古歌演唱中多有表现，但最为凸显的是在三大方言区的丧葬里。苗族无论迁徙到什么地方，在埋葬死者时，都要将死者的头向着东方，即向着传说的始祖故乡的方向，并且要请巫师引导死者沿历史上祖先迁徙的路线，返回祖先原来居住的老家。①

虽然称呼上有"论火把"、"焚巾曲"和"指路经"等不同称呼，但目的都是将魂魄送回苗族的东方故里，使其得到老祖宗的庇护，从而完成苗族特有的丧葬目的。东部方言区的指路即将结束时，祭司叮嘱死者："为了你在阴间得到快乐，凭我祖师和你祖宗的阴灵，把你指引到安乐的地方。一魂引到东方的故土，回到我们的老家，借着冉冉升起的日光，关照人间的儿孙。一魂引到极乐的天堂，享受不尽的愉快。一魂留住 hangd ghot（音译：夯果）和祖宗阴灵团聚，早晚享受儿孙的供养。"中部方言区的苗谚曰：Dail naix bib dail nangs（一人三条命），Dail dliux bib dail vas（一灵三个魂）。人过世后，一个灵魂回到东方老家会再上天去，一个灵魂守在坟中，一个灵魂在家中保佑子孙平安。为此，中部苗族人认为，人死了以后，他的灵魂要回到最初来的地方——天上去。如何才能使他顺利回到天上去呢？就得请"勾详"（ghet xangs）来给他指路，他才不会在回归的途中迷路。"勾详"一般都是会吟唱"指路词"的鬼师，或者是寨上有名望的老年人。② 老人死后，若不给其指路，死者灵魂就找不到祖先居住的路线和方向。因此，西部指路歌的作用是为死去的老人指路。对于生活在深山里的湾塘苗族人来说，一个人的死去并不代表着这个人已经走向完结，而是另外一种生活方式的继续。从歌师唱诵的开路歌中我们可以体会到，一个人死去后，就要走上一条遥远的"回家"路，沿着自己祖先的足迹回到祖先曾经生活过的地方。③

（3）尚东意识。笔者以前一直感到困惑的是：苗族三个方言区丧葬的共性何在？毕竟每个方言区甚至每个家支都提到要将亡人送到老祖宗居

---

① 伍新福、龙伯亚：《苗族史》，四川民族出版社 1992 年版，第 41 页。

② 贵州省民族事务委员会、中国民间文艺研究会贵州分会编印：《民间文学资料》（第六十一集），1983 年，第 277 页。

③ 李志勇：《一曲挽歌，一段艰辛的"回家"路》，载于中国民间文艺家协会主编：《〈亚鲁王〉文论集：口述史·田野报告·论文》，中国文史出版社 2011 年版，第 122 页。

住之地，然而，在老祖宗是谁的问题上则差异较大，蝴蝶妈妈、蚩尤、亚鲁、姜央，哪一个是？其实抛开较大差异的人名指向，其背后共同的符号即东方故园——各个方言区的各个支系的苗族开路古歌的吟诵功能都是将亡人的魂魄送回太阳升起的地方，那个让他们魂牵梦绕的东方故里，从而使亡灵回到老祖宗的居住之地，并使其得到老祖宗的庇护，完成苗族特有的丧葬目的。

对东方符号的凸显在三大方言区的丧葬活动中随处可见。

在西部方言麻山次方言区可以从三个层面体现。首先，覆盖在亡灵脸上的芒就[1]，芒就中心是象征生命的光芒四射的太阳纹，指向太阳升起的东方。其次，葬礼中需要砍马，在迎接砍马师时，丧家子弟须跪向东方，在马即将被砍倒之时，丧家子弟还需将马头调转方向，使之朝向祖先所在的东方。最后，一些在麻山地区没有的食物如大米、糯米和鱼，在葬礼上必须食用，因为那是老祖宗在东方福泽之地的粮食，只有按照老祖宗的饮食习惯，亡灵才能被接纳和认可。

据麻勇斌考证，在东部苗族地区，丧葬饭食是这样做的：将一条事先准备好的鱼放入水中煮熟，或在水里打个滚即捞出，然后用鱼汤做饭，煮时不滗米汤。这种饭食人鬼共食，称为"招魂饭"。这饭既是虾蟹佳肴，又是鱼鲐饭食。这类食品的制作过程是一种象征，取意在于，鱼沿着河能够回到东方，回到苗族的老家。此外，在东部方言区，苗族认为祖先生活在东方，人死后灵魂必须送回东方与祖先团聚，因此丧葬仪式上必须采菖蒲草制汤洗尸。烧洗尸水时，专门派人到河边去，采菖蒲草放在洗尸水里。相传苗族先民们是沿着江河溪流的方向迁到五溪山区的。现在人死后，用这种叶子浸泡的水洗尸，其意是让亡人的灵魂沿着江河溪流，回到老家去。可见，用菖蒲草能找到回归东方水路的记忆。同时，菖蒲草生长在水边，长期被水洗涤，故也代表洁净，亡人洁净才能被祖先接受。[2]

在中部方言区，由于苗族传统观念认为人死后有一个灵魂要回到东方老家并与列祖列宗团聚，所以要举行送魂升天的仪式。送魂中必须演唱的

---

① 覆盖在亡灵脸上的族标。

② 石宗仁：《苗族的古老葬仪俗·果相劳务》，载于《中国各民族宗教与神话大词典》编委会：《中国各民族宗教与神话大词典》，学苑出版社1990年版，第472页。

古歌是《焚巾曲》，在歌词中特意叮嘱："妈妈（泛指亡灵）去东方，沿着古老道。沿着迁徙路，赶路去东方；过了岗又岗，爬了梁又梁，步步近东方，步步近故乡。"

正是长期以来的集体无意识投射，故而苗族尚东之俗在墓葬上表现较为突出。据《续修叙永永宁厅县合志》卷20载："丧，用布匹裹尸入棺，必合甲子乃葬，东向横埋。"长顺县交麻乡天星洞、都匀市石龙乡小冲寨崖洞、惠水县摆金藏尸洞、平坝县棺材洞等洞葬群，尸骨都是头东脚西排列。有俗语曰："横苗倒仡佬。"正如学者所言，在丧葬行为和仪式中，在对死的感知中，已经表现了集体的话语，但这种话语在多数情况下是潜意识的。行为举止的不断重复或是惊慌忧虑都证明了根深蒂固的集体表现，因为这些表现是不由自主的，因而更加重要。①

（4）客居生命观。尚东背后的一种解释在于迁徙所带来的漂泊和客居感。西南少数民族的历史，有一个显著特点，那就是不少民族都有频繁迁徙的苦难经历。或通过文字记载，或口头传说，他们大都知道祖辈迁徙的路线，并形成了风情各异的返本还源丧俗。②

笔者认为，除了迁徙的历史投射之外，更深层的原因在于苗族的客居生命观，在丧葬古歌中这样的表述比比皆是：

> 山坡为主千年在，人在世上像做客。江山永存在，人生过路客。
> 大地是主人，山河永存留。人生是过客，短暂一时候。
> 您来人世间一场，好像赶了个街子。
> 您从天上来，落在地上是人世。几十年啊，您又要走了。

正是因为持有这种客居的生命观，所以苗族认为死亡并不是生命的终结。亡灵需要巫师将其灵魂带去与祖先相聚，这说明各代在阳间的分离只是暂时的，最终将在另外一个世界相聚，回到老祖宗的东方故园。

按照麻勇斌研究员的解释，在东部方言区的苗人宇宙观里，宇宙分为三层：上层是雷公天公和祖先居住的天国，中层是现实世界，下层则是

---

① 罗义群：《苗族丧葬文化论》，华龄出版社2006年版，自序第2页。
② 张捷夫：《丧葬史话》，社会科学文献出版社2011年版，第143页。

"黛琐黛菌"的世界。东部方言区称死亡为回祖先居住的地方（nzhad denb ghot），称棺材为老屋（bloud ghot）。

在笔者的田野访谈中，杨正江这样解释：

> 麻山这一带苗人的世界观中，苗人是天外来客，是从天外移民而来。在创世纪的叙述里，现在的地球不是以前的故园；老家在宇宙的另一个平面，因为那个平面的东西都被吃完了——水不够喝，饭不够吃，柴不够烧，所以老祖宗派鸟雀如老鹰、麻雀等去重新寻找新的生活之所，最后燕子找到了，燕子找到平面的下方，到了董冬穹（苗族创世神）的时代，众人按照老祖宗生活的样子在那个地方（新的空间）重新创造了一个宇宙，把后代移民下来，这些后代就在下面生存，这就是目前的这个宇宙。在那个时代，苗人可以自由游走于天上与地下。即使在亚鲁王的时代都还是可以上天入地的，但只有亚鲁王一人可以，再后来任何人都不行了。所以人死后要回到东方，这就是苗人天外来客的生命观。①

这样的叙事显然不仅仅是文学吟诵，更是生命观的烙印。朝戈金提出，歌师笃信亚鲁王是真实的历史，包含有家族史、民族史，甚至人类史，唱诵《亚鲁王》是神圣、庄严的，唱诵时常有歌师唱到祖宗艰难迁徙求生时感慨得泪流满面。

苗族古歌的听众并非苗族民众一维，而是包括生灵万物甚至亡灵等多元听众。关于苗族的生命观，有苗族学者这样解释：如果把各家支的《指路经》集中起来，就构成了一幅古代苗族迁徙的线路图，四处播迁，艰难发展，魂归故土，飘飘而来，这是一条搅乱了时空的生命线。此时，寻找历史的真相反而不重要，一种复杂的情感和固执的信念却在苗族人的世界里深深扎根。② 有鉴于此，麻山东郎一代代不计名利地学习和传承《亚鲁王》。毕竟死亡不是生命的终结，而是新生命的开始。未来的新生命将在先祖故国度过，然而要回到故国，必须在现

---

① 笔者对杨正江的田野访谈。

② 古秀群：《苗族原生宗教经典研究——云南苗族〈指路经〉的文化学价值阐释》，中国·贵州·凯里苗族文化论坛参会论文，凯里，2012年，第49页。

世生命结束时举行"节甘"仪式，并在这仪式里虔诚地唱诵先祖亚鲁王的故事。①

第二节 歌谣禁忌现象探析

歌谣吟诵内容与吟诵过程中存在禁忌，这几乎仅限于口头文本中，下文先列举苗族古歌的禁忌，在此基础上探析歌谣禁忌的特征。

一、苗族古歌禁忌

禁忌英文为 taboo 或 tabu，源于中波利尼西亚土著语，其意为禁止同神圣的东西或不洁的人、事物等接近，否则会招致超自然力量的惩罚。②

苗族在日常生活中有诸多禁忌③，作为文化事象的苗族古歌包含大量的禁忌，不仅存在于苗族古歌的演唱内容里，而且表现在苗族古歌的演唱活动中。如果仅仅从歌词的角度解读，就文学审美而言，显然无法对苗族古歌的禁忌做出合理解释。

苗族古歌提到的禁忌有显露和隐含之分。在东部苗族的《苗族创世纪史话》中，明确提到：

> Njout dand lel heb jex nongx gheab 菜亥忌吃鸡肉，
> Njout sot lel hot jex nongx ghuoud 菜好禁吃狗肉。④

笔者通过田野采访了解到，古歌禁忌的记载契合民俗事实。在现实生活中，东部苗族的田姓有 leb heb 和 lel hot 两个支系，一支忌吃狗肉，一支

---

① 梁勇：《麻山苗族史诗〈亚鲁王〉音乐文化阐释》，硕士学位论文，陕西师范大学，2011 年，第24 页。

② ［德］弗洛伊德：《图腾与禁忌》，杨庸一译，中国民间文艺出版社 1986 年版，第 31 页。

③ 参见《中国少数民族禁忌大观 》、《湖北苗族》、《铜仁地区志·民族志》、《贵州六山六水民族调查资料选编·苗族卷》等。

④ 石如金、龙正学搜集、翻译：《苗族创世纪史话》，民族出版社 2009 年版，第 394、414 页。

忌吃鸡肉。有民谚云"deb lel jex nongx ghuoud",即田氏不吃狗肉,如居住在贵州省松桃苗族自治县大兴镇云岩乡婆峒村渡口组的田姓皆终生不吃狗肉。相传有田姓两兄弟名叫莱亥、莱好,大祸临头时,幸得鸡狗的救护才幸免于难。为了感谢救命之恩,一支发誓不吃狗肉,一支发誓不吃鸡肉。①

在中部苗族鼓藏节期间,有大量的禁忌,其中有女人禁锅灶之说。对此,苗族古歌有着清晰的解释:

> Ax kub niangb lil gheil 不念妈妈养育恩
> Seix kub niangb dil dlenl 也念十月怀胎苦
> Kub ob niangb jil ngangl 一朝分娩拼死命
> Mais lof qet niangb liul 让妈生息养精神
> Jenf jul wangb jul wil 忌摸簸箕和锅灶
> Jenf jul dliong jul jel 不摸粑槽和堆窝
> Jenf jul jex hnaib dangl 妈妈九天休息好
> Juf hmangt ax sad wil 十天不让洗碗锅②

从古歌歌词中我们可以了解到,之所以不让女性参与鼓藏节的劳动并不是性别歧视,而是体谅其辛苦并让其休养。

西部苗族古歌中讲道:远古时期,汉族沙陡祭祖时请苗族格蚩尤老去掌锅,猪心沉于锅底。祭祖时,沙陡没找到猪心,便一口咬定是格蚩尤老的儿子(或格蚩尤老的兄弟)偷吃了猪心,格蚩尤老痛杀儿子(或兄弟)后,却在锅底找到猪心,沙陡并没有为此解释或道歉,故而双方大动干戈,旷日持久的苗汉大战皆由于此。这则资料在《四川苗族古歌》中有记载:

> Ras nad god yangx lous yif nad yuad jaid bleud 从此后,我杨娄这家忌猪心;
> Ras nad god yangx lous yif nad bleud zhit naox 从今起,我杨娄这家把心忌。③

---

① 铜仁地区地方志编撰委员会:《铜仁地区志·民族志》,贵州民族出版社 2008 年版,第 229 页。
② 杨元龙搜集整理译注:《祭鼓辞》,贵州民族出版社 2011 年版,第 25 页。
③ 古玉林主编:《四川苗族古歌》(上册),巴蜀书社 1999 年版,第 401—402 页。

　　较为隐讳的禁忌如《苗族史诗·寻找祭服》："他欠姜央什么礼？别人回家只消一季，阿幼回来要用三年，她的路程太远了，她在娘家生了儿。担了一只猪腿，还有一只鸭，把祖宗敬了，大家才兴旺。""在娘家生了儿"即犯了苗族出嫁后的姑娘不能在父母家生育的禁忌，而担一只猪腿和鸭子是用来解除犯忌惩罚的——苗族妇女不许在娘家分娩，若不得已而在娘家分娩，事后一定要备重礼来敬祖宗神灵。①

　　吟诵过程中也有禁忌。在黄平县等地，"大歌"中的《十二宝》（即《十二个蛋》）、《扁瑟缟》（又译《榜香尤》）、《五好汉》等，一般年轻人和鬼师是不能演唱或不敢演唱的，这是因为：

> Gid nend sail gux lul 此歌尽是老古典，
> Sail gux dliangb lial lial 完完全全神祀经。
> Mongx seix niangb yil yil 你的年纪轻又轻，
> Liex seix niangb yil yil 我的年龄小又小，
> Mongx hfaib ax diangl jul 你要叙说难说尽，
> Liex hfaib ax diangl jul 我要说唱难唱全。
> Dliat nenx bail dol lul 留它让给众老人，
> Xangs gax dliangb jef lol 让给祭司去哼哼，
> Nenx ghab dliangb jef lol 他请神灵才会来。
> Nenx hxangb dliangb jef lal 他请神祇才清净，
> Ob dliat nenx ib gongl 我俩留下这一路，
> Ib xet ax baib mongl 此道不可任意行。②

　　《苗族十二路大歌·代序》提到《苗族十二路大歌》是男青年在秋冬农闲季节游方投宿他寨，晚饭后主寨男青年出面邀请来访的男性客人互相盘问对唱的一种古歌，是一组以刻画、塑造和歌颂各种英雄为主体的史诗，演唱者是清一色的男性。③ 但在实际生活中，上述这几首

---

① 今旦、马学良注：《苗族史诗》，中国民间文艺出版社1983年版，第221、301页。
② 转引自吴一文：《什么是苗族古歌（代前言）》，载于吴一文、今旦：《苗族史诗通解》，贵州人民出版社2014年版，第21页。
③ 黄平县民族宗教事务管理局、施秉县民族宗教事务管理局、镇远县民族宗教事务管理局：《juf ob gid hxak hlieb 苗族十二路大歌》，贵州大学出版社2013年版，第9页。

大歌非祭司不能演唱。即便是祭司，非在特定场合亦不能随便吟诵：

> 在中部方言区，《洪水滔天歌》这首歌也是不轻易唱的，要唱得在户外，不能在家里唱，同时要杀鸭或杀鸡，有纪念人类祖先蒙难的意思。另外，这首歌涉及兄妹结婚的事，而这又是后世所忌讳的，在家里唱则有亵渎祖先之嫌①；《蝶母诞生》这是《蝴蝶歌》这组歌的第一首，这组歌实际上是祀祖歌，在过去，非祭祖之年是不许唱的，故也把它称为《黑鼓藏之歌》。②

除了上文言及的行动禁忌之外尚有语言禁忌。

在中部方言区，语言禁忌有特定的场合，最具典型意义的是鼓社祭期间，许多常用词语不能说，如 nongx gad（吃饭）称 jangs hsat（装沙），xed（盐）称 ghangb nangx（甘甜）等。③

这样的语言禁忌同样出现在东部苗族古歌的演唱中。东部苗族古歌三大主题之一《dut sob》叙述雷神（ghot sob）不吃鸡肉，故而被骗吃之后大发雷霆，洪水泛滥。古歌还交代由于世人（ghot bens）设计捉拿了雷神（ghot sob），准备买盐腌着吃，故而雷神对盐十分憎恶：

> Poub soub jed nongx nieax gheab,
>
> 剖梭忌吃鸡肉，
>
> Jed jeut nieax nus
>
> 讳尝鸟味。
>
> Mex ad daob poub sob lol nghud poub bis,
>
> 有一天剖梭来拜访，
>
> Poub bis bad yid geud ghad gheab ghab nusaot nangd
>
> reib shongb gieab gangs poub sob nongx
>
> 剖毕用鸡粪浇灌的菜来招待。④

---

① 今旦、马学良注：《苗族史诗》，中国民间文艺出版社 1983 年版，第 302 页。

② 今旦、马学良注：《苗族史诗》，中国民间文艺出版社 1983 年版，第 287 页。

③ 吴一文、覃东平：《苗族古歌与苗族历史文化研究》，贵州民族出版社 2000 年版，第 321—322 页。

④ 石如金：《苗族创世纪史话·婚姻史话》，民族出版社 2009 年版，第 288、289、394 页。

正是源于此，故而祀雷活动明确提出注意事项，如不能说"鸡"、不能说"盐"等，这与笔者参与的大龙洞祭祀雷神民俗所见相吻合。

苗族古歌作为活态史诗，寄生于一定的民俗活动中，因而上文所列举的禁忌个案仅为冰山一角。限于笔者母语为苗族东部方言，故大多实地调查来源于此，下表（表6-1）除椎牛与祭天神之外大多以东部方言古歌演唱的禁忌为例。

表6-1　东部苗族古歌演唱禁忌举例

活动	古歌名称	禁忌
婚嫁	婚姻礼辞 dut qub dut lanl	忌 jid beb jid was 即分分离离之说①
祀雷	雷神古辞 dut sob	禁忌之一是盐，所有的食物都不能放盐，说话时也不能提及盐。禁忌之二是参与者进出主家的门，在屋外法坛的巫事开始后，巫师就不能再回到主家屋内，刀手、司酒、主家的舅父等参与迎雷神和伺候雷神的人，也不能再进入主家屋内，直到结束。主家不参与屋外法坛的所有巫事，若是在巫事举行的过程中，需要出门，则需要戴斗笠。禁忌之三是饭食禁有鸡屎，煮饭时不能吹火②
椎牛	椎牛古辞 hxak bangx liel	鼓社禁忌③ 禁汉人参与
还傩愿	人类起源歌 dut nux	禁用被蛇、虎咬过的人，上贡禁用嘴吹贡品④
吃猪	chat ghot nbeat	禁汉人参与、说汉话； 祭祀之猪禁刀杀，需用棒打； 禁母舅异姓人 nongx nieax heub（食祭肉）；未食用完之祭肉禁随意丢弃，需深埋
祭天神⑤	zit ndox dlangb 祭天神	祭祀完毕，由祭司将酒肉分给在场的人享用，必须全部吃完，不许将肉带回家，否则前功尽弃

　　注：①一般原则是在丑事的场合可以讲完七支（说火把），而在好事的时候则只能讲述有关喜事的内容，不能牵涉丑事的话题。张子伟编：《湘西苗族古老歌话》，湖南师范大学出版社2012年版，第177页。

　　②麻勇斌：《苗族巫事·祀雷》，远方出版社2002年版，第44页。

　　③覃东平、吴一文：《蝴蝶妈妈的祭仪：苗族鼓社文化研究》，贵州人民出版社2004年版，第91—113页。

　　④据笔者对苗族巴代石寿贵的田野访谈的录音整理。

　　⑤杨照飞编译：《西部苗族古歌（川黔滇方言）》，云南美术出版社2010年版，第441页。

固然，苗族古歌作为活态史诗至今还在民间传唱，之所以在内容和演唱过程中大量地出现禁忌，显然是与上文分析的内容的神圣性、历史的厚重性和民众生活的紧密性相关。此外，大量禁忌的存在与苗族万物有灵的生命观、封闭而自足的社会系统密不可分。

二、歌谣禁忌探析

由于黑格尔与弗莱皆认为史诗产生在原始部落社会，属于文学体裁里的初级阶段，被后来不断发展的文体所扬弃，故而传统的西方史诗论难以解释中国至今尚有活态史诗存在的现象。长期以来汉族诗学传统的审美与训诂研究大多集中于经学者搜集整理后的史诗之歌词一维，采取自上而下的角度将歌谣视为无字民族的集体呓语，故而中国少数民族史诗的传承和研究因为语言和文化的隔膜几乎被圈定在民族地域的牢笼里，较少地关注与阐释史诗或歌谣的立体性与丰富性。近年来西方口头诗学的程式理论摆脱了口头诗学是文字文本的附庸或点缀的论调，凸显了口头诗学的独立地位，其中帕里—洛德提出的程式理论等诸多观点对于文本的活态传承有着清晰的论述，但依然无法对歌谣吟诵过程中的禁忌做出进一步探讨。

其实歌谣吟诵过程存在禁忌并非苗族古歌所独有，它广泛地存在于国内大量口头文本中。伦珠旺姆在《史诗〈格萨尔王传〉的禁忌民俗》中对格萨尔史诗的禁忌民俗进行了梳理，并将其分为生活禁忌、语言禁忌和宗教禁忌三类。此外，在西南的创世史诗和北方的英雄史诗吟诵中，这样的例子亦不少见：

> 平时在民间，（布洛陀）一般是逢喜庆或重大节日才开唱，必须唱全诗，而且要请高明的歌手来唱。在举行这项活动的时候，大家必须抱着极其严肃和虔诚的心情来参加。演唱者必须事前认真做好准备，不仅要再三温习诗的内容，而且要戒嘴（不吃狗肉和牛肉）三天，修身（洗浴后不进行房事）七天，可见所要求的严肃和虔诚的程度。①
>
> 史诗《江格尔》演唱活动至今仍在蒙古族人心目中很神圣，有些艺人不敢坐唱，而是跪着唱。在演唱活动的现场，演唱者和收听者都有一些规矩和禁忌。有的艺人能不吃不喝，连续几天演唱，越唱越

---

① 欧阳若修等编著：《壮族文学史》（第一册），广西人民出版社 1986 年版，第 52—53 页。

出汗，出现类似与萨满巫师唱诵表演时的状态。同样，听众也不许听完，否则的话会遭受短命之灾。①

　　阿尔泰乌梁海部族史诗演唱艺人在演唱史诗过程中，不能摘帽子，不能移位，在演唱过程中不能停止，更不能中断演唱，听众不能出任何声音。②

　　禁忌是全球性的文化现象，只要有人类就有禁忌。由崇拜产生恐惧，由恐惧导致规避，约定俗成的规避即禁忌，在禁忌的表现上有生活禁忌、行业禁忌、生命禁忌等。在诗歌的吟诵过程中存在禁忌，西方诗论或汉族诗学皆没有提及，故而需要做出进一步的阐述。由于各个民族的历史发展和文化传承各具特色，故而歌谣禁忌产生的具体原因各不相同。据笔者文献查阅和参与观察，吟诵过程存在禁忌的歌谣多为口头文本并具有母语传承、听众多元、仪式伴随、功能多维四个特征。

　　1. 母语传承

　　借鉴国外口头诗学理论，学者将口头诗学分为三类，即口头文本、来源于口头传统的文本与以传统为导向的口头文本。③ 中国目前的史诗多为口头文本与来源于口头传统的文本，中国少数民族三大英雄史诗与南方创世史诗如苗族的《苗族古歌》、彝族的《勒俄特依》、哈尼族的《十二奴局》、白族的《创世纪》等既有经过学者搜集、翻译和整理的文字文本，又有当下依然在民间吟诵的口头文本。就两者之间的主从关系而言，口头文本是源，文字文本是流。换言之，经过学者处理的文字文本固然较为规整与严谨，但活态传承的口头文本更为灵活与丰富，且能在田野调查中得到确证。歌谣存在禁忌仅限于第一种文本即口头文本之中，口头文本最为重要的特征为母语传承，口头文本凭借母语得以在民族地区流传。比如上述提及的《格萨尔》用藏语在藏族地区流传；《江格尔》用蒙语在蒙古族地区传唱；《勒俄特依》用彝语在彝族地区传唱；《十二奴局》以哈尼族传统说唱"哈巴"为传演形式，在哈尼族各支系

① 萨仁格日勒：《蒙古史诗生成论》，中央民族大学出版社 2001 年版，第 287 页。
② 海英：《阿尔泰乌梁海部族史诗演唱文化空间对史诗传承的约束》，《新疆大学学报》2010 年第 6 期。
③ 巴莫曲布嫫：《"民间叙事传统格式化"之批评（下）——以彝族史诗〈勒俄特依〉的"文本迻录"为例》，《民族艺术》2004 年第 2 期。

均有流传。

存在禁忌的歌谣限于母语传承的口头文本，在经学者搜集与整理的的文本与经编辑者根据某一口传文本改编的以传统为导向的口头文本中并不存在禁忌之说。母语传播的口头文本存在禁忌，这在苗族古歌的传承中尤其明显。苗语属汉藏语系苗瑶语族苗语支，具体而言又分三大方言区，即湘西方言区、黔东方言区、川黔滇方言区。不同方言区吟诵的苗族古歌有所不同，比如《中国苗族古歌》、《苗族创世纪史话》只以湘西方言在苗族东部方言区吟诵，《苗族史诗》、《苗族贾理》只以黔东方言在苗族中部地区传承，《亚鲁王》、《四川苗族古歌》则以川黔滇方言在苗族西部地区传唱。这些在各个不同方言区传唱的苗族古歌只能用其专有的方言吟诵，不能相互替换。

正是凭借母语的口头传播，口头文本才得以在民族地区传承不息。母语传承既保证了歌谣流传的延续性，也使得民众借助歌谣获得了强烈的认同感。正如有学者所言，中国当代少数民族之所以有自我认同和他人认同，就是因为各民族拥有自己的母语口头传统，运用自己的母语进行族群历史叙事和文明的传承与传播。[1]

2. 听众多元

笔者认为，区别于文字文本的人类阅读，母语传承的口头文本具有听众多元的特征。例如，严格意义上的苗族古歌为"苗族"之古歌，其听者显然是以苗族民众为主体，但又不仅仅限于此。正如上文苗族古歌之听者所分析，如果仅仅将其听者限定为苗族民众一维显然低估了苗族古歌，苗族古歌之听者不仅包括有生命的苗族民众与马等生物，也包括无生命的鬼神与亡灵。

此外，阿尔泰乌梁海部族在演唱《阿尔泰颂》的过程当中有较多的禁忌。比如在赞美阿尔泰山的时候禁止人们进出，禁止出声，歌手在演唱《阿尔泰颂》时，听众和歌手都必须衣着整洁。这是因为前来欣赏《阿尔泰颂》的不光是人类，还有阿尔泰山的各种神灵。[2] 正是因为将非人类的各种神灵作为听众，才需要在敬重的基础上产生规避即禁忌。

---

① 罗庆春：《口头传统与中国当代少数民族母语文学创作——以彝族为例》，《西南民族大学学报》2010 年第 6 期。
② 海英：《阿尔泰乌梁海部族史诗演唱文化空间对史诗传承的约束》，《新疆大学学报》2010 年第 6 期。

下文列举的是一首壮族为儿童唤魂的歌谣，文中多次提到的"你"并非儿童本人而是儿童的魂魄，这样的阐释充满非理性的神秘色彩。正是因为其交流的对象为非人类，故而需要用民族地区约定俗成的母语来吟诵。若换成汉语或书面文字，则会导致整堂法事作废甚至适得其反。这首为儿童招魂的歌谣的歌词片段为：

[壮语]

Dauq lo!

Dauq ranz ngvax seiq saeu,

Dauq ranz raeuz seiq cih,

Ranz raeuz hom gyoij hom,

Ranz raeuz hom gyoil gaeq,

Dauq gwn haeux naj nding,

Dauq gwn ringz naj maeq；

Mingh hoen，lwg hoi，dauq lo!

Nyi（dingqnyi）sing meh cix ma,

Raen sui meh cix dauq.

Bin（benz）hwnj gwnz sang bae goj dauq,

Roengz ndae haijlungzvangz goj dauq,

Bae ndij rumzgeujgaeq goj dauq,

Bae ndij fwn doek laux goj dauq,

Bae ndij ndaundeiq foh goj dauq.

Bae ndij ronghndwen mwnz goj dauq.

Hoen hw lwggvai meh dauq lo!

Lwgbengz meh dauq lo!

Dauq gwn haeux congz daiz

Dauq gwn ngaiz cibzseiq,

Dauq ndij bak meching,

Dauq ndij hing meh heuh.

Hoen hw，lw dauq ranz lo!

Lwg meh daengz ranz lo!

　　［汉译］

　　回来吧！

　　回自家的瓦屋，

　　回自家的大房，

　　家里留有甜果，

　　家里沤有香蕉；

　　回家吃饭脸色就红润，

　　在家身体就会健康。

　　儿呀，回来吧！

　　寻着母亲的声音来找，

　　闻着母亲的气息回转来。

　　你若上天也要回来，

　　你若去了海龙王那里也要回来，

　　你若随旋风飘走也要回来，

　　你若大雨冲走了也要回来，

　　你若同彗星一起走了也要回来，

　　你若去到了月宫也要回来。

　　回来吧！

　　回来在高桌上吃饭，

　　回来共度七月十四节。

　　千万要听父母的敦促回来啊！

　　千万要踏着母亲的呼唤声回来啊！

　　——儿回来了

　　母亲的乖乖回到家了。①

　　可见，母语传承贯穿于口头文本的始终。以母语为媒介的传承除了人类听众历史文化的传播与文学的审美之外，更多地偏重于万物之间的沟通和交流。正如一位苗族同胞所反思的，现代性是从屏蔽自身的想象力、直觉经验和感性认知开始的。本质上，神话传说、宗教信仰在现代社会中是不允许存在的，大地山川、花鸟鱼虫在物理学、生物学等所谓

---

① 欧阳若修等编著：《壮族文学史》（第一册），广西人民出版社 1986 年版，第 19—21 页。

"科学技术"的"扫描"下，灵魂与情感通通退散，只剩下一堆物质和细胞。但是，没有谁能够十分确定自己脚下的山水没有生命，没有灵魂。①

　　3. 仪式伴随

　　与固化印刷的《荷马史诗》、《尼伯龙根之歌》、《罗兰之歌》、《罗摩衍那》、《摩诃婆罗多》等史诗不同，上文提及的中国歌谣多数尚以活态的母语吟诵形式在民族地区传唱。区别于文字文本的个体视觉阅读，口头文本为集体的听觉接受，其吟诵具有一定的场景性。正是因为歌谣寄生于民俗活动中，故而传统意义上的歌谣吟诵并非个人随意而为，大多夹杂在具体的民俗活动中，歌谣的吟诵多有仪式相伴。

　　史诗研究专家郎樱提及，在歌手与听众的心目中，史诗是神圣的，演唱史诗往往要举行庄严的仪式。依据史诗与仪式的关系，大致可以分为两种类型：一种是史诗要在特定的仪式上演唱，一种是在演唱史诗前要举行相应的仪式。

　　在演唱前举行仪式的史诗多见于北方的英雄史诗中。如演唱《格萨尔王》前要举行一定的仪式，由于史诗演唱活动是神圣的，演唱之前要祛邪驱鬼，保证史诗演唱环境的圣洁。通过象征手段表达宗教意义的宗教活动有煨桑请神、托帽说唱等。② 具体而言，据相关专家考证，吟诵《格萨尔王》的步骤如下：史诗歌手在演述前，先设一香案，案前悬挂格萨尔王的巨幅画像，香案上供奉一尊格萨尔王的塑像，也有供奉莲花生大师或其他英雄塑像的；再点几盏酥油灯，摆几碗敬神的"净水"，郑重地戴上"仲夏"（说唱帽），对着画像焚香祝祷。③ 在新疆温泉县，江格尔奇在演唱《江格尔》前，要把蒙古包的天窗和门关严，虔诚地焚香，有的还要举行鸣枪驱鬼仪式。④

　　史诗要在特定的仪式上演唱即史诗演唱具有特定的场域性和情境性，多见于南方创世史诗中。以鼓藏节古歌为例，苗族古歌的唱诵需要一定的仪式语境，并非随意为之，下附田野访谈一份。

___

① 宝惹夸尤：《人物志 | 叠贵专访：苗人邦带你走近"民谣鬼师"的精神领地》，https://mp.weixin.qq.com/s/OkCqCw11EZ3ovX6g0WSbAw，2017 年 8 月 8 日。

② 丹增诺布：《格萨尔史诗的神圣性与演唱仪式》，《西藏艺术研究》2012 年第 3 期。

③ 央吉卓玛：《〈格萨尔王传〉史诗歌手展演的仪式及信仰》，《青海社会科学》2011 年第 2 期。

④ 郎樱：《论北方民族的英雄史诗》，《社会科学战线》1999 年第 4 期。

访谈对象：《祭鼓辞》搜集者杨元龙

问：2012年3月我参加了凯里市三棵树镇格细村的鼓藏节，整个过程除了祭司招龙说了一些招龙辞之外似乎都没有古歌唱诵。您怎样理解苗族古歌在白鼓藏和黑鼓藏上的区别？或者说鼓藏节为什么要唱古歌？唱这些鼓藏古歌有什么讲究呢？

答：白鼓藏活动中，祭师根本不兴念鼓藏歌。有一次在台江举行，那个（鼓藏活动）虽然也是杀牛（一个寨子杀一头牛），但祭师念词的声音非常低而且短短几分钟就结束了，在雷山西江，说实话我都没听到念（鼓藏歌）。

我最初去月亮山参加鼓藏祭祀更多地想凑热闹，想拍一些照片。参加两次之后，我才感觉到鼓藏节真正的核心是那些祭词，杀牛交给祖宗也是通过这些祭词来沟通的。所以我的观点是如果鼓藏节中没有祭词，那么这个活动就不完整。

发现这些祭词的重要性之后，我就有意识地去搜集。前前后后一共跑了九次，在活动现场，由于我和他们关系好，他们同意我将录音机放在他们的口袋里。可是回来整理的时候才发觉在念诵的时候声音时大时小，而且由于诸多唱词都是古苗语，所以搜集非常困难。退休后我不甘心，找到这些祭师，我心想他们和我熟，他们应该为我唱诵，可是出乎意料，几位祭师都不肯为我唱。我问他们为什么？他们说：杨主任啊！您要歌，我们就给您唱，您要故事，我们也给您讲，您要什么我们都送，可是您要这些（鼓藏歌），我们真没办法。您要我们平白无故唱诵这些，到时候祖宗来看、家神野鬼也来了，事实上又没有吃鼓藏。到时候他们就会来找我们麻烦，整个寨子都坐不住（不清净）。您要这些东西，只有下次吃鼓藏的时候您再过来啦！

上文言及的"到时候祖宗来看、家神野鬼也来了"暗含古歌的唱诵并不是文学的审美，而是沟通人神的中介，故而非在特定场合不能吟诵。

鉴于笔者的田野调查点多在苗族东部方言区，故而以东部方言区的苗族古歌及其演唱语境为例加以探讨。具体的仪式活动与吟诵古歌的名称和语境的对应关系如表6-2所示。

表 6 - 2 苗族古歌吟诵仪式与流程

活动	古歌名称	语境
婚嫁	婚姻礼辞 dut qub dut lanl	娶亲程序有 26 个环节,其中涉及歌谣吟诵的是第 19 个环节——中堂火·烧火歌,具体可分为六个部分:开场歌、颂亲人、农事歌、吃宵夜·唱趣歌、**果雄略西沙贡**、神话根源传说歌
祀雷	雷神古辞 dut sob	分为四个板块:第一个板块是备祀,包括请师(ob jinb cent sid)等 8 个段落;第二个板块是迎神(reax ghunb),包括请师(ob jinb cent sid)等 6 个段落;第三个板块是**说雷(put dut sob)**,是祀雷巫事的核心,其仪式与唱词有很多戏剧性的成分,需要三个角色同时配合才能完成;第四个板块是送神(songt ghunb),包括扫孽(gheud zhux)等 6 个段落[①]
椎牛	椎牛古辞 dut ghot niex	共 23 个环节:pod yul 宰杀牛、sheit shob 写雷公、liaot nongt 赎小米、liaot guib 赎魂、xid xangb niex 祭祀水牛、kiead ndend 开纸、dal zhux 踏门、nbeud pad gil 扔茶盘、**chat ghot niex 讲寻椎牛古辞**、jous ghunb 建神、nbeud pad khead 扔门干、pad nbut 扔盘、nbeud pad、kit hmongt jaos nangd ghunb 开始晚上的神、beb zhab ghaob was 泼酒、jangt kheat 放客、ceut joud niex 砍柱水牛、songt niex 送水牛、jid xob nqend niex 收拾血水牛、liaot noux 赎稻、chud sob 做雷、dut sob 话雷、nongx nbeat 吃猪等[②]
还傩愿	傩歌 dut nongx	共约 30 节:安司命、发锣鼓、安土地、铺坛、接街、作桥、封牢、会兵、接驾、求子、劝酒、下马饭、**唱傩歌**、点兵、讨诰、开洞、扮先锋、扮送子、扮开山、扮师娘、扮铁匠、扮和尚、交牲、扮八郎、上熟、烧愿、扮土地、扮判官、进标、孟姜女戏书[③]

资料来源：①麻勇斌：《苗族巫事·祀雷》，远方出版社 2002 年版，第 70—71 页。

②石如金搜集：《苗族传统文化之四·祭祀习俗集》上卷《吃牛词》，未出版；石启贵编著：《民国时期湘西苗族调查·还傩愿卷》，民族出版社 2009 年版，第 1—2 页。

如表 6 - 2 所示，苗族古歌作为仪式的一个环节，仅为黑体字部分。同样道理，吟诵古歌，仪式或民俗是必要的。如何理解仪式和歌谣的紧密性呢？笔者对史诗与仪式之间的依存关系做出如下阐释：史诗与仪式是一个双向建构的关系。对于仪式而言，为了凸显其神圣性与权威性，需对来源有一个交代，所以每一次仪式必须有神话历史的叙述以支撑其合理性；对于史诗而言，演唱必须有一定的场域和语境，并不是应景性的随意对歌。长期以来少数民族浓厚的宗教传统与氛围使得多数史诗借助于仪式场景化和凝固化，从而形成了二者交融的特点。

有学者提出，中国的民间叙事学与一段时期内国际民间叙事学的发展历程相似。长期以来占据主导地位的也是以文本研究为主的视角和方法，也就是说，大家关注和分析的主要是被剥离了语境的民间叙事作品本身。①

苗族古歌文本研究同样是被剥离语境的，而文学人类学的研究则需要在语境中进入唱本。徐新建在《试论苗族诗歌系统》中提出：

> 苗族诗歌系统关系着三个层次。首先是该诗歌系统作为有机整体在苗族文化中的地位和作用，以及其与别的并列单位，如苗族节日系统、苗族习俗系统等的相互关系；其次是自身系统的整体结构及其功能等方面；再次亦关系到其内部各子系统的组成及相互关系。②

可见，在对其内部各子系统和自身系统的基本梳理后，苗族古歌需要在整个苗族文化有机体中考虑其语境性。之所以会思考并研究苗族古歌的语境问题，还因为笔者在进入田野之后的阅读以及与本土学者交谈后的反思。

苗族学者龙云清在《"巴兑雄"及其主要巫事活动》中写道：

> Nongx niex（农涅），意即"吃牛"，是这片苗族地区最盛大的祭奠。有很多人把 nongx niex 译成"椎牛"，其实并不确切。因为"椎牛"只是 nongx niex 活动中的一个环节，相当于"打猪"只是"颇果"（pot ghot）的一个环节一样，用一个环节来命名一场隆重的巫事，显然是值得怀疑的。③

笔者在对凤凰县民族局 ZZG 的采访中，他提出研究古歌不能仅仅盯着被记录下来的歌词：

> 你们年轻，读的又是汉族的书，和这些文化似乎太隔膜了。以前

---

① 杨利慧等：《现代口承神话的民族志研究》，陕西师范大学出版社 2011 年版，第 302 页。
② 徐新建：《试论苗族诗歌系统》，《贵州民族学院学报》1978 年第 3 期。
③ 龙云清：《"巴兑雄"及其主要巫事活动》，载于铜仁地区苗学会编：《梵净山苗族纪事》第 1 卷，贵州民族出版社 2011 年版，第 156 页。

我们的文化水平（汉字水平）有限，我们的文化更多地是通过口头来传承，古老话教过之后凭记忆已经进入学习者的大脑里了，他在什么时候说是有规定的，不是想当然的东西。你们后来这一代人不清楚这些情况，你们中途听说古老话或是古歌等，就觉得研究这些歌词内容就够了，不注意它背后深厚的文化蕴涵。如果你仅仅是记录歌词，比如你记录婚嫁里面 zhaot qub（成礼）的 dut qub dut lanl（婚姻礼辞）一节，那就属于明显的断章取义，这些 dut qub dut lanl（婚姻礼辞）是在什么时候讲、为什么要讲、谁来讲等这些问题你都要一起思考。如果仅仅是研究歌词，那么你连十分之一的东西都没学到。你需要从头到尾的跟踪，并且需要深入实际、深入生活，否则研究出来的东西说服不了人。[①]

苗族古歌融合了苗族的文学、宗教、哲学、艺术等，和老百姓的生活是融为一体的，在唱本中有其存在的苗语语境，而目前的研究是从苗族生活世界中抽离它，进行单一的文学解读，这是应该避免的。

笔者援引西部方言区丧葬期间《亚鲁王》的唱诵语境，作为个案，记录了一次完整的丧葬时间安排（见表6-3）。

从紫云苗族布依族自治县宗地乡湾塘村湾塘二组罗时光办丧时间安排可以知道，苗族古歌吟诵仅仅是民俗仪式中诸多活动的一维，它并非孤立的文本，而是寄生于民俗中，抽离了吟诵语境的歌词研究，显然无法真正深入地理解苗族古歌。

表6-3　罗时光办丧时间安排

时间	仪式	内容简述
11月26日	去世	老人到水井挑水不幸落入井中溺水身亡，享年68岁
11月26日全天	料理亡人	梳洗亡人、给亡人换衣、入棺停灵、供饭、期望、报丧
11月26日—12月1日	孝期守灵	每天烧纸、供饭，准备各种丧事物品
12月2日12:00	选圹	老摩公在孝子的陪同下到山上给亡人选圹
14:00	喊魂	到亡人落井处将亡人的灵魂请到棺木中来

① 据笔者对湖南省湘西土家族苗族自治州凤凰县民族局 ZZG 先生的田野访谈的录音整理。

续表

时间	仪式	内容简述
12月3日8:40	驱鬼	通过仪式将附在亡人身上不干净的东西驱逐出去
10:20	送猪告祖	送猪给亡人在阴间喂养,并告诉已故祖先接纳亡人
10:30	奔丧	第一批来奔丧的亲戚到达,其中包含哭孝、送礼等
13:30	立桌献礼	来奔丧的亲戚将带来的东西供给亡人到阴间使用,包括饭酒糖果,亲戚为亡人烧香纸钱,并叩拜
18:30	供阴阳粑	将所有亲戚送来的糯米与主人家的糯米集中在一起打成糯米粑,在簸箕上滚成条并用砍马刀切成两半,称之为阴阳粑,拿来供给亡人
12月3日18:30—12月4日6:00	开路	老摩公为亡人唱开路歌,是整个丧葬仪式中最重要的部分,其中唱诵的《亚鲁王》部分在4日凌晨两点开始,历时大概两个小时
6:00	送鸡	将归土鸡杀死送给亡人拿去阴间喂养
6:10	起棺出户	众家族兄弟及亲戚将棺木抬至户外
6:20	隔魂	将阴间与阳间的魂隔开,不能使阴阳混在一起
6:30	牵魂	将亡人的魂牵到神坛上,不让其游离于人间
7:00	上山	上山队伍正式出发,7点20分到达圹地
7:40	扫魂	将阳间的魂扫回来,将阴间的魂扫到阴间去
8:00	入圹盖土包坟	棺木入圹,盖土包坟,落土为安
10:00	开荤	老摩公组织"开荤",解除禁猪油,家人可以食用猪油、猪肉

资料来源:李志勇:《一曲挽歌,一段艰辛的"回家"路》,载于中国民间文艺家协会主编:《〈亚鲁王〉文论集:口述史·田野报告·论文》,中国文史出版社2011年版,第123—124页。

4. 功能多维

与书面文学之非功利性的审美一维不同,少数民族诗歌的功能具有多维特征。在民谚中,侗族有"饭养身,歌养心"之说,苗族则强调"一切皆由歌来记",哈萨克族则认为"歌和骏马是哈萨克人的两只翅膀",从中皆可看出歌谣功能的多元性。书面文学最为重要的功能是审美,歌谣由于其身心参与(歌、舞、俗)和全民互动性(集体性和民众性),因而在功能上更为复杂。

截至当下,不少论文如《试论蒙古族史诗的文学禳灾功能》、《历史记忆与文化认同——〈格萨尔〉史诗的文化功能》与《史诗认同功能论析》等都对史诗的功能做出了多维的探讨。本论著以"禁忌"为关键词,将具有禁忌的口头文本之史诗功能总结为与宗教息息相关的祈福禳灾、生命仪式中的阈限保证与日常生活中的以歌代文。

　　首先，就祈福禳灾而言，以阿尔泰乌梁海部史诗为例：歌手演唱《塔拉因哈拉宝东》、《布金达瓦汉》两部史诗能够驱走邪恶和不幸带来吉祥；无子女的家庭邀请歌手演唱《阿日格勒查干鄂布根》史诗能够怀孕生子；在遇到干旱暴风雨等自然灾害时演唱《阿尔泰颂》就能够消除自然界的各种灾害；在人们上山打猎或远行时演唱《阿尔泰颂》能使人丰收或路途平安。① 此外据笔者对杨正江的田野访谈，他认为亚鲁古歌除了丧葬开路之外，尚有破案与治病功能，多数时候用于苗族民众的祈福禳灾等活动。比如麻山农忙栽种苞谷时，如果前一年收成不好，则需要请宝目唱诵两个小时左右的创世纪古歌，为的是保证来年的丰收。

　　其次，就生命仪式的阈限保证而言，以苗族为例，苗族一生随歌。苗族有民谚曰："饭要吃，歌要唱。"具体而言，即以歌生、以歌养、以歌恋、以歌婚、以歌葬、以歌祭。以歌生是指，襁褓之时，为孩子举办满月酒，亲朋好友用歌来祝贺孩子出生。以歌养则是指，孩童之时，学习童谣成为日后学歌的起步，同伴中常常以谁会吟诵的童谣较多为荣。以歌恋则意味着成年后，学歌成为人生的必修课。俗话说："后生不学唱，找不到对象；姑娘不绣花，找不到婆家。"正如苗族作家沈从文所述，在此习惯下，一个男子不能唱是羞辱，一个女子不能唱不会得到好丈夫。抓出自己的心，放在爱人面前，方法不是钱，不是貌，而是真实热情的歌。以歌婚即在结婚仪式当天，由理老吟诵的 dut qub dut lanl（婚姻礼辞）叙述苗族宇宙起源、氏族迁徙等，在情景教育中以歌潜移默化地传授着神话、历史与民族。以歌葬最为普遍，苗族老人去世吟诵丧葬古歌，如东部方言区的《招魂辞》、中部方言区的《焚巾曲》、西部方言区的《亚鲁王》，目的除了告知生者战争和迁徙与苗族如影随形之外，还在于给亡灵指路返回他们魂牵梦绕的东方故园。以歌祭即在苗族重鬼尚巫的文化传统中，最为盛大的祭祀活动如鼓藏节所吟诵的古歌往往使听者感动得泪流满面。

　　最后，日常生活中的以歌代文。长期以来的文字中心将歌谣理解为无字民族不能用文字叙述历史的无奈选择，殊不知歌谣不仅是一种文学体裁，也是一种生命表述的方式。换言之，较之于汉语世界的文以载道，少数民族社会里歌谣的功能更为多元。据前辈学者所总结，藏族过去在每次战斗之前，吟诵《格萨尔王》能激起战斗的激情；壮族不同村寨发生械

---

① 卡图：《阿尔泰乌梁海部史诗》，科布多省出版社 2001 年版，第 7 页。

斗时，会有寨老将两方从中隔开，双方各派歌手对歌，胜者即为械斗得胜者，称为以歌代斗；广西柳州一些地方，壮人吵架以歌代吵，也极有趣；其他还有以歌代言、以歌代医、以歌代法、以歌代战等，都是文学功能的扩展和延伸，因此不能用一般的文学理论界定。[①]

歌谣或史诗吟诵过程中存在禁忌是活态口头诗学的重要特性，上文言及的母语传承、听众多元、仪式伴随与功能多维四个特征并非孤立现象，需要一定的吟诵语境即在特定的仪式中，母语传承的特性使得听众多元进而达到功能多维的交流目的。可见，较之于西方诗论或汉族诗学的虚构性与审美性，中国少数民族歌谣的禁忌性以及禁忌背后蕴藏的文化丰富性都值得进一步探讨。

第三节　歌谣的文学人类学研究

本论著以文学人类学的方法与理念切入苗族古歌的研究，虽然在个案上具有随机性和偶然性，不足以代表整体，然其合理性是在语境中观察文化事象，在系统中探讨文本，是"将活鱼放在水中"。正如王明珂所言：

> 如果在桌面上放置一物体，用一个凹凸镜看它。我们所见只是凹凸镜面上所呈现的此物扭曲的形象。这凹凸镜是我们得之于社会文化与学术规则中的"偏见"，它让我们无法看清社会现实本相。我们所见（心中所获）只是被我们的文化认同、社会身份与学术专业知识所扭曲的表象。虽然如此，我们可以得到近似真相的一个方法是：移动此透镜，观察镜面上的表相变化，发现其变化规则，以此我们能知道此镜的性质（造成我们"偏见"的凹镜与凸镜），以及约略知道镜下之物的状貌。[②]

---

① 梁庭望、黄凤显：《中国少数民族文学》，山西教育出版社 2003 年版，第 17 页。
② 王明珂：《反思史学与史学反思》，上海人民出版社 2016 年版，封底。

可见，虽然田野调查个案的局限可能造成"横看成岭侧成峰"，但笔者跟踪了多个苗族古歌的吟诵仪式，访谈了近百位苗族古歌文化持有者，目的在于坚持用文化持有者的观点解释地方性知识。简而言之，试图用具体的对苗族古歌的田野调查阐释文学人类学的研究理念。

一、文学人类学的研究理念

乐黛云曾提到文学人类学的研究理念为：

> 文学人类学者应更加重视活态文学、多元族群互动文学与口传文学，充分发挥其融合故事、讲唱、表演、信仰、仪式、道具、医疗、出神、狂欢、礼俗等的文化整合功能，逐步完成从仅仅局限于文学性和文学内部研究的范式，走向文学的文化语境还原性研究范式。[①]

具体到歌谣研究而言，文学人类学的研究理念表现在绪论部分已提及的长期坚持在三大中心之外的多元文化互动，即活态文学 vs 固态文学，多元族群互动的文学 vs 单一的审美文学，口传文学 vs 书写文学。

1. 活态文学 vs 固态文学

活态文学与固态文学不应该有优劣之分。

> 书写文学是一种单线交流（one way communication），作者不易得到读者的反应，即使有亦不能把内容改变了。口语文学则可说是双线的交流（two way communication），作者或传送者不但可以随时感到听者的反应，而且还可以借这些反应而改变传诵方式与内容。[②]

较之于固态文学读者的被动接受，活态文学的听者可与作者形成互动与共享，较之于文字的单一阅读，文学人类学则以唱为主，兼及歌、舞、俗立体展开，正如徐新建所言：

---

① 乐黛云等：《中国文学人类学理论与方法研究·开题论证会实录》，《百色学院学报》2011 年第 2 期。

② 李亦园：《从文化看文学》，载于叶舒宪编：《文化与文本》，中央编译出版社 1998 年版，第 3—4 页。

若以唱为主，歌便可视为具体呈现和可供欣赏、接受的成果。于是由"唱歌"开始，引发出的有"听歌"、"对歌"以及"传歌"、"赛歌"等一系列相关事项。这些事项的共同特点是，通过"唱"或"听"的具体参与，构成了一个存在于生活行为里的"音响空间"，或交往互动中的"声音世界"以及族群共享的"口传文化"。①

2. 多元族群互动的文学 vs 单一的审美文学

前文在歌谣禁忌的探析中已阐述口头诗学的功能多维，其实口头诗学与作家文学的不同点是狭义的文学虽然在功能上有诸多争议，但审美是其重要之维，口头诗学由于其身心参与（歌、舞、俗）和全民互动性（集体性和民众性），在功能上更为复杂。

> 与书面文学之非功利性的审美特性不同，强烈的功利性是少数民族诗歌的重要特征，具体表现为审美功能、娱乐功能、教育功能、刺政功能、传授功能、祝祷功能、择偶功能、协调功能、交往功能等。②
> 珞巴族的原始宗教信仰与原始的文学活动并不是平行存在和各自独立发展"实践—精神"，被我们称作是原始文学艺术的，在珞巴族社会中，最初实际上是原始宗教信仰活动的形式和手段。独立的审美需要还没有从宗教信仰需要中分离出来，文学艺术活动只是宗教信仰活动的有机组成部分。然而，审美需要和文学活动却在原始宗教信仰中孕育着、滋长着。③

歌唱成为黎族人生活的一部分，劳作、节庆、祭祀、恋爱、订婚、婚礼等都离不开歌声。所谓"歌为媒"、"歌为史"，歌唱正是"无字"族群的一种非常重要的"记忆"方式。④

歌谣的多样性和功能的多样性由来已久。苗人遇节令，为"踏堂舞"，聚会亲属，椎牛跳舞曰"做戛"；瑶人祭狗王则"踏瑶"；畲人除夕

---

① 徐新建：《侗歌民俗学研究》，民族出版社 2012 年版，第 223 页。
② 梁庭望、黄凤显：《中国少数民族文学》，山西教育出版社 2003 年版，第 88—91 页。
③ 于乃昌：《珞巴族文学史》，江苏教育出版社 2001 年版，第 78 页。
④ 唐启翠：《歌谣与族群记忆——黎族情歌的文化人类学阐释》，《海南大学学报》2007 年第 4 期。

先祀祖，次"吃分岁"，宴毕相互"答歌"为乐。①

可见，较之于书面文学的审美，口头诗学的功能更为多元。正如苗族学者龙海清所言：以歌代言、以歌抒情、以歌明理、以歌立法、以歌交际、以歌祭祀，这些都已变成一种生活常态，或者说，歌就是他们的一种生存方式。②

3. 口传文学 vs 书写文学

长期以来的文字至上理念使得对文字的尊崇达到无以复加的地步——"昔者仓颉作书，而天雨粟，鬼夜哭"。传统官士民的三层次论也暗示精英们的一种集体无意识：文与非文之间的取舍不言而喻；文明即有文即明，文盲不识字即睁眼瞎。③

长期以来，人们一般将庙堂文化、精英文化视作治世良方，而将民间的、地方性的文化视作可有可无的点缀。对文字的尊崇与迷恋产生出对口头诗学理解上的误区。

文字与口语之间的关系如何？从历时上而言，文字的产生远远晚于口语的表达，正如朝戈金所言：

> 人类从蒙昧到相对完整地表达意思，当不会晚于旧石器时代中期——距今大约 10 万年。假如再把这 10 万年看作是 1 年的话，那么，文字的发明和使用，都是发生在人类这一年当中的最后一个月里——可见其历史的短暂。用比喻性的说法，埃及书写传统产生在12 月 11 日这天。一天以后，苏美尔发明象形文字。中国人的表意文字、希腊的线性文字等，发生在 12 月 16 日。腓尼基人的字母书写体发生在 12 月 20 日。美洲的玛雅文字出现在 12 月 22 日。欧洲的第一本书出现在 1945 年，大约相当于 12 月 29 日。至于 1867 年出现的打字机，是人类在这一年的最后一天中午才发明的。④

---

① 朱自清：《中国歌谣》，复旦大学出版社 2004 年版，第 99—100 页。
② 龙海清：《序》，载于龙宁英等编注：《湘西苗族巴代古歌》，湖南人民出版社 2012 年版，第 1 页。
③ 叶舒宪：《文明/原始》，载于叶舒宪等：《人类学关键词》，广西师范大学出版社 2006 年版，第 3—4 页。
④ 朝戈金：《站在民众的立场上》，载于朝戈金编：《中国西部的文化多样性与族群认同》，社会科学文献出版社 2008 年版，第 4 页。

相对于通晓文字的精英，少数民族乃至汉语世界里的底层人民显然是通过语言传递文化的。早在 20 世纪，费孝通先生就对于文字下乡提出不同的意见：

> 在这种环境里，语言已经足够传递世代的经验了，当碰上生活的问题时，他必然能够在一个比他大的成年人那里得到解决这个问题的办法，因为大家在同一环境里、走同一条路，他先走，你后走，后走的所踏的是先走的人的脚印。口口相传，不会有遗漏，哪里还用得着文字，时间里没有阻隔，拉得十分紧，全部文化可以在亲子间传授。

可见，无字社会通过口头诗学和歌、舞、俗多元互动。换言之，口头文学主要流传于乡土社会，书写文学主要流行于都市社会。在乡土的熟人社会里，口头演唱胜于文字，因为口耳相传更能增进乡土熟人之间的情感，口头演唱让唱者在表演中抒发感情，因而更能使听者进入歌中的情景，更具感染力和影响力。

从共识而言，以中国境内各民族人类起源神话举例，较之被文本化的《盘古》、《女娲补天》等少量读本，唱本的神话母题在不同地区和民族中广泛传播。

然而长期以来，关于文与非文的分野似乎走入了误区。

美国人类学家雷德菲尔德在 1956 年出版的《农民社会与文化》中提出大传统、小传统的概念。其后，李亦园认为中国大传统是指我国社会中存在的一套以儒家文化为代表的阳春白雪的雅文化，小传统则指民间存在的一套下里巴人的俗文化。正是在这样的价值取向下，"中国少数民族丛书"编辑部提出重视中国境内各少数民族文学（含口头诗学）的多元互动：中国文学是包括汉民族和各个少数民族在内的中国所有民族的文学的总汇；每一个民族的文学都以其丰富多彩的内容和形式以及深厚的文化蕴涵，显示出它独有的优长和特色；每一个民族的文学都有自己发生、发展的历史；所有民族的文学以各自特有的进程，共同汇成了中国文学丰沛的历史长河。但在具体的少数民族文学史书写上总是表现出过多的依附：

> 独龙族文学是祖国文学宝库中的一个组成部分。但在过去，独龙族处于一种被压迫被歧视的境地。独龙族的民间文学无法被挖掘出

来，也就一直被淹没于荒野之中。在中华人民共和国成立后，独龙族文学才得以发掘和搜集整理，才得以登上中华文学宝库的大雅之堂，并受到了政府和学术界的重视。①

"一直被淹没于荒野"是由于无文字，独龙族文学具有口头诗学的活态性，"荒野"显然不是独龙族民众的观点，而是暗示着未"得以发掘和搜集整理"（文本化），故而在精英们看来，其从唱本走向文本的过程即其"登上大雅之堂"的过程，殊不知政府和学术界重视的独龙族文学已经完全脱离了其产生的语境，变成了他者理论的一个脚注，正如徐新建所言：

　　近百年来，人们在有形无形的"欧洲中心论"的影响下，开始用反传统的眼光和反传统的术语来审视并描述自己的传统，热衷于中西文化间的"体用"之争，迷恋于笼而统之的"中外比较"。其结果是在极为粗略地勾画出了一番中国与西方列强间的某些表面差异之后，便匆匆地拿过西方现成理论来对中国的文化任意"宰割"。在这样的潮流下，悠久长远、复杂多样的中国文化变成了以中原地区、以儒道互补为主流的一种单一模式，而其固有的多种声音、多样色彩却遭到了不应遭到的忽略和抹杀。②

对大传统、小传统的界定，叶舒宪持相反的观点。他提出按照符号学的分类指标来重新审视文化传统，将由汉字编码的文化传统叫作小传统，把前文字时代的文化传统视为大传统。在此全新的定义基础上，他认为需要进行双向的审视。简单讲，大传统对于小传统来说，是孕育、催生与被孕育、被催生的关系，或者说是原生与派生的关系。反过来讲，小传统之于大传统，是取代、遮蔽与被取代、被遮蔽的关系。③

大传统与小传统的不同界定，书面精英文学与民间口头文学的关系如何处理，这样的反思同样贯穿在朝戈金的学术追求中：

---

① 李金明：《独龙族文学简史》，云南民族出版社 2004 年版，第 1 页。
② 徐新建：《西南研究论》，云南教育出版社 1992 年版，总论第 2—3 页。
③ 叶舒宪：《中国文化的大传统与小传统》，《文化讲坛》2010 年第 17 期。

民间口头艺术，往往成为文人雅士出新的资源，成为推动陈腐的艺术思想转向的催化剂。后来，也被一些人拿来作为学术的对象，从中搜集被经典文献漏掉的"有用信息"。至于更早被统治阶级用作"观风俗"、"知得失"的渠道，则更是典型的误用。①

正因歌谣的文学人类学研究试图摆脱三重话语中心下的遮蔽，故而在行文最后提出文学人类学本科教学的必要性。

二、文学人类学的本科教学

文学人类学产生于人类蒙受巨大灾难的 20 世纪。战争与霸权使人们对科学理性和单线进化史观进行质疑和反思，试图用非理性因素来揭示艺术创造和鉴赏的本质，在文化相对主义的旗帜下探讨文学表述的多功能和多维度。

尽管关于文学人类学的定义探讨较为多元，但就国内的文学人类学而言，较为一致的观点即文学人类学是用文化人类学方法探讨文学艺术，同时通过文学艺术及其所包含的深层文化内容进一步研究文化人类学。② 上文已论及国内文学人类学在中国的发展经历了两个世纪三个时期。目前，文学人类学的教学仅限定在研究生阶段，自 2003 年以来全国陆续有近 10 所高校开设了文学人类学专业。博士点有四川大学、中国社会科学院；硕士点则分布较广，先后有四川大学、上海交通大学、中国社会科学院、华东师范大学、兰州大学、海南大学、西安外国语大学、淮北师范大学、湖北民族学院、徐州师范大学、湖南科技大学等。文学人类学研究生的教材《文学人类学教程》在 2010 年出版，标志着学科建设的成熟。

对于文学人类学本科教学，王倩先后在《文学人类学本科专业课程教学的理论与实践》与《中国文学人类学本科教材编纂的核心问题》中进行了积极探索。这两篇文章既有理论和学术史的探讨，又提供了行之有效的研究个案和研究方法。

---

① 朝戈金：《站在民众的立场上》，载于朝戈金编：《中国西部的文化多样性与族群认同》，社会科学文献出版社 2008 年版，第 6 页。
② 乐黛云：《文化转型与中国文学人类学》，载于叶舒宪编：《文化与文本》，中央编译出版社 1998 年版，第 15 页。

简而言之，文学人类学又可称为人类学诗学，是以文学方法展开民族志的创新性表述方式，目的是尽量避免西方科学范式和术语在表述原住民文化时的隔膜与遮蔽，尽可能完整、丰富地呈现原汁原味的地方文化。之所以要进行苗族歌谣的文学人类学研究，主要是因为文学人类学的研究范式对于苗族古歌的立体性与完整性研究有着重要的意义，具体可以表现为文学人类学提出文学多元功能的必要性和提倡深描研究的紧迫性。

1. 必要性：文学功能的多元探索

前文已梳理口头诗学理论对于史诗研究的重要推动，不足的是口头诗学过多地纠缠于固定文字文本的表现形式如程式、表演等，在内容与功能上依然囿于传统文学的研究套路。就文学的功能而言，其实较之于文字文本的审美功能，歌谣的功能更为多维。这是徐新建呼吁整体人类学的逻辑起点，有鉴于此，他的文学观点突破了书写文学之审美一维：

> 人类迄今为止的所有文本，不管是口传还是文字，也不论是小说还是历史，都可以当作"文学作品"来看待；而文学人类学的作用之一，将是帮助我们通过审视和分析这些作品，更加深入和超越地走进并理解人类的心灵。①

以本论著"附录"为例，从客位观点来看，《亚鲁王》丰富了中国甚至世界的英雄史诗；从主位的麻山苗族文化持有者来看，吟诵亚鲁古歌的终极目的并不是文学的审美或是历史的铭记，更为重要的是使得亡灵能够回到祖先的居住之地，作用类似于安魂曲、送魂歌或指路歌。正是不限于文学的审美的维度，故而其吟诵过程中出现众多禁忌，并夹杂在丧葬或祈福禳灾等活动中。

可见，《亚鲁王》等苗族古歌与西方文本化的史诗不同的是，截至当下它依然动态地存活在苗族的生活语境中，吟诵的目的除了传承亚鲁王的英雄事迹之外，更多的是这一支系苗族对灵魂的安放。《亚鲁王》对于亡灵灵魂的抚慰可视为多元文学或文化表述的一个精彩个案。

2. 紧迫性：歌谣研究的深描呼吁

自加入《保护世界文化和自然遗产公约》以来，截至 2013 年，我国

---

① 徐新建：《文学人类学：中西交流中的兼容与发展》，载于《全球语境与本土认同》，巴蜀书社 2008 年版，第 120 页。

入选联合国教科文组织的非遗名录已有 30 个，是目前世界上拥有非物质文化遗产数量最多的国家。在世界级非物质文化遗产中，《格萨尔王》史诗、新疆《玛纳斯》、《花儿》等歌谣史诗入列。此外，自 2006 年至 2014 年不足十年的时间里，民间文学类国家级非物质文化遗产就成功申报了 156 项，其中包括《苗族古歌》、《布洛陀》、《亚鲁王》、《江格尔》等歌谣。

由于非物质文化遗产的申报有着固定的模板格式，上文提及《亚鲁王》等口头诗学的申报被归类为民间文学部分，然而传统的汉语言文学专业或民俗文学专业理论则难以理解为何被西方所摈弃的史诗题材至今依然能活态传承，为什么亚鲁神系的吟诵必须在特定的场域并具有严格的禁忌性。换言之，传统的文献梳理对于活态史诗的研究来说只是隔靴搔痒，正如史诗研究专家朝戈金所言：如果没有深描背景，其思想的厚重和复杂程度是一个文学研究者不能胜任的，你必须对于它的整个文化系统有着全面的了解，只有知道演唱这首史诗的苗族人的宗教信仰、观念体系，你才能知道这首歌唱出来的意义。①

怎样填补主位与客位的鸿沟，当然是基于田野调查后的深描。庆幸的是，《亚鲁王》的搜集整理与研究较之于 20 世纪的民间文学普查工作有了重大推进，自 2009 年开始的关于《亚鲁王》的各项研究，已经由过去单纯的搜集整理过渡到全面考察其文化生态、背景，作品与理论研究齐头并进。如果把搜集整理比喻为一种相对"平面"、"单纯"的工作，那么，这次做的是一种"立体"、"多层次"的工作。② 当下固然存在主位与客位之间的话语张力，然而《亚鲁王》自 2009 年被关注以来，就一直坚持多维的表述探讨：文字文本的史诗同时附有图版部分，以影像记录丰富了《亚鲁王》史诗的吟诵语境。更值得提及的是，不少研究者基于参与观察而做出的田野报告即《〈亚鲁王〉文论集：口述史·田野报告·论文》一书，主要内容为八位东郎的口述史、四篇田野报告、三篇研究论文。这本论文集仅在 2013 年在贵阳召开的苗族史诗《亚鲁王》学术研讨会提交的论文中就被引用 77 次，成为研究亚鲁神系的重要参考书。可见，区别于

---

① 据朝戈金 2011 年在贵阳召开的中国少数民族文学年会讲话的录音整理。
② 余未人：《麻山文化史的探寻》，载于中国民间文艺家协会编：《〈亚鲁王〉文论集：口述史·田野报告·论文》，中国文史出版社 2011 年版，第 iii 页。

传统文学文本的训诂与细读等传统文学研究方法，活态的口头诗学呼吁基于田野观察后的深描研究。

　　早在 2012 年，就有学者指出，国家社科基金重大项目"中国文学人类学理论与方法研究"的成功申报与教育部全国高等学校"文学人类学骨干教师高级研讨班"的陆续召开等学术事件，标志着我国的文学人类学研究群体已经跨越艰苦创业阶段，发挥起引领人文学科创新示范作用并得以向国内高校做教育改革的推广。[①] 当下，随着非物质文化遗产研究的大量申报，不少如《亚鲁王》的口头诗学的研究悖论，即主位与客位的话语张力日渐凸显。随着文学人类学研究生的大量培养及本科生在理论和实践上取得的一定探索，加之有目共睹的文学人类学学术影响如《"孤岛"试验田的学术新探索——文学人类学对文学研究以及教学的革新意义例证》和《浅谈文学人类学视野下的外国文学教学》等，故而在高校开设文学人类学的本科教育已经显得水到渠成。

　　国家社科基金重大项目"中国文学人类学理论与方法研究"中标材料提及："中国文学人类学成为语言文学学科首次重点扶持的新兴交叉学科，发挥着中文专业和外文专业教学体制改革的探索性示范作用。"一个学科成熟的标志在于理论与实践的完善，在于其薪火相传的研究人才培养。通过上文梳理，文学人类学的本科教学已经有了理念、实践与师资等硬性条件，其提倡的"文学共同体"的文学观念、多重证据法的理论探索、多元文学与文化表述等契合全球化语境下的文化多元主义。随着近年来包括民间口传文化在内的非物质文化遗产的井喷，即便不能在全国范围内开设文学人类学本科专业，但至少在民族地区高校开设文学人类学专业已经显得迫在眉睫。

---

① 叶舒宪：《首届"文学人类学骨干教师高级研讨班"总结发言》，《百色学院学报》2012 年第 5 期。

结　论

　　苗族古歌作为苗族民族历史的"话本史"和精神层面的"圣经"，它以诗歌的形式完成民族文化的自表述。抛开苗族古歌文本化的百年历程，苗族古歌几千年来一直以唱本的形式传承于苗族社区之中。正是由于其活态传承的口头诗学特性与作家文本书写截然不同，因而不能生搬硬套西方文本诗学或中国文论进行解读，引入文学人类学的研究有利于打破将苗族古歌视为书面文本的静态解读，还原文本与唱本的整体研究。

　　通过前文的梳理可知，苗族古歌的界定按照人类学主位与客位的二分法有自称和他称之别。就自称而言，苗族古歌在东部方言区被称为"dut ghot dut yos"（音译：都果都谣），在中部方言区被称为"hxak lul hxak ghot"（音译：夏鲁夏个），在西部方言区被称为"hmongb ngoux loul"（音译：蒙歌老）、yax lus（亚鲁）等；他称则有"苗族古歌"、"苗族史诗"、"古老话"、"亚鲁王"等不同称谓。简而言之，广义而言，所有苗族古歌的歌谣皆可称为苗族古歌，苗族史诗特指篇幅宏大的苗族古歌；狭义而言，苗族古歌指在苗族聚居地用苗语流传的有关开天辟地、万物起源、战争与迁徙等远古性题材的韵文体口头传统。本论著取其狭义之说。

　　在此界定基础上，本论著探讨苗族古歌的百年学术史，并以地域与主题梳理其空间分布，将三大方言区苗族古歌特性概括为神意盎然之中部古歌、巫风傩影之东部古歌与战争浸染之西部古歌。在地域个性的基础上，苗族古歌具有共性，故而以创世、战争与迁徙三大主题加以论述。

　　对苗族古歌定义、学术梳理、分布与分类的探究使本论著有一个明晰的研究对象，构成了本论著论述的逻辑起点，在对前期研究的反思上，本论著提出文学人类学对于苗族古歌研究的必要性。引入苗族古歌的文学人类学研究是基于长期以来苗族古歌的文本研究存在的两个困境。第一，忽略苗族古歌的传承语境。民国时期将苗族古歌视作民族学的材料，中华人民共和国成立初期将其视作远古苗族文学素材，"文革"时把它当成少数民族的"封建迷信"，现在的教育体制把它视为艺术（非物质文化遗产）。① 长期以来，苗族古歌的研究被限定在歌词维度，缺少对苗族古歌所赖以生存的苗族文化的语境探讨。苗族古歌是苗族用苗语来创造并解释苗人的生活世界，苗族古歌构筑了苗族独特的生命观和宇宙观。苗族古歌融合了苗族的文学、宗教、哲学、艺术等，和苗族民众生活融为一体，有其存在的苗语语境，而现在的研究是从苗族生活世界中抽离它，进行歌词一维的解读，这显然是片面的。换言之，吟诵古歌仅仅是民俗仪式中诸多活动的一维，它并非孤立的文本，而是寄生于民俗中，故而抽离了吟诵语境的歌词研究显然无法真正深入地研究苗族古歌。第二，漠视苗族古歌吟诵的禁忌性。苗族古歌作为活态史诗至今还在民间传唱，之所以在内容和演唱过程中大量地出现禁忌，与其内容的神圣性、历史的厚重性和民众生活的紧密性相关。此外，大量禁忌的存在与苗族万物有灵的生命观、封闭而自足的社会系统是密不可分的。

　　文学人类学是把人类学的传统直接用来研究歌谣事项，这并不仅仅是对田野调查等方法论的借用，而且是在整体人类学的基础上，以"歌唱为本"的眼光和文化对等的心态，直接面对各族歌俗，去观察、体验，然后才作描述。②

　　研究活态的口头传统，文学人类学与口头理论、表演理论、民族志诗学既有共性又各有侧重。其共性表现为对书写文本遮蔽的反思，强调还原口头文学的口头诗学特征；其不同点在于口头理论侧重口语表达的基本程式、主题或典型场景以及故事类型的分析，而文学人类学侧重于"唱"的辐射，因而围绕唱之词、乐、俗以及唱者与听者、功能和传承开展立体性研究。根据前文所述，本论著具体章节安排如下。

　　歌词与民俗：苗族古歌的研究需要突破歌词一维，以文学人类学的视角，对苗族古歌的音乐、歌词与民俗进行立体研究，以歌为核心，向唱、词、俗辐射。苗族古歌之歌的研究，不仅是记录音乐曲谱，更强调音乐人类学的阐释。此外，鉴于古歌是民俗生活的一部分，故而古歌吟诵也是民

---

① 据徐新建 2010 年给博士生上课的录音整理。
② 徐新建：《侗歌民俗学研究》，民族出版社 2011 年版，第 210 页。

俗活动，所以研究苗族古歌之词就需要对苗族古歌之俗进行跟踪。

唱者与听者：这一章主要探讨苗族古歌之唱者和听者的分类。苗族古歌之唱者包含祭司、理老和歌师，其传承方式有阴传和阳传之别；从接受者（听者）角度而言，相对于书面文学单一的文字视觉阅读，苗族古歌的接受者是多元的——除了人类作为其听者之外，世间万物、鬼神与亡灵都构成苗族古歌的听者。在此强调苗族古歌的听者不同于阅读者之单一的人类，因而吟诵就不仅仅是完成文学审美之维，更多的是万物之间的交流和沟通。

功能与传承：苗族古歌之"古"使得其不同于阶级社会和私有制产生之后的民间抒情诗、起义歌、活路歌等世俗性歌谣，亦不同于情景歌或应景歌，苗族古歌内容上的原初性使得其具有一定的固定性和神圣性。同时苗族古歌本文为口头诗学，故而对其世代的接受和传播需要参考一定的文献资料，但更需要对其所寄生的民俗活动过程乃至历时发展进行梳理。

笔者以苗族婚姻礼辞的田野民族志为例，提出苗族古歌的功能较为多元：在创世部分，讲述开天辟地、婚姻的原初是为了解释婚姻的来历，有理老提到是为了给新娘改姓，使受众对于苗族的世界体系和婚姻来历形成一个基本的了解，从而凸显婚姻的神圣与庄严性；在迁徙古歌中，提到五宗六亲的分布，是对通婚区域和通婚方向的提醒与说明；在礼俗古歌部分，则是对于伦理的现场教育，既有对新人的言传身教，也有对观众潜移默化的影响。可见，婚姻礼辞的吟诵不仅仅是文学审美，更多的是文化教育。

在苗族古歌的传承研究中，笔者以鼓藏节古歌为例，通过举办鼓藏与取消鼓藏、黑鼓藏与白鼓藏之间的历时梳理和共时对比，探讨民俗的变迁，从而探讨苗族古歌空间和世代的接受与传播。从社会背景来说，苗族文化经历了冲击和影响之后，传统意义上的古歌（尤其是祭祀古歌）的演唱功能逐渐萎缩。古歌演唱的背后是神性精神的交流，因而不难理解，经历过改土归流的文化强制、"文革"的政治高压和改革开放后的经济冲击，苗族古歌的演唱不再原生态。究其原因，本质在于苗族社区中传统神性精神的坍塌，外来文化破坏了其传承的基础，并以多米诺骨牌效应摧毁了苗族传统的神治文化体系。在此意义上，苗族古歌传承前景堪忧，或许只有摆脱文化进化论的优劣才能共享文化的多元。

多元与共享：这一章主要进行苗族古歌的文学人类学研究。苗族古歌蕴含丰富的地方性知识，本论著以亚鲁古歌文化丛和苗族丧葬古歌文化带为个案，揭示其传达出苗族江山是主人是客的生命观。在反思歌谣传承地方性知识的基础上，本论著大量列举歌谣禁忌现象并将具有禁忌性的歌谣的共性概括为母语传承、听众多元、仪式伴随、功能多维四个特征，同时结合本论著附录所言之对《亚鲁王》史诗的误读，在行文最后呼吁高校开设文学人类学本科教学的必要性和紧迫性。

总之，苗族古歌的文学人类学研究就是在苗族古歌的歌词与民俗、唱者与听者及其所依存的苗族民俗历时梳理和共识比较中研究其功能和传承，从而对苗族古歌做出整体性的研究。这一切的逻辑起点在于歌谣兼具文学性与民俗性，苗族古歌（口头诗学）即文学与人类学之间产生了交集。故而需要建立文化的主体性与客体性之间的关系，即从文本到本文，并从本文走向他者。对于口头诗学的研究不仅仅是反思精英书写的遮蔽，更是提倡口头诗学的互动和多元。表面而言，领略史诗不仅是一种传播方式，更是一种生存方式；深层而言，则在于不用文化进化论的观点去阐释地方性知识，认同历史可以是演进、循环，亦可以是锐变和消亡。在此基础上，方能了解文学人类学最终关注的实质是"文学的人类学性"和"人类的文学性"。①

---

① 　徐新建：《文学人类学：中西交流中的兼容与发展》，载于《全球语境与本土认同》，巴蜀书社2008 年版，第 120 页。

附录　亚鲁王祭祀大典
田野调查报告

引　言

中国民间文艺家协会副秘书长张志学在 2013 年 12 月贵州饭店举行的《亚鲁王》学术研讨会上提到：2009 年春天，长篇史诗《亚鲁王》从贵州麻山地区苗族人聚居地走出来，进入文化人的视野，改写了苗族没有长篇史诗的历史。[①] 纵观亚鲁王文化现象，它经历了从亚鲁王史诗到亚鲁王文化再到亚鲁王学的不断升温。《亚鲁王》于 2009 年成为中国民间文化遗产抢救工程的重点项目，并被文化部列为 2009 年中国文化的重大发现之一，随后被纳入中国非物质文化遗产名录。2012 年，以唱本为基础搜集的文本苗族英雄史诗《亚鲁王》由中华书局出版。同年 2 月 21 日，由中国民间文艺家协会主办的《亚鲁王》出版成果发布会在北京人民大会堂举行。同年，《亚鲁王》入选中国社会科学院六大学术事件，与莫言的诺贝尔文学获奖相提并论。

2013 年 12 月 3 日至 6 日，由中国民间文艺家协会与贵州省文化厅主办的"苗族史诗《亚鲁王》学术研讨会"在贵阳召开。因亚鲁王文化事象牵涉众多部门与学科，提供学术支持的有天津大学冯骥才文学艺术研究院、中国社会科学院民族文学研究所与贵州苗学会，具体承办单位有贵州省非物质文化遗产保护中心、贵州省文化馆与贵州省紫云苗族布依族自治县人民政府。会议安排一是 12 月 4 日赴紫云苗族布依族自治县观摩麻山县水塘镇坝寨村《亚

[①]　张志学：《在〈亚鲁王〉学术研讨会上的讲话》，苗族史诗《亚鲁王》学术研讨会论文，贵阳，2013 年 11 月。

鲁王》的实地田野，会议安排二是 12 月 5 日在贵州饭店举行《亚鲁王》学术研讨会。笔者有幸作为《亚鲁王》学术研讨会参与者前往紫云苗族布依族自治县水塘镇东拜苗寨考察苗族史诗《亚鲁王》。下文将以多重"亚鲁王"文化、亚鲁王祭祀大典、值得思考的三个问题、亚鲁文化传承者、亚鲁王祭祀大典反思与结语六个部分完成此次亚鲁王祭祀大典的田野调查报告。

第一节　多重"亚鲁王"文化

正如上文所做的梳理，苗族史诗《亚鲁王》学术研讨会有两个主办单位、三个学术支持单位、三个承办单位，一切都紧紧围绕亚鲁王文化事象。在进入亚鲁王祭祀大典之前，笔者想从本土自称的麻山亚鲁神系、非物质文化遗产《亚鲁王》的申报以及他者话语即《亚鲁王》苗族英雄史诗的命名等进行梳理，这是从民众、官员与学者三维角度了解亚鲁王祭祀大典的必要参照。

一、本土自称：麻山亚鲁神系

在麻山苗族的社会生活中，亚鲁何在？

正如《亚鲁王》搜集者杨正江所言：就像汉族人用儒家文化来生存一样，麻山苗族生存在亚鲁神系中，他们的言行伦理、房屋建筑、生命礼仪都在用《亚鲁王》来规范。

目前出版的《亚鲁王》（第一集）即 10819 行汉译文本，内容可分为简略的创世纪和详细的亚鲁身世，这部分古歌大多在葬礼上吟诵，首要功能是为亡灵指路。其实在麻山苗族的生活体系中，创世纪的内容较之葬礼上吟诵的要丰富完整，内容庞大的创世纪在日常生活中运用较多。举例而言，已经出版的《亚鲁王》犹如树干，在简短的创世交代后叙述亚鲁王波澜起伏的一生，其根部可追溯到创世纪即宇宙万物的来源与创造，其枝叶则为亚鲁王的后辈，其后辈叙事即麻山苗族的族谱记忆，正如当地学者所言：

麻山次方言苗语的汉姓是雍正五年（公元 1727）"改土归流"以后，由所居住管辖的土司和官府给予的汉姓，以利造册编户，进行管辖。有的用了土司的形式，有的用了官府给予的汉姓，有的则用亚鲁王的谐音"杨"、"梁"、"狄"、"德"等汉姓。现在每一家族在叙述自己家族史的时候，就是沿着亚鲁王史—亚鲁王王子史—各家族的历史。①

可见，虽然《亚鲁王》的非物质文化遗产申报被归类在民间文学部分，外地人说到《亚鲁王》时最为直接的定义就是苗族英雄史诗或迁徙史诗，但在苗族民间，《亚鲁王》的主干部分一般在葬礼上吟诵，是葬俗礼仪的一部分，其拟定听者虽然有苗族民众、战马等，但更为直接的听众是死者的亡灵。

据杨正江所言，《亚鲁王》是麻山葬礼中东郎在开路演唱活动中的一个片段。在麻山的葬礼过程中，东郎的演唱顺序先是为亡灵招魂，其次是对逝者人生经历的简介，再次是叙述创世纪，最后是唱诵亚鲁王及其后辈支系直至亡灵的祖辈父辈，其过程简介如下：

（第一部分）先给亡灵招魂，把其灵魂招回家来。这时，东郎有一个唱诵："你已经去（过世）了××天，今天，你的孝子来请我给你讲我们老祖宗的故事。无论你走了多远，你都需要回来听我讲，听我讲你的历史，你的根源……"

（第二部分）讲述死者身世。"在我给你讲我们古老历史之前，我要你先记住你现在生活的环境，因为你即将离开这个环境，你必须记住你的爹妈是哪个，他们怎么认识、谈恋爱，然后生下你。你怎么成长，经历了哪些事，总之你经历的一切要交代给你，你将从此离开这个地方，回到老祖宗的地方去……"

（第三部分）讲述创世纪。"现在，你开始上路了，你走前，我跟在你后头（后面），我边走边讲、边走边唱，你则边走边听，要听好。任何事物都有个来源，你的来源是什么呢？你肯定是人，可是人是怎么来的呢？这就必须从创世纪开始，即谁来造天造地，老祖宗是怎么来的……"

（第四部分）这部分是正史部分。讲的就是亚鲁王的一生，也就

---

① 黄元勋：《苗族英雄史诗——〈亚鲁王〉的历史与文化的探讨》，中国·贵州·凯里苗族文化论坛会议论文，凯里，2012年，第84页。

是当下出版的《亚鲁王》。

（第五部分）讲述迁徙史。亚鲁王战败后到南方，讲到他的十二个王子及若干王孙的情况。哪个去了哪里（谁迁徙与定居在何地）必须交代清楚，目的是告诉亡灵所有远古血亲的情况。

（第六部分）这是最后一个部分，交代死者家族史。唱到死者这一家到底属于亚鲁王的第几个儿子，接下来就讲到孙子这一代，再接下来就可以找到我们现在的家族——其实亚鲁王的叙事就是我们（麻山）苗族地区的家族史或曰口述家谱。①

对于《亚鲁王》的吟诵语境，吴晓东做了较为学术化的总结，指出《开路经》是出殡的前一天晚上所演唱的，它包括以下七个部分：

1. 猪（鸡）开路：东郎用猪或鸡为亡灵开路时所唱的唱词。
2. 不二（求亡灵保佑众人）：是东郎求亡灵保佑他/她在世的亲人们。
3. 档森崩（开天辟地及亚鲁王诞生）：讲述天地开辟之后亚鲁王诞生的经过。
4. 亚鲁王的历史：讲述亚鲁王征战与迁徙的历史。
5. 亚鲁王后代（包括《双赢王》、《直脚王》等）：讲述亚鲁王后代的历史。
6. 鸡词：用鸡驱赶凶神恶煞。
7. 上天门（或叫上滑油坡）：送亡灵上天门。

从中可以看出，《开路经》有三个部分是演唱亚鲁王的，即第3、4、5部分。②

由于葬礼的终极目的是将死者灵魂送回老祖宗居住之所，故而对于亚鲁王及其王子的身世叙述较为详细。至于其创世部分，由于在生活习俗中吟唱，故而较目前出版的创世部分更为丰富。

---

① 笔者对杨正江的田野访谈。
② 吴晓东：《史诗〈亚鲁王〉搜集整理的两种文本》，载于中国民间文艺家协会主编：《〈亚鲁王〉文论集：口述史·田野报告·论文》，中国文史出版社2011年版，第85—86页。

与《亚鲁王》情节相似，早在 1954 年，同文异名的麻山苗族古歌就出现在由苗族学者班由科搜集但未公开出版的《苗族开路歌》[①] 中，前言交代了该古歌的演唱范围：

> 一是每逢老人去世时，主人家要去请歌手来给死者唱，内容是演唱开天辟地和一些历史上的苗族英雄人物；二是每逢村里有集体活动，几个老年人便在一起唱这支歌；三是部分亚师在送鬼时，也引用其中一些片段。《开路歌》的内容为《造天造地》、《造山和丘陵》、《赶山平地》、《造太阳和月亮》、《造人》、《造唢呐造锣鼓》、《人和雷公斗争》、《兄妹结婚》，这八大部分既有各自独特的中心思想和内容，又是相互密切联系的统一整体。

据《亚鲁王》非物质文化遗产申报团队搜集，《亚鲁王》除葬礼上由东郎吟诵外，日常生活中运用的例子较多，下文略举几例。

破案功能。据紫云苗族布依族自治县大营乡三河村燕沟上组歌师韦朝光讲，《亚鲁王》有特异的破案功能。"我破的主要是盗窃案，这个也要用《亚鲁王》，被盗的要提丢失的时辰，先念《亚鲁王》，再根据丢失的时辰推算，先算出方向，再根据方向算出里程，又根据里程推算出具体方位，这样就可以找到丢失的财物。"[②]

治病功能。在此摘录杨正兴的一段田野访谈：

> 杨正兴：你怎么治病？
>
> 韦朝光：主要是用鸡蛋来判断病情，还有把脉。断定病情后，不同的病情就用不同的方法治疗。
>
> 杨正兴：鸡蛋怎么能断定病情呢？
>
> 韦朝光：先将鸡蛋在病人身上从头到脚滚一转，打来一碗水，就对着这碗水念《亚鲁王》，把鸡蛋打破，放在这碗水里，看鸡蛋在水里的分布情况及现状，就能判断病人的病情。可以用《亚鲁王》的

[①] 班由科搜集：《苗族开路歌》，载于紫云苗族布依族自治县民委、贵州省民族事务委员会古籍办编：《民族古歌资料》（一），1956 年，内部资料。

[②] 杨正兴：《苗族英雄史诗〈亚鲁王〉歌师普查手记》，载于贵州省苗学会编：《苗族文化保护与利用研究》，中国言实出版社 2010 年版，第 140 页。

办法对症下药。

　　杨正兴：把脉也念《亚鲁王》吗？

　　韦朝光：也念，念的时候让气流通过手指，根据脉搏的跳动及附在手指上的气体对应连接情况就能断定病情。

　　杨正兴：把脉断定的病情，治疗时用药还是用《亚鲁王》？

　　韦朝光：用《亚鲁王》。①

　　祈福禳灾功能。据笔者对杨正江的田野访谈，他认为《亚鲁王》在多数时候被用于苗族民众的祈福禳灾等活动，比如麻山农忙栽种苞谷的时候。如果前一年收成不好，则需要请宝目唱诵两个小时左右的创世纪古歌，为的是保证今年的丰收。

　　可见，亚鲁构筑了麻山苗族的神系体系。不同于精英的书面文学单一的审美与赏析，在本土话语的活态唱本中，亚鲁古歌的吟诵具有以下特色：多在送灵仪式上唱诵，并与仪式步骤紧密结合；由于唱诵贯穿仪式活动始终，为仪式服务，受仪式制约，主要功能不是为了娱乐；传习过程显示诸多特有的规则和禁忌。②

二、非物质遗产申报：《亚鲁王》

　　笔者从紫云苗族布依族自治县苗学会申遗材料中了解到，《亚鲁王》非物质文化遗产的申报文本中提到：

　　　　《苗族史诗——亚鲁王》有26000余行，涉及古代人物10000余人，400余个古苗语地名，20余个古战场的细腻描述，至今口头传承于麻山苗族地区的3000多名歌师中。这是一部英雄史诗，广泛流传并在麻山苗族丧葬仪式中运用，它是对亡灵返回亚鲁王国时代历史的神圣唱诵。"史诗"的苗族语言优美，表现形式灵活多变，有的用叙事形式朗读吟唱，有的用道白形式问答，诗歌采用反复重叠和比兴的

---

①　杨正兴：《苗族英雄史诗〈亚鲁王〉歌师普查手记》，载于贵州省苗学会编：《苗族文化保护与利用研究》，中国言实出版社2010年版，第141页。

②　侯仰军、刘洋：《苗族史诗〈亚鲁王〉的前世今生》，《中华魂》2014年第4期，第58页。

表现手法，诗以散文诗为主，歌唱的曲调低沉悲凉。①

笔者对这一文化事象的田野搜集者杨正江进行了访谈，他对整个非物质文化遗产的申报是这样叙述的：

> 搜集这套史诗始于 2003 年，当时定位就是麻山苗族古歌，到 2008 年的时候决定由我尽快把内容整理出来。在 2009 年的时候，思路渐渐清晰，因为反复出现"杨鲁"这个人名。本来准备在 2009 年初将它出版，后来因为诸多原因没完成。因为从 2005 年到 2009 年紫云苗族布依族自治县一直没有任何项目申报成功，所以在 2009 年非遗申报中，非遗的新领导决定挖掘这方面的人才，我由以前的乡镇干部被借调到县非遗办。我们当时准备了 6 个项目，其中《麻山苗族古歌》（即《亚鲁王》）就是其中之一。
>
> 我带着搜集的手稿来到贵阳请教相关的苗族专家，杨培德老师提醒我说："麻山苗族古歌这样的命名申报上去就不太适合，因为黔东南的苗族古歌已经得到了认定，再申报不仅显得重复，而且批准的概率也很小。我不知道你是否注意到，实际上西部的这一支苗族，在故事或古歌中反复提到杨鲁或阳娄这个人。比如贵阳同胞叫亚奴，安顺毕节一带称为杨鲁，你所搜集的古歌有没有这样一个人名？"
>
> 我一听就非常兴奋，告诉他大量的史诗篇幅确实围绕一个叫杨鲁的人。切入点一旦确定，我们就确定为《苗族史诗——杨鲁》，回到紫云我反复琢磨，决定取名为《苗族史诗——亚鲁》。其实我们麻山的称呼为杨鲁，但取名为亚鲁是因为综合西部其他方言的发音，需要的时候我们会对不同的方言作出注释，后来由杨培德老师定名为《苗族史诗——亚鲁王》。在将亚鲁定位为王之后，我们才大胆地沿着这条线索去搜集，结果所搜集的材料和当初的定性是一模一样的。材料非常庞杂，我在 2009 年那阵子几乎处于一个痴迷的整理状态。

---

① 《麻山苗族古歌——亚鲁王》，紫云苗族布依族自治县苗学会非遗申报材料。

三、外来话语：横空出世的苗族英雄史诗

澳大利亚学者格迪斯曾在《山地的移民》中说到，世界上有两个苦难深重而顽强不屈的民族，这就是中国的苗族和散居在世界各地的犹太族。基于这样的参照，有学者提出犹太人和苗族人一样失去家园，流浪时间长、区域广，苦难深重。不同的是犹太人有自己的文字，文献典籍众多，经济和文化皆在世界上产生重大影响。相比之下，苗族有语言无文字，文化影响力较弱。这两个民族的文化认同都极其强烈并传承至今。①

笔者认为苗族的文化认同除了语言、服饰、节日之外，还有东方故园的集体无意识，最为重要的是以古歌、史诗为载体的民族口述史。

上文提及亚鲁为麻山苗族的神系体系，对于其从唱本到文本的出版意义，评论众多。刘锡诚认为：

> 《亚鲁王》的被发现、记录与出版是 21 世纪我国非物质文化遗产保护工作的重大成果，从此它不仅继续以"自然生命"——口传的方式流传于民间，而且将以其"第二生命"在更广大的读者中流传，为多种保护渠道提供了可能；《亚鲁王》是迄今发现的第一部苗族英雄史诗，它的发现、记录和出版改写了已有的苗族文学史，乃至我国多民族文学史；与已知的许多英雄史诗不同，《亚鲁王》是原始农耕文明时代的文化架构，它的问世，为中国文化多元化增添了新的元素，为已有的世界史诗谱系增添了一个新的家族。②

苗族英雄史诗，这显然是对西方文论以小说、诗歌、戏剧、散文四分法为主的简单套用。在上述他者的话语中，《亚鲁王》的重要性不仅在于能与《格萨尔王》、《江格尔》、《玛纳斯》和《黑暗传》一样有力地反驳"中国无史诗"的西方谬论，更驳斥了 20 世纪中国部分民俗学家认为北

---

① 张诗亚：《序言》，载于陈雪英：《西江苗族"换装"礼仪——教育人类学诠释》，重庆大学出版社 2011 年版。

② 刘锡诚：《〈亚鲁王〉：原始农耕时代的英雄史诗》，《西北民族研究》2012 年第 3 期。

方有英雄史诗而南方只有创世史诗的断言。

由于史诗被定义为叙述英雄传说或重大历史事件的叙事长诗，对应于西方将史诗的产生时代划定在原始部落社会，黑格尔与弗莱的论述都提到史诗属于文学体裁里的初级阶段，被后来不断发展的社会和文学扬弃，故而在惊喜苗族英雄史诗的被发掘和被认同之余，有学者将这一迟到的文化发现归结为麻山地区的地理偏僻、经济贫瘠与文化落后：

> 专家认为，正是由于麻山地区地处偏僻，外人罕至，语言独特，交流不便，又信息闭塞，直到几年前才有电流连同电视信号通入山寨，故而说亘古以来，麻山苗人几乎在封闭的状况中生活着。更由于他们世居于荒郊野岭之间，在乱石块中有限的土地里种植谷物，生活状况十分原始；精神信仰便成了他们最有力的支柱；这位顽强坚韧、从不妥协的亚鲁王的精神才一直是他们浑身筋骨中的力量，这是《亚鲁王》数千年传唱不绝的根本缘故。①

将《亚鲁王》定性为苗族英雄史诗显然是他者话语的一种强加，已经有学者提出不同的看法：

> 如果我们把它看成一个作品的话，它实际上是一个唱段，它镶嵌在仪式活动中，它不是一个独立的艺术作品。因为它不仅是简单的文学作品，它和苗族的宇宙观、人生观紧密联系。特别是它关于创世纪的部分，因为苗族人认为，他们的祖先是从另外一个地方迁徙过来的。……《亚鲁王》思想的厚重和复杂程度是一个文学研究者不能胜任的，你必须对它整个文化的系统有着全面的了解，只有知道演唱这首史诗的苗族人的宗教信仰、观念体系，你才能知道这首歌唱出来的功能。《亚鲁王》是什么意思？它为什么这么长？它的言辞为什么这么优美？为什么这些歌唱家在歌唱的时候泪流满面？它蕴含的文化，其典雅、优美的古苗语音乐的美感是语言难以表达的。所以这一支苗人它是把民间的诗性智慧、语言的表达技巧锻造到这样高的一个

---

① 冯骥才：《序言·发现亚鲁王》，载于中国民间文艺家协会主编：《〈亚鲁王〉文论集：口述史·田野报告·论文》，中国文史出版社2011年版，第5页。

程度，这首史诗就成了维系这个族群的文化表达、内部认同，甚至关系其生与死的观念体系，它与作家的审美解读不能并列。①

在多重维度的亚鲁王文化事象梳理之后，可以清晰地理解亚鲁王祭祀大典的举办目的与性质。

第二节　亚鲁王祭祀大典

整个亚鲁王祭祀大典是笔者田野调查的重要调查对象，笔者将以空间为经、时间为纬加以叙述。

一、田野点概况

此次考察地点为贵州省紫云苗族布依族自治县水塘镇坝寨村毛组东拜王城，笔者按照其行政归属从大到小具体阐述。

紫云苗族布依族自治县位置于东经105°55′—106°29′，北纬25°21′—26°3′，东与黔南布依族自治州的长顺、罗甸两县为邻，南与黔西南布依族苗族自治州的望谟县交界，西与镇宁布依族苗族自治县接壤，北靠西秀区，是安顺、黔南、黔西南三地交界处。距省城贵阳161千米，人口34.76万人，少数民族人口23.79万人，占总人口的68.44%，苗族人口占总人口的38.49%。最高海拔1681米，最低海拔623米，为典型的喀斯特地貌。

水塘镇位于新平县西北部，哀牢山中段东坡，距县城90公里，东至夏洒江，与老厂乡隔江相望，南连戛洒镇，西邻镇沅县，西北与者童乡接壤。地势西高东低，东为戛洒江，西靠哀牢山，呈狭山形河谷兼半山区地带。全镇总面积319平方公里。全镇总人口22079人，少数民族人口14083人，占总人口的64%。

此次田野调查的地点即紫云苗族布依族自治县水塘镇坝寨村毛组东拜王城。毛组属于布依族称呼的音译，东拜王城属于苗族自称，无法从文献

---

① 根据朝戈金2011年在贵阳召开的中国少数民族文学年会上的讲话的录音整理。

中查阅，故在此只能引用导游的解说词：

> 毛组是布依语的汉语音译，毛在布依语中原为好山好水好地方；东拜王城是苗族地名。东，为地理位置较好之意；拜，则是睡觉的意思。据说在很久以前，苗民迁徙时途经这里，觉得此处有山有水，是一处易守难攻、能在晚上睡上安稳觉的好地方，故而就在这里搭建了他们的一个王国即东拜王城。

水塘镇处于麻山苗族与周边布依族村寨的接壤处，据笔者对当地学者梁勇的采访，得知当地的经济条件与麻山腹地有着天壤之别。

因为亚鲁王文化事象与麻山地缘密不可分，故而在此对麻山进行简要介绍。就地理位置而言，民间将其模糊概括为头饮红河水（位于今望谟县一带），身卧和宏州（今紫云苗族布依族自治县、长顺县和罗甸县交界一带），尾落大塘地（今平塘县大塘镇和新塘乡一带）。具体而言，麻山处于紫云苗族布依族自治县、罗甸县、望谟县、惠水县、平塘县、长顺县六县交界处，因苗族先民栽种大量的构皮麻和苎麻而得名，共包含紫云苗族布依族自治县的宗地乡、水塘镇等24个乡镇，据2010年全国第六次人口普查，麻山地区现有苗族人口30.32万人。

就地理环境而言，麻山地区岩溶地貌面积达70%，属于典型的喀斯特地貌。岩石层峦叠嶂，地势陡峭，相对落差最小在300米，最大在1400米以上，土地稀薄、贫瘠、零散，只能在岩缝里用原始的耕作技术种植农作物。[1] 对于麻山地区恶劣的地理环境、较为薄弱的经济现状，在这里摘取几首民谣略作补充：

（一）

满山遍野尽石头，养畜无用人替牛。

一年辛苦半年饭，从春到冬肚无油。

（二）

吃愁穿愁睡更愁，脑壳垫个木枕头。

----

[1] 梁勇：《麻山苗族史诗〈亚鲁王〉音乐文化阐释》，硕士学位论文，陕西师范大学，2011年，第10页。

芭谷壳里过冬夜，火塘炕内眼瞅瞅。
（三）
苗家坐在麻山头，无吃无穿无处求。
祖辈留下苦日子，不知哪年熬出头。
……

此外，尚有"三日无雨苗枯黄，一场大雨全刷光"与"春种一片坡，秋收一小箩"等说。导游坦言，她母亲（本地人，布依族）用布依族的语言将麻山称为太阳不照之地，即贫穷荒芜之意。事实确实如此，在群峰包围下，麻山小部分地方上午10点太阳才能越过重重高山，倾泻下奢侈的阳光，下午3点太阳就被高山无情地阻隔。

作为苗族同胞，笔者对麻山感触最深的是当地女性少有银饰。在苗乡尤其是在东部和中部方言区里，素有"无酒不成席，无银不成装"之说，苗族银饰以重为美、以大为美的传统使得银饰文化成为苗族文化最为重要的名片。在此次葬礼前来吊唁的众多着不同服饰的苗族女性中，几乎没有任何银饰。笔者曾与因撰写博士学位论文而长期在麻山实地调查的博士生杨春艳交谈，她坦言有同感，当地苗族妇女告诉她：她们的银饰非常稀少，因而倍感珍贵。

苗族学者杨培德先生关于苗族三大方言区历史演进有这样的判断：西部方言区苗族和东部方言区苗族参与过上古时期发生在中原的激战，战败后退出中原，因而其关于历史的叙述充满战争；中部方言区大概一直生活在苗族诞生的环太湖地区，没有北上参与过中原逐鹿，所以，关于历史的记忆没有惨烈的战争，而且，文化艺术较好地保持着本原的特征。笔者与苗族学者杨照飞聊天时，她提出三苗之中以西部为先锋，东部断后，中部受战争冲击较少，西部付出惨重的代价，其所迁徙之地已为彝族居住，故多为高山贫瘠之地，少有富庶的平原，如麻山、威宁等地，就地理条件而言，确实较为贫瘠。

在参与此次考察之前，为了有较为充分的田野前资料，笔者试图查阅关于麻山苗族的文献资料，但在2009年亚鲁王文化事象引起外界关注之前，除了贵州民族研究所内部资料搜录有《麻山苗族调查专辑》之外，无一本专著研究麻山。

2013年12月4日的田野考察，笔者以时间为线索记录行程。

早上 8 点 15 分，旅游巴士载着专家组从贵阳出发，经约两个小时的高速，在紫云收费站暂停，紫云苗族布依族自治县派轿车在前带路，每一辆大巴车上配一名志愿者当解说员。经过约 50 分钟车程的山路，约在 11 点到达苗族史诗亚鲁王观音山传习所。在传习所参观了大约半个小时之后，专家们陆续爬上约 800 米的坡地前往祭祀场观摩亚鲁王祭祀大典。

大约于 12 点到达祭祀场地即东拜王城，在门口由志愿者将讣告、香纸及一小缕麻发给每一位前来参加大典的专家学者，经志愿者带领，在亚鲁王、欧地聂和迪地仑灵柩停放处前的吊丧客烧纸区焚烧在门口领取的香纸，焚烧完后被安排在离灵柩约 20 米的一块油菜田里就座。下午 1 点半，各位专家陆续到民房用餐，之后继续回原位坐定。下午 3 点开始，孝子及砍马师陆续开始砍马仪式的准备工作。下午 4 点半左右，在众多专家学者的催促下，开始砍马。15 分钟后，马被砍倒，随后将马头与拴马的杉树抬到亚鲁王灵柩前。下午 5 点开始发丧，将三具棺木抬到离观音山约一里之遥的墓地，按照仪式下葬。

下面，笔者将对本次祭祀大典进行简要叙述。

二、观音山工作站

观音山工作站原本是杨正江的老屋，为推广亚鲁王文化而无偿捐献出来，因与观音山相邻，故而得名，全称为紫云苗族布依族自治县亚鲁王文化研究中心工作站。

走进工作站，《亚鲁王》各传习所基地以标牌形式为大家所了解，分别为苗族英雄史诗《亚鲁王》传习所大河苗寨基地、苗族英雄史诗《亚鲁王》传习所新厂基地、苗族英雄史诗《亚鲁王》传习所摆里基地、苗族英雄史诗《亚鲁王》传习所关口基地、苗族英雄史诗《亚鲁王》传习所打哈基地、苗族英雄史诗《亚鲁王》传习所冗厂基地、苗族英雄史诗《亚鲁王》传习所卡坪基地、苗族英雄史诗《亚鲁王》传习所芭茅基地、苗族英雄史诗《亚鲁王》传习所盖角基地、苗族英雄史诗《亚鲁王》传习所竹林基地及苗族英雄史诗《亚鲁王》传习所水井基地。

笔者了解到，观音山工作站同时为苗族英雄史诗《亚鲁王》传习所观音山联系工作站，还是贵州省文化厅非物质文化遗产保护中心《亚鲁王》研究基地和中国社会科学院民族文学研究所《亚鲁王》研究基地。

据解说员讲解，观音山工作站的功能有以下几点。首先，是给前来录音的东郎提供方便。麻山地区交通不便，除了搜集人员深入实地录音之外，还会请东郎前来工作站录音，为了免去每日行走的旅程之苦，前来录音的东郎可以在工作站得到食宿安排。其次，为大家学习《亚鲁王》提供场所。随着亚鲁王文化不断被外界关注，亚鲁王文化的传习在工作站就可以进行，解除在家中只能在农历正月和七月学习的时段禁忌，扩大了学习时间。再次，为外来研究者提供中转平台。外地专家学者如果不进入具体村寨，则可以安排东郎前来工作站协助调查，只需要给予东郎一定的误工补贴即可。最后，方便搜集整理工作，为亚鲁王从唱本走向文本的搜集工作提供更为多元的平台。虽然有学者对于古歌搜集的"格式化"提出批判，认为需要"五个在场"的实录与参与①，但《亚鲁王》主要搜集者杨正江说：

> 通过两次录音比较，搜集整理者发现葬礼唱诵现场的史诗细节比室内录音丰富得多，甚至很多细节在室内录音时没有录到。但室内录音的史诗篇幅却要比葬礼唱诵现场的史诗篇幅长出若干倍。经调查，发现两个问题：一是今苗人葬礼习俗已经受到汉文化的影响，请汉族风水先生选定了出殡时辰。受时间限制，东郎们在唱诵史诗时进行了大量的"裁剪"，这与苗族传统上何时唱完史诗何时出殡的唱诵方式大不相同。二是如今绝大部分苗人后生对这一特殊的唱诵仪式并不理解，仅仅是奉长辈之命，为仪式而进行仪式；没有对东郎们行跪拜礼节，也没有茶水伺候；东郎出于履行职责、对祖师的尊重而唱诵，他们有意识地对唱诵的史诗进行了大幅度的"裁剪"或故意不唱完整。②

上文言及巴莫曲布嫫曾提出格式化文本的批判，其实吴晓东的思考更为缜密：综合本应尽量解释出综合的过程和缘由；现场录音本应尽量提供

---

①　廖明君、巴莫曲布嫫：《田野研究的"五个在场"——巴莫曲布嫫访谈录》，《民族艺术》2004年第 3 期。

②　余未人：《东郎杨再华简介》，载于中国民间文艺家协会主编：《〈亚鲁王〉文论集：口述史·田野报告·论文》，中国文史出版社 2011 年版，第 15 页。

演唱的真实语境，并对仪式中的一些环节作出阐释①。故而设若是为了保存更加完整的资料，综合文本亦是较好的选择。正是如此，观音山工作站为《亚鲁王》的搜集提供了较好的天时、地理与人和。对于观音山工作站，有学者对其功能作出更为丰富的概述：

> 1. 鼓励、动员东郎将文化继续传承；起到引导的作用；给他们所在的寨子立基地的牌子，让他们获得自信与骄傲，认识到文化的价值，以激励他们主动去带徒弟；2. 消除误会，通过此工作方式，传递一种信息，这是政府所支持的，并消除"文革"对他们造成的影响；3. 让年轻的知识分子或读书人在反观自己文化的同时明白苗族文化的重要性，明白这是老祖宗传承了几千年的声音，以提升他们的民族自尊心和自信心。②

工作站为三间两层的砖房，左边的偏厦用水泥砖从外面包了一层，隐约看见两三个南瓜随意搁置，右边的偏厦为厨房。在二楼的走廊处悬挂有宽约一米、长约四米的横幅——"守望麻山，做一名坚强的基层文化战士！"（见附图1）

看着这幅横幅，想起导游兼解说员在车上对杨正江的讲解，终于明白为什么她在解释亚鲁王文化事象时会激动痛哭。

> 那天杨正江老师给我说了很多，他说起自己的生命历程，还给我们说到亚鲁王文化，说到亚鲁王文化对于麻山的重要意义，以我的学识，我根本就听不懂他在说什么，但我唯一能听懂的是，这是一件很神圣的事，这是麻山的灵魂和骄傲：我们要守望麻山，我们要做坚强的奋斗者，为麻山奋斗到最后一刻，因为它是我们的家乡。

工作站左侧矗立着一片茂密的野板栗树，在秋风的吹拂下，金黄色的叶片迟疑着缓缓飘落，地面一片金黄。

---

① 吴晓东：《史诗〈亚鲁王〉搜集整理的两种文本》，载于中国民间文艺家协会主编：《〈亚鲁王〉文论集：口述史·田野报告·论文》，中国文史出版社2011年版，第82页。
② 路芳：《生产性保护下的仪式化展演——以国家级非物质文化遗产〈亚鲁王〉为例》，《贵州社会科学》2013年第11期。

附图1　观音山工作站

三、东拜王城祭祀流程

东拜王城祭祀是整个活动的重心，祭祀对象、原因与目的可从这次活动的讣告中加以了解。

讣　告[1]

祖先亚鲁王

——葬礼与全民祭祀大典

时间：2013年12月4日（星期三）

地点：紫云苗族布依族自治县水塘镇坝寨村毛组东拜王城

亚鲁王是现今苗族以及其他民族等多民族的共同祖先。在远古时期，亚鲁王由于兄弟部落联盟之间的连年征战，不愿意看到兄弟部落之间互相残杀，决定率领族群过江迁徙南下，定都南方。之后亚鲁遣

---

① 紫云苗族布依族自治县观音山《亚鲁王》工作团队提供的资料。

令其十二个王子征拓南方十二个荒蛮之地，并立足发展。欧地聂率领的部分族群途经贵阳、惠水、长顺进入麻山，而迪地仑守护在亚鲁王身边。亚鲁王离世之后，迪地仑一路追寻欧地聂的踪迹来到麻山，两位王子一起繁衍这支麻山次方言苗族。几千年已经过去，如今麻山苗族已经不能传承追忆亚鲁王、欧地聂王子、迪地仑王子的英雄史诗。历史的记忆将随着东郎们的逝去而湮灭在大地的泥土里，年轻一代的苗人后裔已经不知道家在何处，根在何方，没有了信仰，精神饥荒！

2009 年之后，由一群麻山青年人组成的"《亚鲁王》田野团队"日夜行走麻山，聆听记录东郎守护精神家园的唱诵，在时光隧道中寻声追逐祖先，历经几年艰辛的呼唤与守望，祖先已经回到我们的中间来。2013 年 11 月 22 日下午，几十名东郎代表汇集东拜王城观音山亚鲁王文化工作站，会议庄重决定于 2013 年 12 月 4 日为祖先亚鲁王、族宗欧地聂王子与迪地仑王子举办盛大葬礼，并砍一匹战马葬送祖先亚鲁王。

各地各路苗族同胞及其他民族同胞，见此讣告后相互转告，于 2013 年 12 月 4 日赶赴葬礼地点参加祭祀大典！

麻山欧地聂王子、迪地仑王子后裔同叩

2013 年 11 月 29 日

杨正江说，这份讣告原本准备在 2012 年 11 月中旬通过东郎散发到麻山苗族同胞手中，但由于相关部门怕聚众闹事，后来只是口头相互转告。

笔者将此次参与的亚鲁王葬礼及祭祀大典过程概述为以下几个步骤。

1. 祭奠

亚鲁王、欧地聂及迪地仑三处灵柩停放处离东拜王城约 20 米，在村寨左侧一块空旷的田地里。时为冬天，庄稼已经收割，田埂边枯黄的野草映衬着苍茫的群山，显得十分肃穆。进入祭祀大典场域，最先映入眼帘的是一幅巨幅芒就，用一根大杉树高高挑挂，矗立在亚鲁王的灵柩前（见附图 2）。

这幅大型芒就与其他芒就不同之处有两点。一是，这块芒就长八米，宽四米，是普通芒就的数十倍。二是，与其他芒就仅有图案不同，这块芒就用苗文和汉文双语书写，一共有三排，第一排是苗文，第二排、第三排

附图2　亚鲁王灵柩前的巨幅芒就

是汉文翻译，双语重复"祖先亚鲁王"，但"灵魂"一词没有苗文。

芒就是麻山葬礼不可缺少的陪葬物品，盖在亡灵身上。由于其构图以太阳纹为中心向四周扩散，故而又有太阳旗之称。芒就是苗族古代的战争旗帜，将芒就覆盖在亡灵身上即是祖先辨别是否让亡灵回归东方故园的通行证。

关于上述芒就，以下是美术专业的解释：

这是一幅长方形的彩色刺绣艺术，刺绣艺术用工艺美术平面造型纹样进行构图，内容以英雄史诗《亚鲁王》中的生命创生神话为主题。构图中心是象征生命的光芒四射的太阳纹，围绕太阳纹的是象征植物生命的嫩芽、稻种和稻秧组合。组合纹的左右对称的蝶、鱼、鸟纹象征人类生命的繁衍，蝶与鸟象征"有了女人才有男人"。而鱼纹象征人的生命繁衍不计其数。绣幅上下两边中间是稻种和稻秧纹。四角则有稻秧和芒纹组合成变体的人兽面饕餮纹。[1]

此次祭祀对象为亚鲁王、欧地聂王子与迪地仑王子共三位麻山远祖。各设灵柩，三处灵柩呈三角形，亚鲁王灵柩居中居上，其余两位王子灵柩左右安置，其中欧地聂灵柩居左、迪地仑居右。

灵柩停放处除了棺木之外，还有麻山葬礼上常见的各种祭祀物品：草鞋、小米、装糯米饭的竹篓、焚烧的香纸、用来敲击的铜鼓和木鼓等。笔者还留意到有东郎在灵柩前吟诵古歌时脚踩铁铧，据说是为了保护吟诵东郎之灵魂不会随着古歌吟诵被带走。

笔者观察到吊唁之人多数结队而来，鲜有单独一人或零星几人前往的。其顺序一般是小型乐队在前，乐器之中有唢呐、木鼓和铜鼓等，紧跟的男子高举用竹竿挑起画有芒就符号的祭幛，身后紧跟着的是用毛巾蒙面的妇女。其中妇女多着民族服饰，有六七种不同的服饰样式，男子的服饰则大多汉化。

每有客人前来，主办方即燃放鞭炮、烟花甚至土炮，以示迎接之意，在祭祀入口处接过祭幛、烟草或糯米饭等送给亡人的礼品。吊唁人群先从一排长跪在草团垫上的孝子面前走过，用手逐一去抚摸孝子之头表示慰问，然后径直走到灵柩前焚纸烧香，蒙面妇女依次进入灵柩停放处，环绕一圈后再由孝子指引出场。

约12时30分，两队各约八名男子手拿短兵器从左右两个方向绕灵柩做出各种刺杀搏斗动作。长期蹲点田野的杨春艳博士也觉得平时葬礼没有这一程序，她访谈当地苗民后得知，因为亚鲁王及两位王子皆战死沙场，这样的程序象征解除战场杀戮的恩怨，让其灵魂得以正常安葬。

12月4日这天，前来吊唁之人络绎不绝。因祭祀场下方安设砍马场，

---

[1] 杨培德：《生命神圣与神圣历史——神话思维叙述的苗族英雄史诗〈亚鲁王〉》，苗族史诗《亚鲁王》学术研讨会论文，贵阳，2013年，第118页。

故而场内无法容纳大量前来吊唁的人群，在祭祀划线范围之外，四处山头密密麻麻地站满了前来吊唁的人群。

对于整个活动的参与人数，笔者粗略估计为8000人，与田野访谈所了解到的数字几近吻合：

> 12月4日这天，不到9点钟就有大量的人前来吊唁，唢呐声响成一片。来了几十拨麻山苗族，我怕专家还没到，奔丧的群众就全走了，所以请志愿者将他们堵在门外，你看你们（专家组）来的时候有七八支苗族同胞被挤在门外，所以约有8000人；还有一个计算方法就是，12月4日这天光是吃饭的人就有400多桌。

> 其实，从11月22日开始，陆陆续续都有麻山的苗族同胞过来，平均每天接待前来吊唁的约有20多支吊丧队（300人）。加上12月4日这天，约8000人，我粗略估计，此次活动前来吊唁的人不下万人，最远的有罗甸县和望谟县那边的苗族，光是乘车都需要三个多小时。这还是仅仅靠口头传播这个消息，我们打印的1000多份讣告不敢发出去，如果发出讣告，我想参加的人数绝对更多。[①]

2. 用餐

因为语言不通，无法听懂东郎在灵柩前对着棺木的吟诵与砍马师[②]对着战马的吟诵，故而专家在指定的祭祀场域观察一阵之后，在下午1点左右，陆陆续续前往就餐区就餐。

就餐区与祭祀区相隔约200米，是一处民房露天院坝。就餐时没有按人数设桌，大家估摸着能坐下就自己找凳子坐定，等待大约5分钟之后，每桌抬出一大盆火锅和两碗辣椒蘸水。

活动说明书上明确写明祭祀大典饮食简介：

> 远古时期，亚鲁王部落的族群生活在富饶的鱼米之乡，族群主食

---

① 笔者对杨正江的田野访谈。

② 在麻山传统苗族葬礼上，有砍马这一环节，砍马之人被称为砍马师。传统的砍马师必须是东郎，当下是东郎先砍前三刀，其余交付给年轻人或屠户砍马。东郎和砍马师是两个相互联系但又有区别的概念：砍马师一般而言是一个小团队，其中必须有一人是东郎；东郎除了砍马之外，最为重要的工作是吟诵《亚鲁王》古歌。

为鱼虾和糯米、黄豆、豆腐等。至今，麻山苗族必须传承祖先的这些饮食，因为苗人的死亡不是生命的结束，而是生命的开始，苗人的灵魂要回归祖先的怀抱。为敬仰祖先，尊重民俗，体现节俭之风，今天在这场祭祀仪式上，也将用这黄豆、鱼虾、豆腐、糯米和大米作为主食。①

但事实上，没有鱼虾和糯米，主菜是满满一盆约有 4 斤左右的猪肉火锅。火锅也并不是用明火当时烧热，而是事先煮好用铁盆抬出，配料的蔬菜有少量的豆腐、豆芽及更少量的油菜苗。猪肉肥瘦都有，但专家们都提出蔬菜太少，因笔者离厨房较近，被推为代表前去厨房提议："蔬菜太少了，能不能给我们加点蔬菜？"

大约一刻钟之后，厨师果然将烫好的蔬菜给我们添上。就餐之时，一位男性厨师不时地将一大盆热气腾腾的瘦肉用木盆端出来，在一旁热情地问："还要添肉不？哪桌还要添肉？瘦肉要不要？"大家都摇头说不需要。

3. 砍马

上午 10 点到达之时，在灵柩停放下方约 20 米的一块宽阔的农田里，就看见一匹褐红色公马被系在一根高约 3 米的杉树旁。据解说员讲解，这匹马下午要被砍死，用来葬送亚鲁王。

整个与砍马事项相关的活动，按照祭祀大典简介分为唱诵砍马史诗、恭迎砍马师进入砍马场、主家东郎点将台宣誓、主孝女喂马、吊丧客绕砍马场祭祀、负责砍马的东郎鸣放鞭炮模拟战争场面催马奔跑、砍马师砍马、主孝家拔出砍马桩送往坟地等八个场景，由于整个过程持续时间较长，故而粗略梳理。

（1）唱诵砍马史诗。笔者观察到，在整个活动期间，有东郎间断性对着这匹马唱诵《砍马经》，因为语言不通且距离较远，无法听到唱诵内容，此处援引他人的前期调查：

> 砍马经包括：杉树的来源；马的来源；喂马；牵线。《砍马经》的第一部分是讲述杉树的来源，这是因为砍马的时候，要将马拴在一棵立在平地里的杉树上，这棵拴马的树只能是杉树，不能是其他树。

---

① 参见亚鲁王祭祀大典说明。感谢紫云苗族布依族自治县观音山《亚鲁王》工作团队提供的资料。

第二部分是讲述马的来源。这部分与亚鲁王有关，词中回顾了亚鲁王用战马征战沙场的历史。第三部分是东郎带着女眷喂这匹即将送给亡灵的战马一顿饭。第四部分是将亡灵牵引回到亡灵居住的地方。[①]

在麻山地区，对于生灵生命的索取必须有其缘由和根据，关于砍马有一个传说和一段古歌，传说这样叙述：

很久以前，牛、马、猪、鸡、鸭都是亚鲁王家里的牲畜，后来亚鲁王落难要去别的地方，这些牲畜禽类要跟着亚鲁王走，所以一个个保证以后要为亚鲁王做事情……马能驮东西，所以马说："如果以后你的娃娃死得不好或者家里哪个死得不好，你就砍我，把我砍了，我就可以带着死人的魂到老祖宗住的地方去，你砍我不会有罪，你走到哪个地方都可以骑我，我会驮着你跟大伙走，你就不要走得那么辛苦。"[②]

限于目前还没有出版较为完整的《砍马经》，在此仅以1954年前麻山苗族学者班由科搜集的《砍马经》古歌为例。

马啊马，莫听唢呐吹，莫听锣鼓声，听我唱古理，听我唱古歌。很早很早前，棉轰王不歹，造了百种邪，造了亚多王，是你的祖先，不想天上住，随雨到人间，来到亚鲁寨，鲁来嫩草养，多王受优待，享福不知福，吃鲁命中树，啃鲁命中竹……

多王（战马）央求说：我的好主人，听我说分明，人老就上天，去会老祖先，上天那天路，有匹大岩山，岩上有石板，若是不骑我，难上岩石山，待人死了后，才把我来砍，死者骑我背，上那岩石山……[③]

---

① 吴晓东：《史诗〈亚鲁王〉搜集整理的两种文本》，载于中国民间文艺家协会主编：《〈亚鲁王〉文论集：口述史·田野报告·论文》，中国文史出版社2011年版，第85页。

② 李志勇：《马宗歌师杨保安口述史》，载于中国民间文艺家协会主编：《〈亚鲁王〉文论集：口述史·田野报告·论文》，中国文史出版社2011年版，第185—186页。

③ 班由科搜集：《苗族开路歌》，载于紫云苗族布依族自治县民委、贵州省民族事务委员会古籍办编：《民族古歌资料》（一），1956年，内部资料。

从古歌中我们可以了解到，之所以要砍死这匹战马，是因为它"吃鲁（亚鲁）命中树，啃鲁（亚鲁）命中竹"，正是因为结怨结仇，亚鲁王当时提出要砍死亚多王（战马）偿命，亚多王则认为消除仇恨的办法并不是当时杀死它抵罪，而是以后有亡人要回祖先之地，需有战马骑着上岩石山，为此承诺可以砍死它的子孙以让亡灵顺利回归。

据笔者观察，东郎对马唱诵《砍马经》并非一次性完成，而是不间断地进行。在唱诵《砍马经》的过程中，不断地用酒洒在马鬃上祭马。由于参与人数众多，众声喧哗，加上鼓声、唢呐声和爆竹声不断，东郎给战马唱诵《砍马经》的声音低得几乎听不见。其实即便声音足够洪亮，对于听不懂苗语的大多数专家学者而言，与其说是听清内容，不如说是感受氛围。更为重要的是，《砍马经》的唱诵对象是马、杉树等，故而即便对于在场的麻山苗族同胞来说，对于《砍马经》的内容听懂多少并不重要，长期的耳闻目睹一定使得他们明白为马吟诵古歌的缘由。但匪夷所思的是，下午两点左右，不知道是谁的主意，与刚才的低声吟诵不同，东郎手中突然多出一个白色的喇叭扩音器。当时的情景是——东郎头戴武士帽，胸前挂着手机，一手拿着点缀着红色流苏的长矛，一手拿着喇叭，由于声音被扩大数倍，专家及参观的人群都稍稍诧异一阵，马儿躁动一会儿后又归于平静。

（2）恭迎砍马师进入砍马场。主孝子一行行跪拜礼，将砍马师迎进砍马场。

当地苗族学者梁勇告知笔者，砍马师一般不是一个人行动，多数情况下是三至七人。砍马亦不是任意砍杀，对于所砍的部位有讲究，即只能砍马颈根（马脖子），这是由古歌叙事所形成的定俗："砍时砍颈根，才是情和理；谁砍着我头，他就要疼头；谁砍着我脚，他就要疼脚；谁砍着我腰，他就要疼腰；谁砍着我心肺，他就要变瘫；若是不残废，死者无后辈。"

正是因为砍马有着诸多的规定和禁忌，故而并不是每个人都能成为砍马师。在每个砍马团中，至少要有一名东郎。除上述提到的需砍颈根部位外，对于将马砍死的刀数也有讲究，不能一刀砍死，四刀或七刀亦被视为不吉利。此外，砍死后的马肉食用也有一定的规定，即与主孝家同姓之人不能食用马肉①，大多由砍马师根据参加砍马的人数进行分配。

---

① 同姓人不能食用祭肉，这与东部椎猪时的忌肉分布相似。

对于东郎的聘请也有一定的规定。如果亡者是男性，由死者的姐夫或妹夫请东郎；如果死者为女性，则由舅家请东郎。此次典礼的东郎为陈兴华①，据笔者对主办人员的访谈得知，之所以选择他为典礼的东郎，最为重要的原因是他是国家级非物质文化遗产传承人。在文本的《亚鲁王》搜集材料中，对其身份作出基本的概述：

> 陈兴华，男，生于 1945 年，紫云苗族布依族自治县猴场镇打哈村打哈组人。1961 年开始拜母舅爷韦昌秀、伯岳父伍老乔、堂伯陈老幺等老歌师为师，1962 年就开始跟随师父在本村和邻村帮别人唱诵苗族史诗《亚鲁王》，自己主持并唱诵苗族史诗《亚鲁王》118 场。②

陈兴华为麻山东郎中较为典型的代表。2017 年，陈兴华的事迹在《非遗中国行》播出，其对《亚鲁王》古歌的热爱、痴迷与虔诚得到进一步宣传。

> 陈兴华生于 1945 年，"文革"时期唱诵《亚鲁王》被当成封建迷信，让他不堪回首："几十年抬不起头，但是在这种情况下，我还是不放弃。"在这种极端情况下，陈兴华坚持了下来，2012 年被认定为《亚鲁王》史诗项目国家级代表性传承人。从此他把自己的家当成了传承基地，坚持免费教学。学习和传诵《亚鲁王》有着许多禁忌，每年只能在正月和七月才可以进行，这大大限制了《亚鲁王》史诗的学习和传播。陈兴华把它改了过来："我们只要有虔诚之心，随时随地都可以唱。"陈兴华还第一个把由他传承的陈氏分支《亚鲁王》史诗版本整理成册，率先由口头流传转变为书本文字流传，并且修改了必须是当面亲授的教规，使便捷的听录音学习成为一种新的学习方式。陈兴华还与时俱进，利用手机对远方的弟子进行教学。他尽自己的全力实现心中的誓言："什么都能丢，但是《亚鲁王》是我们祖先留下来的财富，是不能丢的。"③

① 本论著第四章中已对陈兴华有过介绍。
② 《麻山苗族古歌——亚鲁王》，紫云苗族布依族自治县苗学会非遗申报材料。
③ 非遗中国行：《国家级非物质文化遗产——亚鲁王》，http://mp.weixin.qq.com/s/6adSU3M1E9T lmbcEDLtNEQ，2017 年 7 月 16 日。

（3）主家东郎点将台宣誓。因笔者事前对整个活动了解不多，对于这一活动观察不仔细，错过了。

（4）主孝女喂马。这一环节是由一位男性带队，成年女性约 20 人先绕着马顺时针旋转，每个人将手中的一串糯谷喂给战马食用，据说是为了让马在被砍送给亡灵之前好好吃一顿麻山地区珍稀的稻谷（见附图 3）。

附图 3　妇女给战马喂稻谷

（5）东郎鸣放鞭炮。下午 3 点 30 分后，有东郎鸣放鞭炮，模拟战争场面催战马奔跑，因为受到鞭炮的惊吓，战马死命奔跑。在爆竹停顿期间，战马亦偶做停顿。有东郎为了助兴，将爆竹扔到战马屁股或是头部等敏感部位，战马虽然被拴在杉树木桩上，亦狂命奔跑，顺着爆竹的方向逆时针奔跑，整个过程持续 20 分钟以上。

（6）砍马。下午 4 点，砍马师提着亮晃晃的长约两米的大砍刀，在经历一段古歌吟诵与不断地用含刀鞘的长刀比试战马之后，砍马师"霍"地将长刀抽出来，喧闹的人群突然安静下来，但砍马师并没有直接去砍战马，而是从四面八方对着战马和围观的人群行叩首礼，其他的砍马师亦做此动作。如此反复多次后，砍马师正式砍马，大约下午 4 点半之时，在一串清脆的土炮声后，东郎陈兴华高举砍刀，朝着马的颈根狠狠地一刀砍下去。

这一刀砍得成功而巧妙，战马的颈根被砍出约一指深的伤口。之后，砍马团其他成员陆续上场，每个砍马师无论砍中与否，一次只能砍一刀后即交给下一位砍马师。陈兴华将砍刀交给身边的砍马师，第二位砍马师绕着砍马柱寻找较好的下手机会。马因第一刀被砍中了颈部，露出了宽约巴掌大的血淋淋的刀口，虽然没有鸣叫和急速腾跳，但显然有意避开砍马师的追砍，就在周旋之间第二位砍马师敏捷地一刀劈下，鲜血喷了一地，砍马师沿逆时针方向将砍刀交给下一个砍马师。

围观的群众紧张地盯着砍马师的一举一动，全场的空气几乎凝固一般，这时专家席中不停地有人说：

"好恐怖啊！"

"太残忍了！"

"太血腥了！"

"还继续砍啊！好不人道！"

……

因为距离较远的缘故，砍马师听不到这样的议论，一行七人轮流用长刀去砍那匹战马，当中年龄最小的90后砍马师因为胆怯，在马桩前盘桓了许久却找不到合适的下手机会，其余砍马师就这样你一刀、我一刀，大约10分钟后，马颈被砍得只剩巴掌宽，其中一位砍马师提过砍刀，敏捷地将马头趁势砍下。

就在马头落地的那一刹那，丧家子弟将马调转方向，使之朝向祖先所在的东方，随后马头和砍马桩被丧家快速拿起，一并抬到亚鲁王的灵柩前，随灵柩抬往安葬之地。

按照活动的流程，祭祀的预期时间安排如下：

第一阶段：葬礼祭祀时间，12月4日上午10点至下午2点。

第二阶段：砍马祭祀时间，下午2点至下午3点。

第三阶段：发丧上山时间，下午3点30分至5点。

第四阶段：回山除祭，下午5点至6点30分。①

---

① 参见亚鲁王祭祀大典说明。感谢紫云苗族布依族自治县观音山《亚鲁王》工作团队为笔者提供的资料。

就在战马被砍倒之时，也就是马头被抬起的几分钟之后，由于接近傍晚，东拜王城的祭祀之地天气骤冷。因为回城至少需要三个小时的车程，专家们纷纷朝停车的观音山站前的公路边走去，甚至有专家抱怨主办方没有时间观念，使得活动一再拖延。① 后来因为徐新建教授提议看完发表，在当地村民陆续将棺木抬出村寨后，专家们兵分两路，有的从原路返回，有的跟随抬棺木的队伍绕山路转回观音山。

约下午5点40分，冬日略短，准备晚饭的炊烟已经袅袅升起。因为临近傍晚，薄薄的云雾多情地环绕着高山之巅，一切显得迷离而深邃，当地村民将三具棺木陆续放进事先已经挖好的坟墓中，随着黄土的缓缓掩埋，当日的祭祀大典活动结束。

残阳如血，英雄魂归故里！

第三节　值得思考的三个问题

笔者的博士学位论文为《文本与唱本——苗族古歌的文学人类学研究》，在行文中涉及西部古歌亚鲁王主题，除了文献梳理之外，仅有一次对杨正江的田野访谈。在论文撰写期间，笔者通过文本阅读了解到《亚鲁王》的一些相关资料，但由于语言不通，加上田野时间安排不够，故而一直没有进入亚鲁王田野，此次为期一天的活动观察，使笔者对以下三个问题有了较多的思考。

一、砍马——文化震撼还是文化净化？

在上述提及的砍马环节，就在马倒地的那一刻，专家席里有一位女性大放悲声，其中几位因恐惧和震惊脸色发白。因笔者正好和这位失声痛哭的朱伟华女士共事，都为贵州师范大学文学院职工，故而事后和她聊起这次砍马经历。她提及自己曾两次参加砍马仪式：第一次是作为贵州省申遗

---

① 按照活动安排，时间有所拖延，然而笔者采访杨正江时，他说本来砍马之前还有一段唱诵，因为专家们实在等不及，甚至有人提出再不砍马就走人，故而压缩了一段唱词。

专家参加的以户为单位在麻山苗族葬礼上举行的砍马，因为战马个头较小，砍马师只有一人，在经过大量的爆竹惊吓转圈之后，战马两三刀即被砍死，虽然也感觉到很震撼，但尚在心理承受范围之内；这次砍马因为参与人数众多，所以具有"表演"性质，战马强壮彪悍，砍马师人数众多，砍杀时间持续较长，她觉得简直是自己被撕裂一样："我哭得几乎气绝，当时是连死的心都有了。"

　　问：如果按照您的意见，您是否反对砍马？
　　答：文化发言需要基于实地调查，我理解他们的文化。我曾在他人的叙述中提到砍死马匹是因为马的祖先是亚多王，亚多王偷吃了亚鲁王的生命竹，故而定下盟约日后亚鲁王的子孙去世便需要砍死亚多王的子孙驮负他回到祖先之地。以前我对他人说到活生生被砍死的战马不挣扎悲鸣我是不相信的，就是第一次参加上述提到的那场葬礼之后，我也在怀疑。有人提出估计是马在被砍杀之前不停地转圈所以转晕的缘故，为此我自己也觉得可能如此。后来参加这次祭祀大典，我觉得完全排除这个可能。首先，这次祭祀大典的战马几乎就没有转圈，转晕的说法不成立。其次，这是一匹枣褐色成年战马，健壮威武，从正常逻辑而言，砍杀它一定会死命狂挣，但事实证明它显然也是默默忍受难以被理解的长达几分钟的杀戮，所以我后来放弃科学逻辑的推理，我认为这是麻山苗族理解世界的一种方式。

事后，从其论文中，笔者摘录了她更多的文化感悟：

　　杨正江告诉我们，正在搜集整理的"亚鲁王与动物和植物卷"中，有各种动物被杀的故事。这里没有无缘无故的杀生，也没有口腹之乐的杀戮，它们都是为祖先的过失偿命，为完成自身使命受戮。在那些看来不无血腥意味的仪式背后，是一种万物有灵的尊重和平等。这里有一种非常珍贵的"原始契约"思想，没有人类自我中心的狂妄和为所欲为，"平等交换"思想深入人心，予取予与都必须按规矩，推崇一种合理性、对等性和交换性。[①]

① 朱伟华：《苗族史诗〈亚鲁王〉叙事特征及文化内涵初探》，《贵州社会科学》2014 年第 9 期。

对于战马的砍杀，有学者提出砍马是让后辈铭记亚鲁王当年一次次的战役都经历死亡的考验，就像这匹英雄而苦难的战马一样。[①] 对此次的亚鲁王祭祀大典，有学者有着更为详细的心理感受表述：

> "砍马"的场景萦绕在心，历历在目；回想着一刀一刀的剧痛，战马如何能承受？苗人们的内心是怎样忍受着那样苦难深重的日子？在那兵荒马乱、刀耕火种的日子里，他们承受了多大的痛苦？流下了多少血泪？他们就像那战马一样坚韧不屈。即使只有最后一点力气，也要轰轰烈烈、傲然倒下；即使血流干流尽，也要让世人看到他为此而努力挣扎的过程。战马倒下了，可是亚鲁王的子民们却顽强地站起来了，用仅有的力量创造着属于他们的世界和生活。[②]

也有学者认为砍马功能类似于亚里士多德提出的宣泄功能：

> 对死者的悼念，转变成为新的杀戮行为的见证，砍马仪式的文化编码就这样从隐蔽处呈现出来，仪式行为是人类面对最大的难题问题"死亡"所交的一种人为的对抗性答卷：把社会生活中本不可预测和不可控制的凶险要素，转化为社会群体完全能够自主掌控的要素。于是在鼓乐伴奏的唱诵声音中，在马匹鲜血的洒落景观面前，苗人社会群体的自我确证和自我认同得以完成，本来对于个人来说是无法战胜的死亡，终于被社会群体的象征性行为战胜了。死神降临给人们带来的所有恐惧和沮丧，都在这场流血的仪式过程中被宣泄掉和净化掉了。[③]

对于麻山苗族而言，砍马的目的是让亡灵能够顺利地通过战马驮回祖先居住之地，故而砍马经的听者固然包括在场的民众，其实更为重要的是这匹即将被砍杀的战马。通过吟诵古歌，告知马砍杀它的原因，是为了勾销马祖先亚多王犯的原罪的旧账。若能以文化主位者的观点来解释砍马文化，就能以同样的视角来理解鼓藏节上的椎牛。

---

① 《"亚鲁王"回归——苗族英雄史诗〈亚鲁王〉记略》，《中国民族》2012 年第 4 期。
② 李荣静：《"亚鲁"情》，《贵州非物质文化遗产》2013 年第 6 期。
③ 叶舒宪：《〈亚鲁王·砍马经〉与马祭仪式的比较神话学研究》，《民族艺术》2013 年第 2 期。

二、照相——他者权利与本土力量博弈

就此次亚鲁王祭祀大典而言，外来人员、当地主办人员及麻山苗族同胞的认识交错杂糅。

关于此次活动的举办目的，笔者对祭祀活动主办者杨正江进行了采访，他说：

> 这场活动不是我们《亚鲁王》团队的年度日程，我接到省文化厅的任务是专家要来紫云调研，要我安排活动。我左想右想（反复思考）专家想看什么？当然是原生态、符合民间的（仪式）。虽然作为主办方我们是有意作为，但民间则是自然而然的行为，故而只能搞一场葬礼，但这葬礼搞给谁？我只能搞给我的祖宗欧地聂这一支。这就涉及东郎是否同意，所以有一天我就召集了各地东郎，他们认为完全可以办，依据如下：
>
> 依据一：苗族有句话说为"hluob njet ndias won nyenh"，汉语翻译为"祖宗在额头上"，意即"无论你迁徙到哪里，祖先都会随你到那里"，并时刻庇佑我们。
>
> 依据二：在麻山苗族地区，若某苗人意外死于异乡，寻找不到其尸骨，家人会在村庄附近择一个墓葬举行招魂仪式，从墓葬处取一坨泥回来放置棺木内，便可举办葬礼。
>
> 依据三：2012 年 11 月 22 日、11 月 28 日，东郎们从已择墓葬祖先亚鲁王、欧地聂王子、迪地仑王子的位置举行招魂仪式，分别取回三坨泥土，放置于三口棺木内，即可举办葬礼。①

正因为为祖宗补办葬礼具有合理性，故而后来《亚鲁王》工作团队将葬礼举办纳上工作日程，以下是笔者对杨正江的田野访谈。

> 决定操办这堂丧事之后，东郎们立即拿香纸、鸡和宝剑将欧

---

① 参见"祖先亚鲁王，灵魂与我们同在——葬礼与全民族祭祀大典认知"材料。感谢紫云苗族布依族自治县观音山《亚鲁王》工作团队为笔者提供的资料。

地聂①的灵魂招来。法事进行到这里，东郎说："现在你们祖宗生病了，躺在你们观音山工作站那里，你们明天就要准备棺材给他。"我一夜之间骑虎难下，必须按照正常流程举办葬礼。我们将棺材放起，鞭炮一放，神圣的入棺仪式举行之后，我本寨的老年人和邻村的老年人都来朝拜："这么多年，你们终于把老祖宗找回来了！"

我每天在棺材边观察，思考了三四天，心想还可以有大作为。我还可以做欧地聂甚至亚鲁王的葬礼。这样，整个麻山的祖先都在这里，我们可以树立信仰。我又一次召集东郎，这次约有20多个东郎，我说："我想把工作扩大，把他们父子三个（亚鲁王、欧地聂与迪地仑）一起做，你们认为如何？"他们说："我们早就是这样想的，只是担心经费有问题（不够）。"

我计算了一下开支，主要是三口棺木和一匹战马，其次就是生活开销，人工费不用花费一分钱，所以就决定让亚鲁王团队来付这个钱。主办方就是东拜王城的当地群众，由他们来当具体的孝子。这样，我们就将灵棚一搭，每天在山上放烟花，各地麻山苗族看到烟花，了解到是给老祖宗做葬礼，就不断地有人前来。

我虽然负责策划整场活动，但当地的群众并不知道这场仪式也是为专家准备的，他们（麻山苗族）认为仅仅是为葬礼而举行的活动，所以我坚决不让他们（专家）拍照，因为一旦专家随意拍照录像，麻山苗族人就会认为这完全是骗人的，原来是为了拍电影或拍电视，为了卖碟子（卖光碟赚钱）。我自己觉得一方面这是文化工作者的一个阴谋，另一方面也是民族同胞对祖先、对信仰的一个需求。可以用一句话说：亚鲁王已经回归到麻山了。祭典过程中很多人痛哭、跪拜，有些同胞可能还纳闷我们是从哪个地方将老祖宗（亚鲁王）的尸骨找回来啦。

杨春艳②问杨正江："那您是从什么地方将其找回来呢？"
杨正江回答说：

---

① 欧地聂王子为杨正江这支苗族的远祖。杨正江对亚鲁王整个族谱皆有梳理。
② 杨春艳（1983— ），女，贵州民族大学副教授，研究方向：民族文化与遗产研究。

我是从两个渠道找回来的。第一个渠道是民间的。首先是从埋葬地将其灵魂找回来，在他的墓葬之地抓了一坨泥巴，用红布包起，用茅草扎了一个人，将泥巴放在茅草的头上，给他穿上衣服，隆隆重重地给他装到棺材里。第二个渠道是官方的，就是从人民大会堂将其找回来的。这句话的意思是，从人民大会堂（《亚鲁王》书系发布会在人民大会堂举行）之后，亚鲁王一夜之间复兴，群众的觉醒就有了，才知道老祖宗原来是这么回事。以前麻山苗族青少年甚至中年对于老祖宗的记忆已经很淡了，《亚鲁王》书系发布会在人民大会堂举行之后，青年一代开始有这种信仰。昨天专家们看见的这个葬礼也是我们做文化产业的开始，对我来说，昨天的葬礼是一个策划。可是对我麻山的苗族同胞来说，那是很神圣很严肃的，我以后在文化产业上需要老师多加指导，我们在基层做这些东西确实是非常不容易。

　　在能否拍照问题上，其实在会议须知第 5 条中已写明：赴东拜苗寨参观祭拜仪式时，请尊重民族风俗，不得随意拍照及录像。在 12 月 4 日祭祀大典当天进入主祭司区域之后，也有明确的标语写明"进入祭祀区，不得拍照"。但很多专家依然在划定的区域内任意录像或拍照。对此，一场在主办方、学者与贵州省文化厅干部间的谈话较有意味。因尊重隐私，此处不写明姓名，只将其对话记录如下：

　　学者：咱们这是一个学术会，来的都不是看热闹的，都是专家，都是搞学术的，只有照片才使得学术上有依据。

　　主办方：对不起，各位老师，我今天主要为的是本民族的信仰。我要让麻山苗族知道祖宗请回来了，埋葬在东拜王城这个地方。以后有个朝拜日，所以今天是信仰日。以前虽然（亚鲁王）在外面炒得很热，但墙内开花墙外香，这里没有信仰（亚鲁王），所以今天先要树立一个标杆，先内强。这个仪式是内强，如果真的要记录这个过程，那么您 22 号（11 月 22 日，祭祀仪式开始）就应该派人过来。您说的学术意义我也知道，确实如此，虽然我也试图记录全过程，但由于相机像素达不到，所以我爽性就不做了。您今天仅仅是看了一个尾巴。

　　文化厅干部：这样，我们找一个契合点，首先是尊重民俗，另外在适当的时候，那个灵堂区晚一点拆走，那个地方可以拍，过程中也可以做一些记录……

　　主办方：等到仪式全部进行完的时候，那时候人员走动得少。只能拍几个典型的，不能全部记录。不然现场乱哄哄的，就怕发生混乱。

　　文化厅干部：能不能这样？

　　学者：没事没事，以您的安排为主。

　　主办方：只有这样，否则麻山苗族会骂我骗子，原来是拍电影卖碟子。我做一个精神象征不容易，我要顺从大家的意思。

　　学者：我们也只是希望做好，你忙你的。

　　……

对于整个活动的举办，有专家和杨正江进行了这样的交流。

　　专家：小杨，这个活动，你花多少钱请他们来啊？

　　杨正江：你可以给我算账啊，一个人1块也可以，5块也可以，您算一笔账我要付多少。您算一算，如果真是请，没有50元一天请得动人吗？要花几十万请人来吊丧，我值不值得啊？

笔者对杨正江的田野访谈得知，从讨论、筹备到祭祀大典，主办的东拜王城即当地苗族村民全为主动无偿帮忙，为亚鲁王、欧地聂和迪地仑吟诵古歌的东郎亦全是无偿劳动，甚至砍马师陈兴华一行亦是义务砍马，除了简易的饭食外没有任何劳务补贴。从11月22日起到12月4日共13天，参与仪式的麻山苗族同胞达2万多人次。

三、文化自豪还是文化自大？

祭祀大典当日，在紫云高速收费站下车之后，两辆大巴车都分配了一名当地导游，分配在笔者乘坐的大巴车的导游是麻山一位20岁的布依族小姑娘，在讲解过程中她泪流满面，同车的专家对其评价是"率真与真性情"。下车之后专家考察组行走较为分散，在参观了观音山文化工作站之后，在爬上东拜王城的途中，这位导游热情地指着观音山四周的环境讲解道：

这里的地形地貌与腹地贫瘠的麻山不同，您瞧这个观音山工作站，右边是悬崖绝壁的观音山攀岩基地，隔远望去有如一位慈爱的观音挥手向您问候；背靠东拜王城，有着几百上千年的历史，是苗族同胞胼手胝足、辛勤开垦的家园；前面的田野风光更美，良田交错，秋高气爽的今日，树叶红黄交错，像铺了一地的金子。更难得的是，前面这条清澈的河流环绕而去，所以集山水灵秀，当地人说这是一处金山（观音山）银田（因为不同于高山苗的等水田，这处洼地的农田旱涝保收，故民间称为银子田，即用银子才能置换的水田）绿玉带（小河）的风水宝地。

这时，一位年约五旬的女士将这位导游叫到一边，冷冷地说：

小吴，我给你提一个意见。你没必要那么激动，我看你在车上的讲解也是这样，现在的讲解简直像打了鸡血似的。你说这里多好多好，冬天的树叶变红变黄很正常，你向各位专家夸口，你没见过香山红叶吧！能比吗？热爱自己的家乡没有错，但是介绍的时候要冷静理智要注意措辞，不是你这个样子。

这位年轻的导游显然始料未及，正不知道怎么反驳，旁边的一个专家接口说：

这是我们省文化厅的××处处长，你的措辞确实太过，作为文化解说的导游要冷静和客观。

笔者想起适才在中巴车上导游提到她对杨正江的崇拜，以及长期以来外人对麻山人的误解，或许长期生活在"太阳不照"的麻山地区的本地村民才能理解亚鲁王文化事象对于他们的重要意义。正如巴胜超所言：

如果说在亚鲁王被外界所知、关注之前，它是麻山苗族人的一种精神寄托，那自从"亚鲁王"被遗产化之后，它达致了麻山苗族人的，更确切地说是麻山苗族的精英凭借这样的文化资源达到地方认同建构的符号表达。如前所述，麻山、麻山苗族一直是贵州经济上最贫困的现实与文化上最落后的想象交织下的这样一种印象。在国家制度话语倡导文化大繁荣的背景下，麻山有了一种被国家认同的民族文化遗产，这样的一个过程本身就是在多民族的中国国情背景下的一种族群文化符号的彰显，也间接促动了麻山苗族对地方、国家认同的意识。麻山苗族凭借"亚鲁王"的遗产项目达致族群内文化的区分，麻山苗族在时代的契合下追溯族群历史文化，又代表区域特色族群文化向外界传递族群形象。①

第四节　亚鲁文化传承者

上文提及的亚鲁王祭祀大典直接缘起于《亚鲁王》史诗的出版与《麻山苗族史诗——亚鲁王》成功地申报国家级非物质文化遗产。《亚鲁王》汉译本搜录了五位东郎的吟诵，在其从唱本走向文本的过程中，执行主编余未人敏锐地意识到古歌传承的核心：

> 《亚鲁王》结束了上千年的纯口头唱诵，而有了一个文字的记录。这似乎是《亚鲁王》史上一件有里程碑意义的大事，是有益的尝试。然而，细细想来，却也未必尽然。因为这种跨民族、跨语言、跨文字、跨文化的记录、翻译和整理，很难精准地表达出五位东郎（歌师）唱诵的全部真意。东郎的口传具有多样性，每个东郎唱诵的都不一样，同一个东郎在不同时间、地点、场合的唱诵也不大一样。

《亚鲁王》的出版增加了古歌的传承方式，扩大了古歌的受众面，使限于西部方言区苗族的古歌以英雄史诗的定位进入文化界。然而，带着"口传英雄史诗会不会是一种不宜翻译的东西"的疑问，余未人提出了唱

---

① 杨春艳：《文化遗产与族群表述》，《重庆文理学院学报》2013年第4期。

本与文本的隔离："就东郎本人来说，他们对文本的记录、翻译并不怎么在意，觉得那是识字人的事情；东郎们对汉文很陌生，也不大可能将记录出版的文本作为自觉唱诵的范本。"

从唱本和文本两重意义而言，亚鲁文化的传承需要整个麻山苗族文化体系的参与，更为直接一点来说，需要以东郎为主的麻山神职人员与以杨正江为首的《亚鲁王》文化团队来努力传承。

一、麻山神职人员：东郎、宝目与弱

2009 年，中国文化界发现了亚鲁王。换言之，亚鲁王被发现的报道持续不断：2009 年的春天，贵州麻山地区苗人们世世代代传唱的英雄史诗《亚鲁王》进入了文化人的视野。[①] 此处所言的"文化人"、"文化界"无疑是使用汉字书写系统的文字精英持有者，其重要意义是，亚鲁从唱本的麻山神系走向文本的英雄史诗，伴随着非物质文化遗产的申报成功和上文提及的诸多获奖。

关于中国民间宗教，李亦园先生曾提出，与西方"制度化的宗教"不同，中国属于"普化的宗教"，具体而言则是指一个民族的宗教信仰，并没有系统的教义，也没有成册的经典，更没有严格的教会组织，信仰的内容经常与一般日常生活混合。亚鲁作为麻山神系的重要组成部分，构筑了麻山苗族的信仰体系。麻山苗族的宗教体系，正如学者所言：

> 与我国南方少数民族一样，麻山苗族普遍信仰原始宗教，信奉万物有灵、灵魂不灭，崇拜自然物和祖先。历史上因受汉族影响，道教在麻山地区广泛传播，并与其民俗充分融合，形成了具有地方特色的土俗宗教：测八卦、占鸡卜、搭桥、竖碑、求子、祈福是当地普遍存在的信仰民俗；雷神、门神、灶神、山神、财神、树神……无以计数的神明共同构筑了其混杂的神团信仰体系。[②]

---

① 余未人：《追念苗族英雄史诗·序言》，载于中国民间文艺家协会主编：《〈亚鲁王〉文论集：口述史·田野报告·论文》，中国文史出版社 2011 年版，第 7 页。

② 梁勇：《麻山苗族史诗〈亚鲁王〉音乐文化阐释》，硕士学位论文，陕西师范大学，2011 年，第13 页。

正是在无以计数的神明体系中，在重鬼尚巫的麻山苗乡，东郎、宝目和弱构成了整个宗教体系的三种维度。

东郎是对完整唱诵《亚鲁王》的人的尊称，此处所言的完整唱诵既包括亚鲁及其子孙身世的交代，也包括创世纪部分的唱诵，因为这一部分夹杂在葬礼活动中，故而东郎也可简称为在葬礼上唱诵史诗《亚鲁王》之人。宝目则唱诵《亚鲁王》的创世纪部分，这一部分较之目前出版的《亚鲁王》的第一节《亚鲁祖源》更为丰富和庞杂，在生活礼仪中运用较多。东郎与宝目的关系，较为具体的解释可参照学者余未人的阐释：

> 葬礼上有东郎在，便由东郎主持，宝目只能做些杂事；如果东郎不在，才由宝目主持。葬礼各个环节的转换，要由东郎指挥，大声下令，颇为威严……麻山苗人们出于对亚鲁的信仰，对东郎十分尊崇；宝目与东郎相比，层次稍低。他们所从事的，是麻山苗人日常生活中有关的祈福禳灾的各种活动。因为这种活动比较频繁，主人家请宝目的时候也不那么隆重，没有仪式。[①]

因为仪式活动比较频繁，故而宝目在生活礼仪中运用较多，二者之间构成了互补。通过此次祭祀活动，笔者还了解到，除了东郎和宝目之外，麻山苗族的宗教体系中还有一类人员——弱。

与东郎和宝目明确的师承关系不同，弱并无家族传承和师徒传承之说，大多为神授，即突然生一场莫名其妙的大病，后来莫名其妙地痊愈。痊愈之后的弱获得了与众不同的潜质，从而能在做法事的时候获得与鬼神及亡灵交流的能力。

由于东郎多在葬礼上吟诵《亚鲁王》，宝目和弱则一起负责日常生活的祈福禳灾。宝目与弱二者之间的关系可这样描述：小病小灾一般是请宝目治疗，宝目治不好则请弱来协助。弱诊断出病根后，可以由宝目来治疗。就其传承而言，弱的传承方式有如前文提及的东部方言区的仙娘；就其分工而言，弱与宝目的分工亦如仙娘和巴兑，前者负责诊断，后者负责治疗。

---

① 余未人：《苗族英雄史诗〈亚鲁王〉的民间信仰特色》，第五届少数民族非物质文化遗产保护与传承研讨会论文，贵阳，2012 年，第 135—136 页。

故而东郎、宝目与弱的对比关系如下：弱只要拜师努力学习，可能成为东郎也可能成为宝目；东郎或宝目即便怎么努力学习，也不一定能成为弱，成为弱的缘分更多地在于"神授"而非刻意学习。如果以《亚鲁王》为联系点的话，则东郎负责在葬礼上吟诵《亚鲁王》，弱负责判断当事人所犯何事，然后宝目根据其判断决定日常生活中吟诵《亚鲁王》的实际功用（或治疗或破案等）。

东郎、宝目和弱构成了麻山的神职体系，或曰当地文化的精英。但就文化他者的角度而言，这些本土文化持有者的文化程度在他者表述中具有明显的反讽意味（见附表1）。

附表1 《亚鲁王》唱诵者信息

姓名	民族	出生年份	文化程度	《亚鲁王》掌握情况
黄老金	苗族	1906	不识字	28岁学习，一年后便能主持葬礼，唱诵《亚鲁王》，40余年来唱诵《亚鲁王》600余次
杨再华	苗族	1940	没上过学	19岁学习，三年后成为掌门师兄，从24岁至今共唱诵《亚鲁王》100余次
杨光东	苗族	1966	小学	16岁学习，20岁出师，在原猴场地区各苗寨主持葬礼仪式，唱诵《亚鲁王》。综合三位师父唱诵的史诗内容，形成史诗超长的篇幅、丰富的细节
陈兴华	苗族	1945	小学一年级	16岁学习，两年之后出师。一生听过近百名东郎的唱诵，认为唱诵《亚鲁王》最为全面的还是自己
陈小满	苗族	1956	初中	29岁学习，一年后出师，近30年来，唱诵《亚鲁王》200余场
杨保安	苗族	1952	没有读过书	39岁学开路，是目前大地坝村马宗组为亡灵开路的老摩公，即唱诵《亚鲁王》史诗的歌师之一
岑万兴	苗族	1974	小学一年级	要成为《亚鲁王》歌师还需要继续学习
韦正开	苗族	1938	没读过书，不识字	17岁拜师，20岁开第一唱，26岁砍马，30多岁全部会唱，是猛林村乃至整个四大寨乡法事比较高超的摩公之一
梁老四	苗族	1936	没有接受过教育	36岁学唱《亚鲁王》，一年多就会了
黄老华	苗族	1942	没有接受过教育	巴茅及附近寨子手艺全面的摩公
梁大荣	苗族	1952	没有接受过教育	27岁学开路，会开路
杨光祥	苗族	1936	未读过书	1950学习开路，是大地坝村打拱组能主持开路的老摩公之一
韦正荣	苗族	1952	读过书，识些字	13岁学开路，21岁开始为人开路，23岁"通鬼"，25岁担当"头头"（主唱东郎）

从附表 1 可知，上述提及的东郎大多为较为熟练掌握《亚鲁王》古歌的本土文化持有者，但在文化程度这一栏的填写上，如果说汉语文化程度不高是客观事实，但没有接受过教育的说法未免太过偏激，附表 2 是关于紫云苗族布依族自治县宝目的一份田野调查统计。

附表 2　紫云苗族布依族自治县宝目年龄结构与文化程度一览

年龄	人数（人）	文化程度	备注
21 岁以下	2	小学、初中	各 1 人
21—35 岁	23	初中、小学	约各占一半
36—50 岁	49	半文盲	小学 29 人
51—70 岁	23	文盲为主	小学 21 人、初中 1 人、大专 1 人
70 岁以上	5	文盲	全部

资料来源：梁勇：《麻山苗族史诗〈亚鲁王〉音乐文化阐释》，硕士学位论文，陕西师范大学，2011 年，第 22 页。

从附表 2 可以看出，紫云苗族布依族自治县宝目的汉语文化程度与年龄成反比，35 岁以下的宝目多接受汉语教学，35 岁以上者则多为"半文盲、文盲"。表中的文化程度即汉文程度。长期以来的文字至上使得对文字的尊崇达到无以复加的地步——文明即有文即明，文盲不识字即睁眼瞎。[①]

正是因为对文化程度即汉字程度的粗暴理解，东郎、宝目、弱这些麻山神职人员长期被歧视化和边缘化。

> 有的地方 120 块钱东郎都不想干。因为开路是受歧视的东西，而且也很辛苦，像现在他们去打工，一天能挣好多钱，也很轻松。而开路，120 块钱两三天，又劳累，又受人歧视，所以他就不愿意。虽然做开路孝家很尊敬，但是外人看了要歧视的。你不要钱，他说你没有本事；你要钱，他又说你是为了要那一点小钱。实际上就是很受歧视。[②]

---

① 叶舒宪：《文明/原始》，载于叶舒宪等：《人类学关键词》，广西师范大学出版社 2006 年版，第 3—4 页。

② 唐娜：《谈〈亚鲁王〉演述人东郎的传承机制与生态》，《民间文化论坛》2012 年第 4 期。

正是在精神上备受歧视和在市场经济的双重夹击下，苗族古歌从唱本走向文本的过程在精英眼中是"文化大发现"或曰"登上大雅之堂"，殊不知政府和学界重视的史诗文本已经脱离其产生的语境，变成了他者理论的一个脚注，正如徐新建所言：

> 近百年来，人们在有形无形的"欧洲中心论"的影响下，开始用反传统的眼光和反传统的术语来审视并描述自己的传统，热衷于中西文化间的"体用"之争，迷恋于笼而统之的"中外比较"。其结果是在极为粗略地勾画出了一番中国与西方列强间的某些表面差异之后，便匆匆地拿西方现成理论来对中国的文化任意"宰割"。在这样的潮流下，悠久长远、复杂多样的中国文化变成了以中原地区、以儒道互补为主流的一种单一模式，而其固有的多种声音、多样色彩却遭到了不应遭到的忽略和抹杀。①

可喜的是，随着人们对《亚鲁王》文化的不断关注，东郎的重要性得到多维度的认同和理解。东郎对族群、信仰、身份、历史有着强烈的认同感，这种认同在凝聚族群向心力、团结族群成员以及传承民间信仰中发挥着重要的作用。② 麻山传统社区与现代性之间缺乏有效的沟通，长时间处于强弱两级对立的状态。所以，《麻山苗族史诗——亚鲁王》被列入国家级非物质文化遗产对东郎作为地方性知识持有者是一种身份的肯定，东郎以及史诗传统自由、宽松的生存空间也是保护史诗有效传承的前提与根本。③ 东郎的存在对于理解《亚鲁王》至关重要。从生命视角看，他们体现的是对生死的信仰和沟通；从文学层面看，他们代表与世俗文字书写极为不同的一种类型，即不但唱诵万物起源、祖先历史，而且能连接生死、指引亡灵，乃至促进教化、实现传承的"神圣表述"④。

如果将《亚鲁王》定性为苗族英雄史诗，则其吟诵者东郎或宝目即是所谓的"故事的歌手"，对其解读更多地是套用西方帕里—洛德诗学的

① 徐新建：《西南研究论》，云南教育出版社1992年版，第2—3页。
② 兰蓝：《"解读"亚鲁王——记〈亚鲁王〉学术研讨会》，《贵州非物质文化遗产》2013年第6期。
③ 唐娜：《谈〈亚鲁王〉演述人东郎的传承机制与生态》，《民间文化论坛》2012年第4期。
④ 徐新建：《"亚鲁王"研究的几个问题》，《民族文学研究》2013年第3期。

程式说等口头诗学理论，但设若回向本土，则亚鲁为麻山神系体系，其歌师是《亚鲁王》的吟诵者、传播传承者、天地间的沟通者，也是衔接古今灵魂的指引人。[1] 正是从敬畏的层面，方可理解《亚鲁王》吟诵是有严格的时间要求和空间要求的。

> 《麻山苗族史诗——亚鲁王》吟唱之前，整个家族的歌师或一个村落，甚至一个地域内的歌师，都必须到场举行神圣的仪式，一人吟唱，众歌师监督，吟唱内容不能有误，失误者当场取消其歌师资格。[2]

亚鲁古歌作为活态史诗至今还在民间传唱，之所以在内容和吟诵过程中大量地出现禁忌，显然是与内容的神圣性、历史的厚重性和民众生活的紧密性相关。

二、杨正江：神？疯？病？

《亚鲁王》从唱本走向文本，被挖掘、搜集、整理和出版的过程中，杨正江是最为重要的中介。对此，主流媒体这样报道：

> 这个苗族年轻人叫杨正江，今年 29 岁，从小生长在麻山地区，自 2008 年起在紫云苗族布依族自治县文化局专门做非物质文化遗产普查。杨正江对民族文化有着深厚的感情，此前他在贵州民族学院学习少数民族语言文学的时候，每年节假日都要回到家乡做田野调查。"祖先的史诗让我流泪。"杨正江说，那时他的耳中常常回荡那些山谷中的厮杀与绝唱，这让他的内心无法平静。正是因为对家乡文化有着如此丰厚的积累，他才能够在非遗普查工作中将自己家乡的史诗挖掘出来。[3]
>
> 2002 年，杨正江带着故事，满腔热情地进入贵州民族学院民族

---

[1] 乐黛云：《亚鲁王——苗族英雄史诗》，《华夏地理》2013 年第 6 期。

[2] 《麻山苗族古歌——亚鲁王》，紫云苗族布依族自治县苗学会非遗申报材料。

[3] 李洋：《"80 后"挖出古老〈亚鲁王〉》，《北京日报》2012 年 2 月 22 日第 11 版。

文化学院中国少数民族语言文学专业，他要学会使用苗文来记录和研究麻山神秘的声音。2004 年后，他学会了独自行走麻山，往返于麻山与贵阳之间，聆听并观看麻山苗人的葬礼。他儿时的梦是走出大山。伙伴们陆续地离开，实现了自己的梦，而他却在此时要返回捕捉儿时的梦，唤醒那些藏在大山深处的秘密。他行走的山野布满荆棘、满目荒凉。在无数个万籁俱寂的夜里，杨正江常常会在狗吠声中惊醒。他知道这里的秘密需要他来挖掘，"亚鲁"精神在召唤着他，支撑着他在无数次的麻山苗人葬礼上，看到了苗人的悲壮，聆听到苗人的哭泣，召唤的神韵。[①]

在 2013 年 12 月 4 日祭祀大典这天，接待学者的布依族导游这样介绍杨正江：

> 杨正江是我的男神，为什么我崇拜杨正江？是他给我们这个民族以飞起来的翅膀。以前他去大河苗寨调查时，一看见他过来，当地村民就是：快看，那个疯子又来了。因为当时大家都觉得（亚鲁王）这么平常的一个东西，他偏偏说这是文化。为此他还放弃了外面较好的工作条件，在这里坚持了 10 年，也正是这些年来的坚持让外界人重新认识了麻山。
>
> 小时候的记忆只要说起我们是麻山来的，别人看我们的眼光都有些异样，我们永远都被别人踩在脚底下。他不给我们翅膀，我们飞不起来。这是我今天站在这里当志愿者的原因，但是我接待旅行团的导游身份不一样，我没有千篇一律的导游词，我也没有哗众取宠去博得大家一笑。我现在的身份是麻山的孩子。我们参加的不是一次表演，而是一次仪式。

在《亚鲁王·后记·追逐一个梦想》中，杨正江谈到了《亚鲁王》搜集、翻译与整理的心路历程：

> 那一年，我 14 岁。我疯了，可我不知道我疯了。我站在高高的

---

① 李荣静：《"亚鲁"情》，《贵州非物质文化遗产》2013 年第 6 期。

山峰之巅，畅想着麻山的未来，有来自天籁的声音在召唤我，我要飞向天宇，我说那是我们的家；每次我都会说"那一年，我 14 岁"。我知道，我想说的并不是这个故事的本身，而是这个故事所隐藏的秘密，这个秘密就是这唱诵的声音。

在上文出现的"神"、"疯"、"病"中，与《亚鲁王》相关的脉络一是 14 岁那年，二是故事所隐藏的秘密。这二者之间具有什么样的关系？杨正江说：

14 岁那年，我本来是为了文学创作而装疯，但有一天，我发觉无法控制自己①。我拿着一个烂照相机对着月亮狂拍，突然有人召唤我快回月亮去。我意识到自己无法控制自己了，我闻到一种类似于雅香的香味，然后感觉到四肢在飘，屋顶上到处都有声音喊我走，我听到屋顶咔咔作响，奇怪的是那天家里的狗不叫，牛和鸡也跑到外面去了。当时我嘴里乱叫："和我一起回家乡，你们快去把苗族人喊来，大家一起回家。家在天外，飞去，飞去。"我觉得自己成了宇宙之王，整个地球归顺于我，我将村里的小伙伴以将帅分类，每天要求他们聚在我身边。我告诉他们我不想住在这里，我想回家，并要求他们（身边人）穿正装（传统的苗族衣服），我伯父、爷爷都吓得发抖。我说："你们真是愚昧，你们不得（没有）我聪明，你们笨得很，你们不用怕！"

我这样的情况持续了差不多三个月，任何治疗都不起作用。医院也没有办法，很多宝目来了又被我打走，因为我感觉说得不对，他们没有说到我看到的那个世界。直到有一天（痊愈那天），家里给我请来东郎杨小红，他讲述我所看到的景象，奇怪的是他讲的与我看见的简直是一模一样，我就从心里诚服了他。那阵子家里本来点电灯，我大喊家里人关灯，点上煤油灯。就在这时，我感觉到床前有两朵荷花在面前徐徐移动，有一股雅香的味道扑鼻而来，然后集中在中间变成一朵，燃烧着，燃烧着，我就意识到自己清醒过来了。后来杨小红对

① 据和杨正江同村同龄的梁勇回忆，那阵子杨正江力大无比。一般推石磨需要成年人两只手才能转动，而杨正江用一个小手指就可以转动石磨，能轻而易举地抬起两大扇石磨。当时杨正江几乎没有饥饿感，可以几天不吃饭。

我的解释是：你所看到的是老祖宗的世界，老祖宗想你了，我们需要给你办一个冷客（模拟葬礼）①。其实就是给我举行一次（模拟的）葬礼，将我的灵魂送到祖宗身边去了。

我回忆起去老祖宗的世界之时，我头顶突然听到一个召唤，我感觉到自己飞得很高，远离地球，像火箭"嗖"的一声发射出去，我感觉自己到了另外一个世界。所以当我第一次坐飞机（2009 年）去北京开《亚鲁王》新闻发布会之时，我上到云层之时泪流满面，所见所悟和我 14 岁生病之时的情景完全相似。

福柯曾言疯狂不是一种自然现象，而是一种文明现象。②

其实那不是疯，我到现在还不知道是什么问题。在翻译《亚鲁王》文本的那段时间，从 2009 年到 2011 年整整两年的时间，我对第一个篇章即《创世纪》根本就琢磨不透，它的宇宙观究竟是怎么表达我总是不懂。

直到有一天有两位东郎对我父亲说："你这个娃娃是老祖宗喊他转来（回来）的，要不那一年他都应该是去了（即 14 岁'发疯'时就会死去），是老祖宗让他回来。"我回忆起当时被喊走的情形，其实当时我有一种感觉即一股很强大的力量推着我，若干回（很多次）在屋顶、在瓦房上都有声音在喊我走。其实我当时从来没有坐过飞机，可是那阵子我觉得自己可以在天上看到地球的模样，这和我后来坐飞机到北京时看到的情景一模一样。正是这样我才相信原来我的灵魂曾经离开过我的肉体飞到老祖宗的故地。

这时我突然明白老祖宗的家乡不在地（地球）上，它在另外一个宇宙。我赶紧用丧葬所用的铜鼓来请教身边的东郎，但他们对于宇宙这样的词语无法理解，后来我就说："老人家你看，祖宗是不是在鼓面，你们供奉的时候是不是在这里和老祖宗一起吃饭？"

东郎回答说："是啊，是啊。铜鼓的太阳就是祖奶奶的居住之地。"

① 60 岁以上的老人因为想念老祖宗，在其生前可以先将其灵魂送到祖宗那里。
② ［法］米歇尔·福柯：《疯癫与文明：理性时代的疯癫史》，刘北成、杨远婴译，生活·读书·新知三联书店 1995 年版，封底。

我接着问："那么，我现在是不是在这里（铜鼓内）和您讲话？"

他庄重地点头，我突然明白：原来天外有天，老祖宗在天外的另外一个层面，苗人认为自己是天外来客。我将搜集的资料全部放在创世纪，模糊地回忆自己（14岁那年）所走过的路，居然一下就将线索全部拉通了。

上文梳理的核心线索即杨正江"疯"后东郎为他治疗，这次发"疯"使得他准确地理解了亚鲁构筑的宇宙观和生命观，其深远影响在《亚鲁王·后记》中提到——每次我都会说"那一年，我14岁"。唯其如此，方可理解亚鲁对于他以及麻山苗族或整体苗族的重要意义。

（我想）用十年时间，做出五部《亚鲁王》专著。随后进行更深层次的研究。我现在只是一个文化"复制者"，十年后我要成为一个"研究者"[1]；我们只是一个符号，我们背负了若干人的梦想，我们凝聚了若干人的智慧，去拼搏奋斗着共同的理想。有着这么多人与我们一起，我们并不孤单。我们是幸运的，生养我们的麻山是幸运的，苗族人也是幸运的。[2]

只有不再单纯地以汉化教育程度量化东郎，只有理解类似杨正江等经历的精神洗礼，才能理解《亚鲁王》传承所扎根的民间语境。

第五节　亚鲁王祭祀大典反思

此次田野报告重点在于梳理亚鲁王祭祀大典的流程。严格完整的人类学田野调查既包括前田野亦包括后田野。笔者认为，12月5日当天在贵州饭店召开的苗族史诗《亚鲁王》学术研讨会亦是田野调查的一个重要

---

[1]　姚远：《杨正江：用生命守望〈亚鲁王〉》，《当代贵州》2012年第35期。
[2]　杨正江：《追逐一个梦想》，中国民间文艺家协会主编：《亚鲁王》，中华书局2011年版，第756页。

补充，从这次会议引发了一些思考，这里，笔者将之一并归入亚鲁王祭祀大典的反思，下面将从三个方面加以论述。

一、亚鲁王研究的局限性

贵州省苗学会副会长麻勇斌先生对苗族史诗《亚鲁王》学术研讨会作出总结：

> 围绕亚鲁王文化引起了诸多研究和阐释，仅以此次研讨会为例，共收到参会论文31篇，苗族学者麻勇斌将其分为三个板块：关注和讨论史诗文本的文章，主要旨趣在其文学价值、艺术价值、史学价值、诗学价值、语言学价值、翻译学问题等；关注和讨论"亚鲁王"文化现象的文章，主要围绕它的生成与演变、它的功能与生命状态、它赖以生存和发展的条件环境进行阐发和设想，试图描述它的过去、现在和未来；关注和讨论"亚鲁王"的文本同载体关系的文章，比较侧重于表达一种富有远见的担心、期许与关切。[①]

在众多的论述中，有文章提到葬礼上吟诵的《亚鲁王》表面上是对英雄祖先的颂扬和对东方故土的怀念，实则演绎的还是对生命轮回和转世再生的终极关怀[②]。这是为数不多的从丧葬伦理的角度探讨亚鲁王的文化意义的文章，正如乐黛云先生所言：

> 死亡是人生的一大主题，一切生物都不能不面对死亡的终结。人对死亡的探索一直没有终止过，而且从来就是哲学研究的大问题。如果说哲学是爱智慧，那么，人类以哲学方式所能达致的最大智慧莫过于对"死亡"的洞悉，认识其"不可避免性"和"终极性"。[③]

在12月5日苗族史诗《亚鲁王》学术研讨会召开期间，与会者对亚

---

① 麻勇斌：《"亚鲁王"文化研讨会成果综述》，《贵州非物质文化遗产》2013年第6期。

② 戴建伟：《从亡灵回归到亡灵"回征"——兼谈麻山苗族"砍马送灵"的象征意义》，苗族史诗《亚鲁王》学术研讨会论文，贵阳，2013年，第278页。

③ 乐黛云：《亚鲁王——苗族英雄史诗》，《华夏地理》2013年6月。

鲁王、丧葬文化和临终关怀展开了讨论，择录如下：

YCY：我由自己在麻山的田野经历知道，麻山苗族对于死亡不避讳，我以前跑田野的时候，很多老人收拾得齐齐整整，要求我给他们照老相（遗像）。不少老人到了一定年龄即将葬衣或棺木做好，为的是如果去世不至于显得手忙脚乱。我初次进入麻山时，韦老伯对我说：小杨，我前年就将马买回家了，哪日我去世，你们要过来看人给我砍马哈！那份从容就像回家一样。

LXY：以我们现在这种独生子女的境况，8-4-2-1的家庭模式注定我们年老后无比凄凉。我曾和同事开玩笑，等我们老弱年迈之时，孩子大多不会在我们身边，所以一旦发觉情况危急，只能赶快打的士去火葬场等死，不然一旦老年夫妻哪一方先去世之后，剩下的那位估计死在家里几天都没有人察觉。葬礼在火葬场上举办，我在贵阳遇上的几场丧葬除了亲人（守灵）之外，能有人打麻将陪丧都是抬举，现代人是没有临终关怀的。

XXJ：在香港、上海等房地产飙高的地区，普通人那简直是死无葬身之地，因为墓地实在是太贵了。据说有人将骨灰做成一个小盒子将其挂在墙壁上。正是因为没有生命的终极关怀，所以在生前很多有权有势的人力所能及地消耗手边的资源，或许也正是因为如此，土豪们都在挥金如土消费摆阔、贪官极尽搜刮膏腴之能事，他害怕、恐惧，因为他认为生命就是生前生活的奢靡。哪像藏族认为生命的轮回，他认为生命是环环相扣的圆，没有终点。《亚鲁王》属于生命礼仪，它与出生之时的满月、结婚时的婚姻礼仪不一样，《亚鲁王》大多是在丧葬上吟诵，这也是现代社会一直回避的一个问题，即我们生命的终极意义是什么？

此次田野调查最为遗憾的是没有采访几位亚鲁文化持有者，问问他们吟诵《亚鲁王》的目的何在。在此，笔者援引其他学者的观点：

"生存"与"保种"的艰辛，使麻山苗族人建构出了一种具有更大范围和意义的"家"，并在其中恪守自然之规，谨合万物之道。其生命伦理也被迫超越肉体与现世，形成以"来生"慰"今生"的生命观，而"来世"就是另一种"家——家园"之归属（地）……儒家将"事人"置于"事鬼"之上，把"生"置于"死"之上，以人为本，以生为重，因此无法超越生命之有限。西方世界指明"神人殊途"、"宇宙二分"，亦成为无法调和的矛盾之局。麻山苗人却以往复循环、异体同质的生命观，应和了"生命社会"的理想状态，达成了"生命一体化"（the solidarity of life）的存在形式。①

笔者曾将亚鲁古歌与三个方言区的苗族丧葬古歌进行对比研究，提出其传达的是苗族"江山是主人是客"的生命观。

二、亚鲁王是否产业化？

对于亚鲁王的产业化，杨正江认为：

> 国家出台文件推动文化大发展大繁荣，这是让《亚鲁王》走出去的好时机。借着贵州多民族文化大发展大繁荣的东风，团队成立了亚鲁王文化公司、注册了商标，还想成立一个艺术团，要对祖先的文化宝藏进行抢救、保护、传承，把苗家千年口传的长篇史诗经营成生生不息的文化产业。②

随着全球化的进程和外来文化的冲击，《亚鲁王》的传承出现了不可避免的濒危状况。早在 2009 年，《亚鲁王》省级非物质文化遗产申报项目材料对于《亚鲁王》的濒危状况作出如下总结：

> 一、史诗是在丧葬仪式中唱诵，绝大多数麻山苗族青年知识分子由于对本民族的文化认识不到位，缺乏民族文化自信，一概而论为

---

① 张颖、彭兆荣：《家在"念"中：国家级非物质文化遗产〈亚鲁王〉的认知与阐释》，《贵州社会科学》2013 年第 11 期。

② 姚远：《杨正江：用生命守望〈亚鲁王〉》，《当代贵州》2012 年第 35 期。

"迷信活动"。否定本民族的传统文化。

二、史诗无文字记载，26000 余行的篇幅阵容，全靠口传心记。现代麻山苗族青年人面对经济时代，压力很大，内心浮躁，无法静心记忆。

三、多数青年人已经外出打工，留守村落的青年人寥寥无几。

四、少数麻山苗族家族认为传统的史诗唱诵丧葬仪式场面很冷清，改用道士敲锣打鼓唱经救苦，摒弃了传统的史诗唱诵。[①]

将亚鲁王产业化可以在理论上找到源头，2012 年文化部颁布了《文化部关于加强非物质文化遗产生产性保护的指导意见》，其中提出：非物质文化遗产生态性保护即在具有生产性质的实践过程中，以保护非物质文化遗产的真实性、整体性和传承性为核心，以有效传承非物质文化遗产技艺作为前提，借助生产、流通、销售等手段，将非物质文化遗产及其资源转化为文化产品的保护方式。

将亚鲁王产业化亦可以从实践中摸索出可行的具体步骤。据亚鲁王祭祀大典的主办人员杨正江解释，此次祭祀大典是亚鲁王产业化的学术探索。自 2010 年起，紫云苗族布依族自治县就举办"亚鲁王文化旅游节"、"亚鲁王文化论坛"等相关活动。在此次提交的论文《论"亚鲁王"文化的传承与开发》中提出了建设亚鲁王民族文化生态产业园，即贵州省安顺市及相关部门决定在紫云苗族布依族自治县境内建亚鲁王民族文化生态园，占地面积 400—500 亩，此外，开发《亚鲁王》文化特异功能，将《亚鲁王》文化与开发攀岩文化结合起来。[②]

然而，四川大学徐新建对亚鲁王产业化的弊端作出了较为详细的分析：

全球化固然给你很多资源，但全球化也会使你迷茫，先是贵州的专家，然后是国内专家，最后是国际的专家，都会陆陆续续来到，每一个人都有指导你（杨正江）的想法，到头来你自己都不知道该怎么处理与面对。你现在倒是认为自己坚持一个底线，但底线是什么，

---

① 《麻山苗族古歌——亚鲁王》，紫云苗族布依族自治县苗学会非遗申报材料。
② 罗丹阳：《论"亚鲁王"文化的传承与开发》，苗族史诗《亚鲁王》学术研讨会论文，贵阳，2013 年，第 182 页。

你也不可能拒绝所有的提议或想法，但是你要知道全世界有很多像你一样坚守民族文化的人，比如说蒙古族、藏族的学者，你要明白传统社会文化和现代社会文化的连接在哪儿。

非遗目前是你的保护伞，但非遗太过单薄，它挡不住文化产业的冲击。以丽江为例，本来是纳西文化的一个古镇，申请成世界级非物质文化遗产后，用当地纳西精英提倡纳西古乐的宣科①先生之说即丽江死了，哪里还有丽江的灵性和魂灵，丽江古镇的当地居民全部搬出，将丽江出租给外地人做生意：卖劣质围巾，售风情挂件，开网吧、酒吧，你到丽江四方街一走，深更半夜还有人在那里鬼哭狼嚎，他花钱了，所以他要消费，你没有权利干涉他。你再看黔东南苗族的西江，西江是千年苗寨，可是一旦旅游卷入后，当地村民马上出现了贫富两极分化：临水临街的铺子，租金逐年提升，大家都陷入了攀比之风，有人发财了，但也有人因为钱多无聊而吸毒；相反，靠近山顶的人家，没有从旅游得到任何实惠，反而因为外地人的涌入带动当地消费的提高，出现了不可避免的"被贫困"现象。

亚鲁王一旦产业化，商业就是利益。你怎样在当地文化持有人、旅游公司、政府单位之间协调和协商，这都是一系列的问题。我认为你现在单枪匹马地突出（被关注与报道），这是很危险的，你需要的是一个由你、东郎和寨老一起组成的一个团队。因为只有东郎和寨老为基础的麻山苗族文化才是你的根基。

作为精神文化，大多镶嵌在丧葬仪式上的《亚鲁王》，由于其语言局限，是否能够产业化或曰怎样将其产业化，并使得文化持有者能够达成资源利用和良性传承，这需要聆听更为立体的声音。

三、建立亚鲁王生态保护区的紧迫性

2013 年 12 月 5 日苗族史诗《亚鲁王》学术研讨会开幕式之后，陆续有 25 位专家在两个论坛即论坛一"史诗历史与文化"和论坛二"史诗整理与保护传承"上发言。由会议主办方安排，没有在会议日程上安排发

---

① 宣科，男，纳西族，云南省丽江人，纳西古乐发起者。

言的杨正江作为《亚鲁王》团队唯一的代表作了简短的发言：

> 我们需要建立三到五个乡村的生态区，因为紫云已经做了殡葬改
> 革——实行火化，下一步农民去世也要火化。没有了传统的丧葬，
> 《亚鲁王》就无处唱诵，所以现在建一个生态区势在必行。①

众所周知，作为活态口传诗学，《亚鲁王》具有表演中的创作与传承
等特性，它并非情景歌或应景歌可随意吟诵，它大多寄生于丧葬礼仪和宗
教习俗中。因此，东郎老化、传承断代与传承语境改变，任何一个维度的
改变都使得《亚鲁王》的传承岌岌可危。换而言之，葬俗一旦改变，《亚
鲁王》的口语唱诵必然面临灭顶之灾。

对于亚鲁王文化生态区的可行性，四川大学徐新建教授提出：

> 你提到葬俗的改变，我觉得这是亚鲁王传承的一个关键基础。你
> 提到要建立一个基地，这个想法比较好，但我认为你还应该有更大的
> 提议。《非遗法》颁布之后，国家非遗有文化生态保护区的保护政
> 策。以现在《亚鲁王》的影响力，它拥有申报资格。所以你不能说
> 将范围限定在一个乡或是一个村，你需要整合亚鲁王文化区。形成微
> 观的完整保护，中观是重要的信息保护，宏观是政策性保护。你需要
> 一个至少十年的保护计划，有了十年，麻山新一代的传承人会培养起
> 来，不然葬俗一旦改动，难不成去火葬场唱诵《亚鲁王》？

可见，《亚鲁王》的良性传承需要更多的探索与思考，一切还在路上。

第六节 结语

亚鲁王是谁？为什么要吟诵《亚鲁王》？《亚鲁王》作为西部苗族尤
其是麻山苗族葬礼上吟诵的长篇古歌，其主要听众是死者即亡灵，同时是

---

① 根据杨正江 2013 年 12 月 5 日在贵阳召开的苗族史诗《亚鲁王》学术研讨会上的发言整理。

苗族民族神话、历史的再一次展演。《亚鲁王》历经岁月磨砺而依然被演唱，套用荣格集体无意识的理论，最审美的表述是：艺术作品道出了千万人的声音，可以拥有普遍的吸引力，艺术把思想从偶然与短暂提到永恒的王国之中，将个人的命运纳入人类的命运，和全人类同呼吸共命运，并在其他人身上唤起那些时时激励人类摆脱危险、熬过漫漫长夜的亲切的力量。

上文以亚鲁王祭祀大典作为切入，探讨亚鲁王文化事象的诸多扇面。整个调查报告行文略显散漫，但一以贯之的观点是反对全球化对于地方性知识的遮蔽，提倡多元文化应有的尊重、宽容、理解与共享。最后以笔者的博士生导师徐新建的观点作为结束语：

> 研究"亚鲁王"，应当进入"亚鲁王"的母题本体及其信仰语境，从最基本的词语、概念、仪式实践开始，回归这一正被汉语赋予"英雄史诗"及"非物质文化遗产"等他称的文化主体，重新认识他们本身的自表述。让当地人说话，用他们的言辞、话语、呈现生命本相和对世界的独特表述……在那以后，与世界各地原住民族的文明对话方可开始。

参考文献

一、古歌文本类

［1］保靖县民间文学集成办公室编：《中国歌谣集成湖南卷·保靖县资料本》，1987 年编印。

［2］保靖县政协文史学习委员会编：《吕洞山地区苗族史诗》，湖南人民出版社 2016 年版。

［3］毕节地区民族宗教事务局等编：《六寨苗族口碑文化》，贵州民族出版社 2004 年版。

［4］丹寨县民族事务委员会、丹寨县文化馆编印：《丹寨苗族民间文学资料》（第一集/第二集），1981 年/1983 年编印。

［5］凤凰县民间文学集成办公室编：《中国歌谣集成湖南卷·凤凰县资料本》，1988 年编印。

［6］古玉林主编：《四川苗族古歌》，巴蜀书社 1999 年版。

［7］贵州省黄平县民族事务委员会：《苗族古歌古词》，1988 年编印。

［8］贵州省民间文学工作组编：《苗族民间故事选》，人民文学出版社 1962 年版。

［9］贵州省铜仁地区民委古籍古物办公室编：《武陵苗族古歌》，贵州民族出版社 1994 年版。

［10］贵州省文联、省作家协会、省民间文学工作组、省民间文艺研究会、省民间文艺家协会：《民间文学资料》第 4、6、12、16、29、33、48、61、65、71、72 集，1957—1985 年编印。

［11］贵州原生态民族文化中心、凯里学院编：《贾》，大众文艺出版社 2009

年版。

［12］河口瑶族自治县文化局编：《云南民间文学集成·河口县卷》，河口瑶族自治县文化局 1992 年编印。

［13］胡廷夺、李榕屏编，王维阳整理译注：《苗族古歌》（卷四），贵州民族出版社 2015 年版。

［14］胡廷夺、李榕屏编，燕宝整理译注：《苗族古歌》（卷二），贵州民族出版社 2015 年版。

［15］湖湘文库编辑出版委员会：《湖南歌谣集成》，湖南文艺出版社 2009 年版。

［16］黄平、施秉、镇远三县委：《苗族大歌》，1988 年编印。

［17］吉首市民间文学集成办公室编：《中国歌谣集成湖南卷·吉首市资料本》，1988 年编印。

［18］今旦整理译注：《苗族古歌歌花》，贵州民族出版社 1998 年版。

［19］金平苗族瑶族傣族自治县文联：《云南民间文学集成·金平长诗卷》，1989 年编印。

［20］梁彬等编：《苗族民间故事选》，广西人民出版社 1986 年版。

［21］刘德荣编：《苗族民间故事》，云南人民出版社 1988 年版。

［22］刘黎光编：《中国歌谣集成湖南卷·湘西土家族苗族自治州分卷（上、下）》，1988 年编印。

［23］龙炳文、龙秀祥等整理翻译：《古老话》，岳麓书社 1990 年版。

［24］龙宁英等编注：《湘西苗族巴代古歌》，湖南人民出版社 2012 年版。

［25］龙秀海：《椎牛》，贵州民族出版社 2015 年版。

［26］龙正学译注：《苗族创世纪》，中国言实出版社 2011 年版。

［27］陆兴凤、杨光汉等编译：《西部苗族古歌》，云南民族出版社 1992 年版。

［28］吕洞山民族文化研究会等编：《吕洞苗族史诗与歌谣》，国际展望出版社 1992 年版。

［29］麻勇斌、龙秀海、吴琳编著：《苗族口传活态文化元典》，贵州人民出版社 2014 年版。

［30］麻勇斌：《苗族巫辞》，台海出版社 1999 年版。

［31］麻勇斌：《苗族巫事·祀雷》，远方出版社 2002 年版。

［32］马学良、今旦译注：《苗族史诗》（HXAK HMUB），中国民间文艺出版

社 1983 年版。

[33] 苗青主编：《西部民间文学作品选（2）》，贵州民族出版社 1998 年版。

[34] 苗青主编：《西部民间文学作品选（1）》，贵州民族出版社 2003 年版。

[35] 苗青主编：《东部民间文学作品选》，贵州民族出版社 2003 年版。

[36] 苗青主编：《中部民间文学作品选》，贵州民族出版社 2003 年版。

[37] 《蝴蝶歌》，《民族文学》1955 年第 8 期。

[38] 《金银歌》，《民族文学》1955 年第 8 期。

[39] 《洪水滔天歌》，《民族文学》1960 年第 10 期。

[40] 《跋山涉水》，《民族文学》1960 年第 12 期。

[41] 《造天地万物歌》，《民族文学》1961 年第 6 期。

[42] 《杨亚射日月歌》，《民族文学》1961 年第 6 期。

[43] 《高杜占地奥和烈底昂采少》，《民族文学》1961 年第 9 期。

[44] 《开天辟地》，《民族文学》1962 年第 2 期。

[45] 潘定智等编：《苗族古歌》，贵州人民出版社 1997 年版。

[46] 清镇市民族宗教事务局编：《祭魂曲》，贵州民族出版社 1995 年版。

[47] 石昌炽编：《中国民间歌谣集成湖南省卷·花垣县资料本》，1991 年编
印。

[48] 石如金、龙正学搜集翻译：《苗族创世纪史话》，民族出版社 2009 年
版。

[49] 石宗仁整理译注：《中国苗族古歌》，天津古籍出版社 1991 年版。

[50] 水富县民委、县委宣传部、文化局、文化馆编：《云南民间文学集成·
水富县卷》，1989 年编印。

[51] 《溯源古歌》、《乾坤奠立苗族分巴分玛》、《苗族古语》、《苗族古老
话》、《湘西苗族古歌》、《苗族上下五千年》、《松桃苗族古歌》，未刊
文献。

[52] 田兵编：《苗族古歌》，贵州人民出版社 1979 年版。

[53] 万祖德编：《三十六首苗族盘古歌》，中国书画出版社 2008 年版。

[54] 王安江搜集整理：《王安江版苗族古歌》，贵州大学出版社 2009 年版。

[55] 王凤刚搜集整理翻译：《苗族贾理》，贵州人民出版社 2009 年版。

[56] 文经贵等整理翻译：《苗族理词》，贵州省麻江县民委，1990 年编印。

[57] 文山壮族苗族自治州苗学发展研究会编：《文山苗族民间文学集·诗歌
卷》，云南民族出版社 2006 年版。

［58］吴德坤、吴德杰整理翻译：《苗族理辞》，贵州民族出版社 2002 年版。

［59］吴一文、今旦译注：《苗族史诗——苗文汉文英文》，马克·本德尔
（Mark Bender）等英文译注，贵州民族出版社 2012 年版。

［60］夏扬等整理翻译：《苗族古歌》，德宏民族出版社 1986 年版。

［61］湘西歌谣大观编委会编：《湘西歌谣大观》，湖南文艺出版社 1990 年
版。

［62］湘西土家族苗族自治州群众艺术馆编印：《湘西民间文学资料·第四
集·民间叙事诗》，1982 年编印。

［63］宣威县民间文学集成办公室：《云南省民间文学集成·宣威县苗族卷》，
1989 年编印。

［64］燕宝选编：《苗族民间故事选》，上海文艺出版社 1981 年版。

［65］燕宝整理译注：《苗族古歌》（HXAK LUL HXAK GHOT），贵州民族出
版社 1993 年版。

［66］杨通胜、涪宕等整理翻译：《开亲歌》，贵州民族出版社 1985 年版。

［67］杨亚东、杨华献：《苗族迁徙史歌》，贵州民族出版社 2013 年版。

［68］杨照飞编译：《西部苗族古歌（川黔滇方言)》，云南美术出版社 2010
年版。

［69］杨正保：《苗族起义史诗》，贵州人民出版社 1989 年版。

［70］彝良县文化馆：《民间文学集成·彝良县民间文学集成卷》（第一集），
1989 年编印。

［71］［英］张绍乔、张继乔搜集整理，毕节地区民族事务委员会、毕节地区
民族研究所编：《中国西部苗族口碑文化资料集成》，杨忠信等译，云
南民族出版社 2007 年版。

［72］张应和等：《湘西土家族苗族自治州苗族古籍总目提要》，中央民族大
学出版社 2009 年版。

［73］张应和、彭荣德整理：《苗族婚姻礼辞》，岳麓书社 1987 年版。

［74］张子伟编：《湘西苗族古老歌话》，湖南师范大学出版社 2012 年版。

［75］昭通市文化局、民委：《云南民间文学集成·昭通市苗族卷》，1987 年
编印。

［76］昭通县民族事务委员会、昭通县文化局编：《昭通民族民间文学资料汇
编》（第一集），1983 年印刷。

［77］中国民间文艺家协会主编：《亚鲁王》，中华书局 2011 年版。

二、著作类

[78] ［美］阿兰·邓迪斯编：《西方神话学读本》，朝戈金等译，广西师范大学出版社 2006 年版。

[79] 巴略、王秀盈：《苗族文学概论》，中国文史出版社 2006 年版。

[80] ［美］本尼迪克特·安德森：《想象的共同体》，吴叡人译，上海人民出版社 2000 年版。

[81] 朝戈金编：《中国民俗学》，广西师范大学出版社 2012 年版。

[82] 朝戈金编：《中国西部的文化多样性与族群认同》，社会科学文献出版社 2008 年版。

[83] 朝戈金：《口传史诗诗学：冉皮勒〈江格尔〉程式句法研究》，广西人民出版社 2000 年版。

[84] 陈金城：《艺术人类学》，民族出版社 2007 年版。

[85] 陈来生：《史诗：叙事诗与民族精神》，上海社会科学院出版社 1990 年版。

[86] 陈泳超编：《中国民间文化的学术史观照》，黑龙江人民出版社 2004 年版。

[87] 董晓萍：《田野民俗志》，北京师范大学出版社 2003 年版。

[88] ［美］杜赞奇：《从民族国家拯救历史》，王宪明译，社会科学文献出版 2003 年版。

[89] 段宝林：《中国民间文学概要》，北京大学出版社 1985 年版。

[90] ［英］厄内斯特·盖尔纳：《民族与民族主义》，韩红译，中央编译出版社 2002 年版。

[91] 方克强：《文学人类学批评》，上海社会科学院出版社 1992 年版。

[92] ［英］费舍尔：《亲历宗教·西方卷》，秦英译，东方出版社 2006 年版。

[93] 费孝通：《乡土中国》，三联书店 1986 年版。

[94] ［奥地利］弗洛伊德：《图腾与禁忌》，杨庸一译，中国民间文艺出版社 1986 年版。

[95] ［美］格尔兹：《文化的解释》，纳日碧力戈等译，上海人民出版社 1999 年版。

[96] ［法］格拉耐：《中国古代的祭礼与歌谣》，张铭远译，上海文艺出版

社 1989 年版。

[97] 贵州民族学院民研所编:《贵州少数民族民间文学作品选》,贵州民族出版社 1988 年版。

[98] 贵州省松桃苗族自治县民委、贵州省苗学研究会松桃分会编:《认识自己——苗族研究论文集》,1985 年印。

[99] 过竹:《苗族神话研究》,广西人民出版社 1988 年版。

[100] 何积全编:《苗族文化研究》,贵州人民出版社 1999 年版。

[101] [美] 洪长泰:《到民间去——1918—1937 年的中国知识分子与民间文学运动》,董晓萍译,上海文艺出版社 1993 年版。

[102] [美] 华勒斯坦等:《开放社会科学》,刘锋译,三联书店 1997 年版。

[103] 黄书光等:《瑶族文学史》,广西人民出版社 1988 年版。

[104] [英] J. G. 弗雷泽:《金枝》,徐育新等译,新世界出版社 2006 年版。

[105] 简美玲:《贵州东部高地苗族的情感与婚姻》,贵州大学出版社 2009 年版。

[106] [美] 金介甫:《沈从文笔下的中国社会与文化》,虞建华、邵华强译,华东师范大学出版社 1994 年版。

[107] [美] 金介甫:《沈从文传》,符家钦译,国际文化出版公司 2009 年版。

[108] [英] 克拉克、伯格理:《在中国的西南部落中》,苏大龙等译,贵州大学出版社 2009 年版。

[109] [美] 克利福德·吉尔兹:《地方性知识》,王海龙等译,中央编译出版社 2000 年版。

[110] [德] 兰德曼:《哲学人类学》,阎嘉译,贵州人民出版社 1988 年版。

[111] 郎维伟:《四川苗族社会与文化》,四川民族出版社 1997 年版。

[112] 雷安平编:《苗族生成哲学研究》,湖南出版社 1993 年版。

[113] 李炳泽:《口传诗歌中的非口语问题——苗族古歌的语言研究》,民族出版社 2004 年版。

[114] 李金明:《独龙族文学简史》,云南民族出版社 2004 年版。

[115] 李廷贵等编:《苗族历史与文化》,中央民族大学出版社 1996 年版。

[116] 李惟白:《苗岭乐论》,贵州民族出版社 1996 年版。

[117] 李亦园:《从文化看文学》,中央编译出版社 1998 年版。

[118] 李亦园：《宗教与神话》，广西师范大学出版社 2004 年版。

[119] 李玉文编：《雷山苗族鼓藏节》，中国文化出版社 2010 年版。

[120] ［美］理查德·鲍曼：《作为表演的口头艺术》，杨利慧、安德明译，广西师范大学出版社 2009 年版。

[121] 梁庭望、黄凤显：《中国少数民族文学》，山西教育出版社 2003 年版。

[122] 梁庭望、张公谨：《中国少数民族文学概论》，中央民族大学出版社 1998 年版。

[123] 林耀华：《民族学研究》，中国社会科学出版社 1985 年版。

[124] 凌纯声等：《湘西苗族调查报告》，民族出版社 2003 年版。

[125] 刘峰：《鼓藏节：苗族祭祖大典》，知识产权出版社 2012 年版。

[126] 刘魁立：《刘魁立民俗学论集》，上海文艺出版社 1998 年版。

[127] 刘锡诚：《20 世纪中国民间文学学术史》，河南大学出版社 2006 年版。

[128] 刘一友：《沈从文与湘西》，青海人民出版社 2002 年版。

[129] 龙健等编著：《松桃龙氏族谱》，未出版。

[130] 龙云清：《山地的文明：湘黔渝交界地区苗族社区研究》，贵州民族出版社 2009 年版。

[131] ［美］路易莎：《少数的法则》，校真译，贵州大学出版社 2009 年版。

[132] 吕微：《神话何为——神圣叙事的传承与阐释》，社会科学文献出版社 2001 年版。

[133] 罗荣宗：《苗族歌谣初探》，西南民族学院民族研究所 1984 年印。

[134] ［英］罗素：《西方哲学史》（上、下），何兆武、李约瑟译，商务印书馆 1981 年版。

[135] 罗义群：《苗族丧葬文化》，华龄出版社 2006 年版。

[136] 罗义群：《中国苗族诗学》，贵州民族出版社 1997 年版。

[137] ［美］洛德·阿尔伯特·贝茨：《故事的歌手》，尹虎彬译，中华书局 2004 年版。

[138] 麻树兰：《湘西苗族民间文学概要》，中央民族学院出版社 1992 年版。

[139] 麻勇斌：《阐释迷途：湘黔交界地苗族神性妇女研究》，贵州人民出版社 2004 年版。

[140] 麻勇恒：《敬畏：苗族神判中的生命伦理》，民族出版社 2016 年版。

[141] ［美］马尔库斯、费彻尔：《作为文化批评的人类学——一个人文学科的试验时代》，王铭铭等译，三联书店 1998 年版。

[142] ［德］马克思·舍勒：《人在宇宙中的地位》，李伯杰译，贵州人民出版社 1989 年版。

[143] ［英］马林诺夫斯基：《巫术科学宗教与神话》，李安宅译，中国民间文艺出版社 1986 年版。

[144] ［英］马凌诺夫斯基：《文化论》，费孝通等译，中国民间文艺出版社 1987 年版。

[145] 马学良等编：《中国少数民族文学比较研究》，中央民族大学出版社 1997 年版。

[146] 马学良、梁庭望、张公谨编：《中国少数民族文学史》，中央民族学院出版社 1992 年版。

[147] 马学良：《素园集》，中国民间文艺出版社 1989 年版。

[148] ［美］梅里亚姆：《音乐人类学》，穆谦译，人民音乐出版社 2010 年版。

[149] 苗族简史编写组：《苗族简史》，民族出版社 2008 年版。

[150] ［日］鸟居龙藏：《苗族调查报告》，国立编译馆译，贵州大学出版社 2009 年版。

[151] ［加］诺斯罗普·弗莱，《批评的剖析》，陈惠等译，百花文艺出版社 2006 年版。

[152] ［加］诺斯洛普·弗莱：《伟大的代码》，郝振益等译，北京大学出版社 1998 年版。

[153] 欧阳若修等编著：《壮族文学史》（第一册），广西人民出版社 1986 年版。

[154] 潘定智等编：《贵州神话史诗论文集》，贵州民族出版社 1988 年版。

[155] 彭兆荣：《文学与仪式》，北京大学出版社 2004 年版。

[156] 彭兆荣：《遗产：反思与阐释》，云南教育出版社 2008 年版。

[157] 潜明兹：《神话学的历程》，北方文艺出版社 2003 年版。

[158] ［瑞士］荣格：《心理学与文学》，冯川等译，三联书店 1987 年版。

[159] ［法］萨维娜：《苗族史》，立人等译，贵州大学出版社 2009 年版。

[160] 沈从文：《沈从文全集》，北岳文艺出版社 2009 年版。

[161] 石朝江：《苗族迁徙史》，贵州人民出版社 2008 年版。

[162] 石朝江：《中国苗学》，贵州大学出版社 2009 年版。

[163] 石宏规：《湘西苗族考察纪要》，飞熊印务公司 1936 年印。

［164］石启贵编著：《民国时期湘西苗族调查实录》（1—8 卷），民族出版社 2009 年版。

［165］石启贵编著：《湘西苗族实地调查报告》，湖南人民出版社 2003 年版。

［166］石如金编著：《苗汉汉苗词典》，岳麓书社 1997 年版。

［167］石如金：《苗族传统文化之四·祭祀习俗集》，未出版。

［168］宋兆麟：《巫与民间信仰》，中国华侨出版公司 1990 年版。

［169］苏晓星：《苗族文学史》，四川民族出版社 2003 年版。

［170］孙秋云：《18 世纪汉文明向苗疆的传播及苗文明的回应研究——兼论黔湘地区雍乾、乾嘉苗民起义的性质》，人民出版社 2003 年版。

［171］［英］泰特罗：《本文人类学》，王宇根等译，北京大学出版社 1996 年版。

［172］覃东平、吴一文：《蝴蝶妈妈的祭仪：苗族鼓社文化研究》，贵州人民出版社 2006 年版。

［173］谭必友：《清代湘西苗疆：多民族社区的近代重构》，民族出版社 2007 年版。

［174］田兵、陈立浩编：《中国少数民族神话论文集》，广西民族出版社 1984 年版。

［175］田兵等编著：《苗族文学史》，贵州人民出版社 1981 年版。

［176］田仁利编：《湘西苗族婚俗》，岳麓书社 1996 年版。

［177］铜仁地区地方志编撰委员会：《铜仁地区民族志》，贵州民族出版社 2008 年版。

［178］铜仁地区苗学会：《梵净山苗族纪事》（第一卷），贵州民族出版社 2011 年版。

［179］万建中：《禁忌与中国文化》，人民出版社 2001 年版。

［180］王承祖编著：《千岭歌飞》，贵州人民出版社 2010 年版。

［181］王建民：《中国民族学史》（上卷），云南教育出版社 1997 年版。

［182］王明珂：《反思史学与史学反思》，上海人民出版社 2016 年。

［183］王明珂：《华夏边缘——历史记忆与族群认同》，社会科学文献出版社 2006 年版。

［184］王明珂：《英雄祖先与弟兄民族》，中华书局 2009 年版。

［185］王铭铭：《人类学是什么》，北京大学出版社 2003 年版。

［186］王倩：《20 世纪希腊神话研究史略》，陕西师范大学出版社 2011 年版。

［187］ 王宪昭：《中国各民族人类起源神话母题概览》，民族出版社 2009 年版。

［188］ 王孝廉：《中国的神话世界——各民族的创世神话及信仰》，台湾时报出版公司 1987 年版。

［189］ 王治新等编：《民族民间文学论文集》，贵州人民出版社 1984 年版。

［190］［美］ 威廉·A. 哈维兰：《文化人类学》（第十版），瞿铁鹏、张钰译，上海社会科学院出版社 2006 年版。

［191］［美］ 威廉·亚当斯：《人类学的哲学之根》，黄剑波等译，广西师范大学出版社 2006 年版。

［192］ 威宁苗族百年实录编委会：《威宁苗族百年实录》，贵州民族出版社 2006 年版。

［193］［德］ 沃尔夫冈·伊瑟尔：《虚构与想象——文学人类学的疆域》，陈定家、汪正龙译，吉林人民出版社 2003 年版。

［194］ 吴晓东：《苗族图腾与神话》，社会科学文献出版社 2000 年版。

［195］ 吴一文、覃东平：《苗族古歌与苗族历史文化研究》，贵州民族出版社 2000 年版。

［196］ 吴泽霖、陈国钧等：《贵州苗夷社会研究》，民族出版社 2004 年版。

［197］ 伍贤佑等：《湘西苗族百年实录》（下），方志出版社 2008 年版。

［198］ 伍新福编：《苗族文化论丛》，湖南大学出版社 1989 年版。

［199］ 伍新福、龙伯亚：《苗族史》，四川民族出版社 1992 年版。

［200］ 伍新福：《中国苗族通史》，贵州民族出版社 1999 年版。

［201］ 徐新建：《从文化到文学》，贵州教育出版社 1991 年版。

［202］ 徐新建：《侗歌民俗学研究》，民族出版社 2011 年版。

［203］ 徐新建：《民歌与国学：民国早期"歌谣运动"的回顾与思考》，巴蜀书社 2006 年版。

［204］ 徐新建：《全球语境与本土认同》，巴蜀书社 2008 年版。

［205］ 徐新建：《生死之间——月亮山牯脏节》，浙江人民出版社 1998 年版。

［206］ 徐新建：《西南研究论》，云南教育出版社 1992 年版。

［207］ 杨利慧等：《现代口承神话的民族志研究》，陕西师范大学出版社 2011 年版。

［208］ 杨通江：《苗族歌谣文化》，广西人民出版社 1992 年版。

［209］［德］ 姚斯：《走向接受美学》，陈敬毅译，江苏教育出版社 1990 年

版。

[210] 叶舒宪编:《文化与文本》,中央编译出版社 1998 年版。

[211] 叶舒宪等编:《人类学关键词》,广西师范大学出版社 2006 年版。

[212] 叶舒宪:《神话——原型批评》,陕西师范大学出版社 1987 年版。

[213] 叶舒宪:《文学人类学教程》,中国社会科学出版社 2010 年版。

[214] 叶舒宪:《文学与人类学——知识全球化时代的文学研究》,社会科学文献出版社 2003 年版。

[215] 〔美〕伊万·布莱迪编:《人类学诗学》,徐鲁亚等译,中国人民大学出版社 2010 年版。

[216] 尹虎彬:《古代经典与口头传统》,中国社会科学出版社 2002 年版。

[217] 游建西:《近代贵州苗族社会的文化变迁》,贵州人民出版社 1997 年版。

[218] 于乃昌:《珞巴族文学史》,江苏教育出版社 2001 年版。

[219] 余未人:《苗人的灵魂——台江苗族文化空间》,黑龙江人民出版社 2005 年版。

[220] 〔美〕约翰·迈尔斯·弗里:《口头诗学:帕里—洛德理论》,朝戈金译,社会科学文献出版社 2000 年版。

[221] 〔英〕约翰·布莱金:《人的音乐性》,马英珺译,人民音乐出版社 2007 年版。

[222] 张捷夫:《丧葬史话》,社会科学文献出版社 2011 年版。

[223] 张坦:《宅门前的石门坎》,贵州大学出版社 2009 年版。

[224] 张应和:《苗乡探奇》,四川民族出版社 1994 年版。

[225] 张永国等编:《民国年间苗族论文集》,贵州民院历史系民族史教研室 1983 年印。

[226] 张中奎:《改土归流与苗疆再造》,中国社会科学出版社 2012 年版。

[227] 张中笑、罗廷华编:《贵州少数民族音乐》,贵州民族出版社 1989 年版。

[228] 赵玉燕:《惧感、旅游与文化再生产》,甘肃人民出版社 2008 年版。

[229] 中国民间文艺家协会编:《〈亚鲁王〉文论集:口述史·田野报告·论文》,中国文史出版社 2011 年版。

[230] 中国少数民族文学学会编:《少数民族文学论集》,中国民间文艺出版社 1983 年版。

[231] 中国社会科学院民族研究所编：《汉苗词典》（黔东方言），贵州民族出版社 1992 年版。

[232] 中国音乐研究所编：《苗族民歌》，音乐出版社 1958 年版。

[233] 钟敬文编：《民间文学概论》，上海文艺出版社 1980 年版。

[234] 钟敬文：《民俗文化学：梗概与兴起》，中华书局 1996 年版。

[235] 周星编：《民俗学的历史、理论与方法》（上、下），商务印书馆 2006 年版。

[236] 朱自清：《中国歌谣》，复旦大学出版社 2004 年版。

[237] 庄孔韶编：《人类学通论》，山西教育出版社 2002 年版。

三、报刊论文类

[238] 敖行维：《贵州彝族苗族洪水传说的比较研究》，《贵州民族研究》1996 年第 3 期。

[239] 巴莫曲布嫫：《"民间叙事传统格式化"之批评（上、中、下）——以彝族史诗〈勒俄特依〉的"文本迻录"为例》，《民族艺术》2003 年第 4 期、2004 年第 1 期、2004 年第 2 期。

[240] 巴胜超：《心信的养育：以〈亚鲁王〉的传播与传承为例》，《贵州社会科学》2013 年第 11 期。

[241] 蔡熙：《从活态史诗〈亚鲁王〉看苗族的生态伦理思想》，《鄱阳湖学刊》2014 年第 2 期。

[242] 蔡熙：《从〈亚鲁王〉看苗族文化中的文化超人形象》，《中国文学研究》2014 年第 3 期。

[243] 蔡熙：《〈亚鲁王〉的女性形象初探》，《湖南工业大学学报》2014 年第 3 期。

[244] 蔡熙：《〈亚鲁王〉："英雄史诗"还是"活态史诗"》，《贵州文史丛刊》2014 年第 4 期。

[245] 蔡熙：《〈亚鲁王〉的日月神话探赜》，《贵州社会科学》2014 年第 6 期。

[246] 蔡熙：《从〈亚鲁王〉看苗族寻根意识及其生态意义》，《贵州师范学院学报》2014 年第 11 期。

[247] 蔡熙：《〈亚鲁王〉的创世神话比较研究初探》，《名作欣赏》2014 年

第 14 期。

［248］蔡熙：《文化人类学视域下的〈亚鲁王〉笙鼓文化》，《中华文化论坛》2015 年第 10 期。

［249］蔡熙：《从〈亚鲁王〉史诗看苗族文化的民族特性》，《广西师范学院学报》2016 年第 6 期。

［250］曹端波：《苗族的文化社会控制》，《中央民族大学学报》2008 年第 1 期。

［251］曹端波：《苗族古歌中的婚姻伦理与规则——以黔东南清水江苗族为例》，《贵州大学学报》2011 年第 6 期。

［252］曹端波：《苗族古歌中的土地与土地居住权》，《贵州大学学报》2012 年第 3 期。

［253］曹端波：《苗族古歌中的苗族祖居地与民族迁徙》，《贵州师范学院学报》2014 年第 2 期。

［254］曹端波：《苗族古歌中的时间、历法与社会网络》，《毕节学院学报》2014 年第 9 期。

［255］曹红波、付喻涛：《四川苗族古歌审美人类学初探》，《飞天》2011 年第 14 期。

［256］曹维琼等：《论史诗〈亚鲁王〉·亚鲁文化·亚鲁学——一个基于〈亚鲁王〉书系的假说》，《贵州社会科学》2014 年第 2 期。

［257］岑星：《苗族古歌的美学意蕴》，《西南民族大学学报》2013 年第 5 期。

［258］岑星：《苗族古歌的现代性解读》，《贵州民族研究》2017 年第 2 期。

［259］陈汉杰：《〈苗族史诗〉的美学研究价值漫议》，《中南民族大学学报》1988 年第 3 期。

［260］陈鸿志：《苗族古歌里的朴素唯物主义思想》，《贵州师范大学学报》1982 年第 1 期。

［261］陈立浩：《试论〈苗族古歌〉的美学价值》，《贵州民族研究》1984 年第 1 期。

［262］陈立浩：《妹榜妹留与女娲——苗汉人类起源神话之比较》，《贵州民族研究》1986 第 1 期。

［263］陈立浩：《从苗族创世古歌看神话思维的神秘性》，《思想战线》1986 年第 4 期。

［264］陈立浩：《苗族婚姻史诗〈开亲歌〉简论》，《贵州民族研究》1987 年第 1 期。

［265］陈立浩：《从苗族创世古歌看神话思维的感官性》，《思想战线》1988 年第 3 期。

［266］陈雪英：《论地方性知识的当代传承路径——以苗族古歌为例》，《西南民族大学学报》2012 年第 6 期。

［267］陈永娥：《苗族乡愁——〈亚鲁王〉的传承研究》，《学术探索》2015 年第 8 期。

［268］陈郁：《滇黔〈苗族古歌〉艺术特征比较研究》，《四川戏剧》2014 年第 6 期。

［269］单菲菲等：《苗族英雄史诗〈亚鲁王〉文化的简析——以贵州紫云麻山地区苗族的丧葬仪式为例》，《凯里学院学报》2015 年第 5 期。

［270］单晓杰：《论贵州苗族古歌的当代生存形态——以雷山县西江苗寨古歌调查为个案》，《凯里学院》2013 年第 8 期。

［271］丁晓琪等：《重归自然：苗族古歌生态意蕴浅析》，《四川职业技术学院学报》2015 年第 5 期。

［272］丁筑兰：《从〈亚鲁王〉看苗族寻根意识及其生态意义》，《贵州师范学院学报》2014 年第 11 期。

［273］杜卓：《苗族古歌的潜文本解读——以黔东南苗族古歌为个案》，《贵州民族学院学报》2009 年第 6 期。

［274］段宝林：《苗族古歌与史诗分类学》，《贵州民族研究》1990 年第 1 期。

［275］方殷：《苗族民歌研究》，《东方杂志》1943 年第 39 卷第 12 号。

［276］高荷红：《〈亚鲁王〉口述史研究》，苗族史诗《亚鲁王》学术研讨会论文，贵阳，2013 年。

［277］高森远等：《论〈亚鲁王〉射日射月母题——基于历史记忆的研究》，《贵州民族研究》2014 年第 8 期。

［278］过竹：《苗族先民思维的认识建构——〈苗族史诗〉探微》，《贵州社会科学》1987 年第 8 期。

［279］过竹：《苗族先民思维中关于"人"的哲学思想——〈苗族史诗〉探微》，《广西师范学院学报》1987 年第 3 期。

［280］何彪、吴小平：《苗族古歌〈枫木歌〉的人类起源观初探》，《贵州民族研究》1983 年第 4 期。

［281］何圣伦：《文化生态环境的建构与苗族史诗的当代传承——以〈亚鲁王〉为例》，《贵州社会科学》2015 年第 8 期。

［282］弘扬：《苗族婚姻史诗〈开亲歌〉评介》，《贵州文史丛刊》1991 年第 1 期。

［283］胡晓东：《从〈爬山涉水〉看黔东南苗族的迁徙》，《苗岭风谣》1985 年第 1 期。

［284］胡晓东等：《试论苗族远古传说对盘古神话的影响》，《民族文学研究》1986 年第 8 期。

［285］胡晓东：《苗族古歌中的日月神话浅析》，《贵州民族研究》2000 年第 4 期。

［286］黄英：《文山苗族古歌中的哲学思想分析》，《玉溪师范学院学报》2013 第 4 期。

［287］蒋晓昀：《亚鲁王麻山次方言苗族支系族旗研究》，《云南大学学报》（社会科学版）2017 年第 2 期。

［288］荆玲玲等：《基于民族文化认同的苗族古歌保护与传承研究》，《边疆经济与文化》2015 年第 10 期。

［289］康晓丹等：《民族文化传承的隐性维度研究——以苗族古歌为例》，《贵州民族研究》2015 年第 3 期。

［290］乐黛云：《飞越时空、穿透人神的苗族史诗〈亚鲁王传〉》，《中国比较文学》2013 年第 3 期。

［291］雷晓兰：《川南苗族古歌的特质及传承》，《当代音乐》2015 年第 9 期。

［292］李炳泽、邹玉华：《苗族歌谣记录翻译：简史与思考》，《民族文学研究》1999 年第 3 期。

［293］李国栋：《从〈苗族古歌〉看原始稻作生计的形成》，《中央民族大学学报》（哲学社会科学版）2015 年第 5 期。

［294］李佳：《苗族古歌神灵群像的语义阐释》，《贵州民族研究》2014 年第 6 期。

［295］李青：《〈亚鲁王〉中展现的苗疆舞蹈特色分析》，《大众文艺》2014 年第 6 期。

［296］李卫红等：《蝴蝶歌与苗族鼓社祭制度》，《贵州民族学院》2006 年第 4 期。

[297] 李燕娟等：《苗族古歌原生态文化视角翻译探究》，《凯里学院学报》2014 年第 5 期。

[298] 李一如：《历史叙事的口传范式》，《西南交通大学学报》2014 年第 4 期。

[299] 李一如：《苗族古歌语言研究检讨》，《贵州大学学报》（社会科学版）2015 年第 3 期。

[300] 李一如：《口传史诗的历史叙事嬗变及史学价值——以苗族史诗〈亚鲁王〉为例》，《广西师范学院学报》2017 年第 2 期。

[301] 李志勇：《谈乡村旅游开发下苗族古歌的发展——以黔东南巴拉河为例》，《凯里学院学报》2010 年第 1 期。

[302] 李子和：《巨人的诗篇——简论〈苗族古歌〉的巨人形象》，《民间文学》1986 年第 3 期。

[303] 李子和：《论〈苗族史诗〉中的图腾神话》，《贵州社会科学》1987 年第 4 期。

[304] 李子和：《苗族"远古史歌"与民俗》，《南风》1987 年第 4 期。

[305] 李子和：《论〈苗族古歌〉的时代特征》，《民族文学研究》1987 年第 5 期。

[306] 李子和：《我国〈苗族古歌〉与芬兰民族史诗〈卡勒瓦拉〉的比较研究》，《贵州文史丛刊》1989 年第 3 期。

[307] 梁勇：《英雄史诗〈亚鲁王〉的演唱场域》，《大众文艺》2010 年第 14 期。

[308] 梁勇：《史诗〈亚鲁王〉演唱时空探析》，《三峡论坛》2012 年第 4 期。

[309] 梁勇等：《歌师与史诗——以史诗〈亚鲁王〉为个案》，《民族艺术研究》2013 年第 6 期。

[310] 林忠亮：《苗族古歌与民俗》，《南风》1987 年第 3 期。

[311] 刘锡诚：《〈亚鲁王〉——活在口头上的英雄史诗》，《民间文化论坛》2012 年第 2 期。

[312] 刘锡诚：《〈亚鲁王〉：原始农耕文明时代的英雄史诗》，《西北民族研究》2012 年第 3 期。

[313] 刘心一等：《苗族史诗〈亚鲁王〉产生时间及文化生态刍论》，《贵州社会科学》2015 年第 10 期。

[314] 刘兴禄等：《族群文化记忆的再现——试谈史诗写本〈苗族古歌〉中的民俗文化描述》，《原生态民族文化学刊》2015 年第 3 期。

[315] 刘亚虎：《黔东南苗族神话古歌的独特价值》，《凯里学院学报》2008 年第 2 期。

[316] 刘洋、杨兰：《苗族史诗〈亚鲁王〉英雄对手母题探析》，《凯里学院学报》2014 年第 5 期。

[317] 刘洋、杨兰：《苗族史诗〈亚鲁王〉心脾禁忌母题探析》，《原生态民族文化学刊》2015 年第 1 期。

[318] 刘之侠：《从巨人群像看〈苗族古歌〉的美学价值》，《贵州文史丛刊》1984 年第 1 期。

[319] 刘之侠：《试论〈苗族古歌〉中的发明发现神话》，《贵州社会科学》1987 年第 12 期。

[320] 刘之侠：《从〈苗族古歌〉看苗族先民的审美意识特征》，《民族文学研究》1988 年第 6 期。

[321] 刘宗碧：《苗族上古神话钩沉》，《贵州社会科学》1985 年第 1 期。

[322] 龙仙艳：《苗族古歌搜集整理与研究三十年述论》，《三峡论坛》2012 年第 3 期。

[323] 龙仙艳：《苗族古歌研究百年回眸》，《贵州社会科学》2012 年第 9 期。

[324] 龙仙艳：《苗族古歌传承研究——以格细村鼓藏节民族志为例》，《广西民族师范学院学报》2014 年第 4 期。

[325] 龙仙艳：《苗族古歌禁忌初探》，《社会科学家》2014 年第 9 期。

[326] 龙仙艳：《苗族古歌辨》，《贵州文史丛刊》2015 年第 2 期。

[327] 龙仙艳：《苗族古歌唱者与听者探讨》，《贵州大学学报》2015 年第 3 期。

[328] 龙仙艳：《江山是主人是客——以〈亚鲁王〉为例探讨苗族丧葬古歌的生命观》，《宗教学研究》2015 年第 4 期。

[329] 龙仙艳等：《〈亚鲁王〉研究的回顾、分析与前瞻》，《贵州民族大学学报》2016 年第 6 期。

[330] 龙仙艳：《高校开设文学人类学本科教学的探讨——以〈亚鲁王〉研究的双重话语探索为例》，《百色学院学报》2017 年第 3 期。

[331] 龙正荣：《贵州黔东南苗族古歌生态伦理思想论析》，《贵州师范大学

学报》2010 年第 1 期。

[332] 路芳：《生产性保护下的仪式化展演——以国家级非物质文化遗产〈亚鲁王〉为例》，《贵州社会科学》2013 年第 8 期。

[333] 吕崇龄：《苗族"古歌"人物形象的民族特征》，《昭通师专学报》1984 年第 2 期。

[334] 罗丹阳：《"歌花"与"歌骨"——苗族古歌传承的变异性与稳定性刍议》，《重庆师范大学学报》2011 年第 2 期。

[335] 罗丹阳：《开发〈亚鲁王〉文化　提升文化软实力》，《西南农业大学学报》（社会科学版）2013 年第 8 期。

[336] 罗义群：《人从树中来回到树中去——苗族生命哲学简论》，《黔东南民族师范高等专科学校学报》2006 年第 5 期。

[337] 罗义群：《苗族神话思维与生态哲学观》，《贵州民族研究》2008 年第 4 期。

[338] 罗正副：《神人体系与祭祖信仰——〈苗族古歌〉的信仰世界解读》，《当代文坛》2011 年第 3 期。

[339] ［英］Mark Bender：《苗族英雄史诗〈亚鲁王〉》，顾新蔚译，《民间文化论坛》2013 年第 4 期。

[340] 麻勇斌：《〈亚鲁王〉唱颂仪式蕴含的苗族古代部族国家礼制信息解析》，《贵州社会科学》2014 年第 2 期。

[341] 马静等：《创世史诗中苗族社会秩序构建与地域生态文化——以〈亚鲁王〉文本分析为例》，《中南民族大学学报》2016 年第 2 期。

[342] 毛进：《西江苗寨旅游开发与苗族古歌变迁》，《贵州师范学院学报》2010 年第 3 期。

[343] 牟娴：《贵州少数民族文学与世界文学杰作的对话——以〈亚鲁王〉和〈贝奥武甫〉的征战母题为例》，《贵州民族研究》2017 年第 5 期。

[344] 南欧：《试述〈亚鲁王〉的英雄史诗属性与独特品质》，苗族史诗《亚鲁王》学术研讨会论文，贵阳，2013 年。

[345] 潘定智：《从黔东南苗族婚姻歌看古代苗族婚姻》，《贵州民族学院学报》1984 年第 1 期。

[346] 潘定智：《苗族古歌三议》，《思想战线》1987 年第 6 期。

[347] 潘定智：《从新编〈苗族古歌〉看创世史诗的几个问题》，《贵州民族学院学报》2000 年第 1 期。

［348］彭东琳：《由原始神话到现实生活的道德思考——浅谈苗族古歌对苗族个体品德的影响》，《河北理工大学学报》2009 年第 5 期。

［349］彭东琳：《从苗族古歌看苗族的正义观》，《民族论坛》2011 年第 20 期。

［350］蒲亨强：《论苗族婚俗对苗歌特质之影响》，《南京艺术学院学报》1989 年第 4 期。

［351］潜明兹：《奇异的神话诗——评〈苗族古歌〉》，《中国民族》1980 年第 2 期。

［352］潜明兹：《创世史诗的美学意义初探》，《思想战线》1981 年第 2 期。

［353］潜明兹：《析〈枫木歌〉》，《南风》1987 年第 1 期。

［354］冉永丽：《苗族史诗〈亚鲁王〉意识特征探析》，《贵州民族研究》2015 年第 10 期。

［355］山民：《试析〈苗族古歌〉的史料价值》，《贵州民族研究》1987 年第 4 期。

［356］沈茜：《生态文学视野中的苗族古歌艺术》，《贵州大学学报》2009 年第 4 期。

［357］石朝江：《苗族史诗中的哲学社会思想萌芽》，《西南民族大学学报》2008 年第 7 期。

［358］石德富：《妹榜妹留新解》，《贵州社会科学》2002 年第 8 期。

［359］石开忠：《从〈苗族古歌〉看苗族先民的哲学思想》，《贵州民族学院学报》1982 年第 6 期。

［360］石宗仁：《中国名称"支那"之谜与苗族——世界著名的印度史诗〈罗摩衍那〉与〈中国苗族古歌〉传递的信息》，《黔东南民族师范高等专科学校学报》1994 年第 2 期。

［361］石宗仁：《荆楚国名译释论——兼摘〈中国苗族古歌〉传承古楚的信息》，《荆州师范学院学报》1995 年第 8 期。

［362］石宗仁：《略述〈中国苗族古歌〉的历史和文化》，《民族文学研究》1996 年第 1 期。

［363］苏仁先：《论〈苗族史诗〉的审美特征》，《西南民族大学学报》1993 年第 3 期。

［364］苏晓红：《民族民间文学的现代意义与发展路向——以〈苗族古歌〉为例》，《作家》2010 年第 1 期。

［365］孙航：《麻山苗族史诗〈亚鲁王〉的音乐学分析》，《歌海》2011 年第

2 期。

[366] 孙向阳：《数字化技术视野下非物质文化遗产的传承与保护——以苗族史诗〈亚鲁王〉为中心》，《贵州民族研究》2016 年第 3 期。

[367] 覃东平：《试述苗族古代的冶金技术——以〈苗族史诗〉为线索》《贵州民族研究》2000 年第 2 期。

[368] 覃东平等：《从苗族古歌看苗族传统林业知识》，《贵州民族研究》2004 年第 1 期。

[369] 汤飞宇：《苗族古歌传承方式浅议》，《艺海》2009 年第 1 期。

[370] 唐娜：《贵州麻山苗族英雄史诗〈亚鲁王〉考察报告》，《民间文化论坛》2010 年第 2 期。

[371] 唐娜：《谈亚鲁王〈亚鲁王〉演述人东郎的传承机制与生态》，《民间文化论坛》2012 年第 4 期。

[372] 唐娜：《苗族活态史诗〈亚鲁王〉的发现、认知与保护》，《艺苑》2012 年第 6 期。

[373] 唐娜等：《西部苗族史诗〈亚鲁王〉传承人陈兴华口述史》，《民族艺术》2015 年第 3 期。

[374] 唐启翠：《歌谣与族群记忆——黎族情歌的文化人类学阐释》，《海南大学学报》2007 年第 4 期。

[375] 陶立璠：《论苗族古歌中的神话》，《南风》1980 年第 1 期。

[376] 陶淑琴：《从中华文化的整体视角看苗族史诗〈亚鲁王〉的文化内涵》，《贵州民族研究》2015 年第 6 期。

[377] 田光辉：《〈苗族古歌〉的哲学思想初探》，《贵州民族研究》1984 年第 1 期。

[378] 田茂军、夏大平：《民间文学文本的现代转型与出路——以湘西苗族古歌为例》，《湖南工业大学学报》2008 年第 6 期。

[379] 廷贵、酒素：《苗族古代文学》，《贵州文史丛刊》1984 年第 2 期。

[380] 庹修明：《苗族人民的瑰丽史诗〈苗族古歌〉介绍》，《民间文学论坛》1984 年第 2 期。

[381] 汪雪莲：《审美人类学视野中的川南苗族古歌》，《湖北函授大学学报》2013 年第 10 期。

[382] 王炳忠：《亚鲁王城——"格桑"初探》，《贵州文史丛刊》2014 年第 1 期。

［383］ 王建朝等：《民族音乐学视野下的贵州苗族古歌探究》，《民族音乐》
2016 年第 6 期。

［384］ 王金元等：《社会记忆的表达与建构——基于麻山苗族"亚鲁"记忆
的个案研究》，《民族论坛》2017 年第 1 期。

［385］ 王曼利：《民族如何记忆——从苗族服饰与古歌看民族历史的传承》，
《重庆文理学院学报》2007 年第 7 期。

［386］ 王宪昭：《神话视域下的苗族史诗〈亚鲁王〉》，《贵州民族大学学报》
2014 年第 2 期。

［387］ 王小梅：《地方叙事、文化变迁和文本研究——人类学视野下的〈亚
鲁王〉搜集整理和保护传承》，《原生态民族文化学刊》2014 年第 2
期。

［388］ 王雨容：《苗族古歌中枫树意象的文化内蕴》，《铜仁学院学报》2012
年第 1 期。

［389］ 王治新：《从苗族三大支系迁徙史诗中探索"三苗"的源流》，《贵州
文史丛刊》1986 年第 2 期。

［390］ 巫瑞书：《〈摆手歌〉与〈古老话〉比较研究》，《湖南大学学报》
2007 年第 1 期。

［391］ 吴国恩：《民族魂的唱响——苗族史诗〈傩巴傩玛〉》，《民族论坛》
2003 年第 3 期。

［392］ 吴佳妮：《从神话思维看苗族古歌〈仰阿莎〉的审美意识》，《贵州民
族研究》2017 年第 5 期。

［393］ 吴渺：《苗族古歌简论》，《民族文学研究》1987 年第 1 期。

［394］ 吴平：《国家非物质文化遗产　苗族古歌》，《原生态民族文化学刊》
2010 年第 4 期。

［395］ 吴倩华：《从苗族古歌姊妹歌看苗族社会历史的变迁》，《贵州民族研
究》2012 年第 8 期。

［396］ 吴秋林：《文化塌缩——〈亚鲁王〉神性演唱》，苗族史诗《亚鲁王》
学术研讨会论文，贵阳，2013 年。

［397］ 吴晓东：《西部苗族史诗并非有关蚩尤的口碑史》，《民族文学研究》
2003 年第 3 期。

［398］ 吴晓东：《对偶与对唱的叙事：苗族的迁徙与英雄史诗》，《国际博物
馆》2010 年第 1 期。

[399] 吴晓东：《〈亚鲁王〉名称与形成时间考》，《民间文化论坛》2012 年第 4 期。

[400] 吴晓东：《一个将回到民间的史诗文本——陈兴华〈亚鲁王〉译本与仪式的关系》，《贵州民族大学学报》2016 年第 6 期。

[401] 吴晓萍：《试从〈苗族古歌·开天辟地歌〉看苗族先民的自然观》，《南风》1982 年第 3 期。

[402] 吴一文：《苗族古歌的问答叙事》，《贵州民族学院学报》2011 年第 11 期。

[403] 吴一文：《苗族古歌的演唱方式》，《民族文学研究》2012 年第 2 期。

[404] 吴一文：《仪式与表演中的文化传承——苗族古歌演述的民俗背景》，《贵州民族大学学报》2012 年第 5 期。

[405] 吴一文等：《苗族史诗通解》，《理论与当代》2014 年第 8 期。

[406] 吴一文：《论苗族古歌的对比叙事》，《黔南民族师范学院学报》2015 年第 5 期。

[407] 吴占杰：《苗族传统文化对苗族农村儿童道德教育的影响——以贵州省松桃苗族自治县苗族古歌为例》，《怀化学院学报》2014 年第 3 期。

[408] 吴正彪：《麻山次方言区苗文方案的设计与使用——兼谈苗族英雄史诗〈亚鲁王〉的记译整理问题》，《民族翻译》2010 年第 3 期。

[409] 吴正彪、班由科：《仪式、神话与社会记忆——紫云自治县四大寨乡关口寨苗族丧葬文化调查》，《贵州民族研究》2010 年第 6 期。

[410] 吴正彪：《苗族英雄史诗〈亚鲁王〉翻译整理问题的思考》，《民族翻译》2012 年第 3 期。

[411] 吴正彪：《民间口头文学叙事中的"历史真实"——关于苗族英雄史诗〈亚鲁王〉中几个"史事"问题的探讨》，《百色学院学报》2012 年第 5 期。

[412] 吴正彪：《多维视野中的苗族英雄史诗〈亚鲁王〉研究价值探微》，《文化遗产研究》2015 年第 1 期。

[413] 吴正彪等：《试论苗族史诗〈亚鲁王〉的生态文化特点》，《贵州民族研究》2015 年第 1 期。

[414] 吴正彪：《民族身份认同与文化遗产保护——苗族史诗〈亚鲁王〉田野调查札记》，《黔南民族师范学院学报》2015 年第 2 期。

[415] 吴正彪：《田野中的苗学语境：〈亚鲁王〉史诗中的苗语古经研究》，

《贵州大学学报》2015 年第 6 期。

[416] 吴正彪：《论苗族史诗〈亚鲁王〉作为口头传统的文化价值》，《原生态民族文化学刊》2016 年第 3 期。

[417] 伍隆萱：《〈苗族古歌与苗族历史文化研究〉评介》，《中央民族大学学报》2005 年第 4 期。

[418] 武广玉：《黔东南苗族古代社会的"百科全书"：苗族古歌》，《地方文化研究》2013 年第 6 期。

[419] 夏大平：《民族史诗的现代展演——以苗族古歌的创意开发研究为个案》，《湖南文理学院学报》2008 年第 6 期。

[420] 夏金亮等：《苗族古歌"数"的初探》，《原生态民族文化学刊》2016 年第 2 期。

[421] 向秦：《民族史诗与民族性——〈苗族史诗〉与〈伊利亚特〉比较研究》，《贵州民族研究》2000 年第 2 期。

[422] 徐积明：《苗族古歌〈开天辟地〉哲学思想再研究》，《中南民族大学学报》1989 年第 6 期。

[423] 徐晓光：《古歌——黔东南苗族习惯法的一种口头传承形式》，《中南民族大学学报》2009 年第 1 期。

[424] 徐新建：《试论苗族诗歌系统》，《贵州民族学院学报》1987 年第 3 期。

[425] 徐新建：《苗族传统：从古歌传唱到剧本制作——〈仰阿瑟〉改编的文化意义》，《民族文学研究》2004 年第 2 期。

[426] 徐新建：《回向"整体人类学"——以中国情景而论的简纲》，《思想战线》2008 年第 2 期。

[427] 徐新建：《从文学到人类学——关于民族志和写文化的答问》，《北方民族大学学报》2009 年第 1 期。

[428] 徐新建：《表述问题：文学人类学的起点和核心》，《西南民族大学学报》2011 年第 1 期。

[439] 徐新建、唐启翠：《表述问题：文学人类学的理论核心》，《社会科学家》2012 年第 2 期。

[430] 徐新建：《生死两界"送魂歌"——〈亚鲁王〉研究的几个问题》，《民族文学研究》2014 年第 1 期。

[431] 徐玉挺：《苗族史诗〈亚鲁王〉的传习方式研究》，《河西学院学报》

2015 年第 6 期。

[432] 杨昌树：《苗族大歌介说》，《贵州大学学报》2001 年第 9 期。

[433] 杨春艳：《文化遗产与族群表述——以麻山苗族"亚鲁王"的遗产化为例》，《重庆文理学院学报》2013 年第 4 期。

[434] 杨春艳：《从唱述到仪式：论麻山苗族"亚鲁王"的家园遗产特征》，《百色学院学报》2015 年第 4 期。

[435] 杨春艳：《论麻山苗族〈亚鲁王〉遗续的"道—相—技—法"》，《重庆文理学院学报》2016 年第 1 期。

[436] 杨杰宏：《口头传统文本翻译整理的三个维度——以〈亚鲁王〉为研究个案》，《民族翻译》2015 年第 3 期。

[437] 杨杰宏：《苗族史诗〈亚鲁王〉翻译整理述评》，《贵州师范大学学报》2015 年第 4 期。

[438] 杨兰：《论〈亚鲁王〉中的女性悲剧命运——基于被骗母题的研究》，《贵州民族大学学报》2014 年第 2 期。

[439] 杨培德：《生命神圣与神圣历史——神话思维叙事的苗族英雄史诗〈亚鲁王〉》，苗族史诗《亚鲁王》学术研讨会论文，贵阳，2013 年。

[440] 杨世章：《苗族婚姻史诗〈开亲歌〉浅谈》，《贵州民族研究》1985 年第 4 期。

[441] 杨正伟：《试论苗族姜央的形象》，《苗岭风谣》1985 年第 1 期。

[442] 杨正伟：《苗族古歌与苗族文化》，《民间文学季刊》1989 年第 2 期。

[443] 杨正伟：《苗族古歌的传承研究》，《贵州民族研究》1990 年第 1 期。

[444] 杨正伟：《论苗族古歌繁荣的文化渊源》，《民族文学研究》1990 年第 1 期。

[445] 杨正文：《论〈苗族古歌〉的神体系》，《中南民族大学学报》1989 年第 6 期。

[446] 叶舒宪等：《史诗研究：回归文学的立体性》，《淮阴师范学报》2003 年第 1 期。

[447] 叶舒宪：《〈亚鲁王·砍马经〉与马祭仪式的比较神话学研究》，《民族艺术》2013 年第 2 期。

[448] 游建西：《从苗族古歌看苗族温和文化的底蕴——值得深入认识的一种农业文化遗产》，《贵州社会科学》2011 年第 4 期。

[449] 余丰：《功能指向与心理暗示——从〈苗族古歌·枫木歌〉看黔东南

苗族图腾代系发展》，《贵州文史丛刊》1993 年第 2 期。

[450] 余未人：《读品苗族英雄史诗〈亚鲁王〉》，《民间文化论坛》2011 年第 2 期。

[451] 余未人：《〈亚鲁王〉的民间信仰特色》，《民间文化论坛》2012 年第 4 期。

[452] 袁伊玲：《史诗〈亚鲁王〉的语言文化价值探微》，《三峡论坛》2016 年第 6 期。

[453] 曾雪飞等：《祭祀音乐中的权力文化与社会秩序——以麻山苗族地区丧葬仪式中〈亚鲁王〉演唱为例》，《贵州大学学报》2012 年第 4 期。

[454] 曾雪飞：《清水江流域苗族古歌的伦理观与社会规约》，《贵州大学学报》2013 年第 4 期。

[455] 曾雪飞等：《苗族古经中的"创世古歌"与神圣秩序》，《贵州大学学报》2016 年第 4 期。

[456] 张福三：《民族史诗发掘的又一收获——评夏杨整理的〈苗族古歌〉》，《楚雄师范学院学报》1987 年第 3 期。

[457] 张联秀：《苗族古歌研究论述》，《南宁职业技术学院学报》2014 年第 5 期。

[458] 张凌波：《仪式视野中的苗族史诗〈亚鲁王〉》，《民族文学研究》2016 年第 2 期。

[459] 张启成：《对〈苗族古歌日月神话浅析〉的再思考》，《贵州民族研究》2001 年第 4 期。

[460] 张勤：《"苗族古歌"口传文本的多样性书写——基于古歌基本词汇的语义分析》，《民族文学研究》2013 年第 2 期。

[461] 张旺：《〈苗族古歌·沿河西迁〉中的祖先生活记忆探究》，《中央民族大学学报》2015 年第 1 期。

[462] 张维佳：《试析贵州苗族古歌中的创世神话》，《贵州民族研究》2014 年第 4 期。

[463] 张希媛：《苗族史诗〈亚鲁王〉的生态审美意识》，《贵州民族大学学报》2014 年第 2 期。

[464] 张希媛：《苗族史诗〈亚鲁王〉的生态智慧及价值》，《大众文艺》2014 年第 11 期。

[465] 张晓：《从苗族古歌看其原始思维》，《贵州民族研究》1987 年第 3

期。

[466] 张晓:《论苗族古歌鸟崇拜及其他》,《南风》1988 年第 4 期。

[467] 张晓:《苗族古歌的系统与非系统》,《贵州社会科学》1988 年第 6 期。

[468] 张晓:《苗族古歌所体现的价值意向探讨》,《中南民族大学学报》1989 年第 6 期。

[469] 张馨凌:《文化空间视野下的苗族古歌》,《百色学院学报》2017 年第 3 期。

[470] 张颖等:《家在"念"中:国家级非物质文化遗产〈亚鲁王〉的认知与阐释》,《贵州社会科学》2013 年第 11 期。

[471] 张兆和:《从"他者描写"到"自我表述"》,李菲译,《广西民族大学学报》(哲学社会科学版)2008 年第 5 期。

[472] 张忠兰等:《论民族史诗整理研究的视角转换——以〈亚鲁王书系〉为典型案例》,《贵州民族研究》2014 年第 6 期。

[473] 赵庆鸣等:《从苗族古歌看少数民族民间文学传统知识的特别保护》,《前沿》2010 年第 18 期。

[474] 赵锐等:《从古歌到剧本:〈仰阿莎〉的女性角色嬗变研究》,《凯里学院学报》2016 年第 5 期。

[475] 郑爱华:《苗族与日本起源神话之比较研究》,《贵州民族研究》2003 年第 3 期。

[476] 郑迦文:《民间故事与史诗建构——从叙事模式看〈亚鲁王〉的民族、民间构成》,《贵州社会科学》2014 年第 6 期。

[477] 郑向春:《奖励制度与非遗传承研究——以苗族〈亚鲁王〉传承为例》,《文化遗产》2014 年第 3 期。

[478] 钟进文:《王者的故事魅力——读〈亚鲁王〉及其他民族历史心性札记》,苗族史诗《亚鲁王》学术研讨会论文,贵阳,2013 年。

[479] 钟雯:《图书推广的营销策略——以王安江版苗族古歌市场推广方案为例》,《贵州工业大学学报》2008 年第 2 期。

[480] 周俊:《苗族的古歌文化与社会》,《民族文学研究》2000 年第 3 期。

[481] 周亮:《论苗族古歌的道德映象与传承策略》,《江西社会科学》2013 年第 6 期。

[482] 朱伟华等:《活在传媒时代的苗族史诗〈亚鲁王〉》,《贵州师范大学学报》2012 年第 6 期。

[483] 朱伟华：《苗族史诗〈亚鲁王〉叙事特征及文化内涵初探》，《贵州社会科学》2014年第9期。

[484] 朱文东：《苗族古歌中的哲学萌芽》，《贵州民族研究》1986年第3期。

[485] 祝注先：《〈中国苗族古歌〉简论》，《民间文学论坛》1994年第4期。

四、学位论文

[486] 杜卓：《苗族古歌的社会功能研究》，硕士学位论文，贵州民族学院，2010年。

[487] 蒋明富：《论苗族英雄史诗〈亚鲁王〉的文化内涵》，硕士学位论文，暨南大学，2015年。

[488] 黎明明：《苗族古歌的枫树原型研究》，硕士学位论文，西南交通大学，2009年。

[489] 梁勇：《麻山苗族史诗〈亚鲁王〉音乐文化阐释》，硕士学位论文，陕西师范大学，2011年。

[490] 梁昭：《民歌传唱与文化书写》，博士学位论文，四川大学，2007年。

[491] 罗丹阳：《苗族古歌的口头演述与文本制作——以黔东南双井村苗族歌师传唱的"瑟岗来"（Seib Gangx Neel）为个案》，硕士学位论文，中国社会科学院，2007年。

[492] 罗丹阳：《苗族古歌传承的田野民族志——以黔东南双井村"瑟岗来"（Seib Gangx Neel）为个案》，博士学位论文，中央民族大学，2010年。

[493] 麻三山：《隐藏在记忆里的文化符号》，博士学位论文，中央民族大学，2010年。

[494] 马卫华：《国家治理与民族交融——当代中国的民族关系与民族文化行为》，博士学位论文，四川大学，2011年。

[495] 佟彤：《魂兮归来——〈亚鲁王〉文本与仪式研究》，硕士学位论文，贵州师范大学，2015年。

[496] 王菊：《从"他者叙述"到"自我建构"》，博士学位论文，四川大学，2008年。

[497] 王曼利：《文本背后的文本——苗族古歌〈说古唱今〉语境研究》，

硕士学位论文，华中师范大学，2008年。

[498] 王斯：《贵州苗、布依、彝族英雄叙事长诗研究——以〈亚鲁王〉、〈安王与祖王〉、〈支嘎阿鲁王〉为例》，硕士学位论文，贵州民族大学，2015年。

[499] 吴占杰：《湘西苗族古歌的伦理道德教育研究——以龙井村为例》，硕士学位论文，西南大学，2009年。

[500] 肖丽：《黔东南〈苗族古歌〉"数字"原型研究》，硕士学位论文，华东师范大学，2010年。

[501] 肖梅：《中国大陆1900—1966年民族音乐实地考察——编年与个案》，博士学位论文，福建师范大学，2004年。

[502] 杨兰：《苗族史诗〈亚鲁王〉英雄母题研究》，硕士学位论文，贵州民族大学，2014年。

[503] 永丽：《苗族史诗〈亚鲁王〉悲剧形象研究》，硕士学位论文，贵州民族大学，2015年。

[504] 张慧竹：《在亚鲁王的庇佑下：麻山苗族的家、家族与村寨》，硕士学位论文，贵州大学，2016年。

五、外文文献

[1] Barbara Mackinnon. *Ethics：Theory and Comtemporary Issues*, Peking University Press, 2003.

[2] Bender, Mark. "Antiphonal Epics of the Miao（Hmong）of Guizhou, China," in *Bender's Traditional Storytelling Today：An International Sourcebook*, Fitzroy Dearborn Publishers, 1999.

[3] Bender, Mark. "*Felling the Ancient Sweetgum*"：*Antiphonal Epics of the Miao of Southeast Guizhou*, Chinoperl, 1990.

[4] Bender, Mark. "Hxak Hmub：An Antiphonal Epic of the Miao of Southeast Guizhou, China," Contributions to Southeast Asian Ethnology, 1988.

[5] Chang K. C.（张光直）. *Art, Myth, and Ritual：The Path to Political Authority in Ancient China*, Harvard University Press, 1983.

[6] Fine, Elizabeth C. *The Folklore Text：From Performanceto Print*, Bloomington and Indianpolis, Indiana University Press, 1984.

[7] Hymes, Dell. *Foundations in Sociolinguistics*: *An Ethnographic Approach*, University of Pennsylvania Press, 1974.

[8] Nicholas Tapp (ed.). *The Hmong of Australia*: *Culture and Disapora*, The Australian National University, 2004.

[9] Robert A. Segal (ed.). *Theories of Myth*: *Ritual and Myth*, Garland Publishing, Inc., 1996.

索　引

后 记

　　修改后的博士学位论文通过第六届《中国社会科学博士后文库》评审之时，爱人颜安去参加"高级家庭教育指导师"培训，受到"家族排序"之非理性思维的精神洗礼，改变了他对宇宙与生命的认知，而我因自幼生活在巫风傩影的苗疆腹地，万物有灵的思维有如集体无意识般渗入骨髓，更为坚信一切的相遇都是久别重逢，故而在著作即将出版之时有太多的感谢、感动与感恩。

　　人生如旅，感谢有您。

　　感谢我的博士生导师徐新建先生，高山仰止，上善若水。导师给予我影响的远非解惑与授业，更在于传道。出于对知识霸权的警惕，导师提出不能让行文成为西方理论的一个注脚，在开题之时他一再叮咛：面对表述，回到母语，从词源开始，以实证为基础。我的博士学位论文从选题到调研、从框架到细节都倾注了他太多的心血，惭愧的是我之所著远非他所冀望。我本基础薄弱，中师毕业自考专科，读的是成教本科，似乎非科班出身便可以理由十足地解释学术研究之不足，他却睿智地教诲："人生不能总用减法，不可能改变自己的过去，能改变的只有将来。"我辈顽劣浮躁，恩师常以"炼心"二字警醒。攻读文学人类学，亦得益于文学人类学前辈叶舒宪、彭兆荣视我如弟子，面命耳提。遇此恩师，一生受益。

　　感谢《中国社会科学博士后文库》的评审专家。因仓促毕业，文稿一定会有诸多不足，却因鼓励后学之故通过终审，能够获得这样的殊荣是我学术一生的铭记。

　　感谢社会科学文献出版社的刘荣姐姐。因文相识，虽然素未谋面，却因相似的成长背景倍加照顾于我，感谢黄丹、吴志军、单远举、陈红玉等编辑多次准确而耐心地订正与校阅书稿。

　　感谢四川大学文学与新闻学院的老师和同学。感谢学贯中西的曹顺庆教授、博学尔雅的冯宪光教授、睿智严谨的赵毅衡教授、激扬文字的李怡教授，他们用学术和言行践行着川大"海纳百川，有容乃大"的校训。感谢与我一起成长的学友们。马卫华、安琪、王璐、罗安平、杨骊、银浩、罗庆春等师兄师姐的言传身教，同级的刘曼、张颖、付海鸿、张洪友的切磋共勉，刘壮、叶荫茵、余红艳、郭明军、李国太等师弟师妹的悉心督促，都促使我在学习和研究之余收获友情和亲情。

感谢我所在的贵州师范大学文学院的领导和同事。入职十年，是他们的指导、关爱和帮助让我成长。必须提及的是在学术和人格上对我影响深远的恩师林树明教授、封孝伦教授。我曾言及：太多的爱给予我飞翔的翅膀。

诚挚地感谢出席我论文答辩会议的彭兆荣教授、汤晓青教授、段玉明教授、赵毅衡教授、冯宪光教授。在此一并感谢我的外审专家中国社会科学院叶舒宪教授、中山大学周大鸣教授、云南大学杨慧教授、广西民族大学徐杰舜教授、武汉大学张思齐教授。

我有十篇与本论著相关的论文被知网收录，感谢《社会科学家》、《贵州社会科学》、《宗教学研究》等期刊的刊发，这些学术期刊对我论文的订正和批评，将是我以后学术道路上最为丰厚的财富。

苗，坚韧如草，感动相遇。

感动于我的苗族同胞。苗乡有民谚曰："母猪为弟兄之肉，房屋为众人之力。"话粗理不粗。苗族一直是一个非常团结的民族，村里如有谁家遇上天灾人祸，纵使一无所有，设若想搭一暂住之所，村里人会主动拿出一砖一瓦，义务帮忙，就这样千人扶、万人帮，即使最穷最苦的人家也会有遮风挡雨的茅草屋，故而在苗乡有强弱无贵贱。

初次接触苗族古歌，文本的深奥和唱本的隔离让我茫然不知所措，是我在行文中提到或未提到的大量同胞无私的帮扶，才让我的论文初具模型。我感动于学者们不厌其烦的指导和教诲，如贵州省社科院麻勇斌、石朝江研究员，贵州省文联杨培德先生、余未人女士（汉族），三峡大学吴正彪教授，贵州省文化厅王炳忠先生，凤凰县民族局唐建福先生与朱治广先生，丹寨县《苗族贾理》搜集者王凤刚先生，紫云苗族布依族自治县《亚鲁王》搜集者杨正江先生，贵州大学杨茂瑞教授，中央民族大学石如金、麻树兰副教授，清华大学罗丹阳女士，民族出版社石朝慧女士，黔南民族师范学院吴一文教授，湘西土家族苗族自治州原副州长龙文玉先生，松桃苗族自治县民宗局退休工作人员龙克恩先生，等等。

　　我感动于田野中巴兑和歌手毫无保留地唱诵，如湖南省湘西土家族苗族自治州花垣县巴兑石寿贵和吴求春祖孙三代巴兑、凤凰县腊尔山镇巴兑唐求和，贵州省铜仁地区松桃苗族自治县黄板乡歌手唐宗良，以及黔东南苗族侗族自治州西江千户苗寨歌手候昌引，等等。我感动于田野信息人无私的照顾和帮助，如凤凰县腊尔山镇理老隆七金及其家人、凯里市三棵树镇格细村杨健及其家人、凤凰县两林乡唐顺强及其家人、松桃苗族自治县正大乡吴国汉及其家人，等等。论文调研虽已结束，可是与他们的友谊和对苗族文化的研究刚刚开始。

　　曾有学者提出苗族与犹太人一样失去自己的家园与故土，苦难深重，没有文字，亦没有体系化宗教，为什么苗族会有如此强烈的民族认同感？在此，我愿意以2016年四月八写下的一首诗歌作为回答：

　　　　别用低沉的旋律告诉我
　　　　我们失去太多
　　　　五千年前那场生死攸关的涿鹿之战
　　　　先祖尤神随同夕阳悲壮陨落
　　　　流星般给予安顿与慰藉的三苗国
　　　　徒留下五谷变种，鬼哭于郊
　　　　我们失去家园，我们丢失疆土
　　　　烙印成丧葬仪式对东方故园的魂牵梦绕

　　　　别用忧伤的话语去述说
　　　　我们失去太多
　　　　在多次携老扶幼、饿殍遍野的迁徙途中
　　　　在历代征讨、三大起义流血漂杵的战场上
　　　　恶毒的荆棘、陡峭的山崖发出狞笑
　　　　那暗涌奔流的雾乔西、雾乔洒
　　　　多少灵魂在哀嚎
　　　　我们痛失亲人，我们丢失文字
　　　　吟诵成响彻云霄、代际相传的古歌

　　　　纵使羁縻成为荆楚时有时无的枷锁

纵使边墙有如遏制苗疆发展的镣铐
纵使改土归流是封建暴政改头换号
纵使屯田是对苗民生计粗暴的掠夺

你，一定要相信
苗，即便卑微如草
却一定会挣扎生根、顽强存活

纵使武陵山台地的芦笙已经喑哑
纵使雷公山腹地的金银悉数收缴
纵使乌蒙山四周的生活愁云缭绕
纵使"乌鸦无树桩，苗家无地方"不是传说

我们，一定要相信
苗，即便历经野火的焚烧
却一定会在春天百折不挠

君不见
颓垣断壁的边墙四周炊烟袅袅
革屯抗租是苗民满腔怒火的喷薄
悲痛的湄公河见证着世界苗族心酸的奔波
那根羞辱苗疆、羞辱自由的五溪铜柱
斑斑驳驳，恰如历史悲痛的感叹号

失去太多，我们愈加珍惜当下的生活
当全球各地的四月八如鲜花一样恣意绽放
当我与苗族同胞在凌晨五点的贵阳喷水池
迎着曙光，虔诚地迎接祖神
当三大方言区的苗族同胞在一起
将曾经浸染着鲜血的枫香树栽下

我明白，你也要知道

即使战争与迁徙使得我们
隔开了血缘、隔断了地缘、隔膜了语言
维系着世界各地苗族的是
对神的敬畏
对美的讴歌
对自由的礼拜顶膜

一切失去的，我们都会像祖先筚路蓝缕地执着寻找
纵使当下的我们有如蒲公英在城市的狭缝四处散落
纵使我们穿戴五彩斑斓的服饰却听不懂千转百回的古歌
纵使跟随浑厚的鼓声我们的脚步暂时生疏而笨拙
但，今天，我们站在这里
就是对自由、对平等、对民族、对希望
最厚重的解说

生命如链，感恩遇见。

感恩我已长眠九泉的父亲。20世纪70年代末，在少数民族山区，父亲力排众议送我们姐妹三人念完中师，这份见识和担当每每忆之唏嘘不已。父爱如山，我父如梯：虽饱经风雨的磨砺/你却将生活的艰辛和苦楚/一肩挑起/为了孩子的梦想/你将瘦弱的身躯佝偻/化成孩子拾步而上的阶梯。自2010年父亲去世，我用了整整三年的时间走出那份撕心裂肺的疼痛。四年前清明上坟，父亲坟前绿草成荫，林中杜鹃啼血，微风呢喃，我突然顿悟：能用菖蒲草（ghot xangb lot ub）洗涤的父亲魂归苗族梦寐以求的东方故里，他离儿女远去却在故园与祖辈团聚，其实何尝不是在远方等我？

感恩我年迈的母亲。她用苗族女性的善良、坚韧与慈爱将我抚养成人，即便逐日年老，她仍数次陪同我往返田野调研，帮我操持家务，让我腾出时间订正文稿。感恩我的两位姐姐与大哥小弟，他们默默的搀扶有如一米阳光。感恩爱人颜安任劳任怨、风雨无阻，数次开车陪我去各地调研。他曾在微信中开玩笑地写下：你硕士毕业，我专科；我努力读硕士了，你又去读博；我拼命扳汗勉强读博士了，你的著作却又获得博士后出版计划。生命中是不是有一种感动叫哥明明不适合干学问，却还是那么一

路苦苦地陪着你……

自 2011 年 8 月以来，当时不到三岁的儿子颜浩宇长期陪我在田野上奔波，他几乎每次都晕车，吐到小脸发白，以至于郊游时看见压碎的西红柿，他都会无意识地叹气：妈妈，好可怜啊，西红柿也晕车了。桀骜不驯如我的他，是我目前最为得意的作品。2017 年 4 月 28 日，爱女颜穹宇呱呱坠地，这是我人到中年得到的最为甜蜜的馈赠。每天修改文稿，看着她睡梦中甜甜的笑容，整个心柔软无比。在此盗用她小舅龙文勇的表述：很多时候，女儿只要安静地做个小乐乐，做母亲的，全部的世界都会为之陶醉。

谨以此书献给我的父亲 龙云珍 先生！

龙仙艳

2017 年 8 月 14 日修订于贵阳

第六批《中国社会科学博士后文库》专家推荐表 1

推荐专家姓名	徐新建	行政职务	教授
研究专长	文学人类学	电　话	
工作单位	四川大学文学与新闻学院	邮　编	610064
推荐成果名称	文本与唱本——苗族古歌的文学人类学研究		
成果作者姓名	龙仙艳		

（对书稿的学术创新、理论价值、现实意义、政治理论倾向及是否达到出版水平等方面做出全面评价，并指出其缺点或不足）

　　龙仙艳副教授的书稿《文本与唱本——苗族古歌的文学人类学研究》由她的博士学位论文修订而成，该论著从文学人类学视角出发，较为系统地考察梳理了苗族古歌从演唱到记录的文本流变，阐述了苗族口头传统在多元中国格局中的价值和意义。作为苗族新一代女性学者，作者的论述体现了跨民族的文化交往和对话，也体现了文学人类学研究的前沿水平。

　　该书稿选题重要，资料翔实，结构合理，论述规范，特此推荐。

签字：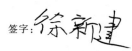

2016 年 1 月 5 日

说明：该推荐表由具有正高职称的同行专家填写。一旦推荐书稿入选《博士后文库》，推荐专家姓名及推荐意见将印入著作。

第六批《中国社会科学博士后文库》专家推荐表 2

推荐专家姓名	吴正彪	行政职务	教授
研究专长	苗族语言文学	电　话	15071754556
工作单位	三峡大学民族学院	邮　编	443002
推荐成果名称	文本与唱本——苗族古歌的文学人类学研究		
成果作者姓名	龙仙艳		

（对书稿的学术创新、理论价值、现实意义、政治理论倾向及是否达到出版水平等方面做出全面评价,并指出其缺点或不足）

　　从学术创新的角度讲,我们认为学术成果的创新应当体现为资料新、观点新和方法新,也就是学术界所说的"三新"。龙仙艳女士的这部论著,在这三个方面都得到了充分的体现。就"资料新"而言,该著作的内容是作者以一个苗族人的身份,在不拘于原有苗族古歌文本的基础上从自己的民族母语文化入手,通过实地调查到的文化生境对不同方言区苗族古歌进行"深描"式的人类学阐释,无论是在深度和切入点上都体现了对母语文化的准确认知,同时也是资料新的一个重要呈现。在"观点新"方面,作者在论著中认为,苗族古歌充分地展示了苗族人对"生命观"的认知,即"具体可以表现在生命同源、生命共生与生命平等三大主题上",并揭示了"劳动创造生命"这一理念,这些观点都是苗族传统文化核心价值体系的重要组成部分。就"方法新"而言,作者分别从民族志诗学、人类学诗学等角度入手,用文学人类学的理论与方法对苗族的史诗和古歌文化予以深入浅出的分析和讨论。

　　在理论价值方面,作者对长期以来人们对苗族古歌和史诗的概念进行了梳理,这些术语概念的界定,都是从苗语的语义及使用语境中进行客观的分析和阐述,这对于文学人类学、民间文艺学、苗学等多学科的研究提供了相应的田野实证资料支撑,也为这些学科的发展提供了理论拓展的新视野。

　　在现实意义方面,龙仙艳女士的这部论著,包含有较为翔实的"实地"、"实证"和"实有文本"的讨论,是一个以苗族古歌为对象的文学人类学理论与方法本土化研究难得的范本,也是学术界在开展中国多民族文学特别是民间口头文学研究时值得参考的重要研究成果,这自然对我们的学科建设和学术研究都有着不可缺少的现实意义。

　　这部论著中无处不体现出这种扎根于本民族土壤的自强不息精神的探索和文化自信,同时在内容上也符合习近平总书记关于弘扬中华民族优秀传统文化的系列讲话精神,在政治理论导向上紧紧围绕社会主义核心价值观和全面发展中华多民族文化、建设中华民族共有的精神家园来进行讨论、分析和研究,政治思想导向正确。

　　该书文字精练、表达流畅,书稿的整体逻辑结构合理,已经达到了公开出版的水平,特此推荐。

签字：吴正彪

2017 年 1 月 15 日

说明:该推荐表由具有正高职称的同行专家填写。一旦推荐书稿入选《博士后文库》,推荐专家姓名及推荐意见将印入著作。